오늘날 많은 사람들의 마음속에 자리하고 있는 잘못된 생각 중에 하나는 지성인이라면 당연히 신의 존재를 부정해야 한다는 것이다. 하버드 같은 지성의 전당에서는 더더욱 그럴 것이다. 그러나 이 책에 나오는 인물들은 지성과 신앙이 그리 낯선 관계가 아님을 삶으로 이야기하면서, 지성인이 왜 회심하고 어떻게 회심하는지를 생생하고 감동적으로 보여준다. "신앙"이 여전히 매우 낯설고 반지성적인 개념으로 통용되는 우리 시대에, 사실은 참된 생명과 진리가 존재하며 또한 거기에 복종할 수 있다는 것만큼 우리를 가슴 뛰게 하고 흥분시키는 일은 없을 것이다.

이어령 | 이화여자대학교 석좌교수, 전 문화부 장관

오늘날 캠퍼스에는 진리에 진지한 관심을 두는 사람이 몇이나 있을까? 갈급한 마음으로 진리를 찾고 그 진리로 세상을 바라보며 그 기반 위에 세상을 만들어가려는 정신은 어디에서 찾을 수 있을까? 이 시대의 대학은 궁극적 진리 대신 자본의 유통과 소비를 위한 시식과 정보를 생산해내며 이에 필요한 인력을 배출하는 값비싸고 고상한 직업훈련장이 된 듯하다. 우리는 이 책을 통해 세계 최고의 지성 사회에서 진리를 고민했던 영혼들의 정직한 경험담을 만날 수 있다. 진리를 발견하고 간직하며 그와 함께 살아간 하버드 석학들의 이야기가 "공허와 상대주의"의 어둠 속에서 길을 찾는 자들에게 빛을 던져주기를 바란다.

장승순 | 조지아 공과대학교 재료공학과 교수

이 책은 하버드 대학 학생들과 교수들, 미국 지도층 인사들과 세계적인 영적 지도자들 각자가 어떻게 자신이 선 자리에서 신앙을 지키며 살아가고 있는지를 나누고 있다. 특히 노벨문학상 수상자인 솔제니친은 서구 문화의 탈영성화, 비종교적인 인본주의의 재난을 지적하며 오직 위로 올라가는 것 외에 다른 길은 없다고 예언하듯 말하였는데, 그리스도를 믿는 신앙에만 이 시대의 소망이 있음을 잘 증거하고 있다. 이 책은 이 시대를 살아가는 많은 지성인들에게 신앙 각성의 계기를 주는 변화를 촉발할 것이다. 빛나는 기독 지성을 탐독하길 원하는 많은 사람에게 이 책이 적지 않은 도움을 줄 것이라 확신한다.

김정주 | 연세대학교 용재특임 교수, 하버드 대학교 신약학 박사

전투에서는 이기고 전쟁에서는 질 수 있다. 대학이라는 실체를 복음전도의 관점으로만 접근하면, 학문이 하나님의 주권 아래 오도록 하는 일은 간과할 수 있다. 영혼을 구하는 일에서는 승리했지만, 세계를 지배하는 사상의 싸움에서는 무기력한 기독교가 되어 결국 전쟁에서 패할 수 있는 것이다. 세계를 지배해온 각종 이데올로기와 사상이 태생적 파괴력과 한계로 인해 대학 내에서 그 영향력을 상실하며 대학이 불안과 허무와 물질주의와 쾌락주의에 잠식되어갈 때, 이 책은 대학의 근간이 되고 방향이 되는 성경의 진리를 다양한 목소리로 변환시켜 전달해준다. 하나님의 진리가 세상과 소통할 수 있는 진리이며 세상을 설득할 뿐 아니라 실제로 세상을 움직이는 진리라는 사실을 하버드 석학들의 목소리를 통해 전해주는 이 책은, 대학의 폭발적 잠재력을 간파한 모든 이의 필독서가 될 것이다.

김종호 | 한국기독학생회(IVF) 대표, 목사

이 책은 하버드 대학이 추구하는 "베리타스"를 되묻는 그리스도인들의 진지한 물음이고 답변이다. "큰 배움의 길"을 "더 나은 밥벌이의 지름길"로 전락시켜버린 오늘의 대학은 이 책을 읽고 마땅히 부끄러워해야 한다. 진리는 아직 충분히 추구되지 않았고, 제대로 대답되지 않았다. 이 땅에도 이 질문이 불꽃처럼 타올랐으면!

양희송 | 청어람아카데미 대표기획자

Finding God at Harvard

세계 최고 석학들의 감동적인 신앙 이야기

하버드 천재들, 하나님을 만나다

켈리 먼로 컬버그 엮음
배덕만 옮김

FINDING GOD AT HARVARD

SPIRITUAL JOURNEYS OF THINKING CHRISTIANS

Holy
WavePlus

이러한 사랑의 그림,

그리고 이러한 부르심의 목소리가 있어

우리는 탐구를 그칠 수 없으리.

그리고 그 탐구의 끝에서

우리는 떠난 곳에 도달하고

그 장소를 처음으로 알게 되리.

T. S. 엘리엇, 하버드 대학교 1909년 졸업생

진정한 하버드는 더욱더 진리를 추구하고, 독립적이고, 때로는 매우 외롭기까지 한 [학생들의] 영혼 안에 있는 보이지 않는 하버드다. 합리적인 측면에서 존경받을 만한 가장 대표적인 이 대학은 외로운 사상가들이 최소한의 외로움을 느끼고, 또한 가장 풍성하게 채움을 받는 점에서 과연 그러하다.

윌리엄 제임스, 1903년 졸업식 축사

만약 누군가 책을 만든다면, 나무와 독자를 위해 진실을 말해야 한다. 이 책은 어떤 이야기를 들려주고 있다. 이 일을 함께 시도한 친구들에게 진심으로 고맙다는 말을 하고 싶다.

이 책의 편집에 자원했던 친구들에게도 감사한 마음을 전한다. 하버드 대학교 1987년 졸업생 케이 홀의 하나님과 하버드 그리고 삶에 대한 사랑은 대단하다. 1987년 졸업생 포 리안 림은 격려뿐 아니라 늦은 밤에 열린 편집회의에도 참석해주었다. 가나 출신의 법대생 프랭클린 아옌수는 여러 글을 세심하게 검토해주었다. 1994년 졸업생 니샨 드 멜은 명석한 4학년 학생으로, 고국인 스리랑카로 돌아가기 전까지 힘써 나를 도와주었고, 후에는 경제학자가 되어 옥스퍼드에 갔다. 이 프로젝트에 행정적 지원을 아끼지 않은 하버드 대학교에도 감사를 표하고 싶다.

또한 보이지 않는 것에 대한 저자들의 믿음에 감사드린다. 저자들의 인내와 수고 덕분에 책을 펴내는 일정과 편집의 어려움을 극복할 수 있었다. 이 책의 실제 버전인 베리타스 포럼은 이 책의 완성보다 더 중요했다. 1990년대에 베리타스 포럼이 하버드 담장 너머로 확장될 수 있었던 것은 순전히 제리 머서 덕분이었다. 2000년대에도 베리타스가 지속적으로 성장하도록 헌신하고 있는 베리타스의 지도자들인 커트 키일핵커, 테드와 애쉴리 칼라한, 댄 초, 크레이그 해먼, 베서니 세일즈, 애나 마리아 쉴레히트, 리치 핼버슨, 제이슨 만, 케이티와 마이크 밀웨이, 존 킹스턴에게 깊은 고마움을 전한다.

차례에 나오는 이름들 외에, 이 책이 출간되는 데 참여한 저자들과 독자들은 다음과 같다. 루스 올더리지, 제인 브룬스, 조디 벨즈 창, 대니얼 추아, 게리 디트리히, 루스 가나, 게리 하우겐과 「베리타스 리콘시덜드」 (*Veritas Reconsidered*)의 편집자들, 존 킹스턴, 켄들 팔라디노, 제니퍼 파커, 댄 필포트, 데이비드 포울리슨, 프레드 리스츠, 에릭 쉔켈, 팀 샤, 로버트 시겔, 그레그 슬레이튼, 디나 스나이디, 리펑 송, 댄 스티드, 캐서린 스튜빙, 리-안 티오, 글렌 틴더, 에드와 케이 먼로 벤미터, 돈 이프, 메이어윈 월터스.

이들의 격려에 대해 편집자 알 수와 발행인 밥 프라이링을 포함한 IVP 친구들, 전 세계 IVF와 IFES, 케임브리지포트침례교회, 어퍼알링턴 루터교회, CCC, 펠로우십하우스, 영라이프, 기독교리더십사역, 알파, 포커스온더패밀리, 라브리, 포커스, 네비게이토선교회, C. S. 루이스재단, 맥클랑재단과 템플턴재단은 고마움을 표하는 바다.

뿌리처럼 든든하고 깊이 있는 친구들에게도 감사드린다. 암브루스트 부부, 오싱크 부부, 바네슨 부부, 브렌다 버만, 브룬 부부, 칼라한 부부, 카루소 부부, 댄 초, 에드거 부부, 거티어 부부, 홀 부부, 햄린 부부, 크레이그 해먼, 한셀 부부, 한센 부부, 키스틴 린더, 키 부부, 커트 키일핵커, 킹스톤 부부, 커피 부부, 레이크 부부, 라타이프 부부, 마르타 린더, 글랜 루크, 톰 맥칼리, 밀웨이 부부, 무어 부부, 네기 부부, 로즈 피카드, 피어스 부부, 룸 부부, 쇼우 부부, 시스터헨 부부, 디제이 스넬, 스플레인가드 부부, 스트로브리지 부부, 썰비 부부, 울링 부부, 웹 부부, 스코트 윌슨, 울프 부부, 그리고 옙 부부.

끝으로 사랑하는 독자 여러분께 감사를 드리고 싶다. 우리는 실수에 연연하지 않고, 삶에 대한 생각을 폭넓게 표현하고 싶다. 그리고 삶에 대해 함께 탐구하며, 서로에게 담이 아니라 다리를 놓고 싶다. 만약 우리의 표현 때문에 여러분의 마음이 상했다면, 용서를 구하고 싶다. 핵심은 사랑이지만 아직 우리는 완성된 존재가 아니다. 또한 우리는 자유주의와 다원주의에 대한 독자들의 고귀한 원칙들, 그리고 불신을 잠시 거두고 충분히 오랫동안 읽고 경청해준 것에 대해 고마움을 느낀다.

다른 오래된 기관들처럼 하버드도 자신의 뿌리를 도끼 밑에 둔 채 가지를 늘려가는 경향이 있다. 하지만 풍성한 생명력은 우리의 삶과 마찬가지로 살아 있는 포도나무, 즉 생명을 주시는 분께 달려 있다.

현재의 교육 위기를 전 하버드 총장은 "공허함"으로, 한 학장은 "영혼 없는 탁월함"으로 묘사했다. 교육은 생명줄과 단절되었고, 정체성, 소속감, 윤리, 목적에는 혼란이 생긴 것이 분명하다. 우리는 각종 중독, 성병, 범죄, 경기침체, 심지어 자살이 부지기수로 일어나는 것을 목격한다. 모든 사상에는 결과가 있다. 우리가 냉소적·비도덕적·포스트모던적인 순간에 받는 고통은 가혹하다.

영혼은 육체로 환원되고, 정신은 뇌로, 양심은 정치투표로 축소되고 말았다. 우리는 생명의 원천과 단절된 세속문화의 자살을 수시로 목격하고 있다. 생명을 공급하는 신앙과 비전으로 젊은 세대를 양육해야 한다는 열정도 식어가는 것처럼 보인다. 그야말로 문화적 빈혈에 시달리고 있는 것이다. 야만족에게 로마제국이 종이호랑이같이 보였던 것처럼 말이다. 나무는 뿌리부터 썩었다. 21세기의 미국은 어떤가? 우리는 올바른 확신의 토대가 되었던 지식의 원천을 잃어버리지 않았는가? 게다가 사랑할 힘마저 잃어버리지 않았는가?

참된 미국이 존재하는가? 누가 작금의 미국 현실을 정직하게 들려주는가? 진리를 아는 겸손하고 적절한 방법 없이 우리 중 누가 생각하고 행동하는 법을 알 수 있을까? 감정과 양심, 그리고 계시와 이성이 없다면, "현실"은 일련의 개인적 쾌락, 고통, 권력 투쟁으로 환원된다. 그렇게 평범하고 무미건조하며 세속적인 이야기 속에 산다면, 사람들은 어쩌면 지루해서 죽을지도 모른다.

대부분의 학생과 사람들은 엄청난 희생이 요구된다 할지라도 위대한 이야기 속에 살고 싶어한다. 우리는 선한 창조, 비극적 타락, 구속의 가능성에 대해 이야기한 어떤 작가와 함께 그 이야기의 주인공으로 살기를 원한다. 그 작가는 세상에 선함과 아름다움을 회복시키는 희생적 영웅으로 그 연극에 참여한다.

그 위대한 이야기가 뉴턴, 갈릴레오, 파스칼, 조나단 에드워즈 같은 학자들과 적십자와 구세군뿐만 아니라 옥스퍼드, 케임브리지, 하버드, 예일, 프린스턴의 설립자들, 마더 테레사, 윌버포스, 링컨, 그리고 다른 노예제 폐지론자들, 렘브란트와 바흐 등의 예술가들과 같은 천재에 해당하는 수많은 현대의 위인들에게 영감을 불어넣었다.

그 결과 우리는 새로운 세대의 그리스도인 학생들이 위기와 냉소에도 불구하고 하버드 MIT, 오하이오 주립대학교, 텍사스 A&M, 캘리포니아 공대 같은 학교에서 가장 큰 학생조직을 만드는 것을 볼 수 있다. 우리는 그들의 노래와 웃음소리를 듣는다. 또한 그들의 애정과 탁월함을 본다.

오늘날 많은 학생들이 그들과 함께 섬김과 모험의 삶에 헌신하고 있다.

이 책은 비판이 끝나는 곳에서 시작한다. 본문에서 학생, 동창, 교수, 초청강사들은 근대 및 탈근대 대학의 공허함에 대해 대단히 일관되고, 인격적이며, 희망에 찬 답변을 제공한다. 복잡한 세상의 먼 끝에서 하버드의 과거와 미래의 생명력이 새롭게 떠오른다. 예수 그리스도의 이름과 탁월함 앞에 마침내 사람들이 무릎을 꿇고 겸손히 절하기 때문이다.

이 책은 변화된 삶들의 보물상자와 같다. 해답은 말이나 추상적인 개념이 아니라 하버드의 뿌리인 그 비밀을 만난 사람들의 실제 삶이다. 삶이 충분히 회복되면 문화 전체도 부흥을 체험할 수 있을 것이다.

첫 번째 책이 출판되고 10여 년이 흐른 오늘, 이 저자들이 사랑의 나라를 건설하는 모험에 적극적으로 관여하고 있다는 사실은 매우 기쁜 일이다(이 책의 후기에는 저자들의 최근 근황을 담았다). 어떤 이들은 병마와 싸우고 있다. 또 어떤 사람들은 전자 현미경과 라디오 망원경으로 새로운 것들을 발견하는 중이다. 다른 많은 사람들은 자녀들을 양육하고 가르친다. 또 어떤 이들은 음악이나 미술 작품을 만들거나 현명한 공공 정책을 창안한다. 어떤 이들은 세계를 돌아다니면서 가난한 사람들을 위로하며 살고 있다. 각자 자신의 소명에 따라 살고 있는 것이다. 뿌리 깊은 나무는 좋은 열매를 맺는 법이다.

이 책의 저자들은 1992년에 하버드 법대에서 열린 베리타스 포럼의 창립식에서 연설을 한 사람들이다. 1996년에 이 책이 처음 나왔을 때, 저자들 중 15명이 하버드 샌더스 극장에서 열린 제4회 베리타스 포럼의 연사로 참여했다. 그 책이 「보스턴 글로브」(*Boston Globe*)의 베스트셀러가

     하버드 천재들, 하나님을 만나다

되고 여러 대학과 나라에 소개되자 수많은 베리타스 포럼이 잇따라 출현
했다. 현재 3개 대륙의 75개 이상의 대학에서 우리 시대의 가장 심각한
문제들을 탐구하고 있다.

- 진리? 누구의 진리인가? 우리가 진리를 보았다면, 그것이 참 진리
  인지 어떻게 알 수 있는가?

- 인간적이라는 것은 무엇인가? 나는 의지와 욕망의 주체인가? 진정
  으로 삶이란 무엇인가?

- 21세기의 과학은 어떻게 될 것인가? DNA와 게놈의 언어는 무엇이
  며, 우주와 빅뱅의 논리는 설득력이 있는가?

- 나는 어디에, 누구에게 속해 있는가? 나는 사랑하고, 부모가 될 수
  있을까? 그것이 어떻게 가능할까?

- 내가 어떻게 용서할 수 있을까? 어떻게 용서받고, 다시 도전할 수
  있을까?

- 어떻게 하면 종속되지 않고 자유로워지며, 내가 진심으로 원하는
  것을 알 수 있을까?

- 육체를 갖는다는 것은 무슨 뜻일까? 친밀함에 대한 우리의 소망은
  어떻게 성취될 수 있을까?

- 우리의 문명, 종족, 성이 충돌하면 어떤 일이 벌어질까?

- 정의와 자비에 대한 희망은 존재하는가?

- 하나님이 사랑이라면, 왜 악과 고통이 존재하는가? 고통에도 가치
  가 있는가?

- 내 심장은 이 세상을 어떻게 견디며 살 수 있을까?
- 무엇이 나를 계속 가슴 뛰게 할 수 있을까?

얼마 전 ABC "월드 뉴스 투나이트"(*World News Tonight*)는 다음과 같이 보도했다. "진리의 해답에 대한 굶주림이 더욱 극심해지고 있다. 한 대학에서 시작된 베리타스 포럼에 수천 명의 학생이 강당을 가득 메웠다." 나는 그 이야기를 2006년에 출간된 『베리타스 포럼 이야기』(*Finding God beyond Harvard: The Quest for Veritas*, IVP 역간)에서 소개했다. 즉 하버드에서 버클리까지, 그리고 그 사이의 많은 대학에서 전개된 베리타스 운동에 대해 이야기했다. 거기에는 나의 내적 갈등과 신앙 위기도 함께 담겨 있다.

비록 뿌리에 도끼가 놓여 있는 순간에도 하버드는 자신의 가지를 계속 늘려갔지만 하버드의 확고한 뿌리는 베리타스(*Veritas*), 즉 진리—죽지 않는 참된 포도나무—였다. 그분은 죽은 자들 사이에서 다시 사는 법을 안다. 그래서 약 4세기 전 하버드 대학(Harvard College)은 그리스도의 영광을 위해(*In Christo Gloriam*) 설립되었다. 하버드의 방패에는 그분이 자신의 생명을 우리에게 주셨다는 사실(*Veritas, Christo et Ecclessiae*—그리스도와 교회를 위한 진리)이 담겨 있다. 프린스턴 대학 역시 약 3세기 전에 동일한 정신으로 설립되었다. "나는 죽은 자의 생명을 살린다"(*Vitam Mortuis Reddo*).

이 책이 학문세계에서는 낯설게 느껴질 수도 있다. 왜냐하면 이 책의 저자들이 지나치게 솔직하게 말하고 있기 때문이다. 우리는 고대의 폐허를 재건하기 위해 그 위를 운행하시는 성령을 느낄 수 있다. 또한 생명을 품고, 치유하며, 재생하는 동일한 성령을 발견할 수 있다. 눈물 속에 뿌려진 하나님의 말씀의 씨앗은 생명을 잉태한다. 창조주께서 지금도 창조하시고, 안으로부터 우리 생명을 되살리시기 때문이다. 태초에 우리에게 생기를 불어넣었던 분이 지금도 우리에게 생명을 공급하고 계신다. 그분은 참된 학자에게는 지혜를, 귀가 들리지 않는 사람에게는 말씀과 아름다운 멜로디를, 그리고 암흑 속에 갇힌 자들에게는 빛으로 오신다. 우리가 버림받아 죽어갈 때 그분은 우리의 희망이 되어주신다. 갈증이 일 때 생수가 되시고, 공포와 불의 속에서는 위로가 되신다. 그분은 우리가 부를 때면 언제든 달려오는, 한결같은 연인이시다.

우리의 옛 문이 미래를 향한 황금열쇠가 될 것인가? 우리의 첫 빛은 혼란에 빠진 세상의 다른 끝에도 빛을 비추는 참된 북극성으로 계속 남을 것인가? 그분은 우리가 의지할 수 있는 참 포도나무다. 사랑, 기쁨, 창조, 발견, 진보의 열매를 맺는 나무 말이다. 생명의 나무 안에서는 모든 것이 새롭다. 살아 있는 사랑은 구원을 기다리는 세상에 희망을 줄 수 있다.

켈리 먼로 컬버그

하나님에 의해 하버드가 설립되다

새벽까지 하나님과 씨름한 야곱처럼, 하버드의 이야기는 베리타스 (*Veritas*), 즉 진리와의 씨름이었다. 그렇다면 누가 그러한 씨름과 관련한 자신의 이야기를 들려줄 수 있을까? 우리는 삶에서 진실하고 현실적인 성품과 그런 성품의 친구들을 갈망한다. 우리 삶을 굳건하고 영속적인 토대 위에 세우려고 분투하는 것이다. 진리의 목적은 종교가 아니다. 삶이다.

이 책을 만들던 중 집필된 『하버드에서 하나님을 추구하며』(*The Search for God at Harvard*)에서, 저자 아리 골드맨(Ari Goldman)은 하버드의 표어 베리타스가 "궁극적 진리이신 예수 그리스도를 인식하는 또 다른 첩경"임을 발견했다. 하지만 골드맨은 하버드 신학대학원에만 한정되어 있던 자신의 탐구에 대단히 실망할 수밖에 없었다. 복음("좋은 소식")과 예수 그리스도에 대해 말하는 사람을 한 명도 찾지 못했기 때문이다.

이 책에서 우리는 하버드 대학교를 샅샅이 뒤져, 이 복음과 사람을 발견한다. 우리는 하버드의 교수, 동창, 학부 및 대학원생 등등의 사람들을 만날 것이다. 그중에는 과학자, 철학자, 의사, 올림픽 메달리스트, 가정주부, 환경운동가, 경제학자, 암 투병 중인 학부 2학년생 등이 포함되어 있다. 그들의 탐구와 연구를 통해 한 가지 중요한 공통점이 발견되었다. 그들의 눈이 공유된 지평을 탐색하는 창이라는 점이다. 그들의 이야기를 통해 우리는 복음―미국 최초 대학의 최초 빛―을 볼 수 있다.

저자들은 자신의 일 외에 경이, 절망, 사랑, 희망에 대한 개인적인 이야기를 들려준다. 그들은 자신들이 의혹, 변화, 기쁨, 그리고 마침내 진리로 인식하게 된 그분에 대해 들려줌으로써 세상에 만연한 냉소주의에 도전한다.

이 이야기들은 무신론의 미학에서 구조된(saved) 정신과 삶에 대해 말한다. 결국 이기주의보다 지루한 것은 없으며 용서, 자유, 그리고 참된 생명을 주시는 분께 복종하는 것만큼 흥분되는 일도 없기 때문이다.

저자들은 진정한 해답이 존재힌다고 믿기에 독사들에게 정직한 질문을 제기하도록 권면한다. 인간이 된다는 것은 무슨 의미인가? 우리는 어디에서 왔는가? 우리의 삶과 일은 무슨 의미를 지니는가? 우리는 육체로 무슨 일을 해야 하는가? 사랑의 하나님이 존재한다면, 도대체 왜 우리가 고통을 겪는가? 어떻게 하면 국가들이 화해할 수 있을까? 가난한 자들은 어떤가? 어떻게 인간적 사랑이 지속될 수 있을까? 그들의 관점에서 학문은 겸손과 경외감에서 흘러나오는 것이다.

여기에 실린 글들을 통해 배울 수 있듯이, 이 이야기에는 제도적 종교가 아닌 보통 사람들의 영적 생명력이 존재한다. 이들의 보물찾기는 마침내 성공한다.

최초의 빛

하버드는 1636년에 학생들이 예수 그리스도와의 관계 속에서 진리와 생명을 자유롭게 인식하게 하려는 목적으로 설립되었다. 그래서 초기의 모토는 "베리타스"(*Veritas*, 1643), "그리스도의 영광을 위해"(*In Christi Gloriam*, 1650), "그리스도와 교회를 위해"(*Christo et Ecclesiae*, 1692)였다.

하버드는 학생들에게 처음부터 기독교 신앙을 강요하는 대신, 학문적 자유 같은 진보적 정신을 중시한다. 이 대학의 초기 인장에는 펼쳐 있는 세 권의 책이 새겨져 있다. 두 권은 하늘을 향하고 있고, 한 권은 바닥을 향해 있다. 이것은 이성과 계시 사이의 역동적 관계를 보여준다. 1642년 대학헌법에는 이렇게 적혀 있다.

> 요한복음 17:3의 말씀처럼 모든 학생은 자신의 삶과 학문의 주된 목적이 영원한 생명이신 하나님과 예수 그리스도를 아는 것임을 깊이 인식하고, 모든 건전한 지식과 배움의 유일한 기초로서 그리스도를 바탕에 두도록 하자. 주님께서 지혜를 주신다는 사실을 기억하며, 모든 사람은 진지하고 은밀하게 기도로써 그분의 지혜를 구해야 한다.[1]

그들은 "세상을 배우는 첫 걸음은 창조주에 대해 배우는 것이다"라는 추론에 근거해서 진리를 탐구했다. 대학신문 「베리타스 리콘시덜드」(*Veritas Reconsidered*)의 전 편집장이었던 게리 하우겐(Gary Haugen)에 따르면

 하버드 천재들, 하나님을 만나다

누군가 청교도에게 창조주의 존재를 부인하라고 요구했다. 하지만 그는 우주 속에 무수히 편재해 있는 증거들을 통해, [하나님의 부재에 대한] 그런 가정을 수용하기 위해서는 엄청난 맹신이 필요하다는 결론을 내렸다. 동시대에 프랑스에 살았던 가톨릭교도인 그의 친구 블레즈 파스칼(Blaise Pascal)의 글처럼, "이성의 마지막 단계는 이성을 넘어서는 것들이 무한히 많다는 사실을 인정하는 것이다."[2]

그런 인식이 겸손과 호기심을 자아냈다. 교수들은 신적이고 인간적인 진리, 즉 모든 시대의 예술과 과학을 탐구하고, 마치 횃불처럼 그것을 다음 세대로 전달하는 진리 탐구 공동체의 청지기들이었다.[3] 그래서 이 대학은 신학대학으로 설립되지 않았다. 학생들은 삶의 기술을 연마하기 위해 하나님의 마음을 탐색해야 하며, 그들 스스로 성경, 언어, 수학, 논리학, 역사, 음악, 기하학, 천문학을 공부해야 했다. 따라서 냉소주의 대신 기쁨이 우러나왔고, 그리스도와의 관계가 삶과 학문의 모든 영역에서 기념될 수 있었다. 그리스도인들은 후에 계몽주의에서 만들어진 이성과 계시 사이의 어떤 이분법도 거절했다. 그런 통합은 신세계라고 불린 그들의 정원에서 생명을 잉태했다.

모리슨은 청교도 정신을 선호하지 않았지만, 교육에 대한 그들의 비전과 토대를 "신세계의 지성운동을 위한 역동적 동기"라고 불렀다. 그는 "청교도들의 열정적이고 헌신적인 종교가 아니었다면, 하버드는 존재하지 못했을 것"이라고 주장했다.[4]

거의 4세기 동안 기독교인들은 강의실과 실험실에서 대화를 촉발하고, 파크스트리트 교회와 더불어 노예제 폐지를 위해 싸웠으며, 해외에서 "자원봉사자"로서 자신들의 삶을 희생하고, 하버드 광장에서는 불쌍한 사람들을 돌보며 복음을 실천하기 위해 노력해왔다.

용감한 신세계

오늘날 인기 있는 베리타스 방패(하버드 대학교의 교표 안에 있는 방패를 말함—옮긴이)에는 더 이상 그리스도와 교회가 없다. 마치 만사를 우리의 지혜로 인식하고 통제할 수 있으며 문제는 다만 시간이라는 사실을 보여주려는 듯이, 엎어져 있던 책이 위로 뒤집어져 있다. 현대의 많은 기관들처럼 하버드 역시 학생들 안에서 진리에 대한 열정을 불러일으키고 싶어한다. 비록 추구할 만한 가치가 있는 초월적 진리의 가능성을 무시하는 경향이 강하지만 말이다.

이것은 학생들이 신자보다는 의심하는 자로, 발견하는 자보다는 영원한 탐구자로서(물론 겸손한 발견자는 불굴의 탐구자로 남지만)의 자세를 더 편안해하는 환경을 조성한다.

상대주의로의 변화에 대한 모든 책임이 세속적 학교에만 있는 것은 아니다. 그런 학교는 졸업생들이 진입하는 세상을 형성할 뿐만 아니라 반영도 하기 때문이다. 하지만 이것이 대학 내에서 진지하게 고민한 후 해법을 내놓아야 할 책임마저 면제해주지는 않는다.

최근에 한 법학대학원 교수는 "많은 교수들이 신앙을 잃어버린 채 자리만 보전하는" 사제들처럼 되었다고 걱정했다. 1789년 매사추세츠 법은 현재와는 달리, 하버드 교수들이 자신들에게 맡겨진 젊은이들의 정신에 영향을 끼쳐야 한다고 규정했다.

경건과 정의의 원칙, 진리에 대한 거룩한 관심, 조국, 인류, 박애에 대한 사랑, 냉철함, 부지런함, 검소함, 정숙, 온건, 절제, 그리고 인류사회를 장식하는 다른 가치들….[5]

진리에 대한 거룩한 관심과 이웃에 대한 사랑이 없다면, 모든 것은 허물어지고 만다. "중심이 없다." 우리의 선생들은 "진리"라는 단어를 가르치지 않고, 학생들은 그것을 배우지 않으며, 목회자들은 그것 없이 목회한다. 그 말은 이제 공허하고 표류히는 깃처럼 보인다.

빌리 그레이엄이 하버드 대학 전직 총장에게 "오늘날 학생들의 가장 큰 문제는 무엇입니까?"라고 질문했다. 총장은 대답했다. "공허함입니다."[6]

올해에만 4명의 하버드 학생들이 스스로 목숨을 끊었다. 그중 한 명은 자신의 룸메이트이자 "절친한 친구"를 살인한 후 자살했다. 4학년생 2명은 자선사업을 위해 모금한 수천 달러를 횡령했다. 하나님에 대한 사랑과 지식이 없다면, 우리는 인간이란 존재가 도대체 무엇인지를 망각하게 된다. 우리의 열정은 죽고 영혼은 시든다. 낙엽은 떨어지기 시작하고, 우리는 항상 너무 늦었다고 생각하기 쉽다.

하버드에서 고전적 기독교 사상이 정치적·사회적, 심지어 신학적으로 부적절하다는 것은 더 이상 새로운 뉴스거리가 아니다. 그리스도인들은 흔히 하버드의 반문화로 간주된다. 일부 학생들은 자신들이 아프리카계 미국인, 아시아계 미국인, 또는 외국인 학생이기 때문이 아니라, 일차적으로 그리스도인이기 때문에 강의실에서 소외감을 느낀다고 말한다.

「하버드 가제트」(*Harvard Gazette*)는 1993년 "하버드-래드클리프 연합선교회"(Harvard-Redcliffe United Ministry)의 인본주의 교목들(사람들이 잘 모르는 헌신된 무신론자들)이 "거대한 추종자 그룹, 즉 하버드 전체"를 소유하고 있다는 기사를 실었다.[7] 교목은 세속적 인본주의가 강의실에서 지속적으로 강화되고 있다고 말했으며, 그 신문도 이에 동의했다. 복음과 하나님의 형상(*imago dei*, 하나님의 형상으로 창조된 존재)이 모든 사람을 위한 인도주의, 권리, 지속적인 존중의 가장 확실한 토대를 제공한다는 기독교적 개념은 거의 수용되지 않고 있다.

어떤 학생들은 상대주의가 상대성 이론과 관계된 것이라고 생각하는데, 이것은 아인슈타인도 매우 안타까워했던 오해다. 상대주의는 다원주의 현실과 혼동되고 있다. 많은 사람이 도덕법을 양심과 정의처럼 하나님이 주신 실재라기보다는 하나의 사회적 구성물로 간주하고 있는 것이다.

한 과학사 강사는 자연주의, 우연, 무작위 유전적 변이를 은연 중에 전제하고 강의한다. 9주 후에 한 학생이 강사에게 그녀의 전제들에 대해 질문하며, 우주의 설계 가능성에 대한 개인적 소견을 물었다. 강사는 처음에는 당황하더니, 이후에는 무례하다며 학생을 무시했다.

수많은 단어들이 존재하는 곳에서 우리는 대학이 침묵하는 것을 질문함으로써 배운다. 강의실에서 사람들을 아주 당혹스럽게 만드는 단어가 하나 있다. 그것은 신학대학원생들이 대단한 용기를 내어 "J"-예수(Jesus)-를 언급하는 경우다.

　　　　하버드 천재들, 하나님을 만나다

예상된 것이든 의도된 것이든 침묵은 기존 체제에 도전하는 사람들이 공적 광장에 접근하지 못하도록 차단한다. 역설적으로 기독교처럼 포스트모더니즘과 자유주의도 철학적 다양성을 폐지하기보다 오히려 헌신적으로 기념한다. 하지만 잘못은 우리 모두에게 있다. 각 그룹에는 사상을 자극하기보다 죽이기를 선호하는 요소들이 있다.

우리는 모든 목소리─광야에서 외치는 소리까지─를 환영해야 한다. 본문에서 레베카 베어 포르티우스(Rebecca Baer Porteous)는 이렇게 쓰고 있다.

나는 내가 수강했던 여러 수업 때문에 내적 혼란을 겪었다. 그 수업에서 우리는 더 이상 하나님의 존재 여부에 대해 질문할 수 없었다. 그런 질문을 하도록 한 번도 자극받은 적이 없는 학생은 하나님이 존재하며, 사랑의 하나님을 앎으로써 인간 존재의 목적을 발견할 가능성에서 자신이 완전히 배제된 것을 모른다.

한 졸업식 연설에서 어떤 학생은 이렇게 말했다.

그들은 우리에게 말합니다. 어떤 가치의 우월성을 주장하는 것은 이단이며, 도덕적 주장을 믿는 것은 환상이고, 우리 자신보다 더 건전한 판단에 복종하는 것은 노예제에 불과하다고 말입니다. 우리 시대의 자유는 우리가 좋아하는 어떤 가치에 스스로 헌신하는 것입니다. 다만 우리가 그 가치를 진리로 믿지 않는다는 조건에서 말이지요.[8]

상대주의는 교육의 동기를 제거하겠다고 위협한다. 한때 고귀한 열망이었던 것이 이제는 중립적인 것으로 평준화되었다. 지혜, 덕성, 자유를 헛된 희망의 공허한 단어들로 만들면서 말이다. 상대주의는 우리에게 개인적이고, 그래서 (우리가 듣기에) 평등한 가치들을 구별하지 말라고 가르친다. 그 말은 곧 부모의 헌신, 공상 과학 소설, 마약, 예수, 프로이트, 가상현실, 사이비 도덕 등을 공평하게 대하라는 것이다. 우리 사회의 정신분열증 속에 합법적인 권위와 의미의 원천은 존재하지 않는다. 절대적인 것은 어디에도 없다. 무엇보다 초월과 기쁨의 가능성이 없다.

아마도 이것이 소설가 도로시 세이어즈(Dorothy Sayers)가 다음과 같이 말했을 때 의미한 바가 아니었을까.

세상에서는 그것을 관용이라고 하지만, 지옥에서는 절망이라고 부른다. 목숨을 걸 만한 것이 전혀 없기 때문에, 아무것도 믿지 않고, 아무 것에도 관심을 두지 않으며, 아무것도 알려고 하지 않고, 아무것도 즐기지 않으며, 아무 것에도 목적을 찾지 못하고, 그냥 숨 쉬고 사는 죄 말이다.

오늘날의 젊은 세대들이 이런 상황을 초래한 것은 아니다. 물론 우리들이 맹목적으로 그런 상황에 머물기로 선택한 것은 사실이다. 그 대가는 등록금 이상의 것이지만 말이다. 우리는 뉴스를 볼 때마다 그 사실을 확인할 수 있다. 전쟁, 범죄, 중독, 프리섹스가 수백만 명의 목숨을 앗아가고, 텔레비전의 오락 프로그램은 혐오스러운 것들에 대한 탐욕을 부추긴다.[9] 현대적 윤리는 미국식 룰렛이 되어버렸다. 그것은 중요한 결정 앞에서 도덕적 근거를 고려하지 않은 채 "단지 '아니오'라고 말하라"와 "그냥 그렇게 하라"는 식의 판단만 하면 되는 것이다. 다양성과 이념의 메카인 하버드 광장에 서서 "때로 너의 인생에서 엉뚱한 친절과 정신 나간 선행을 실천하라"는 범퍼스티커를 보면서 우리는 웃어야 할까, 울어야 할까?

엄청난 잠재력을 지닌 학생들이 진리에 대한 영양실조와 자극결핍으로 고통받고 있다. 창조주의 마음에 대한 호기심, 위대한 사랑과 덕에 대한 흥분, 혁신에 대한 상상력, 노동의 존엄성에 대한 열망, 바로 이러한 것들이 우리 세기의 영향력 있는 수많은 지성인들의 마음에서 하나님이 사라지기 전까지 영감받아야 할 교육의 기본적 동기였다. 기술과 진보의 세기가 이제는 역사상 가장 유혈이 낭자한 세기로 불린다. "신은 죽었다"는 니체의 선언이 정말 예언적 통찰처럼 보일 지경이다.

새로운 대화—새로운 세기

학생들은 너무 똑똑한 나머지 자신들이 읽는 것을 믿지 못한다. 올해 하버드-래드클리프 기독학생회(Harvard-Radcliffe Christian Fellowship)가 맞춰 입은 티셔츠에는 "니체는 죽었다"라고 쓰여 있다. 이 문구 밑에는 "하나님"이란 사인도 있다.

『불신의 문화』(*The Culture of Disbelief*)에서 예일 법대 교수 스티븐 카터(Stephen Carter)는 많은 신자들이 세상 속에서 느끼는 바에 대해 이렇게 말했다. "시민들이 공적 영역에서 신앙에 따라 행동하려면 조롱은 물론이고 박해의 위험도 감수해야 한다."

"ABC 월드 뉴스"(*ABC World News*)의 취재에 따르면, 강의실에서 학생들의 신앙은 무시되고 있다. 그러나 그리스도인들은 여기에 저항하지 않고 기도한다―아주 열심히. 수백 명의 학생들이 성경공부와 친교모임에 참석함으로써 복음이 점점 더 중요한 방과 후 수업이 되고 있다.[10] 더 강력한 도전은 강의실 안에서 토론의 수준을 높이는 것이다. 일부 학생과 교수들이 자신들을 위해 설립된 대학의 한복판에서 예수 그리스도의 가르침과 사랑을 합법적으로 드러내는 일을 진지하고 용감하게 고려하고 있다.

그리스도인들은 과학의 영역, 즉 천체물리학, 생화학, 지리학 등에서 창조주의 위엄과 설계와 권능을 탐색한다. 한 세포생물학자는 실험실에서 태아 조직의 이용 가능성에 대해 연구한다. 새로운 대화가 시작되고 있는 것이다.

경영대 학생들은 섬김의 지도력을 실천하며 사회적 진화론에 도전한다. 그들은 윤리학 내에서 도덕적 절대성의 필요에 대해 토론한다. 또한 아동 노동의 관행에 도전하고, 탐욕을 배제한 자본주의의 가능성을 탐구한다.

문학과 예술을 전공하는 학생들 중에는 셰익스피어, 단테, 바흐, 라파엘로, 로세티, 콜리지의 작품들 속에서 흔히 망각되는 성경의 사상과 영감을 발견하는 이들이 있다. 그들은 칸트, 스키너, 듀이, 프로이트, 데리다 같은 사람들의 논리와 영향에 도전한다.

법학대학원 그리스도인 학생들은 인간의 도덕적 선택에 영향을 끼치는 사랑과 감사에서, 법에 대한 은총의 승리를 숙고한다. 사랑과 감사는 사람을 변화시킨다. 그들은 정의와 자비를 도무지 알지 못하는 무정한 사람들의 곁에 함께 서려고 한다.

한 신입생이 미술사학과에 옛 거장들의 일부를 포함한 조사 과목을 개설해달라는 요구를 했다. 그는 해체와 상황주의 이론뿐만 아니라 예술과 예술가들의 폭넓은 역사와 영감에 대해 배우고 싶어한다. 그리고 "문학이나 철학처럼 미술사 역시 우리의 정신과 영혼을 관통하는 미술작품에 대해 연구할 수 있도록 도와준다. 이런 생각을 하버드는 거의 잊어버린 것 같다"고 말한다.[11]

문화전쟁이나 "좌"와 "우"라는 낡은 범주에 싫증이 난 사람들은 공통되고 더 높은 토대를 찾고 있다. 상아탑 너머에서 소수의 "낙태찬성파"와 "낙태반대파" 학생들이 팔을 걷어붙이고 여인들과 아이들을 위한 쉼터에서 함께 일할 때, 그들은 자연스럽게 친구가 된다.

하버드-래드클리프 기독학생회는 매일 "정오기도" 모임으로 모여 기도하면서, 소수 인종 교수들의 채용 확대 필요성에 대해 조사한다. 그들은 금요일 저녁마다 다른 단체들과 함께 모여 "철의 장막 붕괴에 있어 교회의 역할"과 "예수와 다양성의 동력"에 대해 연구한다. 또한 그들은 도체스터처럼 가깝고 쿠알라룸푸르처럼 멀리 떨어진 도시에 사는 가난한 자들을 돕기 위해 애쓰며, 그리스도인 대학원생들과 함께 모여 찬양하고 기도한다.

학생들은 매일 자신들을 섬기는 사람들, 곧 식사를 준비하고 복도를 청소하는 여성들의 수고를 통해 뭔가를 배우고 있다. 일부 학생들은 기도와 상담을 위해 먼저 그들에게 다가가기도 한다. 감사하는 법을 알게 된 학생들은 밥을 더욱 맛있게 먹는다.

수천 명의 학생들이 샌더스 극장에서 열린 하버드 베리타스 포럼 "하나님 찾기"의 작가 대열에 자발적으로 합류했다. 샌더스 극장에서 백 년 동안 그늘에 가려져 있던 세 개의 19세기 방패들이—그리스도와 교회를 위한 진리(*Veritas, Christo et Ecclesiae*)—모습을 드러냈다. 패널토의, 보물찾기, 영화, 음악회를 통해서 몇 세대의 동문들은 재학생들과 하나가 되었다. 그들은 천문학에서 동물학에 이르기까지, 우리의 삶과 복음의 관련성을 탐구한다.

학생들은 인간 역사에 예수의 진리가 주변적인 것이 아니라 핵심적인 것임을 배우고 있다. 그것은 중동에서 시작해 1세기 말에는 아시아, 아프리카, 유럽까지 확산되었다. 교수들을 포함한 모든 진정한 학자들이 예수 그리스도의 도전에 응해야 한다는 사실을 깨닫는 중이다. 예수를 무시하는 것보다 그에게 질문을 던지고, 그의 질문을 받는 것이 지적으로 더 정직하기 때문이다. 21세기는 우리에게 그런 정직을 요구할 것이다.

이 책의 저자들에 대해

예수는 지금껏 무시당해왔다. 왜 그가 무시당하면 안 되는가? 도대체 무엇 때문에 우리는 그의 주장을 재고해야 하는가? 그는 어떤 의미에서 우리의 정신을 일깨우고 만족시키는가? 그 안에 모든 생명이 일치와 일관성(다양성 속의 일치)을 발견하는 진리가 존재하는가? 전 세계 대부분의 대학 설립자들이 이해하듯이, 그는 문화, 민족, 성(genders) 사이의 장애물

 하버드 천재들, 하나님을 만나다

로 다리를 만드는 진리인가?

누군가 주장하듯이 예수가 어떤 의미에서 대각성, 곧 여러 대륙에서 노예제 폐지, 여성 참정권, 인권, 특히 동유럽과 남아프리카의 해방에 동력을 제공했는가? 그가 정말 대학을 포함하여 철학, 미술, 음악, 과학, 문학, 건축, 가정생활을 연구하는 단체들이 탁월한 업적을 내도록 영감을 불어넣었는가? 예수는 지금도 그렇게 할 수 있는가?

이 저자들의 의도는 하버드를 과거의 기독교 대학으로 되돌리려는 것이 아니라, 우리의 삶과 시대에 대해 정직한 질문을 제기하고 탐구하는 것이다. 진보적이고 자유롭게 하는 교육에 결정적으로 기여했던 진리와 의미에 대한 질문들 말이다.

이들은 처음에는 듣기 위해 모였으나 이제는 말한다. 배타적인 태도가 아니라 선하고 (모험을 시도할 만큼) 진실한 사랑에 기초해서 말이다. (현재 미국 전역에서 발전하는) 베리타스 포럼에서 발견되는 이런 이야기들, 우정, 정직함으로 하버드는 열기와 빛을 발산하고 있다. 이 사람들이 "암흑을 저주하는 대신 초에 불을 붙이기를 선택"하기 때문이다. "왜 범죄가 발생하는가?"라는 질문은 "어떻게 하면 내가 덕을 지닐 수 있을까?"라는 질문으로 바뀐다. "왜 우리는 분노하는가?"라는 질문은 "어떻게 하면 내가 용서할 수 있을까?"라는 질문으로 변한다. "왜 절망이 존재하는가?"라는 질문은 "나의 희망은 무엇인가?"라는 질문으로 대체된다.

예수 그리스도의 삶의 역사성과 결과 때문에, 이런 희망은 결코 "신화적"이거나 "어처구니없는 것"이 될 수 없다. 신약성경을 대강 훑어보기만 해도 당신은 예수가 잊힌 자들, 잃어버린 자들, 모든 인종과 신앙의 사람들을 위한 온유와 위엄의 혁명이었음을 발견할 것이다. 그는 여성, 아동, 겸손한 마음을 가진 모든 사람의 지위 향상을 위해 문화적 규범을 뒤엎었다. 예수는 낙담한 사람들을 열광하게 했다. 이 책의 저자들이 자세히 묘사했듯이, 그는 여전히 생명의 공급자로 남아 있다.

하버드 안에서 어떤 것에 대해 공감대를 형성하는 두 사람이 모이는 일은 극히 드물다. 특히 다양한 문화와 직업을 배경으로 모이거나, 젊은 이와 노인, 유명한 사람과 유명하지 않은 사람이 함께 모이는 경우는 더욱 그렇다. 그들은 개신교 신자, 정교회 신자, 성공회 신자, 혹은 가톨릭 신자로서가 아니라 단지 그리스도인으로서 이 책을 집필했다. 본문에서 저자들은 교수와 전문직업인이 아닌 대부분의 우리들처럼 불완전하며, 은총에 의해 구원받은 인간으로서 발언한다.

어떤 이들은 전쟁, 질병, 가난, 마약으로 꿈이 산산이 부서진 이웃들 곁에서 함께 고통을 겪는다. 치열한 경쟁의 현장에서 그들은 읽던 책을 내려놓고 동료들의 이야기에 귀를 기울인다. 많은 사람들이 죄수, 한부모, 환자, 많은 것을 잃어버린 노인들을 위로한다. 그들은 월스트리트, "제3세계", 미국의 전쟁지역, 교외, 의회, 심지어 할리우드에도 도전과 희망을 전한다. 종교가 아닌 생명의 부름을 받았기 때문에, 가난한 자들과 부유한 자들의 언어 아래 흐르는 절규를 듣는 것이다.

이 책의 첫 번째 저자는 망가진 것들의 가치를 드러낸다. 이런 여행에서 각 저자는 도덕적 판단력 시험에 정답을 제시하기보다는 진정한 인간적 친절에 더 많은 관심을 보임으로써 진리 속으로 들어간다. 심지어 고통 속에서도 그들은 삶이 심오하고, 광대하며, 살 만한 가치가 충분하다

 하버드 천재들, 하나님을 만나다

는 사실을 발견한다.

이 저자들은 평생교육에 영감을 불어넣는 은총의 순간에 감동을 받았다. 이 책의 제목을 "하버드에서 하나님께 발견되다"(*Found by God at Harvard*)라고 해야 했는지도 모르겠다. 그분이 우리를 발견하고 사랑한 것만큼 우리가 진리(*Veritas*)를 발견하고 사랑하지 못했기 때문이다. 삶을 보물찾기라고 한다면, 나는 이 이야기들과 저자들이 지도와 보물이 될 수 있음을 독자들이 발견하기를 소망한다. 자, 이제 시작해보자. 우리를 사랑하고, 우리가 사랑할 수 있도록 자유롭게 하는 살아 있는 진리에 대해 질문을 던지면서 말이다.

켈리 먼로 컬버그

1992년 하버드에서 열린 첫 번째 베리타스 포럼

1996년 하버드에서 열린 베리타스 포럼에서, 이 책의 저자들 모임. 왼쪽부터 제프리 바네슨, 빌 에드거, 토드 레이크, 포 리안 림, 찰스 말리크, 켈리 먼로 컬버그(마이크를 잡고 있다), 이브 페레라, 로드니 피터슨

하버드의 베리타스 방패

로버트 코울스 교수

짐 쇼우와 베라 쇼우

오언 깅그리치

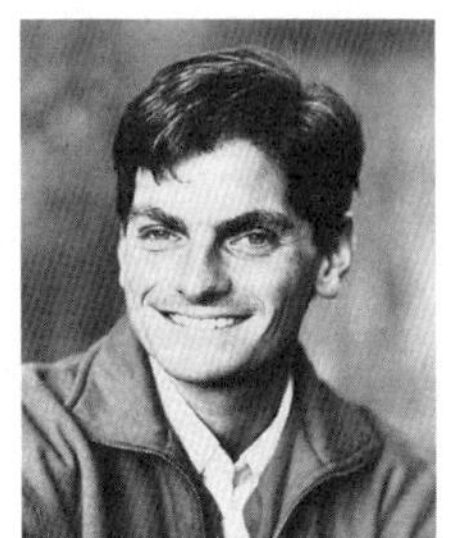

폴 와일리

엘리자베스 돌

마더 테레사

하버드 쿰바 싱어즈

아이티 친구들과 함께 진료소를 짓고 있는 하버드 대학원 기독학생회

제1장

질문과 전환

지혜로운 자가 어디 있는가?
학자가 어디 있는가?
이 시대의 철학자는 어디 있는가?
하나님은 이 세상의 지혜를 어리석게 만들지 않았는가?
하나님의 약함이 인간의 강함보다 더 강하다.

사도 바울(고전 1:20, 25)

우리는 지성인들이 습관적으로 잊어버리는 것을 기억해야 한다. 사람들이 개념보다 중시하며 우선해야 하는 것 말이다. 모든 폭정 중에서 최악의 것은 무정한 사상의 독재다.

폴 존슨, 『지식인의 두 얼굴』(*Intellectuals*, 을유문화사 역간)

[많은 지성인을] 특징 짓는 것은 지나친 생각이 아니라, 기름지고 관대한 감정의 결핍이다. 그들의 머리는 보통 사람들보다 크지 않다. 그들이 그렇게 보이는 것은 가슴이 좁기 때문이다.

C. S. 루이스, 『인간 폐지』(*The Abolition of Man*, 홍성사 역간)

내 안에 울고 있는 이 아이를 당신이 보았다면, 당신은 실망했겠지요.
지금 물가에서, 막 사라지려 합니다.
나는 당신이 내 뒤에 계심을 알지만,
당신은 여기 있는 나를 어떻게 찾았나요?

데이비드 윌콕스

피할 수 없는 질문

레베카 베어 포르티우스

"외로운 삶을 산다는 것은 무슨 뜻일까? 어떻게 사람들은 의미와 목적이 있는 삶을 산 수 있을까?" 그리스도인으로서 나는 그런 질문에 대한 해답이 있음을 이미 알고 있었다. 하지만 그 답이 세속 대학에서는 어디에 적용되었던가?

레베카 베어 포르티우스(Rebecca Baer Porteous)는 듀크 대학교에서 윤리와 신학 분야 박사과정에 있다. 그녀의 아버지 리처드 베어는 코넬 대학교에서 환경윤리를 가르치고 있고, 그녀는 아버지로부터 영감을 얻는다. 현재 레베카는 남편과 함께 남아프리카공화국의 요하네스버그에 살면서 가르치는 일을 하고 있다. 1987년에 하버드 대학교를 졸업한 후 짐바브웨에서 공부했고, 로버트 코울스의 강의 "사회적 반성의 문학" 섹션들을 맡기 위해 돌아왔다.
레베카는 버려진 물건들을 창조적으로 재활용하는 것을 하나님 작품의 한 상징으로 간주하기 때문에, 하버드와 듀크에 있는 동안 "쓰레기통 뒤지기" 여행을 즐겁게 이끌었다.
그녀는 "부모님과 재세례파 조부모님들이 큰소리로 읽어주는 성경말씀을 들으며 성장한 덕에, 지혜가 삶에 필수적이며, 소중하게 여기고 추구해야 할 대단한 가치라는 사실을 배웠다"라고 말한다. 그녀의 생각들은 이런 기억에서 기원한다.

나는 가끔 조용히 앉아서 책장 위에 있는 바구니를 바라본다. 거기에는 깨진 병, 금이 간 접시, 망가진 유리 팔찌, 흙으로 만든 냄비 조각, 세라믹 반지, 사용하지 않는 점화플러그 따위로 가득 차 있다. 사람들은 내 방에 들어와 잡동사니로 가득 찬 바구니들(내 방에는 이런 바구니들이 여러 개 있다)을 볼 때마다 웃음을 터뜨린다.

내가 조용히 앉아 있으면 그 부서진 조각들은 삶이 조각난 사람들의 이야기를 들려준다. 그 바구니에 담긴 첫 번째 유리 조각은 매사추세츠 주의 케임브리지에서 열린 도시주택 프로젝트에서 가져온 것이다. 깨진 약병 조각은 내 마음에 프로젝트와 관련되었던 겸상적혈구빈혈증에 걸린 한 흑인 소녀를 떠올리게 한다. 그 소녀의 삶은 고통과 상처로 얼룩져 있었고, 미래에 대한 희망은 찾아보기 힘들었다. 다른 조각은 샐러드 접시로 쓰였던 것인데, 친구에게 빌려왔다가 실수로 깨뜨린 것이다. 이것은 마치 부주의한 행동으로 깨어진 우정 같다. 유리 팔찌는 인도에서 온 것으로, 쉽게 깨질 수 있지만 싼 값에 교체할 수 있는 약하고 미묘한 물건이다. 이것은 비싼 지참금 때문에 불타거나 살해되는, 가난에 찌든 인도 아내들의 삶과 비슷하다. 점화플러그는 남아프리카공화국의 프레토리아 밖에 위치한 마을 마메로디에서 온 것이다. 나는 플러그를 들고서 권력이 없는 사람들의 부서진 삶에 대해 생각해본다. 그 사회에서도 일부 사람들은 위세등등하게 살고 있다. 그들은 성공하여 과학기술을 보유한 현대세계에서 안락한 삶을 영위한다. 그것은 곧 내 삶이기도 하다. 나는 자가용과 은행계좌, 그리고 일정한 수입을 갖고 내 소유의 집에서 편하게 살고 있다. 다음으로 나는 콜라병 파편을 집어들고, 나와 같은 삶들에 대해 생각한다. 이번 학기에 내가 아는 듀크 대학교의 학부생 두 명이 자살을 시도했다. 매년 개인당 250병씩 "진정한 음료"(콜라)를 소비하지만, 이곳 미국에서 "성공한" 우리는 무수히 많이 깨지고, 망각되고, 기진하고, 노출되고, 부서진 인생으로 끝난다. 마치 길가에 흩어져 있는 콜라병 파편들처럼 말이다.

참으로 서글픈 사실은 우리 자신 안에 이런 상처가 너무 많다는 것이다. 설명하기 어렵지만 사랑하고 싶은 사람들에게 우리는 사랑 대신 상처를 준다. 한때 우리가 소망했던 헌신을 지속하는 일이 어렵기 때문에, 우리는 함께 시간을 보내고, 심지어 결혼을 약속한 사람에게도 싫증이 나고 화를 낼 수가 있다. 때로는 진심으로 말하고 싶고, 오랫동안 하고 싶었던 것으로부터 겁이 나서 도망칠 수도 있다. 그래서 우리는 불평하며, 냉소적으로 변하고, 삶에 대해 실망한다. 하지만 그 이유를 정확히 알 수는 없다. 사도 바울은 약 2천 년 전에 "나는 내가 하고 싶은 일은 하지 않고, 정작 하고 있는 일은 내가 싫어하는 일이다"라고 말했다. 솔직히 말해서 우리 중에 그 말에 동의하지 않을 사람이 누가 있겠는가? 우리는 성공하기 위해 효율적인 계획을 세우고, 일에 몰두하며, 소비하고 오락하는 법을 배웠지만, 조용한 시간에는 우리 자신이 깨진 조각, 조각난 기억, 부서진 희망으로 가득 찬 그 바구니와 같음을 깨닫는다.

그 순간 몇 개의 질문들이 떠올랐다. 만약 하나님이 존재하지 않는다면, 우리 자신 외에 아무것도 없다면, 어떻게 희망이 존재할 수 있을까? 어떻게 우리는 그토록 혐오한다고 말하면서, 정작은 스스로 끊임없이 되풀이하는 파괴적 반복에서 벗어날 수 있을까? 철저히 무신론적인 관점에서 볼 때, 나는 유물론적 결정론밖에는 이것을 설명할 수 있는 것이 없다고 생각했다. 모든 것이 단단하게 연결된 인과론의 고리라고 말이다. 모든 동작은 반작용을 일으킨다. 모든 행동은 자극에 대한 단순한 반응에 불과하다. 하나님이 없다면, 곧 누군가 침입하여 우리 자신, 우리의 파괴적 선택, 우리가 느끼고 행동하는 방식으로부터 우리를 해방시킬 가능성이 없다면, 스스로 만든 지옥 외에 무엇이 남을까? 용서와 자비가 없다면, 우리 중 누가 세상에서 살아가는 모든 방식의 결과를 정직하게 대면할 수 있을까?

대학생이었던 당시 나는 이런 생각을 했다. 우리 삶이 비인격적 원인에 의해 결정된다면, 초월적인 것은 존재하지 않을 것이다. 왜 사람들은 자신의 일에 열정을 품는가? 도대체 무엇 때문에 사람들은 그림을 그리고 가르치고 창작하며, 열정적으로 그런 프로젝트에 헌신하는가? 왜 소설가들은 글을 쓰기 위한 창작의 고통을 감수하는가? 나는 영문학 교수들이 작가와 예술가들로 하여금 글을 쓰고 창작하도록 자극했던 질문과 생각에 대해 토론하지 않고, 오직 소설과 시의 역사적 배경이나 문체 분석에만 집중하는 것에 실망하고 절망했다. 그들은 정녕 무엇을 말하고 싶었던 것일까?

3학년 때 나의 주요 관심 분야는 사회과학이었다. 특히 칼 마르크스가 내 흥미를 끌었다. 나는 한 남자를 일생 동안 가난과 불안 속에 살면서 집필에 몰두하도록 만든 것이 도대체 무엇이었을지 깊이 고민했다. 마르크스의 철학적인 저서들 속에서, 나는 이렇게 질문하는 남자를 만났다. "풍요롭고 의미 있는 삶을 산다는 것은 무엇일까?" 그리스도인으로서 나는 그런 질문에 대한 해답이 있음을 이미 알고 있었다. 진리는 하나님의 은총으로 계시되는 것이지 결코 조사에 의해 규명되는 것이 아니라고 믿었기 때문에, 질문하는 법을 이미 배운 것이다.

하지만 이런 질문은 강의실에서 언급되지 않는다. 우리는 마르크스의 역사관, 롤스(Rawls)의 본래 입장, 성적 피조물로서 인간에 대한 프로이트의 생각을 이해하고 설명해야 했다. 하지만 어떤 교수도 우리에게 이런 견해들이 진리라고 생각하는지에 대해서는 묻지 않았다. 인간본성, 도덕성, 사회에 대한 수업들은 조직적으로 형이상학적 질문들을 피했다. 우리가 공부한 이론가들은 정확히 그런 질문에 답하기 위해 글을 썼음에도 말이다. 인간이 된다는 것은 정말로 무엇을 의미하는가? 이 질문은 선험적인 것으로 배제되었고, 비경험적이고 상대적이며, 학문적으로 고려할 만한 가치가 없는 것으로 무시되었다. 그 대답이 지극히 주관적이고 감정적인 것으로 간주되었기 때문이다.

정치학, 사회학, 자연과학을 통해 우리가 습득할 수 있었던 "지식"은 흔히 관찰된 현상, 예측 가능한 모델을 발전시켰던 정보에 한정되었다. 그 모델은 그런 세계를 충분히 경험적으로 묘사하고, 그 세계가 어떻게 작동하며, 특정한 방식으로 다룰 때 어떤 결과를 가져올지에 대해 발언할 수 있었다. 하지만 아테네 폴리스에서 살았던 아리스토텔레스가 아니

라, 지금 여기서 진정으로 선한 삶이 무엇인지에 대해 묻는 것은 허용하
지 않았다.

시간이 지나면서 나는 내가 선택한 많은 수업으로 인해 깊은 좌절감
을 맛보아야 했다. 형이상학적 질문, 지혜에 대한 의문을 던지지 않는 정
신세계는 더 이상 하나님이 존재하는지에 대해 물을 만큼 개방적이지 않
았다.

하나님은 존재하지 않으며, 따라서 선과 악, 어떤 것에 대한 도덕적 진
리도 존재하지 않는다고 주장했던 샤르트르가 옳은 것인가? 한 번도 그
런 질문을 던지도록 자극받은 적이 없는 학생, 그런 질문에 대한 정답이
존재할 수도 있다고 생각할 기회 자체가 박탈되었던 학생은 하나님이 존
재하며, 사랑의 하나님을 알 때 우리가 인간 존재의 목적을 발견할 수 있
고, 또 예수 그리스도를 통해 표현된 그의 사랑을 경험할 때 삶에 대한 희
망을 발견할 수 있다는 가능성에서 철저히 배제된 것이다.

졸업 후 몇 년이 지나서 나는 여름 학기 사감으로 하버드에 돌아왔는
데, 학생들에게서 영적 혼란과 굶주림을 발견하고 충격을 받을 수밖에
없었다. 기독교적 배경에서 자란 한 여학생은 간절히 하나님을 찾고 있
었으나, 자신이 하나님을 볼 수 없다는 사실에 거듭 절망했다. 몇몇 다른
학생들은 자신들이 목숨을 바쳐서 해야 할 일을 찾기 위해 진지하게 고
민하고 있었다. 나는 그들에게 자신이 어떤 사람이 되어야 하며, 왜 그래
야 하는지에 대해 답하기 전까지는 자신이 무슨 일을 해야 하는지 알 수
없을 것이라고 말해주었다. 대부분의 사람은 각자가 대면하고 있는 이런
궁극적 질문들을 피하는 것 같다. 마틴 루터 킹 2세는 이것을 간단하게

                          제1장 질문과 전환

표현했다. "사람은 자신의 목숨을 걸 만한 일을 발견하기 전까지는, 아직 사람이 아니다."

내 자신이 깨어지고 내 주위가 깨어진 사람들로 둘러싸였을 때, 나는 하나의 답, 빛, 강력한 치유의 희망을 발견할 수 있었다. 그것은 내게 용서를 안겨주고, 지혜와 생명을 전해준 희망이다. 나는 지적·감정적 허기, 즉 정의에 대한 갈증을 해결해줄 수 있는 음식을 발견했다. 이제 그 음식은 찾고, 기념하며, 예배하고, 활동하는 에너지가 된다.

흑인 소녀의 이해할 수 없는 기도

로버트 코울스

그래도 나는 그들을 위해 기도할 수 없다고 확신했다. 그런 상황에서의 내 시나리오는 이렇다. 나는 우선 경찰을 부를 것이다. 하지만 루비는 경찰을 부를 수 없다. 경찰들 역시 폭도들의 편이기 때문이다.

로버트 코울스(Robert Coles)는 사회인류학자이자 정신분석학자다. 그는 하버드에서 의료인문학, 정신병학, 문학 등의 강의를 하고 있다. 퓰리처상을 받은 다섯 권짜리 시리즈 『위기의 아이들』(*The Children of Crisis*), 『이야기들의 초청』(*The Call of Stories*), 『가르침과 도덕적 상상력』(*Teaching and the Moral Imagination*), 『아이들의 영적 생활』(*The Spiritual Life of Children*), 『하버드 일기』(*Harvard Diaries*) 등의 책을 낸 저자이기도 하다. 「뉴옥스퍼드리뷰」(*The New Oxford Review*)라는 가톨릭 정기간행물을 발간하는 데에도 많은 도움을 준 바 있다.

그의 삶과 말에 대한 재능은 우리가 윤리성을 형성하는 데 해설가적인 역할을 한다. 코울스의 친구이면서 물리학자이자 시인인 윌리엄 카를로스는 친구들이 코울스 교수의 일과 삶에 중요한 영향을 미쳤다고 말했다. 코울스 교수는 『사회를 반영하는 문학』(*The Literature of Social Reflection*)에서 자신의 학생들에게 다음의 이야기를 한다.

연방 판사가 4명의 흑인 어린이들에게 뉴올리언스에 있는 백인 초등학교로 등교하라는 판결을 내렸을 때, 그곳 사람들은 자부심을 갖고 있었던 자신들의 도시, 즉 유서 깊고 세계적인 항구 도시에 악마의 화신이 온 것 같은 반응을 보였다. 그들의 분노는 결국 길거리에서 시위와 데모를 하는 것으로 폭발했다.

나는 1958년에 공군에 징병되었다. 당시 나는 정신분석학자였기에 미시시피의 빌럭시라는 곳의 정신병원에 발령받았다. 뉴올리언스는 인종차별과 사회적 분노가 극심한 도시였는데, 공군 정책의 어떤 부분과 내가 마찰이 있었던 차에 그곳에서 정신분석을 받으면서 그 사실을 알게 되었다.

언젠가 약속 시간에 여유가 생긴 어느 날, 나는 두 백인 초등학교에서 무슨 일이 일어나는지 알아보기 위해 잠시 학교에 가보기로 했다. 크게 소리를 지르는 한 무리가 프란츠 초등학교 교문 밖에 서 있었다. 오후 두 시쯤이었는데 그들은 누군가를 기다리고 있었다. 무리 중 한 아이에게 자초지종을 물었더니 30분 정도만 있으면 "그 여자아이"가 나타날 것이라고 했다. "그 여자아이"가 누군지 묻자 많은 이야기를 해주었는데 모두 저주와 욕설뿐이었다. 나는 약속에 늦더라도 이 상황을 끝까지 지켜보기로 마음먹었다.

잠시 후 학교 앞에 루비 브리지스라는 여자아이가 나왔다. 연방 보안 관이 그 어린이와 동행하고 있었다. 아이를 보자마자 사람들은 술렁거리기 시작했다. 무리는 갖가지 욕설을 하며 주먹으로 루비 브리지스를 치려 했고, 어떤 이들은 죽이겠다고까지 협박했다. 나는 그 아이가 차를 타고 떠난 다음에 그 학교에서 누가 나올지 궁금했다. 그러나 그 다음에 하교하는 학생은 아무도 없었다. 프란츠 초등학교에 다니는 모든 백인 학생이 등교를 거부한 것이다. 1960년 가을에 한 흑인 어린이가 미국의 백인 초등학교에 다니기 원했던 일이 있었으며, 이것은 미국 역사의 한 페이지가 되었다.

남부로 내려가기 전에 나는 보스턴에 있는 한 아동병원에서 일을 했는데, 그곳에는 미국에서 마지막으로 유행한 소아마비에 걸린 아이들이 있었다. 그때 나는 아이들이 받는 스트레스에 대해 연구해서 미국 정신의학협회에 발표했다.

뉴올리언스에서 다른 연구를 해도 괜찮지 않을까라는 생각이 들었다. 사회적 스트레스는 이곳에도 역시 존재했고, 그곳에서 집으로 돌아가기 전에 다른 연구를 할 수 있을 것 같았다. 그리고 정말 미국 정신의학협회에서 다른 논문을 발표하게 되었다.

뉴욕과 써굿 마셜에서 활동하는 흑인 정신분석가이자 NAACP (유색 인종 발전을 위한 연방협회)의 법정 자금 대리인 케네스 클라크에게 도움을 요청해 루비와 그녀의 가족들을 만날 수 있었다. 그녀의 가족은 끔찍한 스트레스에 매우 괴로워하고 있는 것 같았다.

"루비, 요즘은 어떻게 지내니?"

루비는 일주일에 두 번씩 그 질문에 잘 지낸다고 대답했다.

"브리지스 부인, 루비는 잘 지냅니까?"

"네, 잘 지내고 있어요."

나는 이런 질문을 하는 법을 소아과학과 아동 정신분석학을 공부하면서 배웠다. 이러한 질문을 할 때에 보통은 매우 혼란스러운 대답을 기대하기 마련이다.

"부인, 아이가 잠은 잘 자나요?"

"네, 잘 잡니다."

"정말 잘 자나요?"

"네."

"먹는 건 어떤가요?"

"네, 잘 먹어요."

"정말 확실히 잘 먹나요?"

"네."

"학교에서 친구들과의 관계는 어떤가요?"

"잘 지내는 것 같아요. 잘 놀고 소리 내서 책을 읽으려고 노력해요. 1학년이라 이제 겨우 책 읽는 법을 배우고 있어요."

"화를 내거나 짜증을 부릴 때는 없나요?"

"화를 낸 적은 없었어요."

아마도 루비의 부모는 이러한 증상들을 발견할 줄 모르는 것 같다. 보스턴 외곽의 부유한 동네에 사는 나의 부모님은 그러한 증상들을 잘 찾아냈다. 루비는 인지하고 있는 것 이상의 혼란스러움을 경험하고 있으며,

       제1장 질문과 전환

그 사실은 결국 자신이 스스로 깨닫거나 혹 그렇지 못한다면 내가 그것을 발견할 것이라고 생각했다. 발견하는 즉시 루비에게, 그리고 이 소식을 기다리는 세상을 향해 말할 것이다.

그러나 내가 예상했던 것과 달리 며칠은 몇 주를 넘겼고, 몇 주는 몇 달이 되었다. 교실에 혼자 남아 있는 루비를 지켜보던 담임교사는 이렇게 말했다.

"저는 루비의 마음을 도통 모르겠어요. 루비는 정말 행복한 것 같아요. 항상 활기찬 모습으로 등교하거든요."

루비는 언제나 연방 보안관의 보호를 받으며 많은 사람의 사이를 통과해서 등교해야 했다.

"혼란스럽기는 저도 마찬가지예요. 간혹 스스로를 강력하게 무장시키려는 경향의 사람들은 엄청난 스트레스를 받고 있는 사람이거든요. 그런 사람들이 얼마나 위험한 혼란을 겪는지를 알아내는 데는 정말 오랜 시간이 필요해요."

나는 갑자기 아동 정신분석학과 레지던트였을 때 배웠던 것이 생각났다.

"선생님, 루비에게 그림을 그리게 하세요. 그 그림에 무언가 나타날 거예요."

루비의 그림은 아주 흥미로웠다. 그림 속에서 백인은 크고 힘이 센 존재로, 흑인은 약하고 작은 존재로 그려졌다. 루비에게 그 점을 말했더니 "맞아요. 백인들은 정말로 힘이 세요"라며 맞장구쳤다. 루비에게는 대단한 발견도 아니었다.

나는 계속해서 루비가 무엇을 하고, 어떻게 지내는지 물어봤다. 지독히 가난한 부모 밑에서 자란 여섯 살짜리 아이는 자신의 부모가 자기 이름도 못 쓰는 문맹이라는 사실을 인지하기 시작했다. 아이와 부모 모두가 매일 극심한 스트레스를 받으면서 살아가고 있었는데도 불구하고 그들은 도무지 불평을 모르는 사람 같았다. 내가 자랐던 보스턴의 중산층 아이들(지금 생각하니 모두가 백인이었다)은 작은 문제만 있어도 세상 모든 시름을 떠안은 것처럼 굴었는데, 그것과는 대조되는 모습이었다. 나는 이 상황을 어떻게 설명해야 할지 고민해보았지만 도무지 답을 찾기 어려웠다. 내가 아는 모든 지식과 정보를 동원해보았지만 실망감만 커질 뿐이었다.

루비는 세 살 때 뉴올리언스로 이사 왔다. 그녀의 부모는 그린빌 근처에서 소작농으로 일했다. 1960년대 후반과 1970년대 초반에 우리는 "가난한 사람들" 혹은 "가난한 흑인들"이라는 명칭이 문화적으로 불이익을 당하고 박탈당한 사람들로 통용된다고 배웠다.

루비의 아버지는 관리인으로 일했고, 어머니는 밤늦게까지 남의 집 가사일을 돌봐야 했다. 브리지스 부부는 자녀들만큼은 자신들의 세대보다 더 나은 삶을 영위하길 바랐을 것이다.

어느 날 루비의 담임교사가 말했다.

"아침에 루비가 등교하면서 길거리에 있는 사람들과 이야기를 하더군요. 잠시 멈춰서, 그 사람들에게 말을 거는 것 같았어요."

루비가 등교하는 아침 8시쯤에는 학교 앞에 50명 정도의 사람들이 그녀를 기다렸고, 50-75명 정도는 루비가 하교할 때를 기다렸다.

그날 밤 나는 루비의 집에 가서, 그녀에게 물었다.

　　　　제1장 질문과 전환

"오늘 하루는 어땠니, 루비?"

"좋았어요."

"오늘 루비 담임 선생님과 이야기를 했는데 선생님께서 루비에게 무언가 질문을 하셨다고 하시더라."

"글쎄요. 기억이 잘 안 나요."

"루비가 오늘 아침, 길거리에 있는 사람들과 무언가 이야기를 하는 것 같다고 하시던걸?"

"아, 선생님께는 아무 말도 안 했다고 했어요. 저는 그저 그들을 위해 기도했을 뿐이거든요."

"아침에 그곳에서 그 사람들을 위한 기도를 했다고?"

"네."

"정말이야?"

"네."

"왜 그런 거야?"

"그들에게는 기도가 필요하다고 생각해요."

"그래?"

"네."

"왜 그들에게 기도가 필요하지?"

"그게 당연해요."

"왜 그렇지?"

"그냥 당연히 그래야 해요."

그때 그녀의 어머니가 방에 들어와서 우리의 이야기를 듣고 말했다.

"저희가 루비에게 그들을 위해 기도해야겠다고 이야기해주었어요."

루비는 자신의 기도 목록에 그 사람들을 올려놓고 매일 밤 기도한다고 했다.

"정말 그러니, 루비? 그들을 위해 밤마다 기도한다고?"

"네, 그럼요."

"도대체 왜 그런 기도를 하지?"

"음, 그들에게는 기도가 필요해요."

루비는 주일학교에서 그들을 위해 기도해야 한다는 것을 배웠다고 했다. 나중에 그녀가 다니는 침례교회의 목사님 또한 그들을 위해 계속해서 기도하고 있었다는 것을 알았다. 매 주일 공개석상에서 말이다.

루비의 어머니와 이야기한 후 나는 루비의 아버지에게 말했다.

"그런 지나친 기도를 루비에게 요구하시다니 정말 놀랍습니다. 저는 이제야 루비가 어떤 일을 겪는지 알았습니다."

내가 그 말을 하자 그들은 나를 아주 이상하게 쳐다보았다. 브리지스 부인이 먼저 말했다.

"저희는 아이에게 상처를 주려고 기도하라고 가르치는 게 아닙니다. 다만 모두가 그런 자들을 위해 기도해야 할 필요가 있다고 생각해요. 물론 루비도 마찬가지고요."

그녀는 내 눈을 쳐다보며 물었다.

"그들에게 기도가 필요하지 않은가요?"

"필요합니다. 저도 그 부분은 동의해요. 하지만 그들을 위한 기도를 루비에게 요구하는 것은 지나친 처사가 아닌가요?"

나는 아내에게 내 생각을 말했다.

"도무지 이해할 수가 없어. 루비가 왜 그들을 위해 기도해야 하지? 루비는 기도하지 않고도 충분히 이 상황을 견딜 수 있을 것 같은데…."

"그건 당신 생각일 뿐이에요. 루비 생각은 다를걸요. 당신이 루비처럼 하루 두 번씩 그 무리 사이를 지나가야 한다면 기도 말고 무엇을 할 수 있을 것 같아요?"

"다른 건 모르겠지만, 확실한 건 나는 나를 죽이고 싶다고 말하는 사람들을 위한 기도는 할 수 없어."

아내는 나를 이해시키기 위해 다음의 이야기를 들려주었다.

"당신이 하버드 교수 모임에 갈 때마다 폭도들을 지나쳐야만 갈 수 있다고 생각해봐요. 경찰도 당신을 보호해주지 않고 아침저녁으로 폭도들 사이를 지나가야 한다면 당신이 과연 무슨 일을 할 수 있겠어요?"(뉴올리언스 지방 경찰은 루비를 보호해주지 않아 연방 보호관이 그 일을 대신 한 것이다)

그래도 나는 그들을 위해 기도할 수 없다고 확신했다. 그런 상황에서의 내 시나리오는 이렇다. 나는 우선 경찰을 부를 것이다. 하지만 루비는 경찰을 부를 수 없다. 경찰들 역시 폭도들의 편이기 때문이다. 그 다음은 최대한 빨리 변호사를 구할 것이다. 루비에게는 변호사도 없었다. 그녀는 태어날 때에도 의사의 도움을 받을 수 없었다. 마지막으로 나는 내가 할 수 있는 모든 말과 지식으로 폭도들을 공격할 것이다. 그러나 그들이 어떤 사람인가, 그들은 매우 병적이다. 사회경제학적으로, 심리사회학적으로, 사회문화적으로, 심리역사적으로 그들은 이미 한계 상황에 직면해 있다. 그러나 루비는 그들을 공격할 만한 사회심리학적 언어를 전혀 몰랐고, "레드넥"(redneck, 미국 남부의 교양 없는 가난한 백인 노동자를 경멸하며 일컫는 말—옮긴이)이라고 부를 줄도 몰랐다.

네 번째 반응은 물론, 아내와 내가 함께 동의했는데 내가 당한 일들을 글로 쓰는 것이었다. 책으로 출판할 수도 있을 것이다. 하지만 루비는 1학년이고 이제 겨우 글을 쓰고 읽는 법을 배우고 있다.

아내와 나는 1960년대에 남부지방 흑인으로 매우 가난하게 태어난 아이들을 테네시의 리틀록과 클린턴, 이후 애틀랜타 등지에서 많이 알게 되었는데, 루비를 비롯한 그 아이들은 자신들을 괴롭히는 폭도들을 위해 기도했다. 대체 그들을 기도하게 만든 것은 무엇일까? 인간의 존엄성? 기도의 존엄함? 그 일이 있은 지 몇 주 후에 나는 다시 루비에게 기도에 관한 질문을 했다.

"나는 아직도 네 기도가 혼란스럽구나. 대체 너는 왜 너를 핍박하는 사람들을 위해 기도해야 한다고 생각하는 거니? 나는 도무지 이해할 수가 없구나."

"음, 그것은 특별히 제가 해야만 하는 일이니까요."

"왜 네가 특별히 해야 하지?"

"만약 그 사람들이 아저씨에게도 저한테 했던 행동을 그대로 한다면, 아저씨 역시 그들을 위해 기도해야 하니까요."

루비는 내게 주일학교에서 배운 이야기를 해주었다. "예수님은 사람들 때문에 고난을 당하셨지만 그럴 때마다 그들을 위해 '하나님, 저 사람들을 용서해주세요. 저들은 스스로 무슨 일을 하고 있는지 모르고 있습니다'라는 기도를 했다"고 목사님이 가르쳐주었다는 것이다. 그리고 루비는 그 예수의 가르침을 자기가 살고 있는 1960년대 뉴올리언스 거리에 적용하고 있었다. 그러한 일을 내가 심리학적으로나 혹은 다른 방식으로 설명해줄 수 있을까?

나는 루비가 자신이 하는 말의 의미를 이해하지 못했을 거라고 생각했다. 이런 생각을 아내에게 말했더니 아내는 이렇게 대답했다.

"루비는 적어도 진실을 말했잖아요. 부자이고 권력자인 게다가 백인이기까지 한 사람들을 많이 보았지만 그들은 루비처럼 진실을 말하지 않아요."

"나도 그들 중 하나지. 나도 진실을 말하지 않을 테니 말이야."

"바로 그거예요."

나는 지금 무엇을 해야 할지 생각해보았다. 투비의 *가족*을 마조히스트(masochist)로 취급해야 하는가? 아니면 스스로도 이해하지 못하는 말을 하는 사람들이라고 해야 할까? 그들이 대학을 나오지 못했기 때문에, 예수가 자신을 핍박하는 자들을 위해 용서를 구하는 기도를 할 때 거기에 담긴 철학자들이나 신학자들이 해석한 의미를 알지 못해서 그랬을까?

내가 사람들에게 그 길거리의 폭도들에 대해 이야기했을 때 그들은 모두 하나같이 무지하다고 했다. 사람들은 그들을 레드넥이라고 불렀고, 폭도들의 행동은 그 말에 설득력을 실어주었다. 길거리의 빈민들은 무지했고, 교육을 받지 못했다는 말은 매우 그럴듯해 보였다.

아내와 나는 20세기 역사를 되돌아보는 일 말고는 할 수 있는 일이 없었다. 1920-1930년대 독일은 세계 역사상 교육이 가장 잘된 나라들 중 하나로 통했다. 괴테, 실러, 프로이트, 아인슈타인의 나라로도 잘 알려진 독일은 풍요로운 문화적 환경을 바탕으로 한 훌륭한 대학이 많았다. 당시 독일에는 훌륭한 과학자, 예술가, 음악가들도 많이 있었는데 세계 역사상 그보다 더 문명화된 사회는 없었을 것이다. 그런 독일에 1933년 1월, 히틀러의 집권이 시작됐다. 얼마나 많은 지식인들이 나치와 손을 잡았는지는 당시 독일 역사를 몇 달만 주의 깊게 살펴보면 알 수 있을 것이다. 그들 중에는 법률가, 의사, 언론인, 대학교수들이 있었고, 성직자와 철학자, 정신분석학자들도 예외는 아니었다. 독일의 교육과 전통과 문화로는 대규모 인종말살정책을 결코 저지할 수 없었다.

루비는 도덕적 분석학이나 윤리학에 대해서는 당연히 배우지 못했다. 물론 우리가 훌륭하다고 평가하는 책들도 읽지 못했다. 그러나 루비는 레드넥 사이를 기도하면서 지나갔다. 그것도 매일 말이다. 학교는 1년이 지나서야 마지못해 인종차별대우를 철폐했다. 그래도 그녀는 기도를 멈추지 않았다. 그리고 예수가 갈릴리에서 가르치셨던 성경의 이야기를 인용했다.

나는 반지성주의를 찬성하려고 이 이야기를 하는 것이 아니다. 그러나 선한 사람이 삶 그 자체를 통해서 만들어진다는 것은 분명하다. 이 말은 심리학자들이 말하는 "선한 사람"의 의미와는 조금 다르다. 발달심리학자가 루비를 만났다면 이렇게 말할 것이다. "루비, 몇 가지 검사를 해보자. 이 검사로 너의 도덕적 발달단계를 알아볼 거야. 네 생활의 다양한 상황들을 잘 떠올리면서 대답해보렴. 이런 상황에서는 어떻게 행동하겠니? 네가 대답을 하면 우리가 점수를 매길 거야." 재미있는 상황이 제시될 수도 있다. 그러나 생각해보자. 연구실에 갇혀서 여러 상황에 관한 질문에

 제1장 질문과 전환

잘 답한다고 해서 실제 길거리에서도 명예롭게 살 수 있을까? 여러 가지 의문이 계속해서 우리를 괴롭힐 것이다.

대학 기숙사에서 생활했을 때 수업을 마치고 방에 돌아오면, 언제나 아주머니가 방을 청소해주고 있었다. 그러한 여성을 하버드에서는 "비디"(biddy)라고 불렀다.

우리는 그녀를 비디라고만 불렀고, 누구도 이름을 묻지 않았다. 우리가 방에서 나간 후에도 그녀는 계속해서 청소를 했다. 우리 중 누구도 그녀에게 고맙다는 인사를 하지 않았고, 그것을 당연하게 생각했다. 지금 생각해보면 민망할 정도다. 생각없이 깨진 맥주병 조각을 벽난로에 마구 던져서 그녀를 번거롭게 했던 적도 있다. 물론 크리스마스에 사례금을 주는 것으로 보상은 했다. 셜코 고맙다거나 감사하다는 인사 없이 말이다.

우리는 그때 여러 강의를 들었다. 심리학 수업시간에는 감정이입에 대해 배웠다. 이 주제로 오랜 시간을 들여 리포트를 쓰면 A학점을 받을 수 있었다. 그러나 우리는 "비디"라고만 부를 뿐 누구도 그녀의 이름을 궁금해하지 않았다. 또 어느 누구도 우리에게 그러한 것을 가르쳐주지 않았다. 그러한 것은 우리가 배우는 교과과정에 포함되지 않았기 때문이다. 그것은 지금도 마찬가지다. 위대한 철학자의 책을 읽는 아이를 볼 때면 나는 의문이 든다. 지금 읽는 것들을 실제 삶에서 실천하도록 가르칠 수 있을까?

이제 우리에게는 무엇이 남는가? 그리스도가 우리에게 상기시켜주는 가장 위대한 역설은 외롭고, 상처받은, 연약한―성경의 표현을 따르자면 "온유한"―사람들이 언젠가 은혜를 받으면 특별한 위엄을 보여줄 수 있으며, 다음 세계는 물론이고 이번 세계에서도 그분이 주시는 복을 받을 수 있다는 것이다. 우리는 많은 지식과 돈과 권력을 가지고, 이것을 매우 혼란스럽게 바라보면서 지식으로 이것을 이해하려고 한다. 그러나 이것은 쉽게 이해가 되는 일이 아니다. 그렇지 않은가? 이것은 불가사의한 일이다. 플래너리 오코너(Flannery O'Connor)는 이렇게 말했다. "불가사의는 현대 지성의 가장 큰 골칫거리다."

　　　제1장 질문과 전환

역사적 예수를 향한 나의 의심과 확신

토드 레이크

예수는 골치 아픈 존재가 될 수 있었기 때문에 우리 모두는 다시는 예수가 논쟁거리가 되지 않기를 원했다.

토드 레이크(Todd Lake)는 1982년에 독일어학과를 우수한 성적으로 졸업하고, 하버드 법학대학원으로의 진학을 두 번이나 연기했다. 가난한 사람들을 돕는 데 법학과 목회학 중 어떤 것이 더 나을지를 놓고 고민했던 것이다. 이 시기에 레이크는 농장에서 일하는 이주노동자들의 권리를 보호하는 법안을 만들기 위해 캘리포니아에서 입법 보좌관으로 일했고, 그 후 파라과이에서는 평화봉사단의 환경 공중위생 프로그램을 진행하는 자원봉사활동을 했다.

레이크는 진로를 신학으로 결정했고, 프린스턴 신학교와 켄터키에 있는 남부신학대학(Southern Seminary)에서 공부했다. 현재는 보스턴 대학과 앤도버-뉴턴 신학교의 교환 프로그램에서 조직신학으로 박사학위를 받을 예정이다. 그는 조이 조던과 결혼했다. 그녀는 1989년 신학대 동기로, 타고난 문장가이며, 말(馬)을 열정적으로 좋아한다. 최근에는 매사추세츠의 케임브리지에 있는 케임브리지포트 침례교회에서 함께 목회를 하고 있다.

"우리는 교회에서 우정을 쌓도록 격려하는데, 나이, 인종, 문화, 계급 등의 장벽을 완전히 무너뜨리기 위해 노력하고 있습니다. 우리의 신앙은 머리와 마음과 손이 균형 잡히길 원하기 때문입니다."

토드 레이크는 하버드-래드클리프 연합선교회 일원으로, 기독교 변증론과 신약의 역사성을 강연하는 초청 연사로 활동하고 있다.

나는 오랫동안 종교적 진리를 고전적인 모순어법 정도로만 생각했다. 십대 남자아이들이 어떤 여자친구가 제일 예쁜지를 놓고 말다툼하는 것처럼, 부처와 마호메트와 그리스도에 대한 논쟁이 무의미해 보였다. 정직한 사람이라면 불가지론(不可知論, agnosticism)의 태도를 취해야 한다고 생각했다. 불가지론은 사람들의 믿음을 헐뜯지 않는다. 다만 지성적으로 판단했을 때, 개인적인 기호를 보편적인 진리라고 선언하는 것은 부정직한 일이라는 것이다.

나는 이러한 포용적인 태도를 가지고 하버드에 입학했다. 하버드에는 지식인들의 타고난 권리로 여겨지는 것이 있었는데, 바로 모든 종교적인 것들 속에는 상대주의가 있다는 것이다. 베스트셀러 『기독교 변증 총서』(*Evidence That Demands a Verdict*, 순출판사 역간)의 저자인 조쉬 맥도웰─기독교 변증론이라는 비밀스런 학문의 변호인─에 의해 나의 폐쇄된 세계는 터져버렸다. 그가 던지는 질문들은 내 호기심을 자극했다. "예수가 정말로 죽음에서 부활했고, 육신으로 온 하나님이라는 주장이 입증됐다고 해도 대체 그게 뭐 어쨌다는 거죠?" 심야 코미디 TV 프로에서 들었던 말이 떠올랐다. "엘리너 루스벨트 여사가 날아다니든 말든 그게 나랑 무슨 상관이란 말인가요?" 예수의 부활에 대한 앞의 질문과 이 말은 거의 비슷해 보인다. 적어도 루스벨트 여사의 경우에는 역사적 증거가 있다.

 제1장 질문과 전환

맥도웰이 엘리너 루스벨트와 같은 과거 사람들에 대한 역사적 사실을 어떤 방법으로 확신할 수 있었는지에 대해 알고 싶어했다는 점은 나를 혼란스럽게 했다. "루스벨트 여사가 날 수 있는 것"과 "예수의 부활"이 문제라면 그 대답은 분명하다. 두 문제 모두 과학으로는 설명할 수 없다. 그러나 맥도웰은 어떤 주장을 입증하는 과학적인 방법은 반복된 실험을 통해 선언된다는 것을 지적하면서, 앞의 두 문제는 실험할 수 없는 탓에 과학적 논박이 불가능하고, 결국 과학은 어떤 역사적 사실을 증명하거나 논박할 수 없다고 했다. 또한 예수가 부활한 데 대한 진위 여부를 논쟁하는 것은 전혀 과학적이지 않다고 말했다. 그런 기적을 인지하는 사람들은 이미 과학의 진실을 전제로 하고 있었다. 실제로 그들은 과학적 자연법칙이 일정한 기능을 딤딩하고 있다고 생각한나.

그리스도인들은 자연법칙의 하나로 "하나님의 아들" 혹은 "죽음으로부터의 부활"이 반복된다고 주장하지 않는다. 그들은 그 사건을 단 한 번, 단 한 곳에서만 하나님이 인간의 형상으로 오셔서, 고통을 당하시고, 우리의 죄 때문에 죽으시고, 또한 사망에서 부활하셨다고 말한다. 이것은 역사적 주장이 입증 가능하다는 문제에 대한 해답을 제시하는데, 예수 그리스도(그리고 루스벨트 여사)를 과학의 영역에서 역사의 영역으로 옮길 수도 있다.

이것에 대해 나는 잠시 생각해보았다. 이 역사에 대한 논쟁은 탐구 자체에 대한 결말을 시작부터 결정짓는다는 것을 잘 알 수 있었는데, 얼핏 이 결론이 논리적인 것처럼 보이기도 했다. 예수에 대한 문서들은 그가 죽은 후 그의 광신도들에 의해 기록되었고, 수 세기에 걸쳐 필사되었으며 간혹 잘못 필사되기도 했다. 기독교의 신약에 대한 믿음은 이성을 무시한 독단적인 신앙에서 비롯된 승리일 뿐이다.

내가 이러한 결론에 스스로 이르렀다기보다 하버드에서 그러한 것들을 이어받았다. 하버드에서는 윤리에 대한 것을 제외하고, 예수라는 이야깃거리가 남아 있다는 생각이 대단히 구식이라고 받아들여졌다. 더구나 우리들 대다수는 기독교에 대해 잘 알고 있어서, 예수가 정말로 하나님의 아들이라고 증명된다면 종교적 상대주의는 타격을 받을 수밖에 없다는 사실 또한 충분히 알고 있었다. 나는 1982년 메모리얼 교회 계단에서 열렸던 졸업 전날의 기념식 행사 때 마더 테레사가 한 연설을 기억한다. 그녀는 요한복음 3:16(대부분의 학생이 미식축구 경기의 엔드 존 관람석에서 쉽게 볼 수 있는 게시판 때문에 이미 알고 있던 구절) 말씀을 인용해서 끊임없이 예수에 대해 이야기했다. 「하버드 매거진」(*Harvard Magazine*)에 그녀의 연설에 대한 기사가 실렸을 때는 예수에 대해 언급한 내용은 흔적도 찾아볼 수 없었는데, 모두 뛰어난 편집진 덕분이었다. 예수는 골치 아픈 존재가 될 수 있었기 때문에, 우리 모두는 다시는 예수가 논쟁거리가 되지 않기를 원했다.

예수가 불확실한 과거에 존재했다는 것 때문에 이러한 생각은 납득할 만해 보였다. 심지어 방대한 양의 초기 기독교 문서의 역사적 무오성을 일반 그리스도인이 아닌 신약 학자들도 당연하게 생각한다는 사실은 놀라울 따름이었다. 『엔사이클로피디아 주다이카』(*Encyclopaedia Judaica*, Jerusalem, 1972)에 실린 예수에 대한 논문은 마태복음, 마가복음, 누가복음이 거기 기록된 사건의 목격자들이 생존해 있는 동안 기록되었다고 주장하고 있다. 초기 신약성경이 예수 사후 20년 내에 기록되었다는 것은 영국 무신론자 앤터니 플루(Anthony Flew)도 인정했다(유명한 무신론 철학자였던 앤터니 플루는 이후에 결국 유신론자가 되었다—옮긴이).

그러나 문서가 전달되는 과정을 이야기하면서 역사의 과정에서 일어날 수 있는 변경이라는 문제는 회피하는 듯 보였다. 신문기사가 처음에는 정확해도 시간이 많이 지난 후에는 그 필사본이 원본기사와 다른 왜곡된 내용으로 바뀔 수 있다. 신약성경도 그러지 말라는 보장은 없지 않은가?

현대 학문은 문서 대조 비평을 하면서 신약성경에 대한 수천 개의 초기 필사본을 관찰하고 필사하면서 일어날 만한 실수의 특정 유형들을 찾을 수 있는 기술을 발달시켰다. 이 기술은 기적에 관한 신약성경의 주장을 놓고 모든 신약 학자들이 자신들의 믿음이나 입장과는 상관없이 네스틀레-알란트(Nestle-Aland) 헬라어 신약성경의 26판본을 활용하는 데까지 발전했다.

예수의 초기 제자들이 쓴 신약성경과 지금 우리가 보는 헬라어 신약성경—그리고 이것을 번역한 현대 영어 성경—의 내용은 사실상 동일하다. 학자들은 심지어 다양한 판본의 『햄릿』(Hamlet)에서 신약성경의 번역본들보다 더 많은 불일치가 발견된다고 말하고 있다.

이것은 매우 중요한 문제다. 다시 한 번 잘 생각해보자. 「프라우다」(Pravda, 옛 소련 공산당의 중앙 기관지 이름—옮긴이) 사본들이 하버드 와이드너 도서관에 전달되어 파일로 보관되어 있다. 그 기관지가 정확히 전달되었다고 해도 소련에서 일어난 1970년대 사건들에 대한 보도를 믿을 만하다고 생각하는 사람은 아무도 없다. 예수의 부활과 그것을 뒷받침하는 기적과 설교를 예수의 초기 제자들이 간단히 조작했을 가능성이 전혀 없는가? 물론 있다. 문제는 "그들이 그런 일을 왜 했겠는가"이다. 사자를 길들여 그리스도인들을 잡아먹게 했지만 그조차도 꺾을 수 없었던 장기적인 동기가 무엇이었겠는가 말이다. 1950년에 과학 소설 작가로 성공한 L. 론 허버드는 부자가 되려면 새로운 종교를 하나 창시하면 된다고 말했다. 그는 사이언톨로지교(Church of Scientology)를 창시해 돈을 벌기 시작했다. 그러나 예수의 제자들은 요세푸스, 타키투스, 수에토니우스와 같은 유대와 로마의 역사학자들이 증언하듯이 견디기 어려운 박해를 받았다. 조작한 이야기를 위해 자신의 목숨을 바치는 사람은 없을 것이다. 예수가 성육신한 하나님이고, 유대인의 메시아이며, 이방인들의 유일한 빛이라는 사실을 증거하기 위해 예수의 초기 제자들은 계속해서 피를 흘려야 했다.

그러나 일본 가미카제 특공대와 이라크 자살 특공대 역시 사후세계에 복을 받을 거라는 확신도 얻지 못한 채 희생적 자살과 자신의 신념을 맞바꾸었다. 초기 제자들이 믿었던 예수의 부활도 이와 비슷하지 않았을까? 그 두 그룹의 죽음에는 다음과 같은 차이가 있다. 일본의 가미카제 특공대는 자신들에게 약속된 사후세계의 복이 진짜인지 아닌지를 알 수 없었다. 입증할 방법이 없었던 것이다. 그러나 예수의 제자들은 다르다. 만약 예수의 부활이 거짓이라면 제자들은 그 사실을 알 수 있었을 것이다. 예루살렘은 아주 작은 도시여서 그곳에서 누군가를 속이기는 어려웠을 것이다. 따라서 예수의 부활 외에는 제자들의 순교를 다른 이유로 설명하기 어렵다. 예수가 부활하지 않았다면 제자들은 스스로 그것을 꾸며 내야 했기 때문이다. 만약 그랬다면 제자들이 그의 죽음과 믿음에 대해 부인하기를 거절한 것은 인간의 행동 동기나 처신에 관한 모든 이론과 모순된다. 게다가 무덤을 지키던 경비병들이 예수의 시체를 가지고 있었다면 그것을 공개하는 것이 당연했을 것이다. 예수의 초기 제자들이 매우 독실한 유대교 신자였다는 사실을 잊지 말아야 한다. 때문에 그들 스스로 하나님이 하신 일에 대해서 거짓 증거를 하거나, 가짜 메시아를 선포하면 죽임을 당하고, 죽어서도 저주를 받는다는 것을 잘 알고 있었다.

나는 기독교적 논리에 압도당하기 시작했다. 그래서 논거에 반하지 않고 하버드의 방식대로 다른 질문을 던졌다. "예수에 대한 정보가 흥미롭지만, 지적으로 정직하려면 예수에 대한 주장과 다른 모든 종교를 검증해야 하지 않을까?" 모두가 알고 있듯이 예수에 대한 언급은 기독교 이전 종교에서는 낭연히 없었고, 기녹교 이후의 종교에서 나온 증거들은 받아들일 수 없는 것들뿐이다. 한 예로 누군가가 예수 대신에 십자가에 못 박혔다는 주장이 코란의 네 번째 장에 있다. 이것은 사복음서의 목격자들이 증언을 한 지 6세기가 지난 후에 기록된 것으로 역사적 가치를 가지기에는 이미 너무 늦은 시기다. 전통적인 "변명"—예수는 보통의 사람과 같은 생을 살았고, 단지 위대한 도덕 선생이었다—은 예수가 살아 있을 때 많은 문제를 일으켰다는 점을 무시하고 있다. 예수가 문제가 된 것은 "네 이웃을 네 몸과 같이 사랑하라"라는 도덕적 가르침이 아니라, 예수 자신이 하나님의 아들이고 메시아라는 주장이었다. 이것은 많은 대체 종교와 유니테리언파(18, 19세기에 하버드를 지배했던)처럼 몇몇 기독교 종파들이 예수를 위대한 선지자나 도덕 선생으로는 인정하되, 예수의 신성함, 죄 없으심, 십자가의 대속하심, 부활 등은 부정하게 했던 결정적인 주장이었다.

그러나 예수에 대한 인상적인 증거들은 예수 탄생 수 세기 전의 히브리어 구약성경에 예수의 제자들이 말했던 그대로 기록되어 있다. 히브리어 구약성경에는 헬라어 신약성경에 나오는 예수 생애의 중요 사건들이 모두 예언되었다. 메시아는 다윗의 자손으로(렘 23:5; 행 13:22-23), 베들레헴에서 나시고(미 5:2; 마 2:1-6), 많은 기적들로 증명되시며(사 61:1-2; 눅 4:18-21), 다른 이들의 죄 때문에 고난을 겪으시고(사 53:2-6; 막 15:1-39), 십자가에 못 박히는 수치를 당하며 그를 괴롭혔던 사람들이 제비뽑기를 통해 그의 옷을 가진다(시 22:15-18; 요 19:23-24).

신약성경에 대한 내 호기심은 점점 커져서 성경을 읽지 않는 척할 수는 없었지만, 내가 독립적 사고를 할 수 있는 사람으로서의 권리를 활용하고 싶은 마음 역시 사라지지 않았다. 나는 구약성경의 예언을 예수에게 끼워 맞추기 위해 제자들이 제비뽑기에 대한 자세한 이야기를 몰래 갖다 붙였을 거라고 생각했다. 그러나 로마 시대에는 제비뽑기로 죽은 사람의 소지품을 갖는 것이 유행했다. 수백 년 후 로마에서 유행할 풍습을 히브리 성경 기자가 미리 알 수는 없었을 것이다. 알 수 있었다고 해도 십자가 사건은 어떻게 설명할 방법이 없었다. 이것까지 히브리 성경과 일치시키기 위해 만들어낸 것이라고 할 수는 없을 것이다. 만약 그렇다고 주장한다면 동일한 반론을 들 수 있다. 십자가형은, 예수의 죽음을 수 세기 전에 구약 저자들이 예언한 로마의 발명품이다.

고등학생 때는 신약성경을 소설책 읽듯이 읽었지만, 지금은 요한복음을 펴면 내가 예수와 함께 팔레스타인에 살았던 사람들과 같은 위치에 있다는 것을 안다. 그 당시 예수가 무슨 말을 하고, 어떤 일을 했는지는

쉽게 알 수 있다. 나는 또 하나의 유다 혹은 베드로가 될 수도 있다.[1]

———

나는 1979년 7월 캘리포니아 휘티어에 있는 고향집 부엌에서 무릎을 꿇고 역사 속에서 부활하신 예수님께 하나님과 사람 앞에 지은 죄들을 빌었고, 내 삶에 예수님이 들어오시기를, 나를 하나님의 자녀로 삼아주시기를 기도했다.

몇 년 내에 포르쉐를 구입하고, 기업법 전문가로 법률사무소를 내겠다는 내 욕망은 사라져버렸다. 닉슨의 공화당을 지지했던 나는 지미 카터의 민주당원이 되었다. 나는 그리스도께서 내가 가난한 사람들을 돕기 원하신다는 것을 깨닫고 주 상원의원과 함께 이주한 농촌 노동자들을 위한 법률안을 만들고, 평화봉사단의 자원봉사자로 활동했다. 결국 나는 목사가 되었고, 현재는 아내 조이 조단 레이크와 함께 공동 목회를 하고 있다. 우리는 주로 노인이나 죄수, 굶주린 사람들, 집이 없는 사람들을 위한 목회 사역을 한다. 그리고 여전히 예수 그리스도에 의해서 변화되고 있다. 그리스도는 천천히, 때로는 빠르게 세상을 변화시키는 일에 우리 부부를 사용하신다. 그리하여 어느 날엔가 우리는 변화된 우리의 모습을 보게 될 것이다. 헨델의 가사를 빌리자면, 우리는 이렇게 노래할 것이다.

"이 세상은 우리 하나님과 그리스도의 왕국이니 그가 영원토록 우리를 다스릴 것이다."

주여, 나의 믿음 없는 것을 도와주소서

에블린 루이스 페레라

친구와 함께 신학과의 강의를 청강했던 적이 있다 그곳의 어느 "학식 있는 교수"는 인간이 영생에 대한 "유치한 믿음"에 매달리는 것은 매우 어리석은 일이라고 단언했다.

에블린 루이스 페레라(Evelyn Lewis Perera)는 래드클리프(현재의 Harvard-Radcliffe)에서 1961년에 영문학 학사학위를 받고, 미들베리 브레드 로프 대학원에서 1975년에 영문학 석사학위를 받았으며, 현재는 매사추세츠 주 레녹스에 위치한 버크셔 기독교연구대학에서 학생들에게 기독교 고전문학과 작문을 가르치고 있다. 「버크셔 이글」(*Berkshire Eagle*), 「사우스 애드버킷」(*South Advocate*), 「크리스채너티 투데이」(*Christianity Today*), 「뉴옥스퍼드리뷰」(*New Oxford Review*), 「창조 사회과학과 인문학 계간지」(*Creation Social Science and Humanities Quarterly*) 등에 글을 싣기도 했다. 또한 그녀는 소규모 문학잡지 「아크」(*The Ark*)지의 공동 편집자로 일하면서 레녹스에서 "경건의 공간"이라는 서점 겸 레스토랑을 운영하고 있다.
에블린에게는 성인이 된 세 명의 자녀가 있다. 그녀의 어머니는 85세이신데, 모녀는 종종 수영과 산책을 함께 즐긴다. 예술적 출구로 뜨개질 혹은 자수를 하거나 수채화도 그리고 있다. 에블린은 남편 딕과 함께 그레이스 회중교회에 출석하고 있으며, 선교회를 통해 다른 교회들과 협력하여 여 죄수들에게 복음을 전하며 살고 있다.

콜롬비아 대학의 총장이었던 고(故) 밀턴 아이젠하워는 "지식인이란 '배움이 곧 기쁨'이 되는 사람"이라는 말을 했다. 그의 기준에 따르면 나는 최소한, 뛰어난 작가 플래너리 오코너가 말했던 "지적인 사람"—비록 아침 식탁에서 연산 방식에 관한 이론을 가지고 장난칠 정도는 못 되지만—정도는 될지 모른다. 플래너리와 달리 나는 여러 해 동안 심각한 어려움을 견뎠는데, 그것은 성경적인 기독교에 대해 내 나름대로 내린 엄격한 정의 때문이었다. 그러한 것들을 들을 때면 나는 항상 '저런 시답지 않은 소리에서 내가 배울 건 하나도 없어' 혹은 '저렇게 고리타분한 도덕에는 자유가 없지'라고 생각했다. 그러나 성경에 나오는 탕자처럼 하나님의 근본 진리를 발견하고, 내 삶은 완전히 바뀌었다. 반항적이고 자만에 가득 찼던 태도를 버려야 했고, 내 자긍심의 주요 원천이었던 지적 성취도 포기해야 했다. 나는 원래 내 본연의 모습으로 돌아왔는데, 이는 철저히 하나님에 의해서였다. 탕자처럼 나 역시 본향으로 돌아온 것이었다.

그전에 나는 메릴랜드 주 그린스프링밸리의 유서 깊은 여자 기숙학교에 다녔다. 그 당시 1950년대의 많은 학교들처럼 우리 학교도 조용하지만 살아 있는 믿음으로 다른 사람들에게 빛이 된 두 여성에 의해 운영되었다. 식사 때마다 우리는 감사 기도를 올렸고, 교실 책상에는 아침 기도

시간에 볼 수 있도록 성경책이 놓여 있었으며, 주일이 되면 각자의 교회를 찾아갔다. 나는 "올드 짐"(Old Gym)에서 드리는 주일 저녁 예배를 제일 좋아했는데, 그곳 복도에는 검은색 철제 촛대가 줄줄이 늘어서 있었다. 나는 스스로 "그리스도인"임에 매우 만족해했다. 우리는 고상함이라는 테두리 안에서 생활하며 교육을 받았다. 그러나 나의 내면을 좀 더 깊이 들여다보면, 어떠한 이유 때문인지 늘 사랑받지 못하고 거절당하는 느낌을 받아야 했다.

그래서 1957년 래드클리프에 왔을 때, 나는 무작정 인기 있는 사람이 되고 싶다는 욕망―누군가는 이것을 사명감이라고 말할지도 모르겠다―에 사로잡혀 있었다. 나는 무어 홀(Moore Hall)의 신입생으로서 기꺼이 "지적 폭력단"의 일원이 되었다. 그러나 주도적 모임에는 들어길 수 없었다. 그 모임의 입회는 캐시미어 스웨터를 몇 벌 가지고 있는지, 겨울방학이 끝나면 스키장에 가서 얼굴이 그을렸는지 아닌지에 따라 결정되었다. 그럼에도 불구하고 재치와 열정, 그리고 내게 있는 충분한 것들로 인해 무어 폭력단에 가입할 수 있었다. 나는 사교가와 영화광으로서의 내 몫을 충분히 감당했다. 치어리더들을 따라서 비명을 질렀고, 혼란스러운 미식축구 제의에 참여했으며, 그렇게 몇 시간을 보낸 후 스피 클럽 혹은 에스코트해준 남학생이 다른 "파이널 클럽"에서 가져온 밀크 펀치로 몸을 녹였다. 매사추세츠 애버뉴에 있는 오래된 대학의 카페에서 커피를 마시는 일은 강의 한두 개를 빼먹는 것과도 맞바꿀 만했다. 한번은 라파엘 데모스 교수님이 기분 좋게 카페로 걸어가고 있는 나를 보고는 세버 홀의 철학 강의실로 데리고 들어가기도 했다. 세버 홀 건물 입구에는 글이 새겨져 있었는데, 그것은 호기심을 끌기도 하고 간혹 역설적으로 보이기도 했다. 그 글은 "사람이 무엇이기에 주께서 그를 생각하시며 인자가 무엇이기에 주께서 그를 돌보시나이까"라는 시편 8:4 말씀이었다. 그 건물에 들어가는 사람은 모두 그 구절이 적혀 있는 입구를 지나가야 했다.

가든 가(街)에 있는 성공회 교회와 래드클리프 기독학생회는 지적이고 사교적으로 살았던 래드클리프에서의 내 모습과 반대로 작고 촌스러운 모습을 하고 있었다. 이곳에서의 모임은 대체적으로 즐겁고 친근했지만, 약간 지루하기도 했다. 그러나 대학의 성공회 목사님 한 명이 스스로 목숨을 끊고 난 이후에는 교회가 더 이상 편하지 않았다.

그 무렵에 친구와 함께 신학과 강의를 청강했는데, 그곳의 어느 "학식 있는 교수"는 인간이 영생에 대한 "유치한 믿음"에 매달리는 것은 어리석은 일이라고 단언했다. 나는 그 말을 듣고 울었다. 외롭고 불편한 감정은 몇 달 동안 계속되었다. 그러나 시간이 지나자 고통은 사라졌고, 그 후 10년 동안 나의 일요일은 늦잠을 자고 일요판「뉴욕타임스」를 읽는 날이 되었다.

나는 하버드 강의를 들으면서 기쁨의 대륙에 착륙했다. 알프레드 하비지 교수의 "셰익스피어 개론", 존 핀리 교수의 "고전문학 2", "서사시와 소설", 필립 슬레이터 교수의 "사회적 관계론" 등은 내가 아주 좋아했던 강의들이다. 특히 "사회적 관계론"은 그룹 활동으로 강의가 이루어졌는데, 나중에 돌아보니 그룹 활동 자체가 바로 공부였다. 1학년 마지막 무렵, 새벽 두세 시쯤에 나는 무어 홀 2층 흡연실에 앉아 있었다. 브리지 게임에 빠져 있는 사람들 틈에서 어떤 전공을 택해야 할지 갈피를 잡지 못

     제1장 질문과 전환

한 채 담배를 피우며 말이다.

결국 나는 심리학과 사회학의 하버드다운 혼합물인 사회관계학을 버리고 영문학을 택했다. 특별한 이유는 없었다(나는 아직도 내가 박사논문으로 17세기 웨일즈의 기독교 시인 헨리 본[Henry Vaughan]에 대해 쓴 것을 부끄러워하지 않는다). 사회관계학과 학생 중 지금은 바바 람 다스(Baba Ram Dass)로 이름을 바꾼 티모시 리어리는 감수성이 예민한 학생들에게 LSD(lysergic acid diethylamide; 맥각 알칼로이드에서 유도된 강한 환각작용을 가진 합성물질—옮긴이)를 나누어주었다. 내가 아직도 하나님께 감사한 것은 하나님에 대해 몰랐고, 게다가 그분과 거리를 두고 살았음에도 불구하고 그 실험에 사용되지 않도록 나를 보호해주신 점이다. 그 보호가 아니었다면 나는 리어리의 자기 소멸 상습회(LSD를 내 몸에 부여하는 식의)에서 어떤 위험도 감지할 수 없었을 것이 분명하다. 나는 교만하면서도 또 잘 속아 넘어가는(이 얼마나 치명적인 조합인가) 사람이었기 때문이다.

4학년 겨울방학이 지나서야 취직에 대해 생각하게 되었는데 그 당시의 많은 젊은 여성들처럼 나도 "블루 패닉"(blue panic) 시기를 보냈다. 나는 래드클리프의 직업상담소를 어슬렁거리며, 면접 약속을 줄줄이 잡아갔다. "출판"에 대해 생각한 것은 심리학 관련 직장의 면접을 몇 차례 쫓아다닌 후에도 갈 곳을 찾지 못했을 때였다. 하우턴 미플린 회사의 편집 보조 자리가 나의 첫 직장이 되었다. 그리고 일을 시작할 무렵 지금의 남편과 약혼을 했고, 그 다음 해 가을 결혼을 하기로 약속했다.

다음 해에 남편은 서부 매사추세츠에서 의사로 일하기로 결정했는데, 나는 이것에 적극 동의했다. 나는 이곳 지역 대학에서 1학년 작문 과목

시간강사로 일했다. 그러나 베트남 전쟁이 극심해지자 남편은 1967년에 징집되었고, 우리는 그의 부대가 있는 덴버로 이사했다. 그러면서 남편의 종교 퀘이커교 집회에 나가기 시작했다. 나는 남편보다 그 집회에 더 열성적으로 참여하면서, "첫째 날 학교"(First Day School)에서 아이들을 가르쳤고, 대학생들에게는 영화 제작과 세미나를 지도했다. 그러나 이 조용한 집회를 통해 내가 하나님을 모르고 있다는 사실이 점점 더 명확해졌다. 그간 익숙했던 아름다운 성공회 예배와 동떨어진 느낌을 받았기 때문이다.

불신앙이 나를 끊임없이 괴롭힌 탓에 나는 종교적인 문제에 점점 더 몰두하게 되었다. 캘리포니아로 여행을 하던 중에는 존 A. T. 로빈슨의 『신에게 솔직히』(*Honest to God*, 대한기독교서회 역간)라는 책을 구입해서 읽었다. 그리고 종교에 대한 다른 책들도 도서관에서 빌려 읽었다. 하나님에 관해서라면 모든 것을 알고 있어야 할 신학자들이 왜 나에게 만족을 주지 못하는지 당최 이해할 수 없었다. 그 후 몇 년이 지나자 자유주의 신학자들에게 분개하고 그들을 비난하지 않는 일이 얼마나 어려운지를 깨달았다.

마침내 나는 성경을 읽는 것으로 도움을 받아야겠다고 결론을 내렸다. 처음에는 어떻게 읽어야 할지도 잘 몰랐다. 내가 생각하기에 성경은 종종 이치에 맞지 않았다. 그래서 한 출판사(United Press International)에서 종교 분야 작가로 일했던 루이스 캐슬의 성경 안내서를 구입했다. 그 책을 읽고 나니 마음이 더 혼란스러워졌다. 그의 어조는 부드러우면서도 확신에 차 있었다. 그러나 그것만으로 내 문제를 해결할 수는 없어서 책을 덮어 성경 옆에 두었다.

1969년 우리는 셋째 아이를 낳고 다시 동부로 돌아왔다. 나는 다시 학생들을 가르쳤지만 예전의 열정을 회복하기는 어려웠다. 베트남 전쟁, 마틴 루터 킹 목사 암살, 내가 처음으로 투표한 로버트 케네디 대통령의 암살은 나를 조국의 장래에 대한 걱정으로 슬픔과 절망감에 빠지게 했다. 11월 모라토리엄(November Moratorium)을 위해 학생들과 지역주민들이 수업을 거부함으로써 반전운동을 하려고 확성기를 들고 학교로 모여들었을 때, 나 역시 수업을 취소했다. 그러나 나는 시위를 주동하는 사람들에게 이렇게 외치고 싶었다. "이봐요, 우리 손에도 피가 묻어 있어요." 알 수 없는 죄책감이 나를 짓눌렀다. 내게 주어진 책임을 다하려면 어떻게 행동해야 하는 것이 옳은지 몰라서 발걸음이 무거웠다.

그리고 며칠 후 내 강의를 듣는 학생 중 하나가 최신 무스탕을 입고 강의실에 들어왔는데, 그 화려함과 우쭐함 때문에 수강생들 모두가 매우 술렁거렸다. 나는 그저 지켜보고만 있었다. "네 보물을 땅에 쌓아두지 말라"고 경고하고 싶었지만 끝내 아무 이야기도 하지 못했다. 그러나 몇 주 뒤에 누군가에 의해 그 무스탕이 찢어져 버렸다. 그 학생은 폭행을 당했고 우리는 모두 그를 안타까워했다. 당장의 즐거움을 위해 살면서 무엇이든지 자신만의 방법을 터득할 수 있을 거라고 생각하는 학생들이 있다. 그들에게 "인간이 지구의 물과 땅을 오염시키고 고갈시킨다면 어떻게 해야 할까?"라고 질문하면, 아마 "아폴로 계획을 확대해서 하루빨리 다른 행성을 발굴해야 합니다. 외계를 식민지로 만들면 되지 않습니까?"라고 답할 것이다. 나는 학생들을 무척 사랑했지만, 그들의 어리석음은 내게 고역과도 같았다. "우리가 살고 있는 지금 이 시대는 말세다"라며 한탄을 하는 수밖에 없었다.

그즈음 어려움을 당한 여동생 비(Vee)에게서 전화가 왔다.

동생이 사는 아파트에는 도둑이 세 번이나 들었고, 동생은 궤양으로 병원에 입원한 상태였다. 여러 고통으로 인해 비는 또래의 20대 여자들보다 훨씬 더 나이 들어 보였다. 그러나 이번에 걸려온 그녀의 전화 목소리는 젊고 생동감이 넘쳤다. 비는 크리스마스 때 우리 집에서 열리는 파티에 자신의 룸메이트 이스라엘인 친구를 데려오고 싶다고 했다. "바바라는 가족과 함께 크리스마스를 보낸 적이 없대. 내가 바바라에게 언니에 대해서 말했어. 조카들과 함께 종이반죽 장신구와 팝콘, 크랜베리 고리를 만드는 거랑, 가족들이 만든 과자를 나무에 매다는 것도 이야기해줬어. 그랬더니 바바라가 우리와 함께 크리스마스를 보내고 싶대."

그 말을 듣자 나는 그저 죽고 싶었다. 나는 요즘 잠자리에서 일어나는 것부터 해서 모든 것이 문제 투성이인데, 비가 자랑한 것을 그 친구에게 하나라도 보여줄 수 있을지 의문이 들었기 때문이다. 그래도 억지로 가족들의 도움을 구해 미리 몇 가지 계획을 짜놓았다. 그리고 비와 바바라가 오기를 기다렸다. 우리는 버스가 도착하는 현관 앞에 마중 나가 그녀들의 짐을 옮기는 것을 도왔다. 따뜻한 거실에 모여 비의 얼굴을 자세히 본 후 나는 그녀에게서 눈을 뗄 수가 없었다. 그녀의 얼굴에 기미와 주름이 사라진 것은 물론이고 창백했던 안색도 아주 밝아져 있었다. 정말 오랜만에 그녀는 자신의 실제 나이처럼 보였다.

"무슨 좋은 일이라도 있니?"

내가 먼저 비에게 물었다.

"좋은 일? …물론 있지. 언니 내가 그리스도인이 됐어."

나는 무척 혼란스러웠다.

"무슨 소리야. 나도 그리스도인이잖아."

나는 예민해져서 방어적인 태도로 말했다.

"그리고 너도 예전부터 그리스도인이었잖아."

"글쎄…. 아니었던 것 같아."

비는 적당한 말을 찾으려고 애썼다. 나에게 말을 함으로써, 평범한 증언이 신앙고백으로 바뀌기라도 하는 것처럼 말이다.

"그게 말이야. 내 말은…. 나는 예수 그리스도가 말씀하신 정말 그대로라는 것을 알게 되었어. 그분은 정말 내 죄 때문에 죽으셨고 다시 살아나셨어. 그래서 나는 내 삶의 모든 것을 주님께 맡기기로 결심했어."

바바라 역시 나와 마찬가지로 이해할 수 없다는 표정으로 비를 바라보았다. 잠시 후 바바라는 나를 따라 서재로 들어와 말했다.

"비가 조금 걱정이 돼요. 광적이긴 했지만, 저 정도일 줄이야…."

그녀는 비가 있는 쪽의 방문을 가리키며 말했다.

"나도 알아요. 그렇지만 과연 비를 설득시킬 수 있을지 확신이 서질 않네요. 저 애가 너무…, 너무 단호해 보여요."

우리는 마치 이단에 빠진 사람을 설득하려는 FBI 요원처럼, 예전에 비의 삶의 주목적이었던 미술과 음악, 시와 소설, 친구들에 대해서 이야기해보기로 했다. 하지만 우리의 노력에도 불구하고 비는 아주 의연했다. 그녀는 오히려 우리에게 J. S. 바흐와 미켈란젤로, T. S. 엘리엇, 파스칼 등 예수를 따랐던 수많은 사람의 믿음을 받아들이도록 설득했다.

다시 처음부터 시작해야 했다. 어찌 됐든 그 애는 내 동생이었기 때문이다. 나는 비에게 벅민스터 풀러에 의하면 경쟁적인 사람은 곧 협력적인 사람으로 진화된다고, 그렇게 되면 나를 괴롭게 했던 "보혈"이나 예수 없이도 인간은 진보하게 되어 있다고 말했다.

비는 조용하지만 확신에 찬 목소리로 대답했다.

"인간의 진보라…. 그 증거가 얼마나 될까? 그 이론이 언니에게 직접적으로 어떤 도움이 되고 있지? 확실한 것은 나는 예수 그리스도 없이는 단 한 순간도 살 수 없다는 것뿐이야."

그녀들이 돌아가야 할 시간이 다 되어서야, 바바라와 나는 비와의 싸움을, 좀 더 중요한 의미에서 우리 자신과의 싸움을 멈추기로 했다. 왜냐하면 우리는 그리스도인이 아니었기 때문이다. 다만 그렇게 되기를 원했을 뿐이다. 비는 내게 책 한 권을 주며 나를 위해 기도하겠다고 말해주었다. 또 성경을 읽을 때는 하나님이 내게 하시고 싶은 말씀이 무엇인지 탐구하는 자세로 읽으라고 얘기했다. 성경을 그런 태도로 읽는 것은 편견으로 가는 지름길이라고 반박하고 싶었지만, 내 속에 무엇인가는 이미 비의 말을 이해하고 있었다.

그 후로 며칠 동안 나는 성경과 씨름했다. 이따금씩 어떤 성경구절은 일시적으로 내 안의 폭풍을 잠재워주기도 했다. 그리고 마침내 나는 주일학교 때 들었던 말씀처럼 익숙한 마가복음 9:24에 집중하기 시작했다. 기저귀를 개면서도 집안일을 하면서도 나는 계속해서 그 말씀을 외웠다. "주여, 내가 믿습니다. 나의 믿음 없는 것을 도와주세요." 얼마 후 나는 한

        제1장 질문과 전환

밤중에 깨어났다. 그리고 내가 다시 사신 예수 그리스도를 믿는다는 것을 알게 되었다.

만약 그날 밤 이후 내 삶이 송두리째 바뀌었다면, 내 이야기는 조금 더 쉽게 풀렸을 것이다. 그리스도를 확실히 믿게 되었으면서도 나의 교만함은 여전히 내 모든 죄를 회개하지 못하게 했다. 제러드 맨리 홉킨스가 시 "나는 깨어나서 느낀다"(*I Wake and Feel*)에서 "영적인 자아의 누룩"[2]이라고 표현했던 것을 나는 여전히 가지고 있었던 것이다. 사실 당시 나는 신경쇠약으로 인해 정신병원에서 치료를 받고 있었다. 정신과 마음이 얽혀 있는 상태였다. 생각해보면 어린 시절 고통스러웠던 경험들과 어리석었던 행동들이 후에 정신적 암흑기를 형성하는 데 일조했고, 그것으로 인해 삶이 재교육되는 것에 대해서 내 의지가 심하게 저항한 것이다.

그러나 하나님을 사랑하는 사람들에게는 모든 일이 합력해서 선을 이룬다는 것을 확인할 수 있었다. 내가 마가복음을 외우면서 믿음을 구하는 기도를 했을 때 하나님께서 나를 새롭게 하심과 긴 치료 과정에서 위의 경험이 꼭 필요했음을 나는 이제야 깨닫는다. 혼돈의 시간처럼 보였던 것이 내 자아가 재건되는 시간, 즉 홉킨스가 "썩는 즐거움"(Carrion Comfort)[3]에서 "내 껍데기는 날아가고, 내 알곡만 남으리, 순수하고 깨끗하게"라고 표현한 것처럼 내적인 정화 과정에 꼭 필요한 것이었다. 시어도어 아이작 루빈이 신경쇠약을 두고 "언짢은 기분을 씻어버리고…자기 자신에 대한 수많은 반쪽짜리 진리들을 제 위치에 놓기 위해 계획된, 빈약한 신경계의 구조적 붕괴"[4]라고 역설적으로 묘사한 것에 담긴 비틀린 위트를 알 수 있었던 것은 내가 신경쇠약을 앓아봤기 때문이다. 하나님 앞에 내 삶을 열고 모든 것을 허물고 재구성했을 때, 하나님은 두려움, 교만, 불신앙의 삶을 기쁨, 친절, 인내와 같은 가치로 채워주셨다.

우리가 인격을 형성하기 위해 스스로 노력하는 것은 결코 하나님의 방법이 아니다. 우리의 노력만으로는 잘될 수 없다는 말이다. 하나님은 우리가 이 진리를 깨닫게 하기 위해서 할 수 있는 모든 방법을 다 사용하신다. 먼저 자신의 우상을 내려놓고, 모든 고난을 견디시고 상처를 입으셨던 십자가의 예수님처럼 자신의 어떤 것도 사랑하지 않을 수 있어야 한다. 그제야 하나님께서 우리를 얼마나 무조건적으로 사랑하시는지 알게 되기 때문이다. 하나님이 사랑하시는 인간의 모습은 꾸며진 대중적 자아가 아니라 있는 그대로의 모습이다.

만일 내가 "성공"을 "행복"으로 정의했다면, 나에게 "고통"은 곧 "실패"로 받아들여졌을 것이다. 그러나 내 모든 가치관과 세계관은 바뀌고 있었다. 나는 성공이나 인간의 목적에 대해 단순히 행복하다고 느끼는 것 말고 실제로 행복해지는 것과 관련해서 생각했다. 따라서 때때로 고난을 동반하는 고통과 괴로움도 목표를 위해서는 필요하다고 받아들일 수 있게 되었다. 아직도 순간순간 고통이 따를 때가 있지만, 배우는 재미가 있고 이제 유머 감각도 생기는 것 같다.

내 안에 재구조화가 일어나는 동안 책에 대한 애정은 조금씩 식어갔다. 지적으로 어느 정도 성장하면 그것이 자아도취의 한 형태로 자리 잡지 않을까 하는 두려움이 생겼기 때문이다. 이제 나는 하버드의 많은 사람들이 그랬던 것처럼 지식을 사랑하는 것을 하나님 사랑의 대체물로 이용하지 않는다. 나는 내 삶의 모든 부분—책을 읽는 것과 글을 쓰는 것,

학생들에게 문학을 가르치고, 6년 동안 서점을 운영해온 것 등—에서 새로운 차원의 의미를 발견했다.

내가 아직도 즐겨 부르는 노래 중에 "페어 하버드"(Fair Harvard)와 "미드 크림슨 인 트라이엄프 플레싱"(Mid Crimson in Triumph Flashing)이라는 노래가 있다. 그 노래들의 멜로디는 너무나 매력적이어서 언제나 나를 사로잡는다. 하버드(래드클리프) 졸업생으로서 나는 1986년 25회 동창회 동안 단어 그대로 한 바퀴를 빙 돌았다. 래드클리프 쿼드(Quad)에서 열렸던 동창회가 끝나고 가든 가의 울퉁불퉁한 길을 따라 내려갔다. 그리고 브로드웨이 가에서 케임브리지 가에 이르는 새 지하도가 없다고 생각하면서, 여러 개의 문들을 지나서 필립스 브룩스 하우스 근처의 하버드 광장으로 들어갔다. 필립스 브룩스 하우스는 내가 한 소년의 과외를 하면서 처음으로 교수법을 배운 곳이었다. 그 옆 소란스러운 곳의 한가운데에 "하버드-래드클리프 기독학생회"라는 명패가 붙은 간이천막이 있었다. 그곳에서 하버드-래드클리프 기독학생회의 지도교수 쇼우 부부와 학생 간부들 몇 명과 다른 졸업생들을 만날 수 있었다. 우리는 즐거운 분위기 속에서 하버드를 다니면서 겪었던 일들과 좋아하는 교수님들, 해외 생활, 개구쟁이 아이들, 그리고 모든 세월을 뛰어넘어 하나님이 우리에게 베푸신 은혜에 대해 이야기했다. 대학을 다니면서 얻은 경험들이 나를 불신앙과 그로 인한 내적 빈곤에 빠지게 할 이유가 전혀 없다는 것을 그 만남을 통해서 알게 되었다. 그리스도인으로서의 내 삶과 소위 말하는 "하나님 없는 하버드"가 아무런 관련이 없는 것은 아니었다. 나 역시 래드클리프와 하버드 출신의 다른 사람들과 마찬가지로 하버드 대학의 꿈과 토대가 가지고 있는 탁월한 가치를 발견했으니 말이다. 하버드에서 사람들은 배우고, 놀고, 발견하고, 우리에게 자유를 주시며 본향으로 인도하시는 하나님께 진리의 인도를 받아 경배드린다.

어린 실존주의자가 그리스도인이 되기까지

윌리엄 에드거

1학년 여름에 나는 뉴욕에 있는 직물 공장에서 스판 바지를 만드는 일을 했다. 하지만 그것은 나에게 아무런 의미도 없는 일이었고, 프랑스 출신의 정통 실존주의자가 할 일은 더더욱 아니라고 생각했다.

윌리엄 에드거(William Bill Edgar)는 노스캐롤라이나에서 태어났고 프랑스에서 자랐다. 로드 아일랜드 뉴포트에 있는 세인트 조지 기숙학교를 거쳐, 1966년에 하버드에서 음악 학사학위를 받고, 신학 석사과정을 위해 필라델피아에 있는 웨스트민스터 신학교에 입학했다. 현재는 웨스트민스터 신학교에서 기독교 변증론을 강의하고 있다. 1969년에 바바라 스미스와 결혼했고, 1992년에는 제네바 대학에서 신학 박사학위를 받았다. 에드거 부부는 영국 그리니치, 미국 코네티컷, 프랑스 액상프로방스 등지에서 음악과 철학을 가르쳤다. 에드거의 아들 키즈는 프랑스에서 사법 연수를 받고 있고, 딸 데비는 하버드에서 음악을 공부하는 중이다.
한편 에드거는 위그노 교도(Huguenot; 16-17세기경 프랑스 프로테스탄트)협회, 기독예술인협회, 윤리적 의료 행위를 고찰하는 복음주의 위원회 등에서 대표직을 맡기도 했다.
『음악에 주목함』(Taking Note of Music)과 『현대성에 직면하여』(Affrontes a la modernite)라는 책을 냈고, 현재는 하버드 베리타스 포럼에서 복음성가와 재즈의 기독교적 뿌리에 대한 "공연 강의"를 하고 있다. 또한 에드거 부부는 금요일 저녁마다 자신들의 집에서 라브리 공동체 방식의 토론 모임을 열고 있다.

내가 하버드에 들어온 것은 17살 때였다. 다른 신입생들과 마찬가지로 나는 약간의 자신감 혹은 불안감을 안고 이 국제적(cosmopolitan)인 환경에 들어왔다. 원칙적으로는 나의 유능한 정신과 육체가 감당하지 못할 도전은 없었다. 나는 하버드에서 치러지는 대부분의 시험을 잘 치를 만한 기술들을 배워왔다.

첫 번째로 배운 기술은 축구 경기에서 얻은 능력이다. 아버지 사업차 우리 가족은 파리로 이사를 했다. 어린 시절을 그곳에서 보내면서 나는 프랑스 학교를 다녔고, 프랑스 문화를 습득했다. 그 당시 유럽 축구는 미국보다 훨씬 수준이 높았다. 프랑스에서 축구를 잘하는 친구들과 매일 축구 경기를 했던 덕분에 미국인들이 어려워하는 축구 동작과 기술도 내게는 아주 쉬운 일이었다. 운동은 내게 많은 것을 의미한다. 마음에 맞는 친구를 사귀고, 상대편과 격전을 벌이며, 민첩성을 기르는 일들은 모두 운동을 통해서 가능했다. 고등학교 생활을 하는 데 축구는 내게 큰 힘이 되어주었다.

두 번째 기술은 좀 더 지적인 것이다. 프랑스 학교에서의 교과과정은 선택할 수 있는 분야가 별로 없다. 그래서 우리는 필수적으로 『롤랑의 노래』(*Chanson de Roland*)에서부터 앙드레 지드에 이르는 프랑스 문학을 배워야 했다. 많은 양의 문학을 기계적으로 암기한 덕에 친구들과 나는

  제1장 질문과 전환

수백 줄의 시와 수십 편의 소설 줄거리를 줄줄 외울 수 있었다. 이런 식의 교육에 길들여진 상태에서 나는 다시 미국으로 돌아갔다. 미국에서 뉴잉글랜드 기숙학교에 입학하고도 유능한 불어 선생님들 덕분에 계속해서 프랑스 문학을 연구할 수 있었다. 그 당시 나는 보들레르, 랭보, 말라르메와 같은 19세기 후반의 시인들에게 푹 빠져 있었다. 그리고 소위 실존주의자라고 불리는 사르트르, 카뮈, 메를로-퐁티의 글을 많이 읽었다. 사춘기 시절 내 머릿속은 이러한 논쟁들로 가득 찼고, 스스로 어린 실존주의자가 된 것 같은 환상에 빠져 살았다.

시인하건대 나는 아주 마음 편한 어린 실존주의자였다. 지금 생각해보면 진정성이나 "나쁜 믿음"을 거부해야 할 필요성과 관련된 논쟁들을 이끌어내고 그렇게 하면서도 그에 답할 아무런 권위나 기준도 주장하지 않는 것이 얼마나 마음 편한 일이었던가. 지금껏 어떤 도덕 체계도 정직한 사람에 대한 권리를 주장하지 못했다는 입장을 포용하는 사르트르식 자유의 관점은 정말 편리했다. 나는 칭송받아 마땅한 미덕을 프랑스 작가들에게서 발견했다고 믿었는데, 그것은 지독할 정도의 정직함이었다. 미국 낙천주의의 흐름에 대항하면서 나는 죄에 대한 일종의 세속적인 해석에 몰두했다. 그리고 인간은 원래부터 악했거나 혹은 신뢰할 수 없는 존재일 것이라는 결론을 내리게 되었다. 나의 기쁨은 순진해 보이는 친구들에게 이 진리를 설명해주는 것이었다.

음악은 내가 가장 사랑하는 세 번째 기술이다. 많은 음반을 소장한 아버지 덕택에 어린 시절부터 나는 다양한 음악을 들으면서 자랐다. 아버지는 고전음악과 대중음악을 모두 좋아하셨고, 특히 재즈를 사랑하셨다. 나는 오래된 전축으로 그러한 레코드판을 무수히 많이 감상했다. 베토벤의 모든 교향곡과 1930년대 이후 나온 베니 굿맨의 레코드에 있는 모든 악절을 다 외울 정도였다. 그렇게 귓가에 맴도는 선율들을 피아노로 쳐보기도 했다. 음악을 잘 모르는 사람들은 내 연주를 라흐마니노프의 연주처럼 느낄 수 있는데, 아마도 우리를 돌봐주던 누나에게서 아르페지오와 빠르게 연주하는 기법을 배워둔 덕분일 것이다. 뉴잉글랜드 기숙학교에서도 나는 훌륭한 음악 교수님과 함께 공부할 수 있었다. 교수님은 아주 탁월한 오르간 연주자로, 바흐 서곡에서부터 마르셀 뒤프레와 장 알랭과 같은 프랑스 현대 작곡가들의 작품까지 모든 음악을 연주해주곤 했다. 나는 음악사, 화성학, 작곡법 등을 모두 그 교수님에게서 배웠다. 내가 발견한 최고의 음악은 흑인 음악이었다. 블루스와 재즈, 흑인 영가 등 그들의 음악에는 백인들의 세계에는 없는 것이 담겨 있었다. 그것은 바로 소울(soul), 즉 "영혼"이었다.

1962년 늦여름에 나는 하버드에 들어왔다. 케임브리지는 잡다한 것들로 가득했다. 나는 이 도시를 흠모했다. 다양한 기회, 도서관, 공연장, 과학 설비들, 다양한 국적의 새로 사귄 친구들은 내 삶을 진정으로 만족하게 해주었다. 4년 동안이나 기숙학교에서 숨어지내다시피 한 청년에게 이것은 마치 꿈같은 일이었다. 나는 우선 내 삶에 동기를 부여하는 세 가지(축구, 프랑스 문학, 음악)를 탐험하는 일을 일차적인 계획으로 세웠다. 이러한 과목을 선택해서 단순히 공부하는 것만이 내가 생각하는 목적은 아니었다. 나는 그것들을 나의 영적 여행의 일부로 생각했다. 아이러니하게도 나는 두려움과 자신감을 동시에 느끼며 하버드에 입학했다. 하버드의 신입생이라면 누구나 처음에는 엄청난 굴욕감을 느낀다. 아무리 똑똑한 학생이라고 해도 일단 하버드에 들어오면 수많은 천재와 뛰어난 운동선수, 특권층의 사람들 사이에 파묻힌다. 이런 집단에 들어가는 것이 나에게 좋을 것이 뭐가 있겠는가?

두려움에도 불구하고 모든 시작이 좋았다. 나는 우선 조기축구 모임에 가입했다. 겟첼 감독님은 나를 주전 선수와 페널티 전문 골키퍼로 기용하겠다고 말씀하셨다. 나는 정말로 엄청난 연습을 했다. 그야말로 지독하게 뛰고 드리블하고 슛을 날렸다. 그러나 얼마 지나지 않아 팀의 대부분이 나보다 훨씬 더 축구를 잘하는 사람들이라는 사실을 깨달았다. 어떻게 그럴 수 있냐고? 나는 그들만큼 빠르지 못했다. 감독님은 나에게 열심히 하면 주전으로 뛸 수 있겠지만, 그렇지 않으면 괜찮은 후보 신수 징도가 될 거라고 하셨다. 두 경기에 주전으로 출전했지만 잘해야 한다는 부담감이 너무 큰 나머지, 프랑스에서는 눈감고도 했던 기술에서도 실수를 하고 말았다. 나처럼 부아 드 불로뉴(Bois de Boulogne)에서 훈련받은 사람에게는 2류 수준의 시즌이었다.

물론 내가 잃을 것은 없었다. 프랑스 작가들을 통해 현실을 탐구하다 보면 "확실한 삶에 대한 완전한 발견"이라는 열매를 얻을 수 있을 것 같았다. 나는 프랑스 문학의 고급 과정을 수강하면서 가장 친한 친구와도 같은 좋아하는 작가들의 작품을 읽었다. 강의는 각각의 본문에서 심리학적·구조적 의미를 추려내고, 역사적 관련성과 사본의 증거를 다루는 쪽으로 방향을 바꾸었다. 나는 그러한 것들이 진정한 것을 추구하는 나의 복잡다단한 욕구와 어떤 관련이 있는지 궁금했다. 강의는 대체로 지루했고, 사르트르는 그다지 진지하게 다뤄지지 않았다. 보일스턴 홀의 건축물조차 그 방법의 냉정함을 아주 간단명료하게 표현하는 것처럼 보였다. 나는 인간의 특성과 의미 추구에 대한 어설픈 변론을 몇 편의 리포트로 제출했다. 점수 매기는 사람들이 대개 내 글을 좋아하긴 했지만, 그들은 내 리포트를 평범한 수준으로 평가하며 비평에 대한 나의 공헌을 비웃듯이 글의 이곳저곳에 주석을 붙여놓곤 했다. 이번에도 역시 나보다 뛰어난 학생들이 많았다. 또 하나의 일격이었다.

적어도 음악만은 가장 위대한 진실로 남아 있었다. 내 전공은 음악이었다. 나는 예전에 배워둔 아르페지오 기법을 레퍼토리로 필수 이론 과목인 "음악 51"의 강의를 들으려고 자신감에 가득 차 페인 홀(Paine Hall)에 들어갔다. 나는 특히 위대한 작곡가들의 작품을 분석하는 것을 좋아했다. 모차르트의 기교를 정확하게 설명하기는 어려웠지만, 복잡한 하모니와 소리의 전개를 과학적이고 이성적으로 풀어낼 수는 있었다. 내가 받았던 교육이 매우 훌륭했음에도 불구하고 공부를 하면 할수록 나는 무언가 빠진 것 같은 느낌을 받았다. 어느 이론 수업 시간에 한 교수님이 나에게 아주 의미심장한 말씀을 해주었다. "자네가 음악을 연주하는 이유는 음악이 게임이라고 여기기 때문이라네." 정말 그럴까? 베토벤의 4중주나 안톤 베베른의 "콘체르토"(Concerto)가 어떻게 게임이 될 수 있단 말인가? 음악은 나에게 사물의 의미에 대한 의문을 해결해주는 실마리였는데 말이다. 또 하나의 문제는 음악과가 재즈나 당시의 록 음악에는 별로 관심이 없었다는 것이다. 그 음악들은 저급한 대중음악에 불과하고, 내가 사랑한 흑인들의 경험이 녹아든 소울 음악은 진정한 음악이 아닌 것인지 궁금해

 제1장 질문과 전환

졌다.

그전까지 나는 특별한 위기나 힘든 상황을 겪지 않고 자랐다. 그런 경험을 하기에는 내 삶의 울타리가 너무 튼튼했다. 가정환경은 유복했고, 내 주위에는 서로의 짐을 나눠서 질 만한 좋은 친구들이 많았다. 그리고 하버드에서는 즐겁고 새로운 경험들을 실컷 할 수 있었다. 내 대학생활에 소중한 의미를 부여해준 문학 동아리 시그넷 학회에서는 함께 점심 식사를 하면서 미학적 문제들에 대해 토론했다. 메모리얼 교회의 존 페리가 지휘하는 성가대에서 활동한 것도 나에게는 소중한 경험이었다. 그럼에도 불구하고 계속해서 무언가가 빠진 느낌이었다. 대체 무엇이 부족한 걸까? 관계의 어려움, 축구팀 탈퇴, 형편없는 독일어 점수 등의 갖가지 시련들은 극복하기 힘들었다. 그러나 그것들은 근본적인 것들에 대한 작은 징후에 불과했다.

1960년대에 성장기를 보낸다는 것은 결코 쉬운 일이 아니었다. 나는 아직도 내가 그 시절을 그리워하는 것을 이해할 수 없다. 스토턴 홀에서 제일 처음 받은 「하버드 크림슨」(*Harvard Crimson*)지의 헤드라인에는 "학생들에게 마약을 판 앨포트와 리어리를 퇴학에 처한다"라고 적혀 있었다. 우리는 정신세계의 변화 중에서도 최악의 변화가 시작되는 시대에 서 있었다. 언제 징병에 소집될지 모른다는 불안감이 우리 모두를 괴롭혔다. 징병은, 곧 원하지 않는 전쟁을 위해 베트남의 정글 속으로 들어가야 하는 것이었다.

내 삶은 계속 부르주아적이었다. 1학년 여름에는 뉴욕에 있는 직물 공장에서 스판 바지를 만드는 일을 했다. 하지만 그것은 나에게 아무런 의미도 없는 일이었고, 프랑스 출신의 정통 실존주의자가 할 일은 더더욱 아니라고 생각했다. 부모님과의 관계도 점점 더 멀어졌다. 내가 사는 세상은 부모님이 사는 세상과는 완전히 동떨어져 있었다. 나는 돈에 대해 전혀 관심이 없었다. 제2차 세계대전이 끝나고 케네디 대통령이 암살당했다. 그 당시 우리는 기본적인 세계관을 놓고 열띤 논쟁을 벌였다. 그러면서 나는 마음속으로 극심한 고통을 받았는데, 아마도 내 속에 옳지 않은 믿음이 자리 하고 있다는 생각이 점점 더 확실해졌기 때문인 것 같다. 내가 알게 될 것이라고 생각했던 것과 진리 사이에는 상당한 거리가 있었다. 이것은 사르트르 신봉자들이 궁극적으로 받는 유죄 판결이었다.

그러던 중에 특별한 사건이 하나 발생했다. 2학년 때 나는 이른바 "천재 에드거"로서의 필요 조건을 충족시키기 위한 강의 하나를 들었다. 그 강의는 그리스 시대부터 현대에 이르기까지 서양의 위대한 서사시와 희곡들을 총망라한 연구를 했고, "흄"(Hum; humanities의 준말, 그리스, 라틴 고전 문학을 뜻함—옮긴이)이라는 사랑스러운 이름으로 불렸다. 강사는 하버드의 영향력 있는 연사 존 핀리였다. 내 삶의 방향을 결정지었던 사건은 그 강의가 아니라 어느 강사의 수수께끼 같은 가르침이었다. 대부분의 강의가 그러하듯이 이 강의도 수강생 500명을 20명 정도의 소그룹으로 나누어서 수업을 진행했다. 우리 그룹의 강사는 해럴드 브라운이 맡았다. 강의 첫날 그는 빳빳하게 다린 옷을 입고 자기 이름이 새겨진 서류 가방을 책상 위에 "탁" 소리와 함께 내려놓았는데, 그 모습에서 우리는 아주 고리타분한 사람에게 그리스 시를 배울 것 같다는 느낌을 받았다. 그러나 예상과는 달리 그는 전혀 진부하지 않았다.

　그는 그리스도인으로서의 자기 신념을 감추려고 하지 않았다. 스스로 자신을 "정통파 그리스도인"으로 소개했고, 정통과 아류의 차이에 깊은 관심을 가지고 있는 듯 보였다. 수업 교재에 대한 그의 분석은 아주 특별했다. 그는 그리스도적 사고방식은 도덕적이긴 하지만 그 시작점에 접근하기가 어렵다고 설명했다. 인간이 신에게 도달하는 것은 불가능한 일이라는 것이었다. 브라운은 세상적인 것에는 도무지 관심이 없었다. 그리고 현대적인 사고방식에는 우주가 온통 닫혀 있어서 도덕이 존재할 토대가 없는 탓에 그 사고방식에 문제가 훨씬 많다고 주장했다. 그가 내세우는 한 가지 대안은 기독교적 세계관을 갖는 것이었다. 인간은 존귀하신 하나님의 인도를 받을 때에만 의미를 가질 수 있다는 말이었다. 그렇게 보면 인간은 죄인이었다. 다른 이유이기는 하지만 나는 전부터 그와 같은 생각을 하고 있었다. 우리는 셰익스피어와 밀턴 등 대표적인 기독교 작가들의 교재를 가지고 공부했다.

　처음에는 그의 말이 너무 생소하게 들렸다. 그러나 한편으로는 인간을, 선하게 창조되었지만 이후에 타락한 존재로 바라보는 기독교적 시각이 마음에 들었다. 나는 대부분의 종교, 특히 기독교는 하늘에 계신 "아버지"에게 인간이 필요한 것을 표현하는 신화 같은 것이라고 생각했었다. 브라운의 강의를 들으면서 나는 많은 도전을 받고 성경을 다시 보게 되었다. 신약성경에 나온 예수의 생애에 관한 역사적 증거들이 많이 있음을 발견한 것이다. 하나님의 존재와 구원의 필요성에 대한 나의 지적인 이의(異義)는 점차 사라져갔다. 나는 모든 부분을 브라운과 논의했고 진술을 점검하는 데 많은 시간을 함께 보냈다. 친구들은 내가 괜찮은지 궁금해했다. 그리고 나는 종교적인 토론이 생길 때면 그리스도인들의 편에서 얘기하기 시작했다. 종종 우리와 함께 커클랜드 하우스에 앉아서, 초자연적인 존재의 가능성과 교회라는 존재의 진정성을 생각할 수 있도록 격려해주시던 윌리엄 알프레드 교수님을 기억한다. 그리고 점점 더 많은 사람들이 나의 길을 지나갔다. 그들은 바로 내가 이전에 무시했던 그리스도인들이었다.

많은 요소들이 모여 나의 헌신의 방향을 잡아주었다. 내가 대학 성가대에 들어간 것은 순전히 음악적 동기 때문이었다. 그러나 주일마다 성가대에서 연주한 것은 폐부를 찌를 듯한 찬송가와 성가곡들뿐이었다. 퍼셀의 “내 죄를 기억하지 않으시는 주님”(*Remember Not Lord Mine Offenses*), 바흐의 “그리스도께서 죽음의 사슬에 묶이셨도다”(*Christ Lag in Todesbanden*) 등등의 곡들은 그리스도의 실재와 진리를 강력하고 효과적으로 표현했다. 시간이 한참 지나고 나서야 내 안에 성령님이 역사하고 계셨음을 알 수 있었다. 하버드 안에서도 성령은 동일하게 역사하셨다.

마지막 단계는 2학년 여름 스위스 알프스 산 위쪽의 작은 마을에 갔을 때였다. 나는 브라운의 조언에 따라 그곳에 있는 그리스도인 공동체를 방문했다. 1960년대 대학생들이 고민했던 삶의 문제에 대한 근본적인 해답을 “피난처”라는 의미의 “라브리”(L’Abri) 공동체에서 발견한 것이다. 그 공동체는 일단의 샬레(Chalet; 스위스 산중에 위치한 오두막집이나 농가—옮긴이)들로 이루어져 있고, 각 샬레는 교제의 은사가 있는 가족이 맡아서 관리하고 있었다. 그 주 내내 자유로운 형식의 세미나, 강의, 예배들이 열렸

     제1장 질문과 전환

다. 토론 주제는 심오한 철학적 질문에서부터 실제적인 영적 문제까지 아주 다양했다. 내가 아는 아주 인상적인 사람들 중 하나는 라브리의 지도자 프랜시스 쉐퍼였다. 그의 말에는 대단한 열정과 권위가 느껴졌다. 쉐퍼는 "그곳에 계시는 하나님"(God who is there),[5] 각 사람 안에 있는 "도덕적 움직임"(moral motions), "개인적인 시작"(a personal beginning)을 필요로 하는 인간 존재 등과 같은 새로운 문구들을 만들어냈는데, 이는 그리스도의 교훈을 분명하게 전달하기 위해서였다. 그 용어들이 뜻하는 바를 알아내는 데에는 아주 오랜 시간이 걸리지만, 결국에는 하나의 틀을 발견할 수 있다. 그것은 단순한 세계관의 수준을 넘어선 것이었다.

라브리 공동체 안에서의 하루는 다양한 요소로 구성되어 있었다. 그러나 모든 것들의 중심은 복음으로 초점이 맞추어져 있었다. 복음의 뜻을 풀이하면 "좋은 소식"이고, 예술적으로 표현하면 "악을 넘어선 승리"다. 하루 일과는 주로 고된 육체노동과 함께 기도, 열정적인 토론, 긴 산행, 성경공부 등이 함께 결합되어 있었다. 성경은 이제 나에게 문화를 초월하는 교훈이 담겨 있는 하나님의 말씀이 되었다. 하나님은 성경말씀으로 자신의 삶 전체를 그리스도께 맡기고 투자할 수 있게 하시려고 헌신적인 독자들을 부르신다. 물론 나도 그 독자들 가운데 하나다. 지금의 내가 다른 사람들과 삶 그 자체를 어느 때보다 더 사랑할 수 있게 해주는 원동력은, 모든 것 위에 계신 사랑의 그리스도였다. 먼저 나는 "선한 사람"이 아니라 "살아 있는 사람"이 되었다.

3학년이 되어 하버드로 돌아온 나는 어떤 부분은 그대로였지만 또 어떤 부분들은 완전히 달라져 있었다. 이전에 내가 추구했던 세 가지 분야—운동, 프랑스 문학, 음악—는 이제 현실감 있게 아주 새로운 방식으로 다가왔다. 나는 다시 축구장으로 달려갔다. 이제 나는 축구를 재미로 하기 때문에 부담감도 없고, 그래서 훨씬 더 잘 뛸 수 있다. 그리고 이전보다 축구가 더 좋아졌다. 내게 또 하나의 새로운 활력소는 문학이었다. 내가 발견한 문학작품의 구성, 구조, 주제, 상징 등은 이제 새로운 의미를 가진다. 나는 어떤 단순화된 판단에 빠진 것이 분명했지만, 다양한 조각들을 좀 더 거대한 틀 안에서 정확하게 맞춰 넣을 수 있다는 점에서 더 자유로워졌다. 내가 좋아했던 작가들도 전보다 더 소중해졌다. 또 한편으로는 어떤 작가들에 대해서는 흥미가 사라졌다. 예를 들면 사르트르에 대한 환상은 깨졌다. 그가 요구하는 진정성은 공허했다. 그는 어떠한 판단 기준도 가지지 말라고 주장했기 때문이다.[6]

음악 역시 새롭게 발견한 헌신이 적용되었다. 나는 새롭게 발견한 기독교적 미학을 배경으로 삼고 다양한 장르의 음악들을 점검해보았다. 이것이 내가 후에 음악에 대한 글을 쓰면서 발전시킨 이론의 기초가 되었다. 나는 상당히 많은 글을 읽으며 예술에 대한 의문들과 씨름했다.[7] 철학자 수잔 랑거가 그 길을 찾아가는 데 도움을 주었고, 레옹 커치너(Leon Kirchner) 교수는 현대 음악의 난해함에 대해 가르침을 주었다. 그는 위대한 인본주의자였는데 "전위적인 순수한 추상주의와 틀에 박힌 편안한 전통 중에서 한 가지를 선택해야만 하는가"라는 딜레마에 빠진 현대 예술에 대한 해답을 가지고 있는 것처럼 보였다. 나는 그를 통해 스트라빈스키와 바르톡의 음악세계에 빠질 수 있었다. 그들의 음악은 좋은 의미에서 현대적이다. 나는 자연스럽게 과거의 위대한 작곡가들, 특히 기독교적 세계관 속에서 작업했던 작곡가들을 다시 살펴보았다.

내가 그 모든 일을 완전히 이해한 것은 아니다. 그리스도인이 된다는 것은 사람의 근본이 완전히 바뀌는 것을 의미한다. 그러나 사람이 근본적으로 완전히 바뀌려면 평생, 아니 영원이라는 시간이 있어야 할 것이다. 그리스도인들은 두 가지 현실 사이에서 살아가는데 하나는 새롭게 태어난 존재로, 또 하나는 아직 충분하게 성장하지 못한 존재로 살아간다. 나는 불모의 땅에서 자유로워진 덕분에 새로운 땅에 도착했다. 그러나 무수한 시행착오를 겪어야 했고, 아직도 탐험해야 할 일이 많이 남아 있다. 나는 내가 아는 모든 사람을 그리스도인으로 만들기 위해 노력했는데, 그중에는 "이교도"인 부모님에서부터 시그넷에 있는 예술가 친구들까지 매우 많은 사람들이 있었다. 감수성과 재치가 항상 중요한 것은 아니었다.

그 방법에는 다른 새로운 어려움들이 나타났다. 친구들 몇몇은 내가 좀 이상해졌다고 여겼다. 정확히 말하자면 그들은 아직 나를 버리지는 않았지만, 아마도 나를 연구하고 있는 것 같았다. 나는 더욱 적극적으로 내가 찾은 새로운 믿음 속에서 다른 그리스도인들을 찾아야 한다는 의무감을 느꼈다. 그 친구들 중 몇몇은 나와는 전혀 다른 문화에 속해 있었다. 우리는 필립스 브룩스 하우스에서 매주 금요일 저녁마다 기독학생회 모임을 가졌다. 중서부 출신의 짧은 금발 형제들이 간증과 기도를 가르쳐주었다. 그들 중에는 내가 이전에 소름 끼친다고 생각했던 음악을 좋아하는 사람들도 있었다. 이런 차이들보다 나를 더 불편하게 했던 것들은 사르트르적인 교만의 흔적들이었다.

하버드에 입학할 때는 무신론자였지만, 4년이 지난 후에 나는 확신에 찬 그리스도인이 되었다. 그동안 너무나 많은 일들이 일어났다. 나는 신학교에 들어갔고, 결혼해서 아이들을 낳았고, 프랑스에서 다시 일을 시작했으며, 수준급의 재즈 연주도 할 수 있게 되었다. 현재는 필라델피아의 웨스트민스터 신학교에서 기독교 변증론을 가르치고 있다. 이 모든 일들이 하버드에서 시작되었다. 가끔씩 하버드 캠퍼스를 둘러보면 그 당시의 기억들이—수업시간, 성가대, 축구 경기, 기독학생회 모임 등—고스란히 되살아난다. 1642년 하버드 대학의 설립 당시 최초의 학칙은 "예수는 모든 건전한 지식과 배움의 근본"이라는 것이었다.[8] 그 단순하면서도 강력한 꿈은, 삶의 모든 부분을 성경적 진리의 보호 아래 둔다는 의미다. 최근에는 이러한 정신이 희미해지긴 했지만, 여전히 하버드에서는 하나님을 찾을 수 있다. 내 아들이 몇 년 전 하버드를 졸업했고, 현재 열성적인 그리스도인으로 하버드에 재학 중인 딸도 있다.

몇 년 전에는 졸업 25주년 동창회에 참석했다. 그 행사는 너무나 멋졌다. 1960년대부터 계속해서 놀라운 일들을 해온, 동일한 정신을 가진 사람들과 서로의 경험을 나누며, 옛 친구들을 만나고 또 새로운 친구들을 사귀는 모든 일이 너무나 특별했다. 그러나 그보다 더 멋진 일은 내가 동창회의 개회 행사인 기념 예배 설교자로 초청된 일이었다. 예배는 깊은 감동을 주었고, 우리 중 몇몇이 예배에서 다양한 역할을 맡았다. 이미 고인이 된 46명의 동기들을 위한 추모의 종이 울리자 그들의 이름이 낭독되었다. 나는 시편 90편을 설교하면서 그곳에 모인 수백 명의 동기들에게 인간은 죽을 수밖에 없는 존재임을 깨달으라고 요청했다. 또한 삶의 의미에 대한 잘못된 답변들이 주는 환상을 부수고 부활하신 예수 그리스도를

     제1장 질문과 전환

믿으라고 호소했다. 나는 그 한 주 동안 계속해서 삶의 가장 깊은 부분에 대해 이야기를 나누었다. 앞으로도 우리는 하버드에서 하나님을 찾을 수 있을 것이다.

의미의 위기, 변화의 필요

약물중독 교수에서 그리스도인으로   글렌 로리

파괴된 세계   알렉산드르 솔제니친

인류는 역사의 교차로에 서 있다. 한 길은 처절한 절망과 좌절로 향한다. 다른 길은 완전한 멸종으로 향해 있다. 우리는 올바른 길을 선택할 수 있도록 기도해야 한다. 나는 어떤 허무감이 아니라 비관주의로 오해되기 쉬운 인간 존재의 절대적 허무에 대한 고통스러운 확신 속에서 말하는 것이다.　　우디 앨런, "졸업생들을 위한 연설"

포스트모더니즘은 돌이킬 수 없는 상실과 구제불능의 실수에 대한 인식과 함께 시작된다. 이것은 하나님의 죽음과 함께 "시작해서", 우리 자신의 죽음과 함께 "끝난다." 우리는 시간과 시간 사이의 시간에, 공간도 없는 공간에 존재한다.
　　　　마크 테일러, 『오류: 포스트모던 반/신학』(*Erring: A Postmodern A/Theology*)

나의 죄는 구제불능이었다. 내 자신이 죄인이라고 생각하지 않았기 때문이다.
　　　　　　히포의 아우구스티누스

나는 양심과 도덕의 어리석고 치욕적인 오류에서 독일을 자유롭게 했다. 우리는 젊은이들을 훈련할 것이며, 세상은 그들 앞에서 전율할 것이다.
　　　　　　아돌프 히틀러, 아우슈비츠에서

약물중독 교수에서 그리스도인으로

글렌 로리

나는 최고의 대학에서 보장된 미래, 「뉴욕타임스」에 내 이름이 실리는 것, 아름다운 여성에게 유혹을 받는 것 등 내가 원하는 것을 얻기 위해서는 무엇이든 할 수 있었고 '다른 것들은 지옥에나 떨어져 버려라'라고 생각했다.

글렌 로리(Glenn Loury)는 보스턴 대학의 경제학 교수로 재직 중이다. 그 전에는 하버드 케네디 행정대학원, 노스웨스턴 대학과 미시건 대학에서 경제학과 공공 정책을 가르쳤다. 노스웨스턴 대학에서 수학 전공으로 학사학위를 받았고, MIT에서는 경제학 박사학위를 받았다. 영국 옥스퍼드 대학, 이스라엘 텔아비브 대학, 스웨덴 스톡홀름 대학, 프린스턴 고등연구소 등에서는 객원 학자로 있었다. 구겐하임 회원의 지위를 받았고, 국립과학원에서는 경제 자문위원으로도 봉사했다.
미국 내 인종차별 문제와 가난한 사람들에 대한 사회 정책 분석, 그리고 그 문제를 쟁점화하는 데에도 열정적으로 앞장섰다. 「뉴욕타임스」(*New York Times*), 「퍼블릭인터레스트」(*The Public Interest*), 「커멘터리」(*Commentary*), 「뉴리퍼블릭」(*The New Republic*) 등에 이러한 문제들을 다룬 평론들을 싣기도 했다. 이 글의 처음 두 페이지는 1993년 2월 25일자 「월스트리트저널」에 실린 "God in the Ghetto"의 일부다.
그는 현재 소속 교회에서 활발히 활동하며 체스와 당구, 재즈를 즐기며 살고 있다.

오늘날 흑인 집단거주지는 백인사회의 무관심, 적대감, 혹은 인종차별주의의 실체를 드러낼 뿐만 아니라, 도시 흑인사회의 해체에 대해서도 많은 것을 보여준다. 흑인들의 미국생활 참여를 가로막는 제도적 장벽들이 여전히 존재한다. 하지만 그 장벽은 상당 부분 완화되었고 모두가 그것을 알고 있다. 또한 사람들은 지난 수십 년간 도시의 흑인 주거지역 내에 대단히 치명적인 또 다른 장벽들이 세워져왔다는 사실도 잘 알고 있다.

그것들의 결과는 범죄, 사생아 출생, 교육 수준의 저하, 마약 복용, 불필요한 폭력과 관련된 행동들로 명확히 드러났다. 흑인사회가 정말 발전하기 원한다면, 한 개인이 기회를 잡을 수 있는 능력 자체를 파괴하는 이런 행동들은 교정되어야 한다.

이 부분에서 사회학자들과 정치학자들은 우리를 대단히 실망시켰다. 오랫동안 게토생활의 참혹한 사회환경에 대해 말하는 것이 철저히 금지되었다. 물론 흑인 최하층이 처한 환경의 실체가 드러나면서, 지난 10여 년 동안 그런 상황이 많이 변했지만 침묵만 존재할 뿐 이렇게 무너진 세계를 어떻게 고칠지에 대한 의미 있는 대화는 아직까지 진전이 없어 보인다.

사회학자 윌리엄 줄리어스 윌슨(William Julius Wilson) 같은 자유주의

자들은 문제행동들이 근본적인 원인이라고 인정하지만, 동시에 이 문제들이 궁극적으로는 경제적 기회의 결핍에서 기원한 것이며, "적절한 임금을 주는 적절한 직업"을 얻는다면 곧 진정될 것이라고 주장한다. 정치학자 찰스 머레이(Charles Murray) 같은 보수주의자들은 도심의 비극적 개발정책이 무지한 복지국가의 의도하지 않은 유산이라고 간주한다. 만약 정부가 무책임한 행동에 대한 재정지원을 중단한다면, 가난한 사람들도 자제력의 가치를 깨달을 것이라고 주장한다.

이렇게 양극화된 입장들 사이에도 공통점은 존재한다. 그들 모두 암묵적으로는 성 행위, 결혼, 출산, 양육을 포함한 문제행동의 이면에는 경제적인 요인들이 놓여 있다고 생각한다는 것이다. 양측의 관점은 게토의 문제행동이 외부에 의해, 곧 정부성책을 바꿈으로써, 장려금 지급을 올바로 교정함으로써 치료할 수 있다고 제안한다. 양쪽 모두 인간적 동기의 신비들이 계산된 외부의 개입에 의해 쉽게 영향을 받는다고 주장하는 기계적 결정론의 냄새가 난다. 동시에 양쪽 모두 왜 어떤 가난한 공동체는 다른 곳보다 문제행동들을 덜 갖고 있으며, 동일한 경제적 요인들에 영향을 덜 받는지를 제대로 설명하지 못한다.

궁극적으로 정책에 대한 이런 진부한 논쟁들은 개인의 도덕성과 성품과 가치라는 근본적인 문제들을 제대로 다루지 못하고 있다. 우리는 마약을 남용하는 것, 성적으로 난잡한 것, 게으르고 절제하지 못하는 것, 합법적 권위를 존중하지 않는 것, 무책임하고 진실하지 않으며 신뢰할 수 없는 것이 잘못이라는 판단을 공적으로 지지하지 않는다.

미국의 공적 담론에서 덕스러운 삶을 권장하는 모습은 찾아볼 수 없다. 특별히 인종과 사회정책을 토론할 때 그렇다. 예를 들어, 결혼제도가 도심의 흑인공동체에서 사라졌다. 대다수의 가난한 흑인 아이들을 어머니 혼자 키우고 있다. 하지만 누가 그들에게 자녀들을 위해 부모가 함께 살아야 한다고 말할 것인가? 누가 모든 인종의 청년들에게 그들의 관계가 결혼으로 성별될 때까지 과도한 성적 접촉을 삼가야 한다고 말할 것인가?

이 세속의 시대에 이것들은 공공 정책에 대한 문제가 아니다. 정부는 (다른 곳에서 다루어지지 않았던) 이 문제들로 인해 나타난 결과들만 해결하면 된다고 생각할지도 모르겠다.

다행히도 정부가 유일한 권위의 원천은 아니다. 모든 공동체 내에는 개인의 의무, 상호 간의 도리, 서로에 대한 의무, 그리고 하나님 앞에서 각자의 책임에 대한 사고방식을 형성하기 위해 애쓰는 도덕적·문화적 기관들이 존재한다.

그것들 중에서 일차적으로 중요한 것은 가정과 교회다. 그러나 이 기관이 도심을 중심으로 점차 붕괴된 모습을 보이고 있다. 가정과 교회를 둘러싼 외부의 영향에 맥을 못 추는 것이다. 하지만 이 기관들은 합법적 도덕교육의 자연적 원천들, 아니 유일한 원천들이다. 이 기관이 회복되지 않는다면, 게토의 문제행동은 결코 극복되지 않을 것이다. 분명히 그런 회복은 공공기관의 실용주의적 간섭의 목적이 될 수 없다. 오히려 그것은 문제가 되고 있는 공동체 내부로부터, 그 공동체의 도덕적·정치적 지도자들에 의해 주도되어야 한다.

이러한 문제들에서 하나님에 대해 언급하는 것이 매우 어색해 보일 것이다. 하지만 게토(그리고 다른 곳)의 문제행동에는 분명히 영적 문제가 있다. 한 남자의 영적 헌신은 부모로서의 책임에 대한 그의 이해에 영향을 미친다. 어떤 경제학자도 부모가 자녀들의 삶을 위한 하나님의 청지기라는 깨달음만큼, 부모들이 자녀들의 발전에 관여하도록 유도하는 효과적인 장치를 만들 수 없다.

그 누구도 영적 개념에 호소하지 않고, 성적 자제력이나 폭력의 거부를 교육할 수 없다. 가장 효과적인 약물남용회복 프로그램은 영적 원리에 근거해서 개발된다. 게토 공동체의 재건을 위한 성공적 노력들에 대한 보도들은 그런 노력의 핵심에 종교제도, 혹은 일군의 헌신적인 신자들이 있음을 보여준다.

영성 문제를 언급하는 것이 결코 공적 행동의 적합성을 부정하는 것은 아니다. 도심의 빈민들에게는 도움이 절실하다. 그 문제에 공적 노력이 집중되어야 한다. 하지만 백인들의 인종차별과 공적 무관심에 대한 비난을 반복하는 것 이상으로, 이 문제에 대한 우리의 담론을 조심스럽고 민감하게 확대해야 한다. 그 공동체들 내에서 신앙의 힘을 삶으로 증언하는 훌륭한 인격의 사람들에게 우리는 지원을 아끼지 말아야 한다.

하지만 어떻게 이 힘이 삶과 공동체를 변화시키는가? 한 번에 한 사람씩 변화시킨다. 다음 이야기는 한 개인의 예화다.

내가 지금 하려는 것은 신학자들이 하는 분석이 아니다. 나는 철저히 관찰자의 입장에서 내 삶 속에서 일어났던 영적 여행에 대해 이야기하려

한다. 나는 그리스도가 나에게 하신 일, 그리고 또 다른 이들에게 하실 일들을 증거하려고 이 글을 쓴다. 언젠가 "예수의 부활을 왜 모든 사람이 믿어야 하는가"라는 주제의 설교를 들은 적이 있다. 이것은 엄청난 사실을 문자 그대로 믿는 것을 의미한다. 목사님은 성경 본문에 대해 토론하고 성경적 사실과 들어맞는 역사적 증거를 살핀 후 우리 모두가 개인적으로 다시 사신 예수 그리스도를 경험했다는 사실을 덧붙였다. 우리가 예수를 주라고 고백할 수 있는 가장 확실한 증거는 스스로의 삶을 통해 직접 체득했을 것이다. 이 글에서 제시하고 있는 증거가 바로 그런 것이다.

중요한 것은 내가 거듭났다는 사실이다. 이전의 나는 죽었고, 이제 나는 살아 있다. 그것은 나의 회복능력 때문이 아니라 "메뚜기 떼에게 습격받은 땅을 회복시키듯" 깨어진 삶을 치유하시는 그리스도의 능력 때문이다. 지금부터 내가 그것을 설명해 보이겠다.

훌륭하고 아름다운 여성인 아내가 나를 사랑해서 우리가 결혼할 수 있었지만, 이것으로 가능해진 관계를 우리는 완성시킬 수 없었고 완성시키고 싶지 않았다. 나는 남편으로서 그 관계에 충실할 수 없었다. 단순히 외도에 대해서만 말하는 것이 아니다. 정서적으로도 나는 온전하기 어려웠다. 나의 이기심은 내 삶을 누군가와 함께 꾸려갈 수 있도록 버려지지 않았다. 결혼생활은 주고받는 것이었지만, 나는 거의 주지 않았다. 결혼을 통한 풍요로운 결합은 나의 자만심과 자기중심적인 사고 때문에 사라져버렸다.

나는 하버드 대학 종신교수로 성공가도를 달렸지만 영적으로는 죽어 있었다. 내 전문 분야에서 최고의 자리에 올랐으니 무엇이 더 필요했겠

     제2장 의미의 위기, 변화의 필요

는가? 내가 워싱턴에 방문했을 때, 그 권력의 전당에 있던 사람들은 모두 내 이름을 알고 있었다. 나는 명성을 얻은 것은 물론이고, 연구비도 지원받았다. 그럼에도 불구하고 내 삶은 아무 의미도 없는 듯 보였고, 나는 극도로 우울해졌다. 내가 너무나 자주 우울해했기 때문에, 아내는 그런 나를 당연하게 생각할 정도였다. 물론 내가 정신병에 걸렸다거나 자살을 시도했다는 말은 아니다. 나에게는 진정한 기쁨이 없었다. 직업의 성공도 나를 충족시켜주지 못했다. 내 삶의 어떤 것도 의미를 갖지 못했고, 나는 항상 겉도는 느낌이었다. 나에게 인생이란 허드렛일 같았고, 높은 점수를 받고, 상을 타고, 돈을 벌기 위한 끝없는 경쟁처럼 보였다. 이런 삶에는 어떤 연속성이나 일관성도 없었고, 성취한 것에 의미를 부여할 만한 의미도 전혀 없었다.

게다가 나는 각종 약물과 술의 노예로 살았다. "노예"라는 표현을 너무 곡해해서 듣지 않기를 바란다. 이것은 내 표면적인 생활을 망가뜨리지는 않았지만, 오랫동안 꾸준히 지속되었다. 다행히 갑자기 상태가 나빠지지는 않아서 세미나 기간에 헤로인을 찾아다니는 일 같은 추잡한 행동은 하지 않았다. 그러나 얼마 지나지 않아 나는 충분히 비참한 생활을 하게 되었다. 평상시에도 약물이나 술이 없으면 살 수 없게 된 것이다. 저녁 시간을 더 재미있게 보내기 위해서, 가족들과의 나들이를 위해서, 운동이나 파티를 즐기기 위해서, 기타 등등의 이유로 나는 술과 약물로 스스로를 흥분시켜야 했다. 처음에는 사교에 약간의 도움을 얻기 위해서였는데 조금씩 취해 있는 일이 반복되었고, 그것이 내 생활의 일부가 되었다. 그리고 마침내 그것은 내 명성과 건강을 위협해왔다. 나는 그때까지도 그것을 문제라고 생각하지 않았다.

이런 식의 생활이 계속되자 어떤 중재 없이 결혼생활을 지속하는 것이 어려워졌다. 우울증은 나날이 심해졌고, 누군가의 도움 없이 내가 가진 명성만으로는 이것을 해결할 수 없었다. 나는 계속해서 약물과 술로 내 몸과 마음과 일을 파괴할 것인지를 생각해보아야 했다. 그 당시의 나는 어떠한 제어 장치도 없이 살았다.

그때 나에게 특별한 일이 일어났다. 그것은 바로 몇몇 사람들이 내게 예수 그리스도의 복음을 전해준 것이다. 그들은 내가 술과 약물에서 벗어나 구원받을 수 있다고 말했다. 또한 예수님의 말씀을 들려주었다.

"인자가 온 것은 잃어버린 자를 찾아 구원하려 함이니라"(눅 19:10).

"도둑이 오는 것은 도둑질하고 죽이고 멸망시키려는 것뿐이요 내가 온 것은 양으로 생명을 얻게 하고 더 풍성히 얻게 하려는 것이라"(요 10:10).

"예수께서 이르시되 내가 곧 길이요 진리요 생명이니 나로 말미암지 않고는 아버지께로 올 자가 없느니라"(요 14:6).

"이러므로 내가 네게 말하노니 그의 많은 죄가 사하여졌도다 이는 그의 사랑함이 많음이라 사함을 받은 일이 적은 자는 적게 사랑하느니라"(눅 7:47).

"그러므로 아들이 너희를 자유케 하면 너희가 참으로 자유하리라"(요 8:36).

이름은 잘 모르겠지만 내 기억 속에 특별한 사람이 한 명 있다. 정신병원에 입원했을 때 약물 남용에 관한 치료 프로그램에 참가한 적이 있다. 그 프로그램은 매주 금요일마다 종교 단체의 사람들을 한 명씩 초청해서 환자들과 영적 문제에 대해 이야기를 나누도록 했다. 그날은 지역 교회의 젊은 여자가 왔다. 시카고에서 자라면서 교회 지도자들의 부패에 혐오감을 가지고 있었던 나는 "조직화된 종교"에 대한 회의론을 강력하게 주장했다. 모임이 끝나고 그녀는 나와 좀 더 이야기를 나누기 원했다. 그녀는 시종일관 온화한 태도로 나를 대했지만, 나의 장래 계획에 대해서는 무척 끈질기게 질문해왔다. 시편 23편을 함께 읽자는 그녀의 제안에 나는 동의했다. 나는 그 말씀을 아주 잘 알고 있었지만, 말씀 속에 나온 하나님의 약속이 나를 향한 것이라고 생각해본 적은 한 번도 없었다. 그녀는 내게 하나님이 항상 함께하시기 때문에 "사망의 음침한 골짜기를 다녀도 해를 두려워" 할 필요가 없다고 말해주었다. 나는 이 말씀이 내포하는 의미를 듣고 그저 놀라울 뿐이었다.

다음 날 그녀는 퇴원하는 나를 붙잡고 주일에 교회에 나가보라며 강권했다. 1988년 부활절이었다. 내가 지난 십 년 동안 교회에 나간 경험은 겨우 네다섯 번에 불과했지만 나는 그 초대에 응하기로 마음먹었다. 그날 예배는 너무나 아름다웠고, 특히 음악이 더 그러했다. 유년시절 시카고에서 드렸던 무수한 주일예배들이 생각났다. 우리 가족은 미국 흑인 사회 200년 전통의 기독교 교단인 흑인감리감독교회(African Methodist Episcopal Church)에 출석했다. 어렸을 때는 교회에 가는 것을 무척 좋아했지만, 사춘기가 되면서 교회를 떠나고 신앙을 버렸기 때문에 내가 실질적으로 교회에서 얻은 경험은 별로 없었다.

그날 구원에 관한 설교를 듣고, 나는 잘못했던 과거를 생각하면서 두 시간 동안이나 소리 없이 울었다. 그 눈물이 성령의 감동에 의해서라는 것을 아무에게도, 심지어는 나 자신에게조차도 인정하지 않았다. 나는 기도하려고 강단에 나가는 일 따위는 결코 하지 않았다. 교회에 등록하지도 않았고, 그리스도를 내 구주로 고백하지도 않았다. 나를 교회로 이끈 그 젊은 여자에게 고맙다는 말도 없이, 예배만 드리면 교회를 빠져나오기 바빴다. 그러나 부활주일 아침 예배 때 내 속에 무슨 일이 일어난 것만큼은 확실했다. 그 이후로 비슷한 일은 다시 일어나지 않았다.

몇 달이 지나자 어떤 사람들이 함께 성경을 읽지 않겠느냐고 물어왔다. 나는 그들의 말을 따르긴 했지만, 특별한 열심이 있었던 것은 아니었다. 특별한 일은 일어나지 않았다.

그러던 중에 하버드 경제학 종신교수로 일하면서 친해진 목사님 한 분이 계속해서 나를 만나러 와주었다. 그는 나에게 진심으로 깊은 관심을 보여주었다. 그리고 정중하면서도 매우 끈덕지게 나의 삶에 대해 질문했다. 마침내 나는 레이 해먼드(Ray Hammond)에게 설득당해 성경 공부에 참석하게 되었다. 정기적으로 모임에 참석했고, 매 주일 교회에도 출석했다.

하늘 문이 열리고 성령이 내려오실 때 특별한 느낌은 없었다. 내가 극적인 무언가에 빠졌다는 것을 알게 된 것은 몇 달이 지나서였다. 성경공부를 시작하고, 지속적으로 교회에 출석하면서, 기도하는 법을 배우고, 삶을 정직하게 돌아보았으며, 성령께서 나를 돌보시고 감동시키시도록 내 마음을 열기 시작하면서부터 나는 특별한 무언가를 느끼기 시작했다. 그리고 내가 불행한 삶을 살 수밖에 없었던 것은 그만한 이유가 있었음을 깨달았다. 내가 깨달은 영적 공허함은 내 삶이 궤도에서 벗어난 것처럼 보였던 많은 것들과 연결되어 있었다.

나 자신이 성장하고 변화하는 것을 느끼면서 나는 "예수 사업"(Jesus Business)에 진정한 무언가가 있음을 느끼기 시작했다. 아마도 내가 영적으로 성장할 수 있었던 것은 기독교를 검증해야 할 주장들의 집합체로서나 진리를 자처하는 일련의 주장으로서가 아니라, 초월적인 하나님이 인간에게 친히 오셔서 관계를 형성하시는 현실적인 방법으로 생각하면서부터였다. 다르게 표현하자면, 나는 사람들이 만들어내는 지적인 논쟁만이 "예수 사업"의 전부가 아니라는 사실을 깨닫기 시작했다. 내가 이전에 생각했던 것과는 달리 예배가 사람들이 지내는 제사 의식 같은 것도 아니었다. 나는 일류 대학을 다니는 자칭 "지식인"으로서, 그리스도인들이 말하는 눈에 보이지도 않는 믿음에 대한 것들은 생각하기도 싫었고, 그것들을 믿기는 더더욱 싫었다. 완벽한 증거가 없는 믿음은 갖고 싶지 않았다. 그랬던 내가 지금은 믿음이 보이지 않는 것들의 실상이라는 말씀을 이해하게 되었다. 영적인 것의 실재를 깨닫는 데 저항하는 마음이 조금씩 사라지자 나는 자발적으로 그것의 가능성을 받아들였고, 또 실제로 그것의 진리가 내게 선포되었다. 나는 내 마음속의 공간을 복음의 소리를 듣기 위해 좀 더 넓히기 시작했다.

그렇게 내 삶은 차츰 변해갔다. 죽었던 관계들이 다시 생명을 얻었고, 목적 의식이 없었던 내 생활은 서서히 되살아났다. 성경공부를 시작하면서 삶의 깊이와 풍요로움, 성취감이 회복되기 시작했다. 내가 상상했던 것보다 기쁨과 충족감의 가능성이 더 크다는 것도 깨달았다. 표면적인 것 이면에 숨겨진 것을 보면서 전에는 꿈으로만 생각했고 실제로는 존재하리라고 믿지 않았던 것들을 발견하고 있는 나 자신을 보게 되었다.

예를 들면 나는 내 인생을 변화시키는 진리를 찾았다. 그것은 자유(내가 자유라고 생각했던 것)가 내가 생각했던 인생 최고의 가치는 아니라는 사실이다. 내 불행의 원인은 속박으로부터의 자유, 즉 끊임없이 족쇄에서 풀려나려고 발버둥친 것이었다. 어렸을 때부터 나는 "자신만의 것을 하기"를 바랐다. 결혼을 한다고 생각만 해도 숨이 막힐 지경이었다. 나에게 결혼은 내가 아닌 다른 사람의 관심사에도 신경을 써야 하는 것을 뜻했기 때문이다. 비록 지금의 나는 결혼도 하고 아버지도 되었지만, 한때는 이런 무거운 책임감이 싫어서 아이도 갖기 싫어했다. 가족이나 친구들이 나에게 불편한 부탁을 하면 나는 불같이 화를 내곤 했다.

그리스도인이 된 후에야 나는 가장 깊은 만족과 성취감은 다른 사람을 위해 헌신하고 책임 있는 행동을 했을 때에 얻을 수 있다는 것을 알았다. 이전에 내 삶을 지배했던 변덕스러운 열정과 취미들이 만들어내지 못했던 진정한 행복들을 나는 아들을 품에 안으면서, 남편으로서, 아버지로서, 주님이 원하시는 모습을 이뤄가면서 느끼는 깊은 만족감을 통해서 깨달았다. 과거에 내가 얻을 수 있었던 것은 "지극히 개인적이고 육체적인 만족에 대한 무모한 추구"라는 나무가 생산하는 "외로움과 무의미와 절망감"이라는 쓰디쓴 열매들뿐이었다. 내 시간이 나만의 것이 아니고, 이전의 내가 즐기던 쾌락을 잃어버렸음에도 불구하고 지금의 나는 황폐했던 기대를 초월하는 기쁨을 알게 되었다. 삶은 너무나도 아름다운 것이었다. 이제 아내는 내게서 "내 삶은 아무런 의미가 없어"가 아닌 "주님, 감사합니다"라는 소리를 듣는다.

     제2장 의미의 위기, 변화의 필요

예배와 찬양이 주는 기쁨을 누리는 것, 복음을 전하는 것으로 사람들을 섬길 만한 능력을 갖게 된 것은 모두 내가 영적으로 성장하면서 가능해진 일이었다. 성령으로 세례를 받고 이 모든 것들이 가능해졌다. 이것은 하나님을 믿기만 하면 주시는 하나님의 능력이다. 처음에는 이런 영적인 선물이 너무 당혹스럽고 비이성적인 것으로 생각되었다. 내 지성은 감정에 호소하는 예배와 불협화음을 일으켰다. 그것은 구시대적이고 원시적인 것처럼 보였다. 그러나 얼마 지나지 않아 내가 드리는 예배는 수동적인 모습에서 능동적으로 바뀌었고 기쁨으로 충만해졌다. 나는 하나님이 내게 행하신 일들을 사람들에게 증거했고, 성도들이 하나님의 영광을 찬양할 때는 가만히 침묵을 지키고 앉아 있을 수 없어졌다.

나의 변화된 모습은 주변 사람들에게 영향을 끼쳤다. 나는 하버드 케네디 행정대학원에서 동료 교수들과 윤리학 과정을 강의했다. 우리가 가르치는 학생들은 진지했고, 야망이 있었으며, 공공 정책의 현실에 대해서 자신들의 입장을 주장하고, 그들이 지지하는 사람들(혹은 자기 자신)을 공직에 진출시킬 준비도 되어 있었다. 우리가 윤리학을 통해서 해야 할 일은 어려운 상황에서 발생하는 옳고 그름에 대한 판단과 정의의 문제에 대해 학생들에게 철학적 질문을 던지는 것이다. 나는 정치와 공공 정책의 세계에 건설적으로 직면할 수 있도록 학생들을 준비시키는 일에 내 개인의 영적 체험과 지식을 어떻게 적용할 수 있을지 생각해보았다.

나는 동료들에게 개인의 영적 헌신과 공공 정책의 윤리성 사이에 어떤 관계가 있는지 묻기 시작했다. 심지어는 워터게이트 사건으로 악명이 높은 찰스 콜슨(Charles Colson)의 저서 『백악관에서 감옥까지』(*Born*

Again, 홍성사 역간)를 발췌해서 돌리기도 했다. 그는 백악관에서 근무할 때 저지른 죄 때문에 감옥에 갇혔었다. 권력의 덫에서 빠져나오면서 콜슨은 그리스도를 영접했다. 또한 그는 출소하면서 남은 삶을 교도소 수감자들을 위한 선교에 바치기로 결심했다.

콜슨은 자기 과신이나 교만의 문제에 관심이 많았다. 이것은 나에게 아주 중요했다. 왜냐하면 나를 파멸로 이끈 죄악의 일부가 교만이었기 때문이다. 내 의식은 언제나 내가 얼마나 중요한 존재인지, 내 능력이 어느 정도인지, 어떻게 하면 최고가 될 수 있는지 등으로만 가득차 있어서 나는 늘 괴로웠다. 모든 것이 내가 마음먹기에 달려 있는 것 같았고, 규칙(도덕이나 법 같은)들은 나와 상관없는 것처럼 느껴졌다. 언제나 나는 예외라고 생각했다. 나는 최고의 대학에서 보장된 미래, 「뉴욕타임스」에 내 이름이 실리는 것, 아름다운 여성에게 유혹받는 것 등 내가 원하는 것을 얻기 위해서는 무엇이든 할 수 있었고, '다른 것들은 지옥에나 떨어져 버려라'라고 생각했다.

콜슨이 쓴 『백악관에서 감옥까지』를 읽으면서 교만의 죄악에 빠져 살던 그의 삶이 꼭 내 이야기처럼 느껴졌다. 그리고 그 정도까지는 아니겠지만 케네디 스쿨(Kennedy School)에서 정치인을 꿈꾸는 학생들 역시 야망과 교만을 가지고 있음을 깨달았다.

나는 직업 윤리의 근간에는 개인의 도덕성이 있어야 하고, 종교적 신념은 그런 도덕적 기준에 충실할 수 있도록 그 중심 역할을 잘 수행할 수 있다고 전하고 싶었다. 내 동료들 역시 이 사실을 깨닫기 바라는 것은 우리의 목적이 미래에 나라를 이끌 지도자들의 가치와 성품을 형성시키는 것이라면, 이러한 주제에 순수하게 학문적으로만 접근하는 데에는 한계가 있기 때문이다. 윤리학의 학문적 지식이 "우리가 해야 할 일"에 대한 우리의 생각에는 영향을 줄 수 있겠지만 우리 삶을 변화시키는 것과 비교하면 너무나 무기력하기 때문에 "우리가 해야 할 일"이 꼭 "우리가 하고 싶은 일"이 되고, 또 실제로 우리가 그 일을 하게까지 만들 수는 없을 것이다. 이 세상에서 거리가 가장 먼 곳이 머리와 가슴이라는 말처럼 말이다.

나는 대학에서의 삶을 완전하고 생명력 있게 만들기 위한 길은 전능하신 하나님과의 관계를 통해서만 가능하다고 다른 사람들에게 권면할 수 있을 정도로 회복되었다. 대학에 속해 있는 사람들의 영적 삶은 메마르기 쉽다. 왜냐하면 대학에서 자신의 믿음을 공공연히 선언하는 사람은 흔치 않으며 이런 사람들은 종종 사회적으로 무시를 당할 수 있기 때문이다. 그러나 교수들에게는 인생이 발전하는 결정적인 국면에 들어서 있는 젊은이들에게 올바른 사고를 형성시켜야 할 막중한 책임이 있다. 따라서 학생들에게 전통적인 학문적 기반은 물론이고 영적인 바탕에 대해서도 끈기 있고 정중하게 도전하게 할 방법을 찾아야 한다. 그런 도전을 주는 방법 중 하나로는 하나님과 함께한 자신의 진솔한 경험담이 적절할 것이다.

나는 그리스도인이 된 이후로 가족들과의 관계는 물론이고 친척들을 대하는 자세도 훨씬 더 좋아졌다. 불편했던 누나와 어머니와의 관계도 점차 회복되어가고 있다. 20년 전 이혼하면서 멀어졌던 두 아이들과의 관계도 좀 더 풍성하게 변화되었다. 이 모든 치유는 내가 섬기는 종의 자세를 가지고 이전의 관계를 새로운 시각에서 바라보고 사랑하게 된 덕분이다.

끝났다고 생각했던 결혼생활도 다시 회복되었다. 하나님은 지금의 아내와 내가 다시 가족을 이룰 수 있도록 축복해주셨다. 우리의 결혼생활은 기적적으로 치유되었고, 모든 죽어 있던 것들이 살아난 기분이었다. 공허하고 허무한 것들로 가득 찼던 내 삶은 예수님과의 만남 때문에 다시 살아났다. 죽음에서 삶으로 바뀐 것이다.

어떤 특별한 것이나 고유한 무엇이 이렇게 바꾼 것은 아니다. 내가 이것을 얻기 위해 무엇을 한 것도 아니다. 다만 성경은 이렇게 말한다. 우리 모두에게 새로운 삶을 주시려고 예수님이 이 땅에 오셔서 사셨고 죽으셨고 부활하셨다.

예수님의 부활 사건과 복음이 진실인 것을 어떻게 알 수 있는가? 주후 1세기부터 전해 내려오는 역사적 자료들의 익숙함이나 성경말씀 때문에 부활과 복음을 믿는 것은 아니다. 그것이 우선 내 삶에서 증거되었기 때문에 그 사실에 대해 확실히 말할 수 있는 것이다. 문화와 인종 간의 화해, 경제, 정의에 관한 내 모든 작업의 도덕적 바탕에는 인간을 향한 하나님의 무조건적인 사랑이 있다. 예수 그리스도는 우리가 희망을 가질 수 있게, 그리고 개인이 깊은 만족감을 느낄 수 있는 토대를 제공해주신다. 인종차별 철폐를 위해 싸운 사람들 사이에서 유행하는 표어 하나를 이렇게 바꾸자. "예수 없이는 평화도 없다."

파괴된 세계

알렉산드르 솔제니친

도덕적 폭력을 위한 사유의 남용처럼, 인간적 부패에 대한 방어책이 사회에는 거의 없는 것 같다.

독실한 러시아 정교회 신자이며 수학과 물리학을 공부한 **알렉산드르 솔제니친**(Aleksandr Solzhenitsyn)은 20세기 러시아의 가장 위대한 소설가로 평가된다. 그는 13년의 망명 기간 동안 글을 썼다. 그 전에는 제2차 세계대전에서 나치에 대항해 싸웠으며 두 차례나 훈장을 받았다. 하지만 1945년 그가 쓴 한 편지에서 스탈린을 비판한 내용이 발각되어, 재판 없이 8년간 중노동을 선고받았다.

탈-스탈린화 기간 동안 솔제니친은 자신의 수용소 경험에 기초한 『이반 데니소비치의 하루』(*One Day in the Life of Ivan Denisovich*)를 출판했다. 정부규제가 더 강화되었지만, 그는 도덕적 저술과 강연활동을 멈추지 않았다. 1974년 그는 다시 한 번 망명 길에 올랐는데, 이번에는 서양으로 갔다.

1970년에 솔제니친은 "도덕적 힘을 바탕으로 러시아 문학의 숭고한 전통"을 추구한 공으로, 노벨문학상을 받았다. 1978년, 하버드는 그에게 문학박사학위를 수여했다.

1978년 6월 8일, 그는 하버드 대학 졸업식에서 논쟁적이고 예언자적인 연설을 했으며, 이 글은 그 연설문에서 발췌한 것이다. 연설문 전문은 「하버드 뉴스」에서 "파괴된 세계"(*A World Split Apart*)라는 제목으로 찾을 수 있다.

하버드의 모토는 진리(*Veritas*)다. 여러분 중 많은 사람이 우리가 전심을 다해 진리를 추구하지 않는다면, 그것이 우리를 피해간다는 사실을 이미 깨달았을 것이고, 어떤 사람들은 그것을 인생의 과정에서 깨닫게 될 것이다. 심지어 진리가 우리를 피해갈 때에도 우리가 진리를 알고 있다는 환상은 계속 남아 우리에게 심각한 오해를 불러일으킨다. 또한 진리는 결코 달콤하지 않다. 그것은 대단히 쓰다. 오늘 내 연설에는 어느 정도 쓴 진리가 담겨 있다. 하지만 나는 그 진리를 여러분의 원수가 아닌, 친구로서 전하려 한다.

용기의 쇠퇴

오늘날 서양에서 발견되는 가장 충격적인 특징은 용기의 쇠퇴일 것이다. 서구세계는 자신의 시민적 용기를 상실했다. 각 국가, 정부, 정당, 그리고 유엔에서뿐만이 아니라 전체적으로 다 그러하다. 그런 용기의 쇠퇴는 특히 통치자나 지적 엘리트들 사이에서 두드러진다. 그래서 사회 전체에 용기의 쇠퇴가 만연한 것처럼 보인다. 물론 용기 있는 사람들도 많지만, 그들이 공공생활에 결정적인 영향력을 끼치지는 못한다.

법 중심주의적 삶

서구사회는 자신의 목적에 매우 적합한, 즉 법의 문구를 토대로 한 조직을 만들었다. 서양인들은 법을 사용하고 해석하고 조작하는 데 탁월한 능력을 획득했다. 모든 갈등이 법에 따라 해결되고, 이것은 훌륭한 해결로 간주되었다. 사람이 법의 관점에서 옳으면, 더 이상 아무것도 요구되지 않았다. 아무도 사람은 아직 완전히 옳은 것은 아니라고 말하지 않으며 자기 절제나 이런 법적 권한의 폐지를 요구하거나, 희생과 헌신을 요구하지 않는다. 그런 것은 어리석은 소리로 들릴 것이다. 누구도 자발적인 자기 절제를 찾기가 힘들다. 모든 사람은 법적 틀의 극단적 한계 내에서 살아간다. 새로운 유형의 에너지가 개발되자, 그것의 사용을 막으려고 한 석유 회사가 소유권을 매입했다. 법적으로는 아무런 문제가 없다. 한 식량 생산업자가 자신의 생산품 유통기간을 연장하기 위해 약물을 사용하는 것이 법적으로 문제가 없고, 사람들이 그것을 구입하지 않는 것도 자유다.

나는 생애의 대부분을 공산정권 아래서 보냈기 때문에, 어떤 객관적인 법적 장치가 부재한 사회가 얼마나 끔찍한지를 말할 수 있다. 하지만 다른 기준 장치는 없고 오직 법만 존재하는 사회도 인간적으로 별로 가치가 없다. 법 조문보다 훨씬 더 고귀한 어떤 것에 도달하지 못하는 사회는 인간의 가능성이 제대로 발휘될 수 없다. 법 조문은 너무 차갑고 형식적이어서, 그 자체로 사회에 긍정적인 효과를 가져올 수 없다. 삶의 조직이 법 중심주의적 관계로 짜일 때마다 우리의 고상한 욕구를 마비시키는 도덕적 진부함의 환경이 조성된다. 그리고 법 중심주의적 구조의 도움으로만 이렇게 위협적인 세기의 시련을 견디는 것도 단연코 불가능한 일이다.

자유의 방향

오늘날 서구사회는 선을 행할 자유와 악을 행할 자유 사이에 놓여 불평등에 노출되었다. 자신의 조국을 위해 대단히 중요하고 건설적인 무언가를 성취하고 싶은 정치가는 신중하게, 심지어 소심하게 행동해야 한다. 그의 주변에는 조급하고 무책임한 수천 명의 비평가들이 있으며, 국회와 언론은 계속해서 그를 비방한다. 그는 모든 단계에 근거가 분명하고 오류가 없음을 증명해야 한다. 결과적으로, 특별하고 독창적인 능력을 소유한 사람은 좀처럼 자신의 능력을 발휘할 기회를 얻지 못하게 된다. 처음부터 수십 개의 덫이 그를 잡기 위해 설치되기 때문이다. 그래서 민주주의가 부과한 제약을 핑계로 승리를 거두는 것은 평범함이다.

행정력을 약화시키는 것은 너무나 쉽다. 사실 모든 서구 국가의 행정력은 매우 약화되어 있다. 개인의 권리보호가 극단적으로 강화되어 있어서, 특정한 개인들에 대해서는 사회 전체가 무방비 상태다. 지금 서구는 개인의 권리가 아닌, 개인의 의무를 보호해야 하는 시대다.

파괴적이고 무책임한 자유가 무한한 공간에서 용인되고 있다. 사회는 부패한 인간성에 무방비 상태인 것 같다. 예를 들면, 방종, 음란, 범죄, 공포로 가득한 도덕적 폭력을 가하는 영화 같은 것이 그러하다. 그것은 자유의 일부로 간주되고, 이론적으로는 젊은이들이 자신들 앞에 놓인 것을 거부하지 않을 권리에 의해 균형을 이룬다. 그래서 법의 테두리 안에서의

　제2장 의미의 위기, 변화의 필요

삶은 악의 공격으로부터 자신을 방어할 수 없는 무능력을 노출할 수밖에 없다.

또 그런 범죄의 영역에 대해 우리가 무슨 말을 해야 할까? 특히 미국에서의 법의 테두리는 매우 광범위해, 그것이 개인적 자유뿐만 아니라 특정한 개인적 범죄도 부추기는 수준이다. 범죄자들은 수천 명의 변호사들의 도움으로, 아무런 처벌도 받지 않고 석방되거나 터무니없이 관대한 처벌을 받을 수도 있다. 정부가 테러와의 전쟁을 강력히 선포할 때, 여론은 즉각적으로 정부가 테러범들의 인권을 훼손했다고 비난한다.

악의 영향 속에 자유가 그렇게 뒤틀린 것은 서서히 벌어진 일이다. 일차적으로 그것은 인본주의적 개념에서 기원했다. 그것에 따르면 인간 본성에 유전되는 악은 없다. 세상은 인간에게 속하고, 삶의 모든 약점은 잘못된 사회제도에서 기인한 것이며, 이것은 단지 교정되면 그만이다. 비록 최고의 사회경제적 상황이 서양에서 형성되었을지라도, 이곳은 빈곤에 찌들어 있고 무법천지인 소련보다 범죄가 훨씬 더 많이 일어난다(소련의 수많은 정치범들은 감옥에 갇혀 있다).

언론의 방향

물론 언론은 엄청난 자유를 만끽하고 있다. 하지만 언론은 이런 자유를 어떻게 사용하고 있는가? 여기서도 주된 관심은 단지 법률조항을 위반하는 것이 아니다. 언론은 독자들과 역사를 향한 비방과 불균형에 대해서는 거의 책임을 지지 않는다. 우리는 언론인들이 여론과 정부를 오도했을 때, 보도를 철회하거나 수정하는 소리를 얼마나 자주 듣는가? 아마 거의 없을 것이다. 이유는 판매부수에 해를 끼칠 수 있기 때문이다. 그런 잘못으로 한 국가의 상황이 더욱 악화될 수도 있으나, 언론은 항상 교묘하게 이를 빠져나간다. 그리고 아주 태연스럽게 예전의 자기주장과 정반대의 글을 쓰기 시작한다.

언론은 그럴듯한 정보를 신속하게 공급해야 하므로, 신문 공간이나 방송 시간을 채우기 위해 추측, 소문, 가정 등에 의존하게 되고, 그것들 중 어떤 것도 나중에 다시 교정되지 않는다. 그래서 그것들은 독자들의 기억 속에 그대로 남아 있다. 매일같이 얼마나 많은 성급하고 불완전하며 피상적이고 오해의 소지가 있는 판단들이 제기되어, 명백한 증거도 없이 독자들을 혼란에 빠뜨리고 있는가? 언론은 여론을 자극하기도 하고 오염시키기도 한다. 그러므로 우리는 테러범들이 영웅이 되고, 잘 알려진 사람의 사생활이 폭로되며, 국가안보와 관련된 비밀들이 "모든 사람은 모든 것을 알 권리가 있다"는 표어 아래 공적으로 폭로되는 모습을 지켜본다. 하지만 사람들은 알지 않을 권리도 있고 때로 그것이 더 가치 있을 수도 있다. 즉 그들의 거룩한 영혼이 쓸데없는 소리나 터무니없는 소리로 오염되지 않을 권리 말이다. 의미 있는 삶을 위해 분투하는 사람은 그처럼 과장되고 부담스러운 정보의 범람에 고통받을 필요가 없다.

조급증과 피상성은 20세기에 새롭게 나타난 병이며, 아마도 이 병은 다른 어떤 곳보다 언론에서 가장 심각한 것 같다. 한 문제에 대한 심층분석은 언론에게는 재앙이다. 언론은 선풍적 인기에만 몰두한다. 그래서 서양에서는 언론이 어떤 면에서는 입법, 행정, 사법부보다 더 강력한 힘을 가지고 있다. 하지만 언론은 어떤 법에 의해 선출되고, 누구에게 책임을 지는가?

엄격하게 통제된 전체주의적 동구권에서 온 사람이라면 언론에서 놀라운 점을 발견할 수 있다. 즉 그는 서구 언론 내의 일반적인 경향을 서서히 발견한다. 일반적으로 수용되는 판단양식이 있고, 공통된 집단적 관심도 있다. 그것들이 결합한 결과는 경쟁이 아닌 통합이다. 언론을 위한 엄청난 자유가 존재하지만 독자들을 위한 자유는 없다. 신문은 자신의 성향과 일반적 경향에 대립되지 않은 여론에만 충분한 강조와 기사 분량을 할애하기 때문이다.

인본주의와 그 결과

서양은 한때 승리의 행진을 누렸으나 현재는 어떻게 사회 전체가 질병에 걸리는 지경에 이르렀는가? 최근에 치명적인 방향전환이나 방향상실이 있었는가? 그런 것 같지는 않다. 서양은 자신의 의도대로, 탁월한 기술 발전의 도움으로 계속해서 사회적 진보를 이루어왔다. 그러던 어느 날 갑자기 자신이 지금처럼 약해졌다는 사실을 깨달았다. 그것은 과거부터 인간 사고의 근저에 문제가 있었다는 뜻이다. 나는 서양의 지배적 세계관을 언급하고 싶은 것이다. 그것은 르네상스 기간에 처음 탄생했고, 계몽주의 시대에 처음 정치적 표현을 하기 시작했다. 그런 세계관이 정부와 사회과학의 기초가 되었다. 그것은 합리주의적 인본주의로―인간을 모든 존재의 중심으로 규정하면서 인간 위의 어떤 상위 권력으로부터도 보호된 인간의 자율권을 주장하는―정의될 수 있다.

하지만 르네상스 기간 동안 발생한 방향전환은 역사적으로 불가피한 것이었다. 중세는 완전히 힘이 빠져 자연스럽게 역사 속으로 사라졌다. 중세는 인간의 영적 본성을 선호하여 육체적 본성을 가혹하게 억압했다. 하지만 계몽주의 시대에 우리는 성령에 등을 돌리고, 물질적인 것들에게만 과도한 열정을 보였다. 우리에게 지침을 준 이렇게 새로운 사고방식은 인간의 선천적인 악을 인정하지 않았고, 이 땅에서 행복을 쟁취하는 것보다 더 귀한 것은 없다고 주장했다. 그것은 근대 서양문명의 토대를 인간 숭배와 물질적 필요라는 위험한 경향에 두었다. 육체적 복지와 물질적 부의 축적 이상의 어떤 것도, 보다 미묘하고 고상한 본성의 다른 요구와 특성도 더 이상 중요하게 여겨지지 않았다. 그 결과 악을 향한 문이 열렸고, 그것이 우리의 일상 속에 끊임없이 흐르고 있다. 단순한 자유가 인간 삶의 모든 문제를 풀 수 없다. 오히려 새로운 문제들을 양산할 뿐이다.

하지만 미국이 건국되던 시기의 민주주의에서는 인간이 하나님의 피조물이었기 때문에, 모든 개인의 권리가 보장되었다. 즉 자유는 인간의 종교적 책임이라는 전제 하에 조건부로 주어진 것이다. 그것은 수천 년 세월의 유산이다. 2천 년 전, 심지어 50년 전만 해도 미국에서 한 개인이 자신의 본능이나 변덕을 만족시키기 위해 완전한 자유를 누리지는 않았다. 하지만 결과적으로 그런 모든 한계가 서양에서 폐기되었다. 그 후에 발생한 것은 자비와 희생의 위대한 보물을 지닌 기독교 세기의 도덕적 유산으로부터의 완전한 자유다. 국가체제는 점점 더 물질주의적으로 변했다. 서양은 인권을 증진시키는 데 성공했다. 하지만 하나님과 사회에 대한 우리의 책임감은 점점 더 희미해졌다.

몇십 년 전 서양적 접근법과 사상의 이기적인 측면이 절정에 달했고, 세계는 거대한 영적 위기와 정치적 교착상태에 처했음이 발견되었다. 우주정복을 비롯한 눈부신 기술 진보는 20세기의 도덕적 빈곤을 해결하지 못했다. 이것은 19세기까지 그 누구도 상상하지 못했던 일이다.

전환점 앞에서

나는 여기서 세계대전의 재앙과 그것이 사회에 초래한 변화를 고찰하지는 않을 것이다. 평화로운 태양 아래서 매일 아침 잠을 깨는 한, 우리는 매일의 삶을 살아야 한다. 하지만 우리에게는 이미 어느 정도 진행된 재앙이 있다. 내가 말하는 재앙은 탈영성화되고 비종교적인 인본주의적 의식이다.

이제 우리는 그 여정의 서두에서는 발견하지 못했던 역사적 오류의 결과를 체험하고 있다. 르네상스 이후 우리는 우리의 경험을 다양한 방식으로 풍요롭게 했으나, 예전에 열정과 무책임을 통제했던 지고의 완전한 실재(a Supreme Complete Entity) 개념은 상실했다. 정치적·사회적 개혁에 너무 많은 희망을 두었다가 우리의 가장 소중한 보물, 즉 영적 삶을 강탈당했다는 사실을 깨달은 것이다. 동양에서는 그런 영적 삶이 통치집단의 기계화에 의해 파괴되었고, 서양에서는 상업적 이익이 그것을 질식시켰다. 그것은 참으로 위기다. 이런 질병이 세상의 중심을 병들게 하고 있다는 사실이, 세계가 동양과 서양으로 분열된 것보다 더 무서운 일이다.

인간은 행복해지기 위해 태어났다고 선언한 인본주의가 옳다면, 인간은 결코 죽으려고 태어난 것이 아니다. 하지만 우리 몸은 죽을 수밖에 없기 때문에, 이 땅에서 인간의 임무는 보다 영적인 특성을 지녀야 한다. 그 임무가 일상생활의 무제한적 향유일 수는 없다. 물질적 재산을 취득하여, 그것을 최대한 누리는 것도 아니다. 그 임무는 사람이 인생을 살면서 도덕적으로 더 성장하기 위해, 자신이 살았던 시대보다 더 나은 세상을 남겨주기 위해, 영구적이고 열정적인 의무를 완수하는 것이어야 한다. 인간적 가치의 일반적 도표를 고찰하는 것도 중요하다. 하지만 현재 그 도표가 부정확하다는 것은 매우 충격적인 일이다. 대통령의 직무수행 평가가 그의 재임기간 동안에 사람들이 돈을 얼마나 많이 벌었고, 자동차 기름을 얼마나 무한정 사용할 수 있었는지에 관한 것으로 축소되어서는 안 된다. 우리는 자발적이고 자각적인 절제를 통해, 세계의 물질주의 흐름을 거스를 수 있다. 인간생활과 사회의 근본적 정의는 재평가되어야 한다. 인간이 모든 것보다 우위에 있다는 것이 진실인가? 인간 주변에 보다 우월한 영이 존재하는가? 인간의 삶과 사회활동이 무엇보다 물질적 확장의 지배 아래 있어야 하는가? 그것이 정녕 옳은 일인가?

지구가 아직 종말에 이르지 않았지만, 중요한 역사적 분수령에 도달한 것은 사실이다. 이것의 중요성은 중세에서 르네상스로의 전환에 비교될 정도다. 그것은 우리 안에서 영적 부흥을 일으킬 것이다. 우리는 보다 높은 비전, 새로운 수준의 삶을 향해 일어서야 한다. 거기에서 우리의 물리적 본성이 중세처럼 치료되지는 않겠지만, 그보다 훨씬 더 중요한 우리의 영적 존재는 현재처럼 그렇게 짓밟히지 않을 것이다.

　이런 상승은 다음의 인류학적 단계로 등반하는 것과 비슷하다. 이 땅
의 누구에게도 위로 올라가는 것 외에 다른 길은 없다.

제3장

소망, 건강, 그리고 생명 찾기

"목마르니?"라고 사자가 물었다.
"목말라 죽을 것 같아." 질이 대답했다.
"그럼, 마셔." 사자가 말했다. "다른 물은 없어."

C. S. 루이스, 『은의자』(The Silver Chair, 시공주니어 역간)

끝처럼 보였던 것이 시작으로 입증되었다.
갑자기 벽이 문이 된다.

헨리 나우웬, 『위로의 편지』(Gracias! A Letter of Consolation, 가톨릭출판사 역간)

십자가는 하나님과 죄인이 충돌하여 하나가 되는 지점이며, 거기에서 생명으로의 길이 열린다. 하지만 그 충돌은 하나님의 마음에서 일어난다.

오스왈드 챔버스, 『주님은 나의 최고봉』(My Utmost For His Highest, 토기장이 역간)

지금, 여기에 내 비밀이 있다. 나는 그것을 여러분에게 열린 마음으로 말한다. 나의 비밀은 나에게 하나님이 필요하다는 것이다. 나는 병들었고, 나 혼자서는 어떻게 할 수 없다.

더글라스 코플랜드, 『하나님을 추구하는 삶』(Life After God)

5년 전 나는 그리스도의 가르침을 믿게 되었고, 내 삶은 갑자기 변화되었다. 나는 그리스도의 말씀을 듣고 이해했다. 그리고 삶과 죽음은 더 이상 나에게 악한 것이 아니었다. 나는 절망 대신 죽음의 방해를 받지 않는 행복과 삶의 기쁨을 경험했다.

레오 톨스토이, 1900년

트리플악셀의 공포가 기쁨으로

폴 와일리

1992년 올림픽에서 나는 하나님의 기쁨을 느꼈다.

폴 와일리(Paul Wylie)는 하버드 대학교 2학년 때, 1988년 미국 올림픽 피겨 스케이팅 대표팀 선수로 뽑혔다. 흥미롭게도, 1988년과 1992년의 올림픽 경험들이 그의 신앙 여정에 큰 도움을 주었다. 학생으로서, 선수로서, 그는 공부하고 스케이트를 타며, 다나파버 암 연구소(Dana Farber Cancer Research Institute)에 도움을 주기 위해 두 차례나 하버드의 "챔피언과의 만찬"을 마련했다. 정치학을 전공한 와일리는 1991년에 하버드를 졸업했다.
1992년, 그의 마지막 올림픽 연습시간에 치명적인 트리플악셀 실수 후 와일리는 자신과 친구들이 처음부터 믿고 있었던 것, 즉 폴 와일리에게 스케이트는 몸, 마음, 정신의 특이한 결합(이것이 근대 올림픽 창설자들이 꿈꾸었던 "전인의 축제"다)이 될 수 있음을 비평가들과 세상에 보여줄 마지막 기회가 주어졌음을 깨달았다.
1992년 올림픽 은메달 외에도 폴은 스포츠 정신을 기념하여 올림픽 정신상, 공동체 봉사에 대한 개인최고상(The Personal Best Award), 미국 올림픽위원회가 수여하는 올해의 스케이트 선수상을 수상했다. 그 후에는 세계프로챔피언이 되었다. 폴은 스키와 자전거도 즐겨 탄다. 내년에는 법대생이 되어 하버드에 돌아올지도 모른다.

2만 명의 군중들이 열광하고 있다. 전 세계인이 생방송으로 텔레비전을 시청하는 중이다. 당시 나는 피겨 스케이팅 선수요 하버드 대학교 2학년생으로, 15년 동안이나 이 대회를 준비해왔다. 때는 1988년이고, 나는 마침내 캘거리의 빙판 위에 서 있다. 동계올림픽에서 경쟁하는 세 명의 미국 남성 중 한 사람으로 말이다.

숨 막히는 긴장감이 나를 둘러쌌다. 그것은 인간이 감당하기 어려운 사건이다. 하지만 나는 홀로 빙판 중앙에 서 있다. 전 세계의 이목이 나에게 집중된다. 음악이 시작되고 나는 경기장의 반대쪽을 향해 움직인다. 얼음을 지치는 스케이트 날 소리가 작게 들린다. 나는 극도로 긴장한 나머지 입이 바짝 말랐고, 혀는 입천장에 붙어버렸다. 이것은 내가 스트레스를 제대로 다스리지 못하고 있다는 불길한 징조다. 나는 내 프로그램의 첫 번째 점프를 시도했다. 하지만 공중으로 나는 순간, 뭔가 심각하게 잘못되었다는 것을 알았다.

눈깜짝할 사이에 내 손은 빙판에 닿았다. 스케이트 날은 균형을 잃었고, 나는 미끄러지기 시작했다. 그제야 깨달았다. 나는 넘어지고 있었다. 내가 얼음판에 넘어질 때 들렸던 소리는 수백만의 목소리가 마치 하나가 되어 나온 듯한 한숨소리였다. 나는 다시 일어나 다음 동작으로 이동하려 애를 썼다. 사람들의 실망을 만회해야 한다는 생각이 내 머리를 관통했

  제3장 소망, 건강, 그리고 생명 찾기

다. 그러나 심판들의 머릿속에서 내 실수에 대한 기억을 지울 수는 없다. 또한 지금 집에서 이 장면을 보고 있는 가족과 친구들의 거실에 있는 텔레비전 중계를 막을 수도 없다. 이것은 생방송이고, 나는 지금 엄청난 실수를 했다.

이제 4분이 남았다. 한 가지 중요한 선택을 해야 할 시간이다. 이런 재앙 후에 뭔가 건설적인 일이 벌어질 거라고 믿고 집중하여 남은 프로그램을 끝까지 수행하거나, 아니면 그냥 바닥에 누워 있는 것이다(부정적 사고방식에 더 많은 실수를 반복하며). 그때 나의 결정에 도움을 줄 만한 성경 구절이 떠올랐다. "의인도 넘어진다. 하지만 완전히 버림받지 않는다." 나는 하나님의 관점을 붙잡았다. 하나님은 우리에게 우리 자신에 대해 가르치고, 세상에 그의 영광을 보여주기 위해, 우리의 성공뿐만 아니라 실수도 사용하신다. "하나님을 사랑하는 자, 곧 그 뜻대로 부르심을 입은 자들에게는 모든 것이 합력하여 선을 이루느니라"(롬 8:28). 나는 새로운 역할을 받아들이며 계속 움직였다. 불완전함을 인정하고 "정녕 하나님을 위해", 즉 내 자신의 "결과"보다 하나님의 영광을 위해 스케이트를 타기로 결심한 것이다.

프로그램이 끝났을 때, 관객들은 기립박수로 나를 격려했다. 그들은 내가 초반에 실수한 후 포기하지 않고 경기를 다시 시작한 것에 대해 고마워했다. 내가 잠시 포기할까도 생각했지만, 남은 경기를 마치기로 결심했던 것을 그들도 알아차린 것이다. 관객들은 나의 첫 실수를 용서했지만, 심판들은 그렇지 않았다. 결코.

나는 그런 경험을 통해 하나님에 대해, 그리고 하나님과 내 관계에 대해 많은 것을 배웠다. 내 삶의 다른 영역에서 내가 넘어질 때 하나님은 나를 일으키고 싶어하시며, 내가 실수를 극복할 수 있도록 길을 제공하신다. 그분은 자신의 목적을 위해 내 실수를 사용하신다.

하지만 너무 자주, 나는 낙망한 표정으로 스케이트를 타며 남은 프로그램을 마친다. 내가 목표한 점수를 받을 수 없을 거라는 생각에 젖어서 말이다. 나는 나 자신에게 매우 집착하고 실수한 것에 괴로워하며 진창 속을 뒹군다. 더 심각한 것은 내가 나의 실패와 내 마음의 진정한 상태를 나 자신에게 감추는 것이다. 아담과 하와가 하나님을 피해 나무 뒤로 도망친 것처럼 나도 나의 실수를 감추려고 했다. 관객들 사이에 하나님이 안 계시길 바라거나 하나님께서 아무것도 눈치채지 않았기를 바라면서 말이다. 나는 억지로 미소를 지으며 넘어지지 않았던 것처럼 행동했다. 하지만 얼마 지나지 않아 수치심에 휩싸이며, 죄의 권세로 인해 나와 하나님의 관계가 깨지는 것을 느꼈다.

대회에서 심판들이 실수를 눈감아줄 거라는 기대는 아예 하지 않는다. 하지만 그리스도를 통한 하나님의 약속 때문에, 나는 하나님을 바라볼 수 있다. 일단 용서를 구하면 그의 아들 덕분에 나는 만점을 받게 된다. 하지만 죄의 고백과 믿음의 은사가 없다면 내 죄의 무게와 중력이 나를 짓누르고, 나를 외롭게 하며, 하나님과 나를 분리시킨다. 하나님의 아들이 나를 죄에서 건져 올리기 위해 죽었다는 사실을 깨닫고, 오직 하나님께 달려가 나 자신을 겸손하게 낮추면, 나는 어떤 종류의 실패에서도 다시 일어날 수 있다.

그러나 인생이 항상 문제 많은 프로그램 같지는 않다고 생각한다. 그리스도인으로서 우리는 성장할 수 있는 기회가 있기 때문이다. 우리는 마음을 새롭게 하고, 성경을 공부하고 묵상함으로 변화할 수 있다. 나는 하버드에 입학하기 6개월 전에 그리스도인이 되었다. 하버드 신입생이 되면서 하나님 말씀, 그리고 다른 복음주의적 그리스도인들과는 처음으로 교제를 시작했다. 몇 명의 친구들과 교수님 한 분이 내게 시간을 내주었다. 그들은 내가 성경과 신앙에 대해 보다 깊이 이해하도록 도움을 주었다.

입학 첫 주에 나는 그리스도인 선수 모임에 가입했다. 이 단체는 두 명의 선수가 함께 앉아 성경을 공부한다. 리더인 브라이언 지모티(Brian Gimotty)가 나를 위해 헌신적으로 기도하고, 내가 신자로서 성장하도록 돕는 모습을 보며 나는 깊은 감동을 받았다. 내가 모스크바에서 열린 대회에 참석하기 위해 일주일간 떠났을 때, 그는 나에게 테이프, 책, 편지를 선물해주었다. 비록 멀리 떠나 있었지만 호텔방에서 기도하기 위해 눈을 감았던 것, 그리고 하나님께 가까이 있다고 느꼈던 것을 지금도 기억한다. 많은 대회와 공연여행 때마다 브라이언과 다른 그리스도인 친구들이 전화로 나를 위해 기도하거나 경기를 보기 위해 찾아와서 격려해주었다. 그들은 내 스케이트 실력보다 한 인간으로서의 나의 성장에 더 관심이 있었고, 나는 그들의 진실한 도움에 충실히 반응했다.

나는 다른 친구에게 한 시즌 동안, 일주일에 3시간씩 나와 함께 구약성경의 영웅들과 핵심에 대해 공부하자고 부탁했다. 필립 아라오조(Phillip Araoz)와 나는 기숙사에서 기도와 성경공부를 시작했다. 그 방에서 우리는 아브라함, 다윗, 노아, 기드온, 엘리야, 엘리사, 여호수아, 다니엘, 요나 등을 공부했다. 그리고 기독교에 대해 보다 큰 그림을 붙잡기 시작했을 뿐만 아니라 하나님을 다르게 바라보기 시작했다. 하나님이 내 삶의 모든 부분, 즉 학교와 특별히 스케이트에 개입하실 수 있는 가능성을 보기 시작한 것이다. 하나님으로부터 독립을 유지하는 대신, 또 그분의 도움 없이 그분의 영광을 위해 분투하는 대신, 나는 문제해결을 위해 하나님을 바라봄으로써 구약성경의 인물들을 닮기 위해 노력했다. 내가 고난도 과정에서 훈련하고 연구하는 힘겨운 문제를 해결하도록 하나님께 도움을 구하며 기도하기 시작한 것은 놀라운 경험이었다.

이전에 나는 매일 20분씩 스포츠 심리학기술의 도움을 받아야 했다. 그 과정에서 완벽하게 점프하는 것을 눈앞에 그려보려고 노력했다. 그러다 잠에 들거나, 혹은 넘어지는 환상을 보기도 했다. 그 어떤 것도 내 공연에 도움을 주지 못했다. 미국풋볼리그(NFL)에서 일한 경험이 있는 아먼드 니콜라이(Armand Nicholi)가 내게 획기적인 제안을 해왔다. 하나님께 도움을 구하라고 말이다. 기술의 시각화(visualization)는 새로운 것이 아니라, 기도를 통해 우리가 하나님 앞에 가져가길 원하는 것의 세속적 방법일 뿐이다. 기도 속에서 우리는 하나님의 눈을 통해 우리 자신을 보기 시작한다. 나는 완벽한 기술을 상상하는 방법에 대해 하나님께 물으며, 내 프로그램의 특정 부분들에 대해 기도하는 시간을 가졌다. 묵상시간은 대회 준비 기간에, 코치가 지시한 내용들을 소화하는 데 큰 도움을 주었다. 나는 그 어느 때보다도 빨리 배울 수 있었다.

성경은 나의 일상생활과 대회의 열기 속에서 구체적인 동기를 제시하며, 정신력의 원천이 되어주었다. 성경말씀은 무게가 있고 유기적이다. 또한 살아 있고 활동적이다. 내가 피곤할 때 혼자 "주님의 기쁨은 나의 힘이다"라고 말하는 것이, 누군가 "자, 폴! 너는 더 열심히 해야 돼"라고 소리치는 것보다 훨씬 더 도움이 되었다. 모든 전투는 내면의 대화에서 먼저 승리를 쟁취한다.

1988년부터 1992년까지 4년 동안, 나는 하버드 대학을 졸업하고 세계 정상급 스케이트 실력을 유지하는 일에 집중했다. 나는 세 차례나 세계대회에 나갔지만, 9등 이상의 성적을 거두지는 못했다. 기자들은 나를 "쵸커"(choker; 실망시키는 사람이란 뜻의 속어―옮긴이)라고 놀리기 시작했다. 해마다 예선전에서 보여준 실력만큼 본선 경기에서는 실력을 발휘하지 못했기 때문이었다. 캘거리는 내가 세계무대에서 넘어졌던 마지막 경기가 아니었다. 사실, 내 경력 중 최악의 순간은 1991년 세계선수권대회였다. 그때에는 실수를 세 번이나 했고, 기술 프로그램에서는 아주 처참하게 넘어졌다. 덕분에 나는 결선에도 오르지 못할 뻔했다(결선에 오른 20명의 선수 중에 나는 20등이었다).

나는 오랫동안 집과 링크를 오가면서 은퇴를 생각했다. 그리고 27살에 1992년 올림픽에서 남자 부분 최고령 선수로 출전했다. 여기저기서 내가 은퇴할 거란 소문이 돌았다. 많은 심판과 관계자들 역시 내가 그랬으면 좋겠다고 수군거렸다. 심지어 어떤 심판은 내 코치를 불러, 내가 스케이트를 벗고 공부에 열중하는 것이 좋을 것 같다는 말도 했다. 그때 나는 학업과 스케이트 두 가지 모두를 충실히 하는 데 어려움을 느꼈으며 매우 힘들어하고 있었다. 그리고 자주 남들처럼 평범한 대학생활을 꿈꾸기도 했다. 부족한 스케이트 실력 때문에 나는 늘 낙담했고, 부모님과 친구들, 특히 코치인 에비와 메리 스콧볼드(Evy and Mary Scotvold)가 하는

1992년 올림픽까지만 고생하라는 말을 들으며 겨우 버티고 있었던 것이다. 그때쯤이면 대학을 졸업하고 스케이트에만 전념할 수 있었기 때문이다. 나에 대한 기자들과 심판들의 평가에 주눅이 들어 있을 때, 에비가 내게 "하나님을 한계 짓지 마"라고 충고했다. "네게 필요한 것은 겨자씨 만한 믿음이다."

우리가 성숙해져 그리스도를 닮는 이상에 근접할 때, 우리의 실패할 확률은 줄어든다. 노련한 스케이트 선수들은 실수를 적게 하며 훨씬 더 우아하게 스케이트를 탄다. 스케이트 선수가 물리학 법칙 속에 하나님이 숨겨놓은 이상에 맞추어 기술을 연마한다면, 힘을 안 들이고도 점프와 동작들을 훨씬 더 자연스러워 보이게 할 수 있다. 물론 그런 기술을 습득하기 위해서는 수도 없이 넘어지는 고통을 감수해야 하지만 말이다. 나의 최대 장애물은 테크니컬 프로그램에서 트리플악셀을 연기하는 것이었다. 그 점프를 위해 수년간 고생한 끝에, 나는 그것이 내게 내려진 천벌임을 깨달았다. 그 기술은 테크니컬 프로그램의 핵심이었기 때문에, 1992년 올림픽에서 높은 점수를 얻기 위해서는 반드시 그 점프에서 성공해야만 했다. 하지만 내 전투는 일관성이 없었다.

코치는 기술을 약간 변형시켰고, 나는 점프가 어떤 식으로 진행되어야 하는지를 상상해보았다. 그리고 묵상시간에 하나님이 트리플악셀에 대한 내 생각을 완전히 바꾸길 원하신다고 느끼기 시작했다. 트리플악셀을 신경을 마비시키는 고통스럽고 어려운 것으로 보는 대신, "내가 무서워했던 점프"를 재미있는 것으로 생각하는 것이다. 스트레스가 가장 심한 상태에서 착지해야 한다는 부담감 대신, 나는 세 바퀴 반의 회전을 해낼

 제3장 소망, 건강, 그리고 생명 찾기

수 있는 젊음과 능력을 가진 특권의 소유자란 측면에서 짜릿한 흥분을 느껴야 한다. 나는 갑자기 하나님이 내게 물리학 법칙의 몇 가지 예외적인 효과를 체험할 기회를 주셨다는 사실을 깨달았다. 나중에는 멋지게 착지를 끝낸 후 아주 크게 웃었다(너무 재미있었기 때문이다). 일단 그 느낌을 이해하자 훨씬 더 자유롭고 일관성 있게 훈련할 수 있었다. 넘어지는 것에 대한 두려움을 통해 성숙할 수 있었고, 스케이트를 통해 진정한 표현을 추구할 수 있었던 것이다. 공포에서 재미로, 심지어 기쁨으로의 태도 변화는 내 삶에 대한 하나님의 관점을 상상하려고 노력했을 때 이루어졌다. 영화 "불의 전차"(*Chariots of Fire*)에서 묘사된 올림픽 챔피언 에릭 리들(Eric Liddell)을 생각해보았다. 그는 "나는 달릴 때, 하나님의 기쁨을 느낀다"라고 말했다.

1992년 올림픽에서 나는 하나님의 기쁨을 느꼈다. 나는 트리플악셀 콤비네이션을 포함한 테크니컬 프로그램을 멋지게 끝냈을 뿐 아니라, 롱 프로그램에서는 두 차례의 트리플악셀을 멋지게 성공했다! 프랑스 관객들은 나를 응원했고 그들의 격려가 계속해서 나를 자극했다. 나는 캘거리를 생각해보았다. 그리고 깨달았다. 하나님은 나를 쭉 지켜보고 계셨고, 오랫동안 오늘 밤을 계획하셨다는 것을 말이다. 자신의 부대가 패배한 이후의 기드온처럼, 나는 하나님이 나와 함께 싸우셨다는 것을 알게 되었다. 그분은 나의 선수 경력이 끝난 것처럼 보일 때까지 기다렸다가, 내 생애 최고의 공연을 준비시켰던 것이다. 프로그램이 모두 끝났을 때 내 얼굴에는 커다란 미소가 피어 올랐다. 그리고 하나님은 나의 선수시절 이야기를 다시 쓰도록 하셨고, 그 이야기의 끝은 과거의 모든 실망을 만회하는 것이었다. 하나님은 나를 광야로 보냈고, 나는 거기에서 쓰라린 패배를 맛보았다. 하지만 그 후 가장 중요한 때에, 하나님은 내가 최고의 스케이트를 탈 수 있도록 허락하셨다. 과거의 실패와 비교할 때, 이것은 얼마나 다른가! 그분 안에서의 성숙이라는 더 위대한 목적을 위해, 모든 실패를 통해 나를 성장시키신 하나님은 얼마나 위대하신 분인가!

그 순간을 돌이켜볼 때마다 나는—전능하신 하나님, 은하수를 창조하신 분이 우리에게 당신의 힘과 은총을 베풀어, 우리를 고난 중에, 우리의 관계 속에, 우리의 경력 속에, 심지어 다른 사람들에게는 별로 중요해 보이지 않는 일에서도 우리를 도우신다는 사실을 생각할 때마다—깜짝깜짝 놀란다. 그분은 우리의 마음을 감찰하시며 우리가 그분의 필요를 인정하고 그분의 도움에 의지하기를 원하신다. 우리가 해야 할 일은 오직 그분께 간구하는 것이며, 그가 우리를 일으킬 때 일어나는 것이다.

절망의 시대를 이기는 소망

아먼드 니콜라이

소망은 사망률을 감소시킨다. 마르크스와 프로이트를 다른 학자들과 비교하
지 않을 수 없다.

아먼드 니콜라이(Armand Nicholi Jr.)는 매사추세츠 종합병원에서 근무 중이며 하버드 의대 임상 정신의학 부
교수다. 『하버드 정신의학 안내서』(*The Harvard Guide to Psychiatry*)의 공동 집필자이자 편집자이기도 하다.
그는 "미국 가족 구조의 변화가 아이들에게 미치는 영향", "마약 문화", "유행병처럼 번지는 청소년의 자살",
"조직의 성공" 등등에 대한 연구로 국제적인 인정을 받았다.
또한 미국 평화봉사단, 미국 공중위생국, 백악관, 미국 보건복지부, NFL(National Football League) 등에서 고
문으로 활동했다.
하버드 의대에서는 28년간 교수로 일했고, 지그문트 프로이트와 C. S. 루이스의 대조적인 세계관에 대한 세
미나를 주관하면서 『루이스 vs 프로이트』(*The Question of God*, 홍성사 역간)를 저술했다.

현재 우리 사회에는 치료받아야 할 정도의 심각한 우울증을 앓는 사람이 약 1,100만 명 정도 있고 계속해서 급격히 증가하고 있다.[1] 미국에서는 전국적으로 "우울증 검진 주간"(depression Screening Week)을 두고 여기에 관심을 집중하고 있다. 매년 자살을 결심하는 사람이 25만 명이 넘고, 그중 3만 명은 실제로 실행에 옮긴다. 전례 없는 유행병처럼 어린이와 청소년들의 자살이 번지고 있다. 이러한 일들의 원인은 대부분 우울증에서 비롯된다.

절망과 낙심이 무자비하게 증가하는 이 세태를 어떻게 설명할 수 있을까? 이 시대를 살아가는 사람들의 공통적인 절망을 단지 개인의 이력이 변한 탓으로만 돌릴 수는 없다. 아프리카, 아일랜드, 보스니아와 같은 나라들에서 서슴없이 자행되는 살상, 또는 우리 내면에서 벌어지는 무분별한 살상 때문으로 돌릴 수도 없다. 전쟁과 무분별한 폭력은 언제나 인류 역사와 궤를 같이해왔다. 우리의 삶은 과학과 기술이 발전함에 따라 더욱 편리해졌지만, 우리의 존재를 이해하는 데는 여전히 어려움을 겪고 있다. 우리는 지구라는 행성에 왔지만 사실 우리에게는 이에 대한 어떠한 선택권도 없다. 이곳에 오래 머물지는 못할 거라는 깨달음도 곧 얻게 된다. 우리가 알고 존경하는 영웅들도 언젠가는 반드시 죽는다. 그러나 우리는 언제나 열렬히 "영원"을 동경한다. 프로이트는 약 백 년 전에 이렇게 말했다. "우리가 아는 한 삶은 우리에게 너무 가혹하다. 삶은 너무 많은 고통과 실망과 불가능한 임무들로 우리를 힘들게 한다." 프로이트가 말하는 고통의 몇 가지 원인은 다음과 같다. "우리는 세 가지 방향에서 오는 고통으로부터 위협을 받는다. 하나는 썩어질 운명인 우리의 육신으로부터, 하나는 위압적이고 무자비한 파괴력으로 우리를 호령하는 바깥세상으로부터다." 그는 지진과 홍수 등 과거에 목격해왔던 자연재해에 대해 말했다. "마지막 하나는 타인과의 관계에서 오는 고통으로부터의 위협이다. 이 마지막이 가장 큰 괴로움인지도 모르겠다." 우리는 고통을 참아내기 위해 오락이나 술과 마약, 자기 절제 등을 사용한다. 오랜 시간 동안 라디오나 텔레비전을 켜놓거나, 혹은 지나치게 바쁘게 살거나 술과 마약에 취하는 것 등으로 기분을 전환하려는 것이다.

삶의 본질은 그것이 인간관계든 국가 간의 관계든 시간이 가도 변하지 않는 것처럼 보인다. 최근 우리 사회에 우울증과 절망감이 기하급수적으로 증가하는 것을 어떻게 설명할 수 있을까?

역사가들과 사회과학자들은 현대인들의 정신적 결핍이 서구문화 역사상 가장 높다고 말한다. 정신적 뿌리가 없는 문화가 횡행하고 정신적 가치는 물론이고 그와 비슷한 것도 없는 아주 세속적인 사회에 살고 있다고 말하는 사람도 있다. 오늘날의 많은 젊은이 역시 그들의 문화가 목적, 의미, 운명에 대한 질문에 정확한 답을 주지 못한다고 말한다. 젊은이들은 기성세대가 소망의 근거를 제시하지 못한다고 느낀다. 결국 우리는 지금 "절망의 시대"라고 불리는 때에 살고 있으며, 문화적 위기에 처해 있다. 또한 우리는 "정신적 공백"과 "의미의 위기"에 대한 이야기를 무수히 듣는다. 우리의 문화에 세속화가 어떻게 가능해졌을까?

오늘날 우리가 살고 있는 세계에 칼 마르크스(1818-1883)와 지그문트 프로이트(1856-1939)만큼 지대한 영향을 끼친 사람도 드물 것이다. 그들은 도덕적이고 정신적이었던 우리 사회의 주된 가치를 물질적이고 세속적인 것으로 바꿔놓았다.

독일 철학자 마르크스는 『자본론』(*Das Kapital*, 비봉출판사 역간)과 『공산당 선언』(*The Communist Manifesto*, 책세상 역간) 등의 저서를 통해 러시아 혁명의 발판을 마련했다. 이렇게 해서 마르크스주의가 융성했고 레닌과 스탈린의 집권을 불러일으켰다. 또한 히틀러의 집권이 가능했던 데에는 스탈린의 도움이 있었다. 마르크스가 없었다면 제2차 세계대전과 냉전, 한국 전쟁, 베트남 전쟁, 군비 경쟁 또는 세계가 공산 진영과 비공산 진영으로 나뉘는 일도 없었을 것이다.

몇몇 역사가들이 오스트리아 빈의 훌륭한 내과의사였던 지그문트 프로이트의 과학적 기여를 플랑크(Planck)나 아인슈타인의 업적에 견줄 정도로 높이 평가했다. 인간 정신의 발달과 기능에 대한 새로운 이해를 프로이트가 가능케 했으며, 이러한 생각은 의학계뿐 아니라 문학과 인류학 등 다른 학문으로 퍼져 나갔다.

지적 유산 외에도 우리 사회의 도덕적·정신적 가치의 붕괴를 촉진시키는 삶의 철학과 무신론적 세계관은 마르크스와 프로이트를 통해 남겨졌다. 종교적 믿음에 대해서는 두 사람 모두 직접적인 공격도 마다치 않았다. 마르크스는 종교를 두고 "인민의 아편", 프로이트는 "보편적인 강박신경증"이라고 말했다. 프로이트는 하나님을 두고 예측할 수 없는 가혹한 자연으로부터 자신을 보호해줄 전능한 아버지를 바라는 유아적 소망이 담긴 결과라고 결론지었다.

두 사람은 모두 런던에서 생을 마감했다. 마르크스는 아내와 몇몇 자녀들이 죽은 지(한 명은 자살했다) 얼마 지나지 않아서 65세에 죽었다. 그는 너무 비참하고 가난하게 살았고 유일한 친구였던 프레드릭 엥겔스의 도움으로 일생을 연명했다. 프로이트 역시 오랫동안 암으로 고생하다 83세에 눈을 감았다.

두 사람 모두 사람들의 멸시 속에서 비참하게 죽었다. 그들을 동정하는 사람은 거의 없었다. 1918년에 프로이트는 이런 글을 썼다.

나는 인간에게서 좋은 점을 결코 발견하지 못했다. 여러 윤리적 신소에 동의를 하든지 아니면 아무 것에도 동의를 하지 않든지 간에 내 경험에 따르면 인간들은 대부분 쓰레기다.[2]

두 사람은 친구가 없었다. 모든 전기 작가들이 마르크스에게 엥겔스 말고는 가까운 친구가 없었다는 데 동의하고 있다. 마르크스는 아주 냉정하고 거만했으며, 우쭐대고, 온통 증오로 가득 차 있었다. 프로이트가 그의 추종자와의 관계도 끊고 어느 누구와도 친하게 지내려 하지 않았다는 것은 널리 알려져 있는 사실이다.

삶의 마지막에 그들이 어떻게 생을 마감했는지를 보면 불가항력적인 절망과 낙심을 읽을 수 있다.

마르크스와 프로이트의 삶이 절망과 낙심으로 점철되었던 것처럼, 오늘날 우리 사회의 수많은 사람의 삶도 그러하다.

의사들은 환자가 절망감을 호소하면 즉시 우울증의 임상학적 증상을 생각한다. 우울증의 정도는 일시적이거나 매우 약하고 사소할 수 있고, 때로는 신체를 마비시킬 정도로 심각할 수도 있다. 정도에 관계없이 남녀노소를 불문하고 우울증은 우리 시대의 다른 감정적 장애보다 더 많은 영향을 미친다.

가벼운 우울증이 어떤 때는 모든 사람에게 영향을 미치기도 하는데 이에 대해 간단히 생각해보자. 먼저 현대 정신 의학에서 우울증을 어떻게 설명하고 있는지 알아보고, 다음으로 성경이 제시하는 대처 방법에 대해 살펴보자.

우울증은 또 다른 우울증의 원인으로 생각될 수 있다. 오늘날의 사람들은 자신이 되고 싶어하는 모습과 실제 자신의 모습 사이에서 느끼는 괴리감으로 낙심할 때가 많다. 즉 그들은 "자신이 꿈꾸고 도달하기 원하는 이상"과 "꿈꾸는 이상에서 얼마나 멀리 떨어져 있는지에 대한 정확한 인식", 이 둘 사이의 불일치가 존재함을 인식하는 것이다.

또 다른 이유는 "상실"을 들 수 있다. 그 예는 우정, 직장, 사랑하는 사람의 상실, 약혼이나 결혼 등이 깨졌을 경우다. 상실은 슬픔이나 비탄 등의 모습으로 우울증의 전형적인 증상으로 나타난다. 이것은 기간이 비교적 짧고 개인에게 한정된 문제여서, 대개 의학적인 치료를 필요로 하지 않는다. 그러나 요즘 사람들은 "상실"과 상관없는 우울증에 시달릴 때가 많다. 이러한 원인은 대개 자신이 꿈꾸는 이상과 현실의 모습이 불일치하기 때문인 것으로 보인다.

나는 대학을 중퇴하는 학생들을 연구대상으로 삼았다. 그들은 대부분 지적능력은 훌륭하지만 감정적 갈등에는 무력해했다. 이 학생들을 진단했을 때에 나타난 가장 흔한 증상이 우울증이었다. 명랑한 학생—고등학생 시절에 대부분 그랬던 것처럼—으로서의 이상적인 자아와 아주 경쟁적인 현대의 대학 세계에서, 그것이 실제이든 꾸며낸 것이든 보여지는 실제적 자아가 단지 평범한 학생일 뿐이라는 데에 우울증의 원인이 있는 것으로 보인다. 이것은 단지 하나의 예일 뿐이다. 우리가 꿈꾸는 모습에 비해 우리의 자질이 얼마나 부족한가를 인식했을 때에 우리는 모두 괴로워하게 마련이다.

이러한 갈등을 해소하는 데 개인의 믿음이 도움이 되는가? 나는 그렇다고 본다. 개인적인 삶의 단면은 믿음에 포함된다. 대부분의 사람이 그러하듯이 이러한 것들을 자유롭게 이야기하는 것은 나에게도 어려운 일이다. 그래서 사람들은 삶에서 그리스도를 위한 자신의 헌신과, 그를 따르기 위한 연약한 발걸음들 속에서 찾았던 의미 있는 것들에 대해서만 이야기한다.

나는 신약성경을 읽음으로써 하나님이 원하시는 내 모습과 지금의 내 모습 사이에 엄청난 간격이 존재함을 인식했다. 그러나 이 깨달음은 나를 낙심시키고 절망에 빠뜨린 것이 아니라, 그리스도의 필요를 더욱 간절히 깨닫게 해주었다. 왜냐하면 그리스도는 그 "간격"을 메워주시는 분이기 때문이다. 신구약 성경은 이것이 바로 그분이 이 땅에 오신 이유라고 말하고 있다. 그리스도는 하나님으로부터 분리된 인간과 하나님 사이에, 또한 현실의 내 모습과 하나님이 바라시는 완전한 모습 사이에 다리를 놓

아주신다. "행위에서 난 것이 아니니 이는 누구든지 자랑하지 못하게 함이니라"(엡 2:9)라는 말씀처럼 영적 거듭남과 구원은 선행에서 시작되는 것이 아니라 그리스도가 나를 위해 친히 이루어놓으신 것에서부터 시작된다. 선행은 새로운 탄생의 결과일 뿐 그 이상은 결코 아니다.

하나님은 선한 사람들뿐 아니라 "새로이 거듭난" 사람들에게 우선적으로 관심을 가지신다. 왜냐하면 우리의 "선함"은 언제나 부족하기 때문이다. 새로운 탄생은 내가 하나님의 기준과 나의 이상에 얼마나 모자란 존재인가에 대해 둔감해지게 하는 것이 아니라, 오히려 고통스러울 정도로 직시하게 만든다. 그러나 결코 자기혐오나 실망감으로 이끌지 않는다. 대신에 나는 하나님을 향한 헌신을 통해서 그리스도 안에서 이루어갈 수 있는 모습으로 나아가기 위한 내면의 힘과 동기를 내가 가지고 있음을 발견했다. 이러한 과정에서 나는 종종 비틀거리고 넘어지기도 했다. 그러나 그때마다 그리스도는 나를 용서해주시고, 다시 시작할 방법과 기회를 주심을 안다. 나의 믿음은 이러한 방법으로 내가 되어야 할 모습과 실제 모습 사이에서의 간격을 인식하는 데서 오는 괴로움을 이길 수 있도록 도와주었다. 하나님의 용서와 포용은 내가 나 자신을 받아들이고 인내할 수 있도록, 또한 타인을 받아들일 수 있도록 나를 도와준다.

이와 같은 우울증의 원인들과 관련된 또 다른 원인은 자존감 부족과 자신을 무가치한 존재로 여기는 데 있다. 많은 사람들이 정서에 문제가 있는 것처럼 스스로 무가치하다는 느낌을 경험한다. 아주 이기적인 사람들은 자신의 무능력에 대한 두려움을 감추기 위해 자만심을 위장술로 사용하기도 한다. 공부를 잘하는 학생들은 마음속으로 무지한 사람이 되는 것에 대한 두려움을 가지고 있는 경우가 많다. 때로는 엄청난 성공을 거둔 성인들에게서도 무능력에 대한 두려움이 발견된다. 이 두려움을 열심히 일하는 데 활용하는 사람들도 있다. 결과적으로 그들은 두려움이 없었을 때보다 더 좋은 성과를 이루어낸다. 하지만 우리들 대부분은 두려움으로 인해 무능력해지고 용기가 없어져 노력하기 힘들어진다.

자신을 무가치하게 생각하는 이 보편적인 감정의 원인은 무엇일까? 많은 요인이 있을 수 있다. 이러한 느낌은 우리가 어렸을 때 스스로에게 느꼈던 기분과는 전혀 다른 것이다. 유년 시절에 우리는 키가 큰 어른들 틈에서 스스로를 힘이 없는 존재로 느꼈다. 아주 무능하고 무력하며 아는 것이 적다고 스스로를 절망적으로 바라보았다. 우리가 어른이 된 이후에도 이러한 느낌들 중 몇 가지는 여전히 남아 있다.

도덕적·윤리적 잣대가 불분명해지고, 사람들의 양심이 점점 사라져가는 사회에 살면서 우리는 스스로를 무가치하다고 느끼게 된다. 사람들은 스스로 자신의 행동에 죄책감을 가진다. 외부 잣대가 불분명해지고 내면의 도덕적 잣대가 무뎌져도, 나는 정신의학자로서 영원한 내면의 도덕의식이 분명히 있다고 생각한다. 이러한 도덕의식은 옳고 그른 것에 대한 일종의 보편적인 법칙으로 작용하고, 여기에 빗나가는 행동을 하면 스스로 죄책감과 무가치함을 느끼는 것이다.

나는 개인이 자신의 행동에 죄책감을 갖는다는 것에 놀라워하는 대학생들을 관찰해보았다. 그들은 자신의 행동에 대해 정확하게 사고해왔고, 어떤 것이 왜 잘못되지 않았는지에 대해 명확한 이유를 댈 수 있다고 말했다. 그럼에도 그들은 도덕규범을 어기는 행동을 하면 알 수 없는 이유 때문에 죄책감을 느끼고 스스로를 무가치하게 생각했다.

나는 수 세기 동안 지속되어온 도덕규범은 개인의 존엄성을 지켜주었고, 가장 큰 기쁨과 이익을 준다는 사실을 보여주는 임상자료를 수집해왔다. 도덕규범을 어기는 사람은 누구나 죄책감을 느낀다. 이것은 우리 모두가 다 아는 사실이다.

이유야 어찌 됐든 스스로를 무가치하게 느낄 때에 그것을 어떻게 대처하는지가 중요하다. 어떤 사람들은 그것으로 인해 아주 무력해져 버린다. 사람들은 어떤 일에 실패하면서 느끼는 것들이 사실이 될까 봐 두려워하고, 그래서 실패할 가능성이 있는 활동은 일체 거부한다. 또 어떤 사람들은 그 느낌이 잘못되었다는 것을 증명하기 위해 더 열심히 일하거나 무가치함을 겉으로 드러내는 방식으로 문제를 해결하려고 한다. 대부분의 사람은 타인을 무가치하고 열등한 존재로 보려는 경향이 있는데 특히 자신과 다른 사람들에게 더 그러하다. 이것은 아무런 생각 없이 일어나는 일이다. 우리에게는 다른 나라에서 온 사람이나, 우리보다 교육수준이 낮은 사람, 피부색이 다른 사람, 옷을 다르게 입은 사람들을 경멸하는 경향이 있어서 이런 식의 판단은 계속되고 있다. 이것은 우리 스스로 느끼는 무능력함과 무가치함을 극복하기 위한 노력의 일환으로 볼 수 있다.

우리가 느끼는 무가치함을 극복하는 데 하나님을 믿는 믿음이 도움이 될 만한 방법을 제공하는가? 물론 나는 그렇다고 생각한다. 하나님과의 관계에서 내가 내 가치를 향상시키기 위해 스스로 할 수 있는 일은 하나도 없음을 깨닫는 것이 새로운 출발점이 된다. 그러나 이것을 깨달음으로 인해 절망하지는 않는다. 왜냐하면 나의 가치는 행위나 성공에 달려 있지 않기 때문이다. 성경은 하나님이 나를 위해 이미 이루어놓으신 것에 내 가치가 있다고 말한다. "너희는 그 은혜에 의하여 믿음으로 말미암아 구원을 받았으니 이것은 너희에게서 난 것이 아니요 하나님의 선물이라"(엡 2:8).

우울증은 절망감으로도 나타난다. 이것은 출구도 없고, 진행되는 모든 일들이 나쁘게 돌아가며, 소망은 사라진 것 같은 느낌이다. 정신의학계의 권위자들은 우울증을 하나로 묶는 본질적인 특징을 절망과 무기력이라고 이야기한다.

우리 문화는 "소망"이라는 단어를 거의 사용하지 않는다. 첨단 과학 시대에 사는 우리의 개념에 소망은 거슬리는 단어일지도 모른다. 믿음이나 사랑을 다룬 책은 시중에 많지만 소망에 대한 책은 찾아보기 힘들다. 칼 메닝거 박사는 이런 말을 했다.

사랑과 믿음에 대해서는 『브리태니커 백과사전』(*Encyclopedia Britannica*)에 몇 단에 걸쳐 설명이 되어 있지만, 소망에 관한 단어는 하나도 없다. 우리의 개념적 사고에서 소망을 제외시키려고 과학계에서 의도적인 노력을 하고 있는 것이다. 낙천적 사고(wishful thinking)가 객관적 판단을 변조시키는 것이 두렵기 때문일 것이다. 그래서 현대인들에게 과학은 종교의 대용물이다. 설사 그가 과학자라고 해도 인간은 소망을 버릴 수 없다. 단지 좀 더 정확하게 소망할 수 있을 뿐이다.[3]

정신의학자들은 오랫동안 "소망이 육체적·정신적 건강을 증진하는

데 도움이 되는가"에 대한 의문을 가졌다. 많은 의학적 증거들이 우울증과 절망감이 육체적 건강에 악영향을 미친다고 증명해준다. 1905년 프로이트는 다음과 같은 글을 썼다.

우리가 슬픔이나 걱정, 비탄에 빠져서 정서적으로 우울한 상태가 계속되면 영양 상태가 악화되어 머리카락은 하얗게 세고, 지방이 감소하며, 혈관벽에 이상이 생긴다. 우울증이 수명을 눈에 띄게 단축시킨다는 데에는 의심할 여지가 없다.

저명한 생리학자 헤럴드 G. 울프 박사는 이렇게 말했다. "신앙과 삶의 목적처럼 소망에도 치유력이 있다. 이것은 단순한 추측이나 바람이 아니라 과학적으로 증명된 결과다." 지난 몇 년 동안 나타난 단서들에 따르면, 흔히 기질성 질환의 진행에 대한 근본적인 원인으로 절망감을 꼽을 수 있다. 최근 우울증과 절망감이 건강에 미치는 악영향을 증명하는 실험을 하는 데 이 단서들이 큰 역할을 하고 있다. 의학 연구 보고서에 있는 몇 가지만 살펴보자.

로체스터 의대에서 실시한 실험에 의하면 심장 수술을 앞둔 54명의 환자들과 면담을 한 결과, 그들 중 몇 명에게서 심각한 우울증이 발견되었다. 수술 후 사망한 80%의 사람들은 바로 이 환자들이었다. 그들은 절망에 빠져 있었던 것이다.

다른 연구에서는 심장 수술을 앞둔 100명의 환자 중 12명이 수술 즉시 사망하거나 수술 후 얼마 지나지 않아 사망했는데, 이는 수술 전에 심리적으로 매우 우울한 상태를 보였기 때문으로 보인다. 심장병이 얼마나 심각한지에 대한 외과적 요인들과 두 실험의 결과와는 아무런 관계가 없었다.

「브리티시 메디컬」(*British Medical Journal*)에 가족을 여읜 사람들의 사망률을 조사한 연구 결과가 실렸는데, 가족이 죽은 지 1년 이내의 사망률이 대조군(control group)의 사망률보다 일곱 배나 높았다. 가족의 죽음이 심리적 우울증의 한 형태로 작용해 사망률을 증가시켰다는 결론이었다.

「미국 의학 협회 저널」(*Journal of the American Medical Association*)[4]에 나온, 몬트리올 심장 학회(Montreal Heart Institute)의 연구 결과를 살펴보자. 이 연구에 따르면 심장마비로 병원에 입원한 사람이 우울해질 때, 심장마비로 사망할 가능성이 다섯 배나 더 높아진다.

최근 연구 결과들은 면역 체계에 "슬픔"이 나쁜 영향을 끼친다는 사실을 증명해준다. 지난 30년간 의학 연구 보고서에 실렸던 무수한 실험들을 통해서 "소망"이 병을 낫게 하는 데 도움을 준다는 사실도 드러났다.

소망(hope)이란 무엇인가? 이것은 정신분석학에서 말하는 "낙천적 사고"(wishful thinking)와는 다르다. 바람이 실현되기를 기대할 만한 기반이 거의 없는 것을 두고 낙천적 사고라고 하기 때문이다. 이 소망은 또한 낙관주의와도 구별된다. 때때로 낙관주의는 현실과는 조금 동떨어져 있는 탓이다. 웹스터 사전에 나온 바에 의하면 소망은 "기대"와도 다르다. 이 사전에서 "기대"는 확실성이 아주 높음을 내포하는 단어로 정의했다. 즉 확실성이란 앞으로 일어날 일을 분명히 내다볼 수 있다는 의미다. 그와 대조적으로 바울은 이렇게 말했다. "우리가 소망으로 구원을 얻었으매 보이는 소망이 소망이 아니니 보는 것을 누가 바라리요"(롬 8:24). 웹스터 사전에서는 소망을 "바라는 것은 이루어질 수 있다고 믿는 것"으로 정의했다. 기대와 신뢰를 포함하는 것이 소망이라는 것이다.

믿음, 기대, 신뢰로 소망이 정의된다면 우리는 이렇게 되물을 수 있다. "무엇을 위한, 누구를 위한 믿음인가? 무엇을 위한, 누구를 위한 신뢰인가?" 사람은 자신의 소망에 대해 이유와 기반을 가져야 하고, 그 뿌리를 현실에 두어야 한다.

소망을 가질 만한 이유를 성경에서 찾을 수 있는가? 성경이 절망감에 대응할 만한 근거를 제공해주고 있는가?

신구약 성경에 "소망"이라는 단어가 약 150번 정도 나온다. 사랑과 믿음과 소망을 성경에서 이야기한다는 사실은 나를 언제나 매혹시킨다. 바울은 이렇게 말했다. "그런즉 믿음, 소망, 사랑, 이 세 가지는 항상 있을 것인데"(고전 13:13).

이러한 소망은 그 기반을 무엇에 두고 있는가? 낙천적 사고인가? 아니면 그저 그림의 떡에 불과한 감상주의인가? "폴리 애너"(Polly Anna)식의 장밋빛 미래만을 꿈꾸는 낙관주의인가? 우리는 다음과 같은 성경을 읽을 수 있다. "우리 주 예수 그리스도의 아버지 하나님을 찬송하리로다 그의 많으신 긍휼대로 예수 그리스도를 죽은 자 가운데서 부활하게 하심으로 말미암아 우리를 거듭나게 하사 산 소망이 있게 하시며"(벧전 1:3).

성경은 죽음의 문제를 해결하려는 우리의 간절한 필요를 부활을 이야기함으로써 채워주고 있다. 정신의학자들은 오랜 관찰을 통해 "사람이 한

번 죽은 후에 다시 살아날 수 있을까?"라는 문제의 답을 찾기 전까지는 진정한 삶을 살 수 없다는 것을 깨달았다. 시공의 연속선상에서 사는 우리에게 성경은 이 세상에서의 삶은 끝나지 않을 이야기의 첫 번째 장에 불과하다고 말하는데 이것을 받아들이는 것은 대단히 어려운 일이다. 헨델의 합창곡 "할렐루야"의 가사 중 "영원히"를 이해하는 일 역시 우리에게는 어려운 일이다.

나는 임상경험과 관찰로 믿음과 소망이 없는 환자들에게 사용할 수 있는 치료 방법이 매우 제한되어 있다는 것을 알게 되었다. 환멸 속에서 고통스럽게 생을 마감한 마르크스와 프로이트는 엄청난 고난과 역경을 겪었다. 하지민 그들에게는 역경의 시기를 이길 만한 소망이 주는 정신적인 방편이 없었다.

프로이트는 1920년 64세가 되던 해, 젊고 아름다운 딸과 영원히 작별해야 했다. 그는 자신의 죽음을 기다리며 그날이 언제일까 궁금해하면서 이런 글을 남겼다. "내가 무슨 말을 더 해야 할지 모르겠다. 온몸을 마비시킬 정도로 무서운 그것은, 신을 믿는 사람이 아니라면 아무 생각도 할 수 없게 만드는 사건이다."[5]

나는 C. S. 루이스와 마르크스, 프로이트를 비교하지 않을 수 없다. 루이스도 처음에는 그 두 사람처럼 무신론자였다. 루이스가 예수님에 대한 신실한 믿음을 받아들이게 된 데에는 30대 초반에 무수한 지적 의문들과 투쟁을 벌인 덕이다. 그는 날카로운 지성과 탁월한 언어 구사력으로 많은 책을 썼는데 많은 사람들, 특히 대학생들에게 마르크스와 프로이트가 끼쳤던 영향력과는 정반대의 영향력을 끼쳤다.

C. S. 루이스는 『헤아려 본 슬픔』(*A Grief Observed*, 홍성사 역간)이라는 책에서 아내를 잃었을 때의 자신의 반응을 이야기한다. 그에게 아내는 지상에서 유일하게 가치 있는 존재였다. 이 책은 애도와 비탄의 과정이 아주 놀랍고 명쾌하게 표현되어 있어서 정신의학자들에게 아주 유익한 책으로 손꼽힌다. 독자들은 책을 통하여 루이스의 슬픔을 체감할 수 있다. 세상이 얼마나 단조롭고 지루한지, 일을 해도 왜 전혀 즐겁지 않은지를 그는 가슴속에서 요동치는 분노, 원망, 외로움, 두려움, 불안 등을 묘사하면서 보여주었다. 마침내 그는 하나님이 잔인한 하나님인지 의문스러워졌다. 혹시 하나님이 우주적인 사디스트(sadist)는 아닐까?

루이스는 슬픔과 괴로움 속에서도 기도하려고 애썼고, 그의 간구는 필사적이었다. 하지만 자신 앞에 세차게 닫힌 문과 그 문을 안에서 잠그는 소리만 들을 수 있을 뿐이었다.

루이스는 하나님으로부터 완전히 버려졌다고 생각했다. 잠긴 문, 철의 장막, 공허함, 그리고 완전한 "무"(無)만 있을 뿐이었다. 그러다 절망에 빠진 자신이 문을 두드리지 않고 걷어차고 있었음을 깨달았다. 그러자 봄날의 화창한 태양과 따사로움으로 조금씩 믿음이 그를 붙잡기 시작했다. 새로운 힘과 평안, 그리고 "말할 수 없는 기쁨"이 그를 둘러쌌다. 루이스는 눈앞에 있는 문을 두드렸다. 그러자 이번에는 문이 열렸다. 그리고 다시 한 번 소망의 원천인 하나님의 존재를 경험할 수 있었다.

성경은 역경과 고통으로부터 자유로울 수 있다고 약속하는가? 나는 그렇지 않다고 생각한다. 성경은 분명히 인간이 하나님의 율법을 어겨 세상이 본질의 모습에서 변질되었고, 지금의 잔인함과 고통, 전쟁, 질병, 죽

음 등이 가득 차게 되었다고 밝히고 있다. 그러나 우리의 기쁨의 이유는
종국에 가서는 선이 세상을 지배할 것이기 때문이라고도 말하고 있다. 이
세상에서의 삶을 승리로 이끌기 위한 정신적 자원을 우리는 지금껏 공급
받아왔다. 따라서 이 많은 자원 중에서 "소망"을 결코 하찮게 볼 수 없다.

성경은 또한 이렇게 말한다. "소망의 하나님이 모든 기쁨과 평강을 믿
음 안에서 너희에게 충만하게 하사 성령의 능력으로 소망이 넘치게 하시
기를 원하노라"(롬 15:13).

오늘날에도 치유의 기적이 일어날까?

마이클 양

내가 내 삶의 방향을 그리스도를 향해 돌아섰을 때 나는 그리스도인들이 거듭
남의 기적이라고 부르는 것을 경험할 수 있었다―특히 이곳 하버드 의대에서.

마이클 양(Michael Yang)은 존스 홉킨스 대학에서 생물의학공학을 전공했고, 중합체를 사용해서 약물을 뇌에 투여해 종양을 치료하는 방법을 연구했다. 그 후 하버드 의대와 매사추세츠 공과대학이 연계해서 만든 보건 과학과 기술에 대한 공동 연구 과정에서 석사와 박사학위를 받았다. 그 후에는 보스턴에 있는 아동 병원에서 간세포 이식을 위한 신기술에 대해 연구했다. 마이클은 하버드 동기생들로부터 "가장 인정이 많은" 인턴으로 꼽히기도 했으며, 항상 사람들에게 "하나님이 주신 상식으로 자신의 몸을 잘 돌보고, 생명이라는 선물을 감사히 여기라"고 격려한다.
한편 요즘에는 아인 랜드(Ayn Rand)의 철학적인 객관주의에 대해 기독교적 입장에서 글을 쓰고 있다. 마이클이 청소년기에 무신론을 신봉하는 데 가장 많은 영향을 준 사람이 아인 랜드다. 현재는 서던 캘리포니아 대학의 도헤니 안과 연구소에서 레지던트 과정을 밟는 중이다.

나는 내내 무신론자로 성장해왔다. 고등학교 시절 하나님의 존재를 둘러싼 무수한 논쟁들을 보았고, 마침내 나는 하나님이 없다는 결론을 내렸다. 고등학교와 대학교에서 받은 과학적 훈련은 내 안에 기계론적 우주관을 심어놓았다. 라플라스(Laplace)의 말처럼 그것은 하나님의 존재라는 가설을 필요로 하지 않는 우주관이었다. 나는 하나님을 믿지도 않았을 뿐더러, 창조주가 인간사 안에 들어와서 친밀한 관계를 형성하고 있다는 것은 더더욱 믿지 않았다. 나는 애초부터 기적 같은 것은 일어나지도 않는다고 결론을 내렸다. 그리고 내가 알고 있는 그리스도인들 역시도 오늘날 기적을 행하시는 하나님을 믿는 사람은 없어 보였다.

그리스도인 친구들의 제안으로 하버드 의대 첫 학기 동안 성경을 연구하면서 그리스도인의 믿음을 관찰한 적이 있다. 나는 다른 사람들이 성경을 말하는 것을 들은 적은 있었지만 직접 읽어본 적은 없었다. 내가 성경을 읽은 후에는 그리스도인들이 범하는 오류를 더 정확히 지적해줄 수 있을 것 같았다. 그러나 안타깝게도 나를 위해서는 다행이지만 내 예상과는 달리 성경말씀이 옳았다. "하나님의 말씀은 살아 있고 활력이 있어 좌우에 날선 어떤 검보다도 예리하여 혼과 영과 및 관절과 골수를 찔러 쪼개기까지 하며 또 마음의 생각과 뜻을 판단하나니"(히 4:12). 태어나서 처음 본 성경을 연구하면 할수록 나의 마음은 변화되기 시작했다. 처음에는 그리스도인들의 오류를 지적해줄 요량이었던 나는 오히려 그리스도인의 믿음을 반대하는 왜곡된 논쟁과 오류들을 발견하게 되었고, 말씀 안에서 기적의 하나님을 만날 수 있었다.

성경은 예수님이 하나님의 아들이라고 말한다. 예수님은 죄를 용서할 수 있는 권능을 가지고 이 땅에 성육신하셨음을 스스로 주장하셨고, 이 땅에 오신 목적이 우리를 대신해 죽는 것으로 우리의 죄를 용서하시기 위함이라고 말씀하셨다. 예수님은 그 사실을 믿는 사람들에게 영원한 생명을 약속하셨다. 왜냐하면 그분은 사망을 이기시고 다시 살아나셨기 때문이다. 예수님은 이렇게 영원한 삶에 관한 복음을 전하셨고, 병자들을 고치는 기적을 행하셨다. 또한 자신을 믿는 자들에게 현세에서의 풍요로운 삶과 능력이 임할 것도 약속하였다. 그분은 제자들에게 자신들의 삶이 변화된 것처럼 다른 사람들의 삶을 변화시키며, 병자들을 치료하라고 말씀하셨다. 예수님의 명령은 나에게 도전이 되었다. 성경을 읽을 때마다 C. S. 루이스의 『순전한 기독교』(*Mere Christianity*, 홍성사 역간)에서 읽었던 구절이 떠오르곤 했다.

평범한 인간이 예수와 똑같은 말을 한다면 그 사람은 절대 위대한 도덕 선생이 아닐 것이다. 그 사람은 정말로 하나님의 아들이거나 혹은 미쳤거나 아니면 나쁜 사람일 것이다. 당신은 예수를 두고 어리석은 자라고 말할 수 있으며, 그를 사탄이라고 욕하고 경멸할 수도 있고, 죽일 수도 있다. 반대로 그의 발 앞에 절하며 예수를 주님 혹은 하나님이라고 부를 수도 있다. 그러나 예수를 위대한 도덕 선생이라 부르며 선심을 쓰는 듯한 오만은 떨지 말

자. 예수는 그럴 여지를 전혀 남겨 두지 않았고, 그것이 그가 의도하는 바는 더더욱 아니다.

나는 그분 앞에 엎드려 경배하고 그분의 은혜와 진리의 충만함을 누렸던 사람 중 하나다.

내가 내 삶의 방향을 그리스도를 향해 돌아섰을 때 나는 그리스도인들이 거듭남의 기적이라고 부르는 것을 경험할 수 있었다. 그러나 나는 현대 시대의 의학에 치유의 복음이 어떤 의미를 갖는지 궁금해졌다. 감히 말하지만 나는 뛰어난 의학 인재들과 세계 최고의 병원들이 있는 의학계의 중심지라고 알려진 하버드 의대에서도 치유의 복음이 특별한 의미를 가지고 있다고 믿었다. 이성과 과학의 기술로만 치료할 때에는 기적 같은 것이 필요 없을 수도 있다. 그러나 예과를 마치고 본과에 들어갔을 때 나는 의학의 한계와 부족함이 있음을 깨닫지 않을 수 없었다. 원인과 결과의 관계가 항상 분명하게 성립되지는 않았으며, 모든 치료가 전적으로 도움이 되는 것은 아니었다. 심지어는 환자가 신체상의 건강은 회복하더라도, 정신은 여전히 회복되지 못하는 경우도 많았다. 의학 기술이 해결할 수 있는 치료로는 개인이 인생을 대하는 태도나 사람들과의 관계를 변화시킬 수 없었다.

그러나 성경 속에서 예수님은 우리의 영혼과 육체를 모두 고쳐주신다고 말씀하셨다. 이사야 선지자는 메시아가 우리의 죄로 말미암아 찔림을 당할 뿐만 아니라 우리의 아픔을 책임져주실 것이라고 예언했다(사 53:4-6). 중풍병자의 죄를 용서하시고 병을 고쳐주심으로써 예수님은 그 약속

 제3장 소망, 건강, 그리고 생명 찾기

을 확증하셨다(막 2:1-12). 예수님은 구원과 병 고침을 얻는 데 믿음이 얼마나 중요한지를 가르치셨고, 믿음과 치유가 동떨어져 있지 않음을 우리에게 보여주셨다. 또한 병을 고치신 후에 "네 믿음이 너를 구원하였다"라고 말씀하셨다. 그리스어로 "소조"(sozo)는 "고치다" 또는 "구원하다"라는 의미인데 이는 사람의 정신, 영, 육이 모두 회복됨을 뜻한다. 예수님과의 만남은 곧 "위대한 의사"와의 만남을 뜻하는 것이다.

그러나 오늘날에도 이러한 치유가 가능한가, 아니면 어떤 사람들의 주장처럼 예수님의 시대에만 가능한 것인가? 예수님은 제자들에게 복음을 전하고 자신의 이름으로 병든 자를 고치라고 명령하실 때 시간의 제한을 두지 않으셨다(막 16:15-18). 사도행전은 예수님의 이름이 가지고 있는 권능에 대해 증거한다. 성경은 다음과 같이 말한다. "예수 그리스도는 어제나 오늘이나 영원토록 동일하시니라"(히 13:8). 초대교회의 사도들로부터 마르틴 루터에 이르기까지 시대를 초월해서, 그리스도가 치유의 능력으로 육체의 질병을 고치신다는 메시지는 구원의 복음에 필수적인 부분으로 강조되어왔다. 그러한 치유의 메시지를 복음 전도사들에 의해 만들어진 복음의 별책부록 정도로 여겨서는 안 된다. 치유의 메시지는 오늘날에도 뉴욕과 방콕의 아스팔트 거리에서부터 남아메리카와 아프리카의 빈민 지역에 이르기까지 여전히 삶을 변화시키고 있다. 그러나 나는 의학을 공부한다는 사람이 비과학적이고 원시적인 치료 방법을 믿는다고 말하면 사람들이 나를 어떻게 생각할지 두려웠다. 나는 그저 예수님께 전적으로 복종하려고 노력하는 것밖에는 할 수 있는 일이 없었다. 긴 기도 끝에 나는 내 선에서의 최고의 의술을 펼치기로 작정하고, 그럴 만한 지혜를 달라고 지속적으로 기도했다. 만약 그럴 수 있는 기회가 주어진다면, 나는 환자들의 정신과 육체를 치료하도록 그들을 섬기라는 부르심에 응답해야 할 것이다. 3학년이 되자 바로 그런 기회가 찾아왔다.

뇌신경에 문제가 생긴 환자들은 임시적으로 매사추세츠 종합병원 화이트 병동의 12층에서 치료를 받는다. 나는 그곳 신경과에서 한 달 동안 회진을 돌면서 70대 후반의 웰치 부인을 만나게 되었다. 그녀는 나와 만나기 몇 주 전부터 다리가 점점 약해지고 있었는데, 이제는 걸을 수도 없었고 서 있기도 힘든 상태였다. 기억력도 점점 나빠져 갔다. 이런 증상은 모두 웰치 부인의 뇌가 제 역할을 못하고 있다는 증거였다. CT 촬영 결과 이미 뇌의 여러 곳에서 출혈이 시작됐고, 다른 검사에서도 비슷한 결과가 나왔다. 병명은 아마도 콩고필릭 앤지오페티(congophilic angiopathy)—특정 단백질들이 혈관벽에 비정상적으로 쌓이면서 혈관을 약화시키고 출혈을 유발하는 질병—인 것 같았다. 신경과 주치의는 뇌의 조직검사를 해서 진단을 확정하고 스테로이드로 치료하자고 말했다.

웰치 부인과 내가 처음 만난 날은 내 지도의사였던 레지던트 3년차의 J. R.이 웰치 부인의 요추에 구멍 뚫는 작업을 도와달라고 요청했을 때였다. 환자의 나이가 적지 않은 탓에 척추에 주사 바늘을 꽂는 일은 어려움이 많았다. 웰치 부인은 내 어깨에 기댄 채 "주여, 도우소서"라며 소리를 질렀고, 나는 "부인, 우리 주님은 자비가 풍부하시고 인자하신 분이십니다"라면서 그녀를 안심시켰다.

그 일이 있은 후 병실에 방문했을 때, 탁자 위에 성경책이 보였다. 나는 신경학적 진단을 하기 위해서 웰치 부인이 내 지시를 따라 글을 읽는

것이 가능한지 확인하고 싶었다. 그래서 성경책을 펴고 마가복음 11:22-
24까지를 읽을 수 있는지 물었다.

예수께서 그들에게 대답하여 이르시되 하나님을 믿으라. 내가 진실로 너희
에게 이르노니 누구든지 이 산더러 들리어 바다에 던져지라 하며 그 말하
는 것이 이루어질 줄 믿고 마음에 의심하지 아니하면 그대로 되리라. 그러
므로 내가 너희에게 말하노니 무엇이든지 기도하고 구하는 것은 받은 줄로
믿으라 그리하면 너희에게 그대로 되리라.

나는 그녀에게 질병을 산으로 생각하고 그 산을 보고 움직이라고 말
하도록 했다. "좋아요. 마이클!" 그녀는 내 말에 흔쾌히 승낙했다. "내일
다시 오겠습니다. 우리가 오늘 함께 읽은 말씀을 내일 저에게 다시 말씀
해주실 수 있는지 한번 보겠습니다. 아셨죠?" 그 말을 하고 돌아서서 병
실을 나오다가 문 앞에 서 있던 간호사와 마주쳤다. 내 눈과 간호사의 눈
이 잠깐 동안 서로를 응시했다. 어쩌면 내가 그녀의 생각을 제대로 읽었
는지 아니면 사탄이 나에게 그런 생각들을 주었는지 모르겠다. '어쩌자고
이 불쌍한 늙은이에게 쓸데없는 희망을 꿈꾸게 하는가?'라는 생각이 들
자 나는 잠시 침울해졌다. 솔직히 나에게는 웰치 부인을 치료할 만한 능
력이 없었다. 그러나 나는 곧 내 입에서 나왔던 말들이 내 자신의 것이 아
니었다는 사실과 함께 "성경에 이르되 누구든지 그를 믿는 자는 부끄러
움을 당하지 아니하리라 하니"(롬 10:11)라는 말씀을 기억했다.

다음 날 약속한 대로 웰치 부인에게 물었다. "어제 우리가 성경에서

무슨 말씀을 읽었습니까? 산을 움직이는 것에 대해 읽지 않았나요?” “네, 마가복음이었지요?” 나는 그녀에게 매일 위대한 치유의 능력이 있는 말씀을 읽으라고 부탁했고, 하나님께서 산을 옮겨주실 것을 믿으며 산에게 움직이라고 말하도록 웰치 부인에게 용기를 주었다. 그로부터 3-4일 정도가 지나고 우리 팀이 아침 회진을 돌 때 그녀는 보행 보조기로 병실 안을 걸어 다니고 있었다. 그것은 정말로 믿을 수 없는 일이었다. 그때까지 그녀는 회복될 기미가 전혀 보이지 않았고, 아무런 약물 치료도 하지 않은 상태였기 때문이다. J. R.이 나에게 말했다. “자네의 사랑과 친절이 웰치 부인을 고친 것 같군.” “제가 그녀에게 사랑을 베푼 것은 사실이지만, 실제로 그녀를 고친 것은 제가 아니라 하나님이십니다.” 비그리스도인이었던 J. R.은 잠깐 생각하는 듯하더니 이렇게 말했다. “아마 자네 말이 맞을지도 모르겠네. 그녀는 병이 치유된 것을 하나님께 감사하고 있으니 말이야.”

그녀는 정말로 매일매일 새로운 힘을 얻었고 나는 계속해서 그녀에게 산이 움직이도록, 또 움직인 채로 머물도록 이야기하라고 요청했다. 그녀는 내게 믿음에 대한 증언을 보여주었다. “마이클, 나는 산에게 움직이라고 명령할 수밖에 없어요. 왜냐하면 나는 이미 산에 오를 수 없다고 믿기 때문이지요.” 예수님은 가나안 여인에게 이렇게 말씀하셨다. “이에 예수께서 대답하여 이르시되 여자여 네 믿음이 크도다 네 소원대로 되리라 하시니 그때로부터 그의 딸이 나으니라”(마 15:28).

일주일이 지나자 그녀는 오른손에 지팡이를 짚고 “화이트 12병동” 복도를 걸어 다닐 수 있었다. 그녀의 빠른 회복에 간호사와 의사들은 감탄을 금치 않았다. 신경외과에서 이 정도로 극적인 회복을 보이는 경우는 좀처럼 드물기 때문이다. 우리는 웰치 부인의 뇌조직을 검사하지도 않았고, 스테로이드를 주입하지도 않았다. 그녀의 회복에 자극을 받았는지 J. R.은 나에게 다른 환자를 한 명 소개했다. "마이클, 다른 병동에 마틴 부인이라는 환자가 있다네. 일 년이 넘도록 이 병원에 있는 환잔데, 자네가 언제 한번 가서 이야기를 좀 해보지 않겠나? 만일 그녀가 회복되면 나 역시 예수를 믿게 될 것 같군." 나는 지금도 그때 마틴 부인과 만나지 못한 것이 유감스럽다. 그러나 하나님은 변화의 기적을 만들고 계셨다. 웰치 부인을 치유하는 것으로 하나님의 능력을 입증하셨고, 그러면서 J. R.의 마음에도 씨앗이 하나 뿌려졌다. 나는 지금 그 씨앗이 계속해서 자랄 수 있도록 하나님께 기도하고 있다.

그리스도인이 되고 난 후에 치유의 기적은 왜 그렇게 드물게 일어나고, 왜 기도해도 어떤 사람들은 회복되지 않는지 궁금해졌다. 기적은 정말 초대교회 교인들만의 전유물이란 말인가? 그것이 아니면 지난 2백 년 동안 그리스도의 초자연적인 사역에 대한 우리의 믿음 속에 과학적 회의론이 침투해 그것을 침식시켜온 것은 아닐까? 우리는 어쩌면 기적과 치유라는 문제를 토론하는 데 급급한 나머지 순수한 믿음으로 말씀에 따라 사는 삶에 소홀해진 것은 아닐까? 귀신 들린 아이를 제자들이 치료하지 못할 때 예수님은 그들의 믿음이 적음을 나무라셨다(마 17:14-20). 마가복음을 읽어보면 나사렛에서 예수님은 아무런 능력도 행하실 수 없었다. 나사렛 사람들은 예수님을 믿지 않았기 때문이다(막 6장). 이와 같은 맥락에서 보면, 성령이 우리를 통해 행하시려는 기적을 제한하는 것은 바로 우리의 불순종 혹은 믿음 없음이 아니겠는가? 사실, 환자를 위해 기름을 바르며 치유해달라는 믿음의 기도를 드리는 사람을 본 일이 언제던가?(약 5:14-15) 손을 얹어 예수의 이름으로 기도하면 병이 나으리라는 신실한 기대를 가지고 그대로 하는 사람이 오늘날 어디에 있는가?(막 16:17-18) 우리는 그 말씀대로 행하고 있는가, 아니면 불행하게도 말씀을 듣기만 하여 스스로를 속이고 있는가?(약 1:22) 그렇다고 한다면 치유의 역사가 드문 데 대해 놀랄 일은 아니지 않은가?

환자를 위해 열심히 기도했는데 아무 일도 일어나지 않았던 기억 때문에 실패에 대한 두려움으로 가득 차거나 용기를 잃어서는 안 된다. 왜 치유의 역사가 모든 경우에 일어나지 않는지를 우리가 완전히 이해하기는 어려울지 모른다. 그러나 한편으로 생각해볼 것은 우리는 왜 몇 번 해보고 안 되면 바로 포기하고 하나님의 약속을 우리 마음대로 수정하는 것일까? 하나님은 우리가 하나님께로 다가갈 때 우리에게 안식을 약속하신다. 그러나 그 안식을 우리가 항상 얻고 있지는 않음을 깨닫는다. 왜냐하면 우리는 하나님께로 다가가지도 않고 우리의 짐을 그분께 완전히 맡겨 드리지도 않는 탓이다(마 11:28-30). 하나님은 결코 실패하지 않는 사랑을 말씀하시지만, 다른 사람들에 대한 우리의 사랑의 표현은 늘 성공적이지 않을 수도 있다(고전 13장). 그래도 우리는 여전히 하나님의 은혜 안에 우리가 거하면 우리 안에서 시작된 착한 일을 완전하게 하시리라 믿으며 기도한다(빌 1:6).

의사인 나는 그리스도 안에서 가능하다고 믿는 초자연적인 치료와 이성을 따르는 의학적 치료를 결합해야 하는 어려움에 빠져 있다. 어떤 때에는 내가 아는 의학 지식만을 이용해서 환자를 치료해달라고 기도하는 것이 더 쉽게 느껴지기도 하다. 솔직히 말하면 그런 기도는 하나님께 더 의존해야 한다는 의무감에서 나를 해방시켜준다. 나는 하나님께 의학이라는 학문을 주신 것에 감사드리지만 그것의 한계도 잘 알고 있다. 나는 연구와 실험으로 의학이 발전하기를 원하지만, 이런 기술적인 의료 서비스 때문에 하나님을 믿는 경우는 많지 않다. 오히려 내 주변엔 하나님이 주신 인간의 능력을 확신하는 사람들이 더 많다. 세상은 예수님의 초자연적인 사역을 필요로 한다. 나 역시 사도 바울처럼 성경에서뿐만 아니라 성령과 능력의 나타내심을 통해서 이 땅에 하나님 나라가 임하는 것을 보기 원한다(고전 2:4-5).

나는 웰치 부인이 치료된 것을 통해 하나님의 성령과 능력의 나타내심을 보았다. 그녀는 얼굴 가득 환한 미소를 띠며 퇴원했다. 그녀와 나는 모두 감사할 이유가 있었다. 그것은 바로 기적의 시대가 우리를 결코 지나가지 않았다는 것을 알게 되었기 때문이다. 기적은 믿음에서 시작된다. "믿음이 없이는 하나님을 기쁘시게 하지 못하나니 하나님께 나아가는 자는 반드시 그가 계신 것과 또한 그가 자기를 찾는 자들에게 상 주시는 이심을 믿어야 할지니라"(히 11:6). 우리는 예수 그리스도를 믿음으로 하나님이 우리에게 베푸시는 영원한 생명을 얻게 된다. 또한 그럼으로써 우리는 삶에서 승리할 수 있다. 확신을 가지고 그리스도의 말씀을 전하고 따르자. 그러면 죽음에서든지 생명에서든지 "약속하신 이는 미쁘시니"(히 10:23)라는 사실을 깨달을 것이다.

죽음을 이기는 희망

브랜트 포스터

성경에 기록된 대로 모든 좋은 것들은 하늘로부터 오는 것이며, 이 땅에 네가 아쉬워하게 될 모든 것들은 단지 진실의 그림자에 불과할 뿐이다.

브랜트 포스터(Brent Foster)는 중학교 2학년 때, 아이오와 주 셔넌도어에서 풋볼 경기를 하기 위해 의례적인 건강 검진을 받았다. 검진 결과 의사들은 "암 때문에 다리를 절단하는 수술을 해야겠어요. 수술은 24시간 안에 끝날 거예요"라고 말했다. 고등학생 시절 브랜트는 야구와 농구, 테니스 같은 운동을 즐겼으며, 학생회장으로도 활동했다. 하버드에 입학하기 전, 고등학교 3학년 때 브랜트의 폐에는 종양이 생겼다.

하버드에서는 하버드-래드클리프 기독학생회를 이끄는 일을 돕고 있다. 그는 글쓰기를 좋아하고, 주로 C. S. 루이스와 러시아 문학을 읽었다. 또한 풍경화를 그리는 데에도 소질이 있었다. "베리타스 포럼에서 토론한 것처럼 아름다움은 무언가를 '의미'합니다. 그것은 그 자체를 넘어 아름다움의 근원을 보여주면서도 추상적이지 않아요. 풍경화를 그리는 일은 바로 그 풍경의 일부가 되는 것을 의미합니다." 그는 주로 유화 물감과 아크릴을 사용해서 그림을 그렸다. 여기에 대해서는 "수채 물감으로 그리면 그림이 아주 엉망진창이 되거든요"라고 말했다.

1994년 추수감사절 하루 전날 브랜트는 골수암이 그의 온몸에 퍼졌다는 진단을 받는다. "꿈이 언제나 실현되는 것은 아니라는 생각이 들어요." 그는 과거를 회상했다. "나는 가끔 이곳 하버드에서, 죽지 않는 세상에 속해 있는 죽을 수밖에 없는 존재임을 느껴요. 그러면 인생이 하나님을 사랑하고 사람을 사랑하는 것에 그 의미가 있음을 우리 모두가 알게 되리라고 믿게 돼요." 브랜트는 역사에 심취해 있었다. "나는 옛날 사람들에 대해 배우는 것이 무척 좋아요. 그들이 무엇을 위해 살았고, 또 무엇을 위해 죽었는지에 대해서 말이에요."

아이오와에 사는 오래된 내 친구들과 나를 아는
많은 사람들은 나에 대해서, 희망찬 미래를 가진 아주 똑똑한 학생이라고
평할 것이다. 사실 내 고등학교 졸업식은 아이오와 주 유력한 신문들에
기사로 실렸다. 기사는 나를 두고 "밤색과 흰색(내 모교의 교복 색깔) 옷을
입은 학생들 중에 가장 우수하고 용기 있는 학생"이라고 칭하며 찬탄했
다. 고교 시절 동안에는 언제나 "성공"이라는 단어가 나를 따라다녔다. 나
는 학교에서 거의 모든 주요 조직의 장으로 선출됐고 내 성적은 주 전체,
나아가서는 미국 전체에까지 알려질 정도였다. 나의 학업 성취는 주지사
사무실에서도 공식적으로 인정해주었다. 아이오와에서 나는 한쪽 다리에
의족을 달고 농구를 하는 것으로도 유명했다. 이러한 모든 것들의 절정은
내가 그해 졸업생 대표로, 학교 역사상 최초로 세계 최고의 명문대(「*U.S.
News and World Report*」에 따르면)에 들어간 것이었다. 이제 나는 우수한
하버드대 학생이고, 세상이 온통 내 손바닥 안에 있는 것만 같았다. 그러
나 이 모든 성공에 찬물을 끼얹는 것이 하나 있다. 내 몸에는 지금 골수암
이 퍼져 있고, 내가 앞으로 살 수 있는 날은 단 몇 주뿐이라는 것이다.

나는 장장 8년 동안이나 암과 싸워왔지만, 이제 막다른 골목 앞에 서
있다. 내 나이 스물한 살에 내 몸은 극도로 약해졌고, 이제 조만간 완전히
말을 듣지 않게 될 것이다. 사실 나는 숨을 쉬는 것조차도 고통스럽다. 지

금까지 총 열한 번의 수술, 1년간의 항암치료, 한 달간의 방사선 치료를 모두 했지만 이제는 의사들도 더 이상 손을 쓸 수 없다. 나는 지금까지의 삶을 통해, 인간이 때때로 행복보다 고통을 더 많이 느끼도록 창조된 것은 아닐까 하는 의문이 생겼다. 전도서에 있는 솔로몬의 말이 종종 내 귓가를 울린다(화학치료 때문에 계속 귀를 울리는 다른 소음들과 함께).

너는 청년의 때에 너의 창조주를 기억하라 곧 곤고한 날이 이르기 전에, 나는 아무 낙이 없다고 할 해들이 가깝기 전에, 해와 빛과 달과 별들이 어둡기 전에, 비 뒤에 구름이 다시 일어나기 전에 그리하라. 전도자가 이르되 헛되고 헛되도다 모든 것이 헛되도다(전 12:1-8).

내 인생의 "곤고한 날"은 남들보다 조금 더 일찍 찾아왔다. 그것은 결코 반갑지 않은 일이었다. 우리가 이 세상을 살면서 종종 지는 십자가는, 그것이 예수를 위한 것이 아니라면 고통을 감내할 만한 가치가 없다는 것을 나는 이제야 깨닫는다. 병으로 약해질 대로 약해진 몸에 10개 가까운 튜브를 여기저기 꽂고 중환자실에 누워 있는 암흑의 시간 속에서는, 주일학교에서 배웠던 진리조차도 모두 허무하게 느껴질 정도였다. 무너진 내 삶에 일어나는 두렵고도 모순된 일들에 대한 해답을 설명해줄 수 있는 것은 아무것도 없었다. 더구나 죽음을 목전에 둔 내게 한낱 말뿐인 것들은 아무런 의미도 주지 못했다. 고통의 시간에 나에게 쉼을 주었던 일은 "창조주 하나님을 기억하는 것"이었다. 예수님 안에는 사람의 말로 제한하는 우리의 능력이나 지식보다 더 깊은 의미가 들어 있기 때문이다.

바울은 이렇게 말했다. "하나님의 나라는 말에 있지 아니하고 오직 능력에 있음이라"(고전 4:20).

하나님이 인간의 몸으로 오셨을 때에는 우리가 상상하는 것보다 훨씬 더 큰 고통을 겪으셨기 때문에 그분은 인간의 깊은 슬픔까지 모두 이해하실 수 있었다. 나사로의 무덤을 방문하신 예수님의 이야기를 읽을 때면 나는 늘 감동을 받는다. 예수님은 죽음이 사람들에게 가져온 애통함을 보시고 매우 슬퍼하시며 우셨다. 나사로를 다시 살리신 예수님이 우리에게 오셔서 깨지고 상한 우리의 모습을 고쳐주실 거라는 약속을 바라보며, 나는 언제나 희망을 가졌다.

실제로 예수님은 자신을 고통 가운데 내어놓으심으로써 인류를 구원하셨음에도 불구하고, 사람들은 예수님의 그러한 연민을 쉽게 잊어버린다. 하나님이 회복과 구원을 이루는 데 "고통"을 사용하신 것에 대해서는 나도 완전히 이해할 수는 없지만, 고통과 고난의 구원적 성격은 성경에서도 여러 번 언급되어 있으며 많은 예로 강조되고 있다. 바울은 이렇게 말했다. "다만 이뿐 아니라 우리가 환난 중에도 즐거워하나니 이는 환난은 인내를, 인내는 연단을, 연단은 소망을 이루는 줄 앎이로다. 소망이 우리를 부끄럽게 하지 아니함은 우리에게 주신 성령으로 말미암아 하나님의 사랑이 우리 마음에 부은 바 됨이니"(롬 5:3-5).

바울은 병약함, 모욕, 고난, 박해, 어려움까지도 모두 우리에게 필요한 것이라고 말했다. "나의 여러 약한 것들에 대하여 자랑하리니 이는 그리스도의 능력이 내게 머물게 하려 함이라. 그러므로 내가 그리스도를 위하여 약한 것들과 능욕과 궁핍과 박해와 곤고를 기뻐하노니 이는 내가 약한 그때에 강함이라"(고후 12:9-10). 내 삶은 이러한 말씀들이 진실임을 밝혀주었고 이것으로 많은 이들에게 희망을 주었다. 나를 가로막던 역경들로 인해 나는 물론이고 다른 사람들에게까지 하나님의 영광이 드러난 것이다. 그러나 내가 만약 죽음과 싸우는 지옥 같은 시간을 통해 얻은 유일한 것이 주변 사람들에게 희망을 준 것뿐이라면, 나는 하나님을 잔인하고 악한 분으로 여길 것이다. 하나님은 고통을 통해 나를 도우시고, 내가 하나님을 더 잘 알 수 있도록 회복시키셨다. 내 육체는 점점 약해졌지만 내 영은 날마다 새로워졌다. "그러므로 우리가 낙심하지 아니하노니 우리의 겉사람은 낡아지나 우리의 속사람은 날로 새로워지도다"(고후 4:16). 수술은 너무 힘들었지만, 내 영혼은 "위대한 의사"에 의해 치료되기 시작했다. 이러한 변화를 과학적인 방법으로 설명하는 것은 불가능하다. 하나님으로부터 오는 고난을 겪어보지 않은 사람들에게는 더더욱 불가능한 일이다. 그렇지만 나는 나로 하여금 하나님 안에서 진정한 삶을 누리게 하려고 고통조차 아끼지 않으시는, 나를 너무 사랑하시는 창조주 하나님을 알게 되었다.

고통이 선한 결과를 가져온다는 이러한 생각은 내게는 여전히 이해하기 어려운 일이다. 우리 삶 속에서 일어나는 모든 혼란과 환상들이 갑자기 사라질 때, 세상의 모든 것들이 허무하고 무익하게 느껴질 수 있다. 내가 한때 가졌던 꿈과 희망, 계획들이 한꺼번에 사라져버렸다. 나 자신을 위해 스스로 세웠던 모든 것들이 무너졌다. 그러나 나는 이제야 "씻겨나감" 후에 나에게 무엇이 남아 있는지, 그리고 삶의 시작부터 그것이 함께 했어야 했다는 사실을 깨달았다. 그 소망은 하나님에 대한 내 믿음과 모든 것이 그분의 의지에 따라 움직인다는 것이다.

시편 127편은 하나님이 없이는 삶과 죽음이 모두 무의미하다고 말한다. "여호와께서 집을 세우지 아니하시면 세우는 자의 수고가 헛되며"(시 127:1). 이 말씀을 깨달은 후에야, 예수님이 우리에게 무엇을 주시는지를 이해할 수 있었던 것 같다. 내 인생의 모든 것은 헛되게 끝나지 않았고 죽음에게 정복당하지도 않는다. 예수님은 혼돈 위에 질서를, 허무 위에 목적을, 절망 위에 소망을, 죽음 위에 생명을 주시는 분이다.

이 글의 처음 부분에 내 미래가 밝을 거라고 예측했던 사람들의 평이 옳았다. 그 어느 때보다도 지금 그 말들이 더 진실하게 느껴진다. 내 질병이 사람들에게는 비극처럼 보일지 모르지만, 하나님을 아는 사람은 누구나 예수님이 인간의 몸으로 오셔서 인간의 역사에 개입하심으로써 우리에게 보여주신 그 진실을 이해할 것이다. 성경에 기록된 대로 모든 좋은 것들은 하늘로부터 오는 것이며, 이 땅에 내가 아쉬워하게 될 모든 것들은 단지 진실의 그림자에 불과할 뿐이다. C. S. 루이스가 쓴 『나니아 연대기』(*Chronicles of Narnia*, 시공주니어 역간)의 맺음말에서 나는 확실한 해답을 찾았다. "이제 드디어 그들은 이 땅의 사람들 중 아무도 읽어보지 못한 '위대한 이야기'의 첫 페이지를 시작하고 있다. 이 이야기는 영원하며, 모든 장은 그 앞장보다 훌륭하다."

나는 이 글을 읽는 사람들 모두가 "곤고한 날이 이르기 전에" 창조주를 기억하기를 바란다. 인간은 누구나 죽음을 맞이해야 한다. 죽음이 몰고 오는 혼돈에 실제로 직면하게 될 때 창조주는 우리를 안전하고 온전함으로, 그리고 영원한 영광으로 인도하실 것이다.

 제3장 소망, 건강, 그리고 생명 찾기

성의 아름다움과 자유의 황폐함

포 리안 림

진정한 도전은 이미 만연해 있는 깨어짐과 파괴된 것을 명확히 정의하는 데 있는 것이 아니라 오히려 온전함이 어떤 것이었는지 다시 상기시키는 데 있다.

어떻게 하면 이렇게 민감한 사안들에 대해 그러한 논쟁을 양극화해온 적대감이라는 벽을 넘어 이야기할 수 있을까? 나는 현실과 일치하는 진실이 존재할 거라고 믿는다. 그리고 의사로 일하면서 매일같이 현실의 혹독함을 접한다.

포 리안 림(Poh Lian Lim)은 말레이시아 쿠알라룸푸르에서 자랐다. 그녀는 특히 생화학에 관심이 많았고, 1987년에 하버드를 졸업하고, 컬럼비아 대학에서 의학 박사학위를 받았다. 의대생 시절에는 리더스 다이제스트 국제 친교회(Reader's Digest International Fellowship)의 일원으로 활동했으며, 짐바브웨의 지역 선교 팀이 운영하는 병원에서 봉사하기도 했다. 현재는 보스턴 지역의 아시아계 이주자들과 망명자들을 위한 지역 건강 센터인 사우스 코브(South Cove)에서 일하는 중이다.
림 박사는 개발도상국의 공중 보건과 전염병에도 많은 관심을 가지고 있었다. 그녀는 또한 아동 도서와 언어를 사랑해서 성, 에이즈, 공상 과학 소설 등 다양한 주제들에 대해 활발하게 자신의 목소리를 내고 있다. 선교 훈련을 마친 후 림 박사는 말레이시아로 다시 돌아갈 계획이라고 한다.

무한한 행복으로 할 수 있는 일이 무엇인지를 안다는 것은 어려운 일이다.

나오미 시합 니에

사랑은 그의 섬들을 넘어다닌다. 슬픔에서 슬픔으로.

자신의 뿌리를 내리고, 눈물로 물을 준다.

그리고 아무도―아무도 심장의 박동을 멈출 수 없다.

그것이 조용히, 그리고 맹렬히 뛰고 있는 한.

너와 나는 넓은 골짜기와 또 다른 행성을 찾아 헤맸다.

소금이 너의 머리카락에 닿지 않을 곳을,

나의 어떤 행동으로도 슬픔을 자라게 하지 않을 곳을,

양식이 존재하되 오래되어 상하지 않을 곳을.

파블로 네루다

우리는 위의 시에서 "슬픔의 섬들"과 "행복"이 무엇을 의미하는지 알고 있다. 그러나 오늘날 우리 사회는 사랑과 성의 영역에서 고통과 혼란의 소리가 높아지고 있음을 부인하기 어렵다. 이혼,

아동 학대, 에이즈, 데이트 강간, 성희롱, 간통, 낙태, 혼전 성교, 동성애 등 누군가가 이 문제들의 시시비비를 가리고 어떻게 정의를 내리든, 이러한 이야기들은 우리에게 더 이상 낯설지 않다.

그 지루한 이야기들은 고통스러울 정도로 지극히 개인적인 일이다. 자기 자신의 삶이나 내가 걱정하는 이웃들의 삶에서 깨어져 버린 꿈들로 인해 우리가 고통스러워하는 한은 말이다. 내 주변에도 서른도 안 된 나이에 이혼을 한 동료와 친구들이 있다. 원치 않는 임신, 공공연하게 "동성애" 관계를 맺고 지내는 친구들, 유년 시절에 학대받은 기억을 안고 사는 사람, 가정 파탄의 고통, 에이즈에 걸려 죽어가는 사람들….

사실 우리들 사이에 비일비재하게 발생하는 "파탄"의 의미를 정의하기란 어려운 일이 아니다. 온전하다는 의미가 무엇인지를 기억해내는 것에 비한다면 말이다.

하나님은 우리에게 무엇을 기대하시는가? 하나님은 우리가 그분을 위해 충만하고 즐거운 삶을 살기를 원하신다. 우리 삶의 모든 영역에 하나님의 선하심이라는 즐거운 진리가 충만해야 한다. "성"의 영역까지 포함해서 말이다. 성 윤리에 대한 논쟁이 격해질 때면 우리는 종종 하나님께서 성을 창조하셨다는 사실을 잊어버리곤 한다. 하나님은 우리를 이분열로 번식하도록 만드실 수도 있었을 것이다. 그런데도 하나님은 우리의 성을 두 가지로 나누셨고, 육체적 쾌락을 느끼고 감정적인 친밀감을 간구하며, 안정적이고 영속적인 관계를 소유할 수 있도록 만드셨다. 또한 인간의 성적 결합의 결과로 태어나는 아이들을 양육하는 데 따르는 책임감과 즐거움이라는 선물도 함께 주셨다.

사람들은 그중에서도 특히 그리스도인들은 성이 궁극적으로 공허하다는 우디 앨런의 말에 동의해서는 안 된다(하지만 "공허한 것"을 좋게 여기는 사람들이 있는 한 슬프게도 그 유머는 계속된다). 하나님이 목적하신 성은 인간의 삶에서 가장 풍요로운 일부분을 형성해야 한다. 아가서의 말씀은 성에 대한 관능을 자극하는 심상이 넘치고, 잠언의 말씀은 결혼생활의 성실함을 묘사했다.

남자들 중에 나의 사랑하는 자는 수풀 가운데 사과나무 같구나. 내가 그 그늘에 앉아서 심히 기뻐하였고 그 열매는 내 입에 달았도다. 그가 나를 인도하여 잔칫집에 들어갔으니 그 사랑은 내 위에 깃발이로구나(아 2:3-4).

네 샘으로 복되게 하라. 네가 젊어서 취한 아내를 즐거워하라. 그는 사랑스러운 암사슴 같고 아름다운 암노루 같으니 너는 그의 품을 항상 족하게 여기며 그의 사랑을 항상 연모하라. 내 아들아 어찌하여 음녀를 연모하겠으며 어찌하여 이방 계집의 가슴을 안겠느냐. 대저 사람의 길은 여호와의 눈 앞에 있나니(잠 5:18-21).

하나님은 인간이 성을 통해 사랑의 기쁨을 누릴 수 있는 것을 결혼의 범주 안으로 제한하셨다. 사랑이 자라고 깊어지게 하는 데에는 헌신이 필요하기 때문이다. 하나님은 결혼 이외의 이성 관계에서는 순결을, 결혼 안에서는 성실을 명하신다. 그리고 모든 성적인 잘못된 행동은 다른 사람과 자기 자신에게 해를 끼치는 것은 물론이고, 하나님에 대한 도전이라고 생각하신다. 이러한 사실은 우리가 보편적으로 생각하는 성인으로서의 행동에 대한 통념을 깨뜨리는 것이다.

1983년 내가 하버드에 왔을 때, 이미 "성의 혁명"이라는 개념은 오래 전에 끝난 얘기였다. 잠자리를 같이하는 학생들은 그저 교내를 떠도는 뜬 소문 감일 뿐이었다. 그러나 이러한 미국의 일면은 말레이시아에서 유학 온 열여덟 살짜리 학생에게는 큰 충격이었다. 내가 태어난 말레이시아는 이슬람 국가였고, 우리 가족은 불교를 믿었다. 그래서 내가 그리스도인이 되는 데에는 주변 사람들의 강력한 반대가 있었고 나의 신앙을 결정하는 과정은 매우 힘겨웠었다. 우리 집은 미국의 대중문화를 쉽게 접할 수 있 는 수도에서 살았지만, 자녀 교육에 있어서만큼은 전형적인 동양의 방식 을 엄격하게 유지했다.

1학년 때 내 룸메이트였던 친구는 계속해서 그녀의 남자친구와 잠자 리를 같이 했는데, 그럼에도 불구하고 수치심을 느끼지 않는 그녀의 태도 는 무척 충격적이었다. 어디선가 "잘못됨"에 대항하는 목소리가 들려오 는 것 같았다. 그러나 문화적 견해라는 무게가 그리스도인으로서의 내 신 념을 비웃었다. 나는 그녀에게 내가 왜 불쾌감을 느끼는지에 대한 설명도 제대로 해주지 못했고, 권리에 대한 논쟁을 제외하고는 아무런 이의도 제 기하지 못했다. 그녀는 내가 너무 종교적이고 심판관적이라며 화를 냈다. 룸메이트와의 갈등은 너무나도 고통스러웠고, 나는 그해의 대부분을 도 서관에서 보냈다.

어떻게 하면 이렇게 민감한 사안들에 대해서 논쟁을 양극화해온 적대 감이라는 벽을 넘어 이야기할 수 있을까? 세상의 문화가 말하는 것처럼 그리스도인들은 정말 "내숭쟁이"이거나 속 좁은 "고집불통"들인가? 성에 있어서도 성경의 가르침대로 살아야 한다는 것을 비그리스도인들에게 이해시킬 만한 설득력 있고 상식적인 근거가 있을까?

나는 그리스도인의 입장에서 이야기하겠다. 이것은 수많은 관점 중에서 기독교적인 관점만이 귀를 기울일 만한 가치가 있기 때문만은 아니다 (그리스도인들이 많은 영역에서 이것에 대해 논쟁을 벌여오기는 했지만). 나는 현실과 일치하는 진실이 존재할 거라고 믿는다. 의사로 일하면서 매일같이 현실의 혹독함을 접한다. 의사들은 "가설"을 다루는 훈련을 받지만 "낙천적 사고"와는 거리가 먼 실제 삶에서 일어나는 사건들이 있고, 봐야 할 자료들도 너무 많다. 그리고 정말로 현실과 같은 그런 것이 있다면 우리가 그것을 어떻게 생각하느냐는 아주 중요해진다. 왜냐하면 현실의 결과는 우리가 믿고 행동하는 대로 나타나기 때문이다.

내가 배운 의학에서는 적어도 의학적 결과로만 보면, 성경에서 말하는 성 윤리가 매우 합리적이다. 십대들에게 성 행위가 전염병처럼 퍼지자 자연스럽게 임신과 성병, 낙태 등이 나타났다. 성적인 문란함은 골반염(Pelvic Inflammatory Disease)과 관련이 있으며, 골반염은 자궁 외 임신이나 불임과도 연관되어 있다. 여러 남자와 성 관계를 갖는 여자들에게는 자궁경부암과 유두종 바이러스가 더 많이 나타나는 것으로 밝혀졌다. 질병이 가져오는 잔인하고 불쾌한 현실—포진, 매독, 간염, 에이즈 등에 걸린 사람—은 위장된 성 혁명의 민낯을 여실히 보여준다. 성 혁명이 전통적인 도덕관으로부터의 자유는 가져왔을지 모르지만 질병이나 두려움과 죽음으로부터의 자유는 주지 못했다.

우리에게는 자신의 행동이 가져오는 결과를 인정하지 않으려는 선천적인 반발심이 있다. 그러나 우리가 믿든 믿지 않든 우리의 행동은 분명히 그에 따른 결과를 낳는다. 에이즈라는 전염병은 이 관계가 가장 적용되기 어려운 곳이다. 이것은 문제의 복잡성을 보여주는 것이기도 하다. 에이즈 바이러스의 전이와 성 행위 간에는 예상치 못한 관계가 있음이 증명되고 있다. "무고한" 희생자들도 있었다. 예를 들어 HIV(Human Immunodeficiency Virus)를 가진 어머니가 낳은 아이들이나, 바이러스에 감염된 혈액을 수혈받은 사람들이 병에 걸리는 경우가 그렇다(무고한 사람들이 왜 고통을 당해야 하는가의 문제는 고통과 악이라는 한 차원 높은 주제에서 다뤄질 사항이므로 여기서는 다루지 않겠다). 그러나 담배를 피우는 모든 사람이 다 폐암에 걸리지는 않지만 반면에 담배를 전혀 피우지 않은 사람들 중에도 폐암에 걸릴 수 있다는 사실이, 흡연과 폐암과의 상관관계를 무효화시키지는 못한다. 성 행위가 문제를 일으키고 있음을 부인하는 것은 지독한 자기 기만이다.

하지만 에이즈 환자를 걱정하고 동정하는 것과 폐암 환자를 걱정하고 동정하는 것에 구별을 두어서는 안 된다. 우리는 머리는 차갑고 가슴은 뜨겁게 해야 할 필요가 있다. 그리스도인이 뜨거운 머리와 차가운 가슴을 가지는 것만큼 큰 죄는 없기 때문이다. "성"의 영역에는 겸양과 온화함과 인내가 자리 잡을 수 있게 해야 한다.

혼외 순결과 일부일처제는 공공 정책으로 실용적이지 못하다는 평가를 받는다. 그럼에도 불구하고 이것은 성적 접촉으로 인한 질병의 전이를 막는 가장 강력한 수단이 될 것이다. 우리는 이것을 어려운 문제라는 이유로 진지하게 생각해본 적이 없었다. 물론 이것이 어려운 문제인 것은 맞다. 예수님은 이렇게 말씀하셨다. "진실로 진실로 너희에게 이르노니 죄를 범하는 자마다 죄의 종이라"(요 8:34). 그러나 예수님은 이렇게 덧붙여서 말씀하신다. "종은 영원히 집에 거하지 못하되 아들은 영원히 거하나니 그러므로 아들이 너희를 자유롭게 하면 너희가 참으로 자유로우리라"(요 8:35-36).

실질적인 선택이 있으려면 반드시 "결과"가 필요하다. 그럼에도 불구하고 하나님은 우리의 많은 행위들과 그에 따른 결과들 사이에 시간의 간격을 두었다. 그것은 우리가 "스스로" 하나님께 복종할 기회를 주시기 위함이다. 우리를 사망으로 이끄는 것들로부터 돌아서는 은혜를 누리게 하시기 위함인 것이다.

지금까지는 주로 부정적인 "신체적" 결과에 대해서만 말했다. 내 직업상 그러한 부분들을 주로 다루기 때문이다. 우리가 고민해야 할 부분은 국가적인 차원에서의 "사회적" 결과들이다. 문란한 성생활을 하는 사람들은 "감정적"인 희생을 하기 마련이다. 그리고 결국에는 "영적"인 희생을 치를 것이다. 인간에게 주어진 자유는 필연적으로 하나님에게서 등을 돌리는 것을 의미할 것이다. 이것이 선한 선택은 아니어도 현실적인 선택인 것은 분명하다. 그리고 그것의 결과는 우리 영혼의 죽음이다.

우리가 만약 죄성(罪性)을 인정하지 않으면, 우리는 예수님의 변화의 능력이 필요하다는 것을 깨닫지 못할 것이다. 삶을 하나님의 기준에 비추어보면, 우리가 그 기준에 얼마나 부족한 존재인지를 깨닫게 된다. 복음은 진정으로 놀라운 소식이다. 우리가 아직 죄인이었을 때에 예수님은 우리를 위해 죽으셨다. 그로 인해 우리는 자유롭게 되었고, 하나님의 선하심과 그의 모든 선물에 기뻐하면서 성령의 역사하심과 함께 살 수 있는 길이 주어졌다. "사랑"과 "성"도 하나님이 주신 선물 중 하나다.

하나님은 우리에게 무엇을 원하실까? 예수님이 죽으시고 부활하심으로 인해 우리는 우리의 과거와 상관없이 하나님의 사랑 안에 거할 수 있게 되었다. 이제 우리는 하나님에게서 받은 깊은 사랑의 사람으로 살아가야 하며, 우리의 몸은 창조주 하나님이 거하시는 성전으로 가꾸어야 한다.

우리들 대부분은 과거의 상처들을 안고 살아가는데, 그 상처들은 우리 안에서 여전히 충족되지 않은 욕망이나 잘못된 방향으로 우리를 끌고 가는 경향이 있다. 나는 때때로 내가 독신녀라는 것과 질투, 탐욕, 불안으로 인해 힘들어한다. 그러나 나와 같은 독신 생활의 외로움을 예수님도 경험하셨다는 것을 기억하면서 위로를 얻는다. 예수님은 서른세 살의 나이에 십자가에 달리셨지만, 훨씬 오래전부터 자신이 죽을 운명이라는 것을 알고 계셨다. 아이들을 품에 안아 축복하셨을 때 예수님은 무엇을 느끼셨을까? 여자들을 대할 때, 그리고 자신은 결혼하지 못할 거라는 사실을 알았을 때 예수님은 무엇을 느끼셨을까? 예수님이 걸었던 길은 내가 앞으로 걸어야 할 어떤 길보다도 훨씬 더 험난했다.

디트리히 본회퍼는 이렇게 말했다. "수많은 욕망이 충족되지 않더라도 충만한 삶을 영위할 수 있음을 기억하라." 이것은 독신 생활이나 성적 욕망으로 괴로워하는 사람들 혹은 내면 깊숙한 곳의 욕구를 한 번도 충족시켜본 적 없는 사람들을 향한 희망의 전언이다. 우리를 향한, 특별히 우리를 향한 믿음을 나타내는 말이기도 하다.

여행에는 기쁨이 있지.

그 길에는 우리가 사랑할 수 있는 빛이 있지.

생명에 대한 경이와 야성,

그리고 복종하는 자들을 위한 자유가 있지.

마이클 카드

결국 이렇게 끔찍한 인간적 고통에 대해 울부짖기 위해, 그리고 희망을 노래하기 위해 필요한 것은 논쟁이 아니라 시(詩)다. 우리의 희망은 은혜로운 기부자(a Giver)가 존재하기에, 모든 피조물의 심장 속에 아직까지 선이 남아 있다는 것이다.

/ 생명의 샘물 /

포 리안 림

나는 대가 없는 사랑 때문에
공허하다.
나는 오직 당신의 이름을 부르며,
방 안에 갇혀 있다.

앙상한 손가락에서 떨어지는
흰 줌의 시든 풀잎은
이렇게 길고 뜨거운 여름에,
잘 정돈된 작은 정원에서 죽었다.
고통스러운 희망으로 지친 눈가에는
결코 비가 내리지 않았다.
(그리고 눈물은 삶을 지탱할 수 없다.)

일 년 내내 그 상처는 기다렸다.
악의로 고집 부리며, 욕망으로 두근거리며,
뼛속 깊이, 세계를 삼키는 불처럼,
열과 떨리는 냉기를.

봄날 아침에 부드럽게 떠오르는
빛은 창틀에 온기를 쏟고,
제비꽃은 태양 속에 즐거이 으르렁거린다.
세계는 푸른색과 황금빛으로 빛난다.

그리고 저 아래 멀리
잿빛 허드슨 강 옆에
자동차들의 소음은
10시 정각의 침묵을 중얼거리고,
나는 커피를 마신다.

그리고
파이프에 물 흐르는 소리를 들으며,
여기 앉아 있는 것이 훨씬 더 근사할 때
그 강의를 듣지 못할까 걱정했다.

당신에 대한 고통스럽고 뒤틀린 생각들이 생각보다 빨리 찾아와
(현란한 태양빛이 이제는 닫혀버린 과거를 희미하게 떠올린다)
내 숨결이 고통에 사로잡힐 때까지,
나는 비록 원수의 낯이 눈에 익을지라도,
거대하고 불완전한 울부짖음 속에
인간적인 모든 감정과 욕구를 지우며,
낡고 부질없는 갈망을 인식한다.

나는 심장 박동으로 살아가는 이 고통을
거칠게 움켜잡기 위해 몸부림친다.
그리고 내 무지의 암흑 속에,
밧줄처럼 심연 속에 던져져
끝없이 대가를 지불하며
눈물 속에 괴로워한다

하지만 이 하룻밤 동안
기도가 안식을 불러온다.

나는 하나의 현존 속으로 들어간다.
인내로 열정적이며,
슬픔처럼 익숙하고,
바위처럼 엄격한.

나는 하나의 정적 속으로 들어간다.
어머니의 손처럼 수척하고 소중한,
자비의 공간, 평온의 공간
소중하고 우아한 공간.

그리고 언젠가는
알 수 있을까?
그렇게 고귀하고, 즐겁고, 신나는 즐거움을
그렇게 즐거운 행복을.

나는 비에 씻기고, 태양에 건조된
땅과 하늘을 향해 열려 있고,
허수아비는 텅 빈 들판에 서 있다.
행복하고 자유롭게
흘러가는 계절은 새처럼 맴돈다.
내 마음속에
아무런 두려움도 없이

사랑은 나를 공허하게 만들었다.
사랑은 나를 온전하게 만들었다.

밤에는 우리가 가리라, 밤에는(*De noche iremos, de noche*)
그 원천을 찾아(*que para encontrar la fuente*)
오직 우리의 빛을 갈망하며(*solo la sed nos alumbra*)
오직 우리의 빛을 갈망하며(*solo la sed nos alumbra*)

사랑, 가족, 그리고 공동체의 회복

잠시 자녀양육 중, 그렇다면 이것은 내 진정한 삶이 아니란 말인가?

캐서린 도노반 위갠드

내 삶을 형성한 은총 니콜라스 월터스토프

내가 무능력할 때 나타난 그분의 능력 베스티 돈 인스킵 스마일리

생기 잃은 영혼은 우리 시대의 성적 지혜를 보편적으로 만들려는 것이다. 우리는 아직도 연인인가?

앨런 블룸, 『미국적 정신의 종말』(The Closing of the American Mind)

위험한 시대에 당신들이 연인이었을 때,
때때로 당신은 당신의 사랑이 범죄인 것처럼 느끼곤 했다.
하지만 소유할 가치가 있는 어떤 것도 투쟁 없이 주어지는 것은 없다.
어둠을 걷어차라. 그것이 빛을 발할 때까지.

브루스 콕번, "위험한 시대의 연인들에게"

바람이 탠의 웨딩베일을 할퀴고 지나갔다. 그래서 웨딩베일이 우리의 머리 위로 날아가 버렸다. 나는 그 베일과 탠의 웃음소리를 타고 내 마음이 어떻게 날아올랐는지 기억하고 있다. 그 순간에 모든 것은 올바르고 선하며 진실했다. 들판에 바람을 보내신 하나님의 숨결, 그리고 웃었던 아내의 숨결, 내 아내.

월터 왕게린, 『나와 내 집에 대하여』(As For Me and My House)

누가 성결을 지루하다고 생각하는가?

C. S. 루이스, 미발간 편지

내 생애에서 가장 달콤했던 것은
모든 아름다움의 기원을 발견하려는 열망이었다.

C. S. 루이스, 『우리가 얼굴을 찾을 때까지』(Till We Have Faces, 홍성사 역간)

잠시 자녀양육 중,
그렇다면 이것은 내 진정한 삶이 아니란 말인가?

캐서린 도노반 위갠드

우리 세대의 많은 여성들처럼 나도 인간의 존재가 직업에 의해 결정된다는 인식에 종속되었었다. 성공은 직장 내에서의 지위, 월급, 그리고 수첩에 멋진 일정을 기록할 수 있는 능력으로 평가되었다.

캐서린 도노반 위갠드(Kathryn Donovan Wiegand)는 하버드–래드클리프에서 음악을 전공하였고 1977년에 우수한 성적으로 졸업했다. 그녀는 현재 뉴욕 뉴로셀에서 가정주부이자 6명의 자녀를 둔 어머니로서 열정적인 삶을 살고 있다. 그녀의 가족들은 모두 자신들의 재능을 마음껏 펼치며 살고 있다. 캐시는 교회음악에 관심이 많아 교회에서 피아노, 첼로, 오르간, 기타 등의 연주활동도 열심히 하고 있다.
그녀는 아이의 콧물을 닦고, 찰흙 덩어리를 정리할 때에도, 자신을 "사색적인 엄마"로 칭하는 것을 좋아한다. 지금 하는 이야기가 그녀의 삶에 대해 더 많은 것을 말해줄 것이다.

24파운드의 스트라스모어 흰색 종이에 우아한 필체로 타이핑된 질문지를 열었을 때, 나는 약간 주춤거려야 했다. 피할 수 없었던 일이 마침내 터진 것이다. 그것은 하버드 대학 졸업생 명부에 기록하기 위해, 내가 하버드 대학의 우등졸업장을 어디에 사용하고 있는지를 표시하라는 질문이었다. 하버드 대학을 졸업한 여성들에게 적합한 직업으로 미리 질문지가 선택한 것들을 훑어보았다. 변호사, 의사, 음악가…. 나는 안에서부터 끓어오르는 약간의 존재론적 위기를 감지했다. 질문지의 맨 아래 부분에서야 나에게 해당되는 칸을 발견했다. "잠시 자녀 양육 중." 나는 그 상자로 펜을 움직였다. 다행히도 "기타" 칸에 표시하고 다른 설명을 해야 할 필요는 없었다. 이른 아침에 나는 그 불편한 서신 한 통을 서둘러 붙였다. 하지만 그날 오후, "잠시 자녀양육 중"이란 문구가 나를 괴롭히기 시작했다. 그렇다면 이것이 내 진정한 삶이 아니란 말인가? 아이들을 양육하는 일이 단지 내 삶의 중간에 잠시 끼어든 것이라면, 나의 진정한 삶이란 정확히 무엇인가? 돈을 지불하는 어떤 것? 직함을 지닌 어떤 것? 학위를 요구하는 어떤 것?

지금 나에게 3살짜리 베키 제인이 없다면, 18개월 된 데니 보이가 없다면, 그리고 그들의 아빠인 제프가 없다면, 나는 어디에서 무슨 일을 하고 있을지 잠시 상상해보았다. 개신교 신자인 내 남편은 당혹스럽겠지만,

아마도 나는 훌륭한 수녀가 되었을 것 같다. 나는 세상에서 멀리 떨어져서 시대의 유행에 뒤떨어진 채 하루 종일 기도일과에 따라 살고, 선배 수녀의 수수께끼 같은 미소에 기분이 좌우되며, 수녀복으로 몸을 감싼 채, 차가운 중세의 돌 위에 무릎을 꿇고, 내 영혼을 그레고리안 성가 "마리아 찬가"에 쏟아붓는다. 그리고 어떤 지친 순례자를 위해 초라한 방을 준비한다. 그곳에 내가 있다. 마더 테레사의 수녀원에서 고통당하는 그리스도를 기억하며 소독한 갠지스 강의 물로 죽어가는 행려자들을 씻기면서 말이다.

그것은 뉴욕 뉴로셸(New Rochelle)에 편안히 살고 있는 주부의 삶과는 너무 거리가 멀다.

우리가 원하는 것으로부터 우리를 구원하시는 하나님께 삼사드리자. 다른 한편으로는 우리가 원하는 것에 대해 조심하자. 우리가 그것을 얻을 것이기 때문이다. 하나님은 내게 환상을 주셨다. 내가 생각했던 기이한 형태가 아니라 훨씬 더 좋은 것으로 말이다. 나는 전업주부로 사는 이 시간을 내 생애의 소박하지만 정말 소중한 부분으로 생각한다. 좋다. 나도 인정한다. 대학에서 음악을 전공했기 때문에, 나는 내 인생에서 아이들의 콧물을 닦아주고 찰흙 덩어리를 정리하는 일 이상의 것을 원한다. 아이들이 학교에 좀 더 오래 있어주었으면 좋겠고, 방해받지 않고 바흐의 푸가를 연주하고 작곡할 시간을 가질 수 있었으면 좋겠다. 하지만 음악 경력을 위해 하나님과 내 아이들로부터 받은 교훈을 버리지는 않을 것이다. 물론 나는 지금도 성가대를 지휘하고, 프리랜서로서 많은 기회를 누리지만 이런 활동들이 내 가족보다 우위에 있는 것은 아니다.

하지만 왜 하나님은 수도원 기도의 리듬이 아닌, 아이의 기저귀를 갈 때 나에게 자신을 계시하실까? 웨스트민스터 신앙고백은 "인간의 주된 목적은 영원토록 하나님께 영광을 돌리고, 그분을 즐기는 것이다"라고 서술한다. 그렇다면 그것은 우선순위에 있어서는 어떻게 되는가? 사도 바울도 빌립보에 보낸 서신에서 다음과 같이 동의한다. "그러나 무엇이든지 내게 유익하던 것을 내가 그리스도를 위하여 다 해로 여길뿐더러, 또 모든 것을 해로 여김은 내 주 그리스도 예수를 아는 지식이 가장 고상함을 인함이라."

나는 전업주부로서의 삶이 모든 여성, 혹은 자녀를 가진 기혼 여성이나 심지어 모든 결혼한 그리스도인 여성의 소명이라고 주장하는 것이 아니다. 하지만 우리 중 누구도(남성이나 여성이나) 죽지 않고는 하나님의 소명에 온전히 반응할 수 없다. 나는 이것을 내 삶을 통해 인식한다. 나는 성공한 음악가의 삶이나 형식적인 종교적 소명에 대해 죽어야 했다. 이전에는 그런 선택들이 내가 자랑스럽게 하나님께 드릴 수 있는 선물이 될 것이라고 생각했다. 하지만 내가 깨달아야 했던 것은 내가 아무것도 드릴 수 없다는 것이었다. 대신 죽음이라는 무(無)로부터, 십자가의 텅 빔으로부터 내 안에 새 생명이 솟아났다.

내 세대의 다른 많은 여성들처럼 나도 인간의 존재가 직업에 의해 결정된다는 인식에 종속되어 있었다. 우리 부모 세대의 "성공한" 남성들이 그랬듯이 해방은 잔인할 정도로 일 중독에 빠지는 것을 의미했다. 성공은 직장 내에서의 지위, 월급, 그리고 수첩에 멋진 일정을 기록할 수 있는 능력으로 평가되었다. 나는 비록 베이비부머 세대가 선망하던 직업을 선택하지는 않았지만, 그 시대의 정신과 이미지는 속에 간직하고 있었다.

나는 음악이나 수도원 사역처럼 월스트리트에서 일하는 것이 고상하고 만족스러운 천직이 될 수 있다고 확신한다. 하지만 하나님은 나를 자아에 대한 죽음으로 부르셨다. 나를 자유롭게 하여 (사회의 관점에서) 무(nothing)가 되도록 하기 위해서 말이다. 그래서 예수님의 어머니 마리아와 함께, "전능하신 분이 나를 위해 위대한 일을 하셨다"고 기뻐할 수 있도록 말이다.

물론 다른 종류의 죽음들이 있다. 우리 중 일부는 대학원이나 예술적 성취, 혹은 부자와 결혼하는 것(물론 지금까지 내가 알고 지낸 사람들 중 누구도 그것에 대해 생각한 사람은 없었지만), 혹은 자녀나 건강의 확신에 대해 죽어야 할 것이다. 하지만 우리가 날카로운 비평이나 자기 연민에 굴하지 않고 우리의 상처를 십자가에 달린 그분의 상처를 반영하는 것으로 받아들인다면, 모든 죽음은 기회요 하나님을 안을 수 있는 초대가 된다. 오만과 자기만족 속에 갇힌 상태로는 하나님께 나아갈 수 없다. 대신 우리는 지금도 하나님과 그분의 은총의 의미를 알 수 있다는 희망을 가지고 있다. 우리 자신에 대해 죽을 때, 우리는 삶에서 자기 주권을 포기하고 그분의 주권을 위한 공간을 만들 수 있다.

빌립보서 4:7은 정말 우리의 환경과 상관없이, "모든 지각에서 뛰어난 하나님의 평강이 그리스도 예수 안에서 너희 마음과 생각을 지키시리라"는 사실을 가르친다. 나는 지금도 내가 수도원에서 명상하는 삶을 훌륭히 수행했을 거라고 생각한다. 하지만 월트디즈니 풍으로 장식된 어린이집 같은 우리 집 한복판에서도 나는 매일 하나님의 현존을 강하게 체험한다. 『하나님의 임재 연습』(*The Practice of the Presence of God*, 좋은씨앗 역

간)에서 수도원 부엌의 소란 속에서도 기도하던 로렌스 형제처럼 나는 내
모든 삶에서 지속적으로 하나님을 인정하고 있다.

　내가 이것이 가능하다고 생각하는 몇 가지 실제적인 이유가 있다. 그
이유 중 하나는 자녀양육이 지속적으로 하나님을 상기시킨다는 것이다.
다윗에게 양을 치던 시절의 경험이 후에 하나님의 양육하심을 이해하는
데 도움이 되었던 것처럼, 아이들을 돌보는 경험이 나를 위한 하나님의
부모 같은 사랑을 더욱 깊이 이해하게 했다. 다윗의 유명한 시편을 아이
들이 나를 상상하는 방식으로 재구성해보았다.

　　주님은 나의 엄마이시니,

　　내게 부족함이 없으리로다.

　　그녀가 나를 침대에 누이신다.

　　나의 손을 잡고,

　　나의 상처를 치료하시도다.

　　그녀가 나와 함께 있으므로 내가 넘어지지 않으리로다.

　하지만 모든 어머니가 공감하듯이 아이를 키우는 가정에는 조용한 임
재와 묵상이란 결코 존재하지 않는다. 내 영적 성장의 많은 부분은 인내,
온유, 절제, 그리고 갈라디아서 5장에 언급된 성령의 다른 열매들을 실천
해야 하는 끝없는 필요에서 기원한다. 집에 아이가 있다는 것은 당신이
얼마나 훌륭하게 이 교훈을 실천했는지를 점검하기 위해 계속 시험을 치
는 것과 같다. 피드백은 즉각적이고 매우 관대하다.

흔히 주장되듯이 어머니 노릇이 힘들긴 하지만 지적·감정적 블랙홀은 아니다(아기를 돌봐주는 사람을 구할 수 있기 때문에 잠깐 휴식을 취할 수도 있다). 집에 있으면 내 환경을 스스로 통제할 수 있는 여유가 주어진다. 이 것은 하루 종일 시끄럽고 담배연기 가득한 회사 사무실에서 소리를 지르며 업무를 보는 남편의 상황보다 훨씬 낫다. 아이들과 나는 텔레비전 코드를 뽑아놓고 우리 스스로 만든 놀이를 즐기며 세상의 소음에서 벗어날 수 있다.

1908년에 출판된 잡지 「여성가정」(*Ladies Home Journal*)에 실린 한 훌륭한 에세이에서, 하버드 대학의 찰스 엘리엇 총장은 가족과 지적 도전 시이의 균형을 유지하기 위해 노력할 때, 현실과 신화를 구분해야 하는 현대 래드클리프 여성의 딜레마에 대해 문화적으로 탁월한 평가를 제공했다. 그는 다음과 같이 말했다.

감상적이거나 기계적인 일상과 구별되는 진정한 지성적 삶을 위해 여성은 남성과 비슷한 직업을 가져야 한다. 그녀에게는 가게를 열고, 사업체를 운영하고, 어떤 거래나 직업을 갖고, 상업적 가치를 지닌 예술적 재능을 갖거나, 전문적 작가, 예술가, 혹은 학생이 될 필요가 있다는 공통된 인상이 존재한다. 자녀를 낳고 기르며, 가족을 위해 가사일을 하는 일반적 삶은 여성에게 지적 발전의 기회와 수단을 제공하지 않는 것으로 간주된다. 이것이 합리적인 견해인가?[1]

자녀양육의 도전들에 대한 약간의 이해를 밝힌 후, 엘리엇은 다음과 같이 말한다.

> 어머니나 가장으로서, 자신들의 지적인 삶의 기회를 쉽게 상실하는 경향이 있는 여성들은 하인, 보모, 가정교사를 고용할 수 있는 사람들이다. 그들은 남의 도움 없이 자기 손으로 직접 자녀들을 양육함으로써 정신적으로 성장할 수 있는 자연스러운 기회를 쉽게 얻지 못한다.[2]

자연스러운 기회들에 대한 엘리엇 총장의 생각이 경험적으로 진실하다는 것을 나는 개인적으로 확증할 수 있다. 빨래, 설거지, 장난감 정리 같은 일상의 일들은 내 손을 계속 분주하게 만들지만, 정신은 자유롭게 톨스토이의 역사관에 대해 성찰할 수 있다. 당근을 썰고, 새로 산 전자 믹서기가 제대로 작동하는지 살펴보는 동안에도, 『전쟁과 평화』(*War and Peace*, 삼성출판사 역간)를 열 페이지씩 읽을 수 있다. 나는 설거지를 하는 동안에도 부엌에 펼쳐진 찬송가를 보며 가사를 암기한다.

아무도 물으려고 하지 않는 질문들을 끊임없이 던지는 아이들은 지적 자극의 원천이다. 나는 베키의 문법적 오류를 통해 언어 개념을 재구성하는 것을 좋아한다. 그것은 마치 외국어로 낱말맞추기 게임을 하는 것 같다. "어떤 뭐 알아요?"(Know wha' something?)는 그 아이의 최신식 발음 생략법 중 하나다. 사실 이 말은 "무엇인지 알아요?"(Know what?)와 "어떤 것인지 알아요?"(Know something?)를 결합한 것이다(베키는 시간을 낭비할 수 없다). 바로 오늘, 나는 하버드 동창생인 제니퍼 닐즈(Jenifer Nields)에게 왜 아이들은 추적당하는 것을 좋아하는지 물어봤다. 그녀는 최근에 하버드 의대를 졸업하고, 정신의학 분야에서 레지던트 생활을 시작했다. 제니퍼는 대답하지 못했다. 그래서 나는 그녀에게 내 이론을 소개했다. 즉 아이들의 경우 추적놀이를 통해 위협적인 존재의 실제적 공포를 의례화된 대안으로 대체함으로써 그 공포를 제거하는 것이다. "내가 한 수 가르쳐줄까?" 제니퍼는 생각에 잠겼다. "우리가 의대에서 무언가를 배우긴 하지만 교수들이 많은 것을 가르쳐주지는 않아."

이미 다 말했지만 내 상상의 경력이 일상적인 가정생활과 전혀 관계가 없는 것은 아니다. 나의 새벽기도는 아침에 제프와 함께 성경을 읽고 헤이즐넛 커피 한 잔을 마시는 것이다. 나의 "마리아 찬가"는 지친 아이에 "예수 사랑하신"을 불러주는 것이다. 마더 테레사의 고귀한 행려자들 대신 나는 교외에 사는 평범한 사람들을 섬긴다. 결혼의 위기, 외로움, 혹은 늙어가는 것으로 고통받는 자들에 대한 섬김을 특권으로 생각하면서 말이다. 최근 나의 지친 순례자는 자신의 모(母)교회를 위한 사명을 가지고 미국을 방문하여 우리 집 손님방에 머물고 있는 동아프리카인이다. 크파위레나 씨가 영어를 거의 할 줄 모르기 때문에, 나는 1학년 선택과목 수준의 프랑스어로 그와 의사소통을 시도해야 하는 도전을 받고 있다.

이런 "자녀양육 휴식기"를 넘어서 하나님과 함께하는 내 미래에 대해 생각할 때, 코리 텐 붐(Corrie ten Boom)이란 이름의 한 네덜란드 여인 이야기를 읽으며 안도감과 확신을 얻을 수 있었다. 그녀는 오십여 세의 나이에 나치 점령 하의 네덜란드에서 수백 명의 유대인들을 구원하도록 하나님이 그녀를 사용하실 때까지, 친절한 노처녀 시계기술자로 일했다. 텐 붐의 최고 사역을 위해 수십 년 동안 조용한 기독교적 신실함의 세월이라는 깊은 토대가 없었다면, 그녀가 감히 그렇게 위험한 일을 감당할 수 있었을까? 그리고 그 후에 수용소에서 자신의 수감생활을 견뎌내고, 심지어 다른 사람들을 축복할 수 있었을까?

여전히 내 안의 많은 것은 하버드 대학 출신 여성이 진정으로 해야 할 일에 대한 하버드 동창생명부의 이상(理想)처럼 하나님을 위해 나를 불태우고 싶어한다. 하지만 지금 내게 주님은 수첩 중심의 직업을 원하지는 않으신 것 같다. 그분은 지난 수백 년 동안처럼 그분을 찬양하고, 다른 이들을 양육하도록 한 일꾼을 훈련하고 계신다. 나는 이렇게 사색적인 성향의 사람을 아이들이 우글거리는 전쟁의 최전방에 배치한 주님의 창조력—혹은 센스나 유머—을 못마땅하게 생각하지 않는다. 하나님께 최고의 영광을(*Ad Dei Magnam Gloriam*).

내 삶을 형성한 은총

니콜라스 월터스토프

나는 그리스도의 부활과 죽음이라는 현실을 살기 위해 투쟁해야 한다.
내 삶의 마지막 단어가 내 아들의 죽음은 아닐 것이다.

미국 철학회 회장을 지낸 **니콜라스 월터스토프**(Nicholas Wolterstorff)는 예일 대학교의 철학과, 종교학과, 신학대학원에서 동시에 교수로 임명되었다. 그는 1957년에 하버드에서 철학 전공으로 박사학위를 받았고, 30년 동안이나 칼빈 대학에서 가르쳤으며, 암스테르담 자유 대학교에 임용되기도 했다. 또한 그는 옥스퍼드의 와일드 강좌와 스코틀랜드의 기포드 강좌에 초대되었다.
그가 저술한 책들로는 『행동하는 예술: 창조세계의 샬롬을 회복하는 실천적 본질』(*Art in Action: Toward a Christian Aesthetic*, IVP 역간), 『종교의 한계 내에 있는 이성』(*Reason Within the Bounds of Religion*), 『예술의 작품과 세계』(*Works and Worlds of Art*), 『보편에 관하여』(*On Universals*), 『정의와 평화가 입맞출 때까지』(*Until Justice and Peace Embrace*, IVP 역간) 등이 있다. 이 글은 『기독교 철학자들의 고백』(*Philosophers Who Believe*, 살림 역간)과 『나는 사랑하는 사람을 잃었습니다』(*Lament for a Son*, 좋은씨앗 역간)에서 발췌한 것이다.
월터스토프 교수는 소명으로서의 직업, 학문의 세속화, 그리고 학문을 위한 기독교 공동체의 중요성에 대한 대학원생 토론을 진행했다.

내 삶을 형성한 은총은 회심이라는 개인적 경험에서 절정에 달한 에피소드 형식이 아니라 교회라는 공적 전통에 가입하는 형식으로 찾아왔다.

16세기 초반 스위스 도시들에서 발생한 교회개혁은 주로 두 가지 형태를 취했다. 하나는 재세례파로 알려진 운동이 되었고, 다른 하나는 유럽대륙 전역에서 개혁주의로, 특히 스코틀랜드에서는 장로교로 알려진 교회들로 구체화되었다. 나는 미국으로 이식된 네덜란드 개혁주의 전통에서 성장했다. 나의 부모님은 청년 시절에 네덜란드에서 미국으로 이민 왔다. 아버지와 어머니가 도착한 곳은 비글로우라는 미네소타 남서부 평원의 작은 농촌이었다.

단순함, 진지함, 고상함

시인이자 비평가인 도널드 데이비(Donald Davie)는 영국의 비국교도운동에 대한 책에서 개신교 예배에 최초로 노래의 감각적 은총과 미학적 모호함이란 옷을 입힌 사람이 장 칼뱅(John Calvin)이라고 말한다. 건축, 교회비품, 회중음악, 그리고 제네바 목사 가운 등을 포함한 모든 것이 단순함, 진지함, 고상함으로 숨쉬고 있다.[3]

우리는 주일에 "옷을 잘 차려 입고" 예배가 시작되기 전 교회에 들어가 침묵 속에 마음을 가다듬었다. 이때 침묵은 너무 강렬해서 손으로 만질 수 있을 정도였다. 교회 내부에는 일체의 장식이 없었다. 벽면에는 흰색 석회가 발라져 있고 지붕을 따라 천장이 높게 펼쳐져 있는데 그렇게 높은 것은 아니었다. 유일하게 "사치스러운 것"은 목재가구들이었다. 이것들은 광택제를 발랐으나 색은 칠하지 않았다. 어린이였던 나는 목재가구에 숨김없이 드러난 목질의 특성을 곰곰이 생각해보았다. 목공집안에서 자란 덕에 나는 어릴 적부터 나무에 대한 경외심을 가지고 있었다. 성찬대 전면 중앙을 바라보면서 그 뒤에 높이 올려진 설교단을 보았다. 그곳에 적힌 글을 이해하기 전에 나는 건축구조를 통해 그 전통으로 인도되었다.

모든 예배는 시편을 포함했고 찬송은 항상 제네바의 곡조를 따라 불렀다. 반복에 대한 두려움은 없었다. 혁신적인 것만이 의미 있다는 생각은 미네소타 비글로우에 네덜란드 개혁주의 전통이 이식되는 과정에 끼어들 틈이 없었다. 여러 번의 반복을 통해 예전과 성경의 요소들이 의식 속에 깊이 뿌리내려, 그 후로는 어떤 것도 그것들을 제거할 수 없었다. 목사님은 예배를 시작하면서 늘 "우리의 도움은 천지를 지으신 주님의 이름 속에 있습니다"라고 말씀하셨다.

매주 두 편의 설교 중 하나는 하이델베르크 교리문답으로 정해져 있었다. 종교개혁 시대에 작성된 이 교리문답은 52주로 나누어져 있어서, 목사님은 일 년 동안 매주 하나씩 그 교리문답으로 설교를 하셨다. 그것은 교리였지만 특별히 감정이 담겨 있었다. 아마도 내가 아는 바에 의하면, 그 교리문답은 망명객으로 가득 찬 도시를 위해 만들어졌기 때문일 것이다. 먼저 첫 질문과 답변이 전체 분위기를 결정지었다. 그래서 수십 년 후에도 그것들은 여전히 내 마음의 방에서 계속 메아리치고 있다.

질문: 삶과 죽음에서 당신의 유일한 위로는 무엇인가?
대답: 나는 나 자신의 것이 아니며, 신실하신 주 예수 그리스도에게 속했다
　　　는 사실입니다.

이 예전의 미학이 단순함, 진지함, 고상함이라면 그것의 종교적 진수는 무엇이었는가? 그것이 당시에 어떤 느낌이었는지를 파악하기 위해 지금 내가 선택한 단어는 "성례전적"(*sacramental*)이다. 그것은 대단히 성례전적이었다. 우리는 하나님을 만나기 위해 교회에 갔다. 그 모임에서 하나님은 행동하셨고 특히 말씀하셨다. "현존"이라는 단어는 적절하지 않다. 하나님은 현존 그 이상이었다. 하나님은 말씀하셨고 성례전에서 "우리를 먹이시고 새롭게 하셨다." 지금 여기서 우리를 그리스도와 연합시킨다는 자신의 약속을 감추면서 말이다.

말씀과 목소리 톤에서 내가 경험한 예배(liturgy)는 하나님이 행동하는 예전이었다. 그것은 "칼뱅주의적"이었다. 대체로 예배 시간에, 특히 설교와 성만찬 시간에 나는 경이롭고 장엄한 하나님의 말씀과 행동을 체험했다. 물론 예배는 하나님의 행동일 뿐만 아니라 우리의 행동이기도 했다. 우리는 찬송시간에 찬양과 감사와 참회를 위해 우리의 목소리를 사용했다. 예배의 종교적 탁월함은 우리와 하나님 간의 상호작용이었다.

 제4장 사랑, 가족, 그리고 공동체의 회복

막스 베버(Max Weber)는 자본주의의 기원에 대한 분석에서, 칼뱅주의자들의 열정적인 행동주의 때문에 성공이 선택받은 자의 증거로 해석되었다고 주장했다. 나는 다른 사람들에게 그것이 어떻게 보였는지 이해할 수 있다. 예를 들어 그렇게 생각하고 말했던 내부자들, 즉 영국 청교도들이 있었다. 하지만 내 경험에 의하면 그것은 언제나 전통에 대한 터무니없는 묘사에 불과했다. 오히려 진정한 행동주의는 감사와 일치한다. 죄, 구원, 감사, 곧 그것이 바로 "하이델베르크 고백서를 신앙하는 사람들"의 내용이었다. 물질적 성공은 하나님의 축복이라기보다는 부정한 거래의 증거로 받아들여졌다.

말씀과 침묵, 의례와 건축을 통해 얻은 전통에 대한 내 결론은 내 안에 실재에 대한 하나의 해석, 즉 근본적 해석학을 심어주었다. 누구도 기독교 복음의 진리에 대한 "증거"를 제공하지 않았다. 누구도 성경의 영감에 대한 증거를 제시하지 못했다. 누구도 기독교가 이것저것에 대한 최고의 설명이었다고 제시하지 못했다. 증거주의자들은 어디에서도 찾을 수 없었다! 복음은 설명이 아닌 보고(report)였다. 누구도 근대인으로서 우리가 이 모든 것을 믿을 수 있고 또 믿어야 한다고 고민하지 않았다. 죄, 구원, 감사의 체계가 우리 앞에 놓여 있고 그 상세한 내용이 설명되었다. 그리고 우리가 이런 진리를 삶으로 실천해야 한다는 가르침을 받았다. 근대세계의 관점에서 진리가 해석된 것이 아니라 근대세계가 이런 진리의 관점에서 해석되었다.

가족예배에 대한 언급 없이는 아직 이 그림이 완성된 것이 아니다. 모든 가족식사(모든 식사는 가족식사였다)는 기도로 시작되고 기도로 마쳤다.

단지 생계만을 위한 기도가 아니라 감사의 기도가 주를 이루었다. 우리는 생계수단을 당연하게 생각하지 않았다. 우리 가족은 가난했다. 그래서 의식주의 모든 것은 하나님의 선물로 해석되었다. 하나님의 현존이라기보다는 하나님의 행동에 대한 반복된 성례전이었다. 식사 후 기도하기 전 묵상일지에 따라 선택된 성경을 읽었다. 때로는 경건 서적을 읽기도 했지만 대부분은 성경에서 선택한 본문을 읽었다. 그렇게 나는 교회와 집에서 성경을 교리, 토라, 이야기로 읽는 법을 배웠다. 나는 이것들 사이의 긴장을 결코 경험하지 못했다.

중심

나를 양육시킨 경건은 신구약을 포함한 성경 중심적 경건이었다. 나는 체험이나 예전이 아닌 성경에 중심을 두었다. 왜냐하면 체험과 예전도 성경에 의해 형성된 것이기 때문이었다. 기독교적 체험은 성경을 사용하는 체험이며 성경은 사람의 상상, 감정, 지각, 해석, 행동을 형성하는 체험이다. 그런 전통은 내게 성경이 해석되어야 하며, 단지 성경을 읽고 그 의미가 자신 안으로 침잠하도록 내버려둬서는 안 된다고 가르쳤다. 모든 해석이 밖으로 빛을 발하도록 했던 중심은 바로 예수, 예수 그리스도였다.

온전한 패턴

미네소타 평원의 한 마을에 있던 우리 집에서 긴 겨울 밤에 아버지가 식탁에 앉아 펜에 잉크를 찍어 그림을 그리던 모습을 기억한다. 아버지의 평생 꿈은 화가가 되는 것이었다. 하지만 아버지의 성장기는 대공황 시절이었다. 조국의 도시를 떠나 신세계의 농촌에 정착한 네덜란드 이주자의 자녀로 농사를 지어야 했던 탓에 아버지는 꿈을 이룰 수 없었다. 따라서 거기에서 오는 실망의 상처가 깊이 패여 있었다. 아버지는 나무와 밀접하게 지냈지만 그에게 아직 나무는 예술이 아니었다. 그 후 나는 예술을 "마귀"의 흉계, 곧 무슨 수를 써서라도 피해야 할 것으로 간주하는 그리스도인들을 알게 되었다. 또한 예술에 의해 갈갈이 찢긴 사람노 알게 되었다. 예술을 포기하지 못하지만, 주변 사람들로부터 예술은 다른 세상의 것이라는 충고를 들었기 때문이다. 내 장인이 예술에 대해 그렇게 이중적 감정을 가졌던 사람이었다. 하지만 내 아버지는 그렇지 않았다.

나는 또한 정신활동을 "적"으로 생각하는 그리스도인들도 알게 되었다. 그것 역시 내 경험은 아니었다. 내가 십대 초반에 비글로우에서 72킬로미터 떨어진 에저톤(Edgerton)으로 이사 갔던 이야기를 들어보라. 내가 세 살 때 어머니는 세상을 떠났다. 그녀에 대한 내 기억은 두 가지다. 하나는 내가 흔들의자에서 어머니의 무릎 위에 누워 있었고, 내 팔에 작은 천 조각들이 가득했던 모습이다. 그리고 다른 하나는 우리 집 거실에서 작은 관에 창백한 모습으로 누워 있는 어머니를 보면서 내가 딸기를 먹던 장면이다. 몇 년간의 외로운 시간을 보낸 후 아버지는 재혼을 했고, 우리는 에저톤으로 이사했다. 그곳은 나의 새어머니 제니 하넨버그(Jennie Hanenburg)의 고향이었다. 하넨버그 집안은 그때나 지금이나 대단한 사람들이다. 혈기 왕성하고, 열정적이며, 명랑하고, 충성스럽다. 우리 가족이 살았던 마을의 이웃들은 대부분 농부였다. 주일 예배 후에 그들은 모두 우리 집에 왔다. 그날은 삼촌과 숙모, 사촌들을 포함해서 열 명이 넘는 사람들이 모여 매우 시끄러웠다. 사람들은 달콤한 과자와 커피를 마셨다. 그리고 그 모임에는 십대 소년이 경험할 수 있는 가장 짜릿한 지적 체험이 있었다. 모임에서는 수많은 토론과 논쟁이 일어났다. 아무도 다음 주제가 무엇이 될지 예측할 수 없었다. 설교, 신학, 정치, 농사, 음악에 대해, 왜 호수에는 고기가 많지 않은지, 사우스 다코타에 댐을 건설하는 것이 인디언들에게 어떤 영향을 미칠지에 대해, 지역학교, 시장(mayor), 마을 경찰관, 네덜란드의 축제, 허버트 험프리(Hubert Humphrey, 미국 제38대 부통령을 지냄—옮긴이) 등등. 토론에는 남자, 여자, 십대 청소년, 할아버지, 할머니 등 토론에 참여할 수 있는 모든 사람이 참여했다. 나는 지금도 그들의 대화를 기억한다. 고모가 아주 큰소리로 말했다. "척, 어떻게 그런 식으로 말할 수 있죠?" 그러자 척이 웃으며 말했다. "이봐요, 클라라. 그게 바로 내가 그 문제를 바라보는 방식입니다." 그 후 집에 갈 시간이 되면 모두가 포옹을 했다.

나는 특별히 트레나 고모에 대해 말하고 싶다. 그분은 내가 알고 있는 아주 대단한 여인 중 한 사람이었는데, 젊은 나이에 세상을 떠났다. 어느 토요일 오후 내가 그녀의 집에 들렀을 때, 라디오에서는 메트로폴리탄의 오페라 연주가 나오고 있었다. 십대 청소년이었던 나에게 그것은 그저 소음일 뿐이었다. 그래서 나는 고모에게 왜 그런 것을 듣고 있냐고 물었다. 그녀의 대답은 내게 여전히 경이로움이자 하나의 경구로 남아 있다. "닉, 그것은 세상으로 통하는 나의 창문이란다." 그녀는 초등학교 5학년 이상 의 학교교육을 받은 적이 없었기에, 당시 통신 강좌 과정으로 고등학교를 마치려 애쓰고 있었다.

아버지 안에 있는 나무와 예술에 대한 동경. 삼촌들 안에 있는 땅과 가축에 대한, 때로는 기계에 대한 동경. 고모의 음악에 대한 오랜 동경. 모 든 사람 안에 있는 지적인 삶에 대한 동경. 아우구스티누스는 자신의 『고백록』(*Confession*, 대한기독교서회 역간) 제10권에서 세상의 것들이 자신에 게 이렇게 말하는 것을 상상한다. "우리에게 신경 쓰지 말라. 돌아서라. 하나님을 바라보라." 하지만 나는 세상이 다음과 같이 말하는 것을 늘으라 는 교육을 받았다. "우리를 존중하라. 하나님이 우리를 당신의 선물로 만 드셨기 때문이다. 감사함으로 우리를 용납하라."

내가 그 전통 양식을 파악하는 데에는 아주 오랜 시간이 걸렸다. 나는 그 모습을 다음과 같이 생각했다. 첫째, 그 전통은 긍정, 부정, 그리고 구 속적 활동이라는 독특한 변증법으로 작용했다. 우리는 그 안에서 자신을 발견하고 존재하며, 우리가 만든 현실에 대해 "예"와 "아니오"를 분별하여 발언하도록 교육받았다. 즉 하나님의 창조 자체를 확고하게 말할 수 있 어야 한다. 하지만 창조의 잠재력이 문화, 사회, 자아 속에서 실현되는 방 식에 대해서는 분별력 있게 "예"와 "아니오"를 말해야 한다. 또한 이렇게 분별력 있는 판단에 대한 반응으로, 나는 우리가 선을 증진하고 악에 반 하며, 할 수 있는 한 그렇게 하라는 하나님의 소명을 받았다고 확신하며 구속적으로 그리고 신자답게 행동하라고 배웠다. 옛 청교도의 금언처럼, "하나님은 부사(adverbs)를 사랑하신다." 창조, 사회, 문화, 자아 속의 선에 대한 긍정은 깊은 성례전적 의식으로 더욱 강화되었다. 우리 주변의 선은 우리에게 베푸시는 하나님의 호의, 축복, 은총이다. 문화는 인간의 노력 위에 역사하시는 성령의 결과다.

또한 그 전통은 죄와 죄의 결과, 그리고 구속에 대한 총체적 이해와 함께 작동했다. 사회, 문화, 개인적 존재 내의 모든 것이 악한 것으로 간주되지는 않았다. 내가 이미 언급했듯이 많은 것이 선하게 받아들여졌다. 대신 죄와 그것의 결과에 대한 총체적 견해는, 죄가 영향을 끼치고 있는 인간 존재의 어떤 영역과 죄가 영향을 끼치지 않는 영역 사이에 선을 그으려는 일체의 시도에 저항하는 모습을 보였다. 죄는 우리의 이성이 아닌 의지에 영향을 끼친다고 주장했던 중세인들을 향해, 개혁교회 사람들은 죄가 이성에도 영향을 끼친다고 말한다. 죄가 우리의 예술이 아닌 기술에만 영향을 끼친다고 생각하는 낭만주의자들을 향해 개혁주의자들은 죄가 예술에도 영향을 미친다고 말한다.

이처럼 죄와 그것의 결과에 대한 총체적인 견해에 상응하여, 참된 신앙의 범주에 대한 총체적 견해도 존재한다. 신앙은 우리 존재의 부록, 일종의 신학적 덕성, 다른 것들 중 하나가 아니다. 우리가 부름 받은 신앙은 우리 삶의 근본적인 동력이다. 진정한 신앙은 우리를 변화시키며, 우리가 모든 것을 버리고 주님을 따르도록 이끈다. 반복하지만 그것은 신자의 삶에서는 모든 것이 다르다는 뜻이 아니다. 그것은 삶의 어떤 차원도 성령의 변화시키는 능력에서 벗어나지 못한다는 뜻이다. 삶의 어떤 차원도 죄의 파괴력에서 면제되지 않기 때문이다. 하지만 역으로 신앙은 하나님의 구속 프로그램의 한 요소에 불과하다. 신적 구속의 범주는 단지 잃어버린 영혼을 구원하는 것이 아니라 삶을 재생시키는 것이다. 심지어 그것보다 훨씬 더 대단하다. 즉 모든 피조물을 갱신하는 것이다. 따라서 구속은 번영을 위한 것이다.

셋째, 그 전통은 성경이 단지 구원에 대한 안내서가 아니라 세상에서 우리의 행보를 위한, 즉 우리 행보의 근본적 특성에 대한 안내서라는 확신과 함께 작동했다. 성경은 우리에게 "세계관과 생명관"을 제공한다. 이 세상 가운데 우리 행보를 위한 성경적 메시지라는 포괄적 주제는 죄와 신앙에 대한 총체적 견해와 일치한다.

우리 삶을 형성하는 하나님의 은총은 이 전통에 입문하는 형태로 나에게 도래했다. 전통에 입문하는 것이 은총의 수단이 되어야 한다는 사실이 현대에는 매우 낯선 주장일 것이다. 흔히 전통은 은총이 아니라 일종의 부담으로 간주된다. 하지만 내 경우에는 은총이었다. 누군가 내게 당신은 누구냐고 묻는다면, 나는 이렇게 대답할 것이다. 나는 기독교의 개혁주의적 전통을 유산으로 물려받은 사람이다.

후에 나는 30년을 칼빈 대학(Calvin College)의 교수로 보냈다. 좀 더 좋게 표현한다면 기독교 학문공동체의 일원으로 30년을 보냈다고 할 수 있다. 그 공동체는 나에게 은총의 수단이었다. 기독교적 사상으로 나를 후원하면서, 즉 도전하고, 수정하고, 보충하고, 격려하고, 꾸짖고, 훈련시키면서 말이다. 내가 누군지 알기 위해서는 내가 그런 공동체의 일원이 되는 기회를 물려받았다는 사실을 알아야 한다. 나는 그 시절을 무척 그리워하고 있다. 그것은 은총의 수단이었다.

억눌린 자들의 울부짖음

몇 가지 경험들을 통해 나는 깊이 사색했고 인생의 방향을 재조정했다. 팔레스타인과 남아프리카공화국에서 원치 않는 고통을 당하는 사람들의 얼굴과 목소리를 대면한 적이 있다. 그리고 나는 이렇게 고통당하는 사람들을 보호해야 한다는 주님의 음성을 들었다. 내 전통은 그런 가르침을 주었다. 그것은 일종의 소명이었다.

정의는 내가 세상을 바라보는 근본적인 범주 중 하나가 되었다. 나는 정의를 덕성의 하나가 아닌 사회 조건 중 하나로 생각한다. 사회는 사람들이 자신들에게 적합한 것을 누리는 만큼 정의로운 것이다. 사람들이 합법적으로 요구할 수 있는 것을 누리는 한에서 정의롭다는 말이다. 예전에 나에게 근본적인 도덕적 범주는 책임이었다. 이제는 도덕적 영역이 권리와 책임 사이의 상호작용이란 사실을 이해하게 되었다. 내 삶에서 나는 타자에게 책임을 가진다. 대신, 타자는 내 삶에서 권리를 갖는다. 도덕적 책임을 범하면 죄책감이 유발된다. 반면 도덕적 권리를 범하면 타인에게 상처를 입힌다. 죄책감에 대한 적절한 반응은 회개이며, 도덕적 상처에 대한 적절한 반응은 한탄과 분노다.

나는 성경이 정의에 대한 책이란 사실을 서서히 깨닫기 시작했다. 하지만 그 정의의 형태가 얼마나 낯설고 충격적인가! 그것은 우리에게 익숙한 근대적 정의, 즉 그 누구도 자신의 뜻대로 삶을 결정하는 타인의 권리를 침해할 수 없다는 정의가 아니다! 우리에게 익숙한 근대적 정의가 아니다. 오히려 과부, 고아, 이방인에 대한 정의다. 사회는 모든 약자들, 가련한 자들, 보호받지 못하는 자들이 다시 공동체의 가족으로 회복될 때 정의로운 것이다. 성경적 정의는 잃어버린 어린 양 한 마리를 찾기 위해 축사를 떠나고, 그 한 마리를 찾았을 때 잔치를 벌이는 목동이다.

아들을 위한 탄식

이 이야기는 모두 옛날에 있었던 일이다. 이제 나는 그 이후의 삶을 살고 있다. 내 아들 에릭의 죽음 이후의 삶 말이다. 내 삶은 그의 죽음 이전과 이후로 양분된다.

에릭은 산을 사랑했다. 정말 열정적으로 사랑했다. 산은 그에게 거부할 수 없는 유혹이었다. 눈 내리던 밤 뉴헤이븐에서 태어난 그는 25년 후, 오스트리아 카이저게비르거(Kaisergebirger, 알프스 산맥에 위치한 산—옮긴이)의 눈 내리는 산비탈에서 죽었다.

어느 누구도 그가 살던 방식대로 다시 살 수는 없을 것이다. 내게는 오직 하나의 큰 상실의 구멍만이 남았다. 텅 비고 벌어진 구멍. 내 아들은 갔다. 상실의 고통은 어떤 말로도 표현할 수 없을 만큼 깊숙이 파고들었다. 영혼이 얼마나 깊이 들어갈 수 있을까?

세상의 모든 고통이 내 안에 깊숙이 스며들었다. 하지만 예전에는 결코 이런 슬픔을 알지 못했었다. 나는 왜 하나님이 에릭의 죽음을 막지 않으셨는지 모르겠다. 아무런 대답 없이 사는 것은 매우 위태로운 일이다.

내 삶의 자리를 지키는 것이 점점 힘겨워졌다. 성경의 욥과 함께 가장 깊고 고통스러운 신비에 직면해서 오직 욥처럼 견딜 수 있었을 뿐이었다. 나는 전능하신 아버지 하나님, 천지의 창조주, 그리고 예수 그리스도를 부활시킨 분을 믿는다. 또한 내 아들의 생명이 그 절정기에 끝났다고 믿는다. 하지만 이런 사건의 조각들을 제대로 맞출 수가 없었다. 너무 당혹스러웠고, 내 상처는 대답 없는 질문일 뿐이었다. 탄식과 신뢰는 마치 화살을 쏘기 전 활시위와 활대처럼 팽팽한 긴장 상태에 있었다.

사랑한다는 것은 고통의 위험을 감수하는 것이다. 우리가 사는 세상에서 사랑한다는 것은 고통받는 것이다. 그것을 피할 길은 없다. 아우구스티누스는 그것을 잘 알고 있었다. 그래서 그는 사랑을 조심스럽게 다루라고 충고했다. 결코 없어지거나 변하지 않는 것, 즉 하나님과 영혼을 사랑하라고 말이다. 내가 살아온 전통은 나에게 세상을 사랑하라고, 세상을 하나의 선물로 사랑하라고, 세상을 통해, 그리고 세상(아내, 자녀들, 예술, 식물, 학문) 안에서 하나님을 사랑하라고 가르쳤다. 그 가르침들이 내게 고통을 준비하게 만들었다. 하지만 그 고통이 바로 이런 것이라고 알려주지는 않았다. 사랑으로의 초대가 고통으로의 초대라는 사실을 말해주지 않은 것이다. 그 일이 벌어졌을 때 내 스스로 그것을 발견했다. 아마도 그것이 최고의 방법이었을 것이다.

『나는 사랑하는 사람을 잃었습니다』(*Lament for a Son*, 좋은씨앗 역간)에서 말했던 것 이상의 할 말은 없다. 그 책에는 많은 침묵이 있다. 할 말이 별로 많지 않았다. 죽음에 직면했을 때 우리는 너무 떠들지 말아야 한다. 그리고 내가 그것을 말을 했을 때, 나 자신이 언어 끝에서 움직이는

　　　　제4장 사랑, 가족, 그리고 공동체의 회복

모습을 발견했다. 오직 이미지만이 말해줄 수 있는 것의 이미지를 찾으려 애쓰면서 말이다. 그 책은 대단히 특이하다. 나는 죽음에 대해 말하지 않고 오직 에릭의 죽음에 대해서만 말했다. 그것이 내가 할 수 있는 전부였다. 하지만 독자들이 내게 해준 말을 통해, 그 책의 특이함 속에 보편성이 담겨 있음을 발견했다.

이제와 돌이켜보니 그 책을 쓸 때 나는 내 슬픔과 씨름하는 중이었다. 현대 서양의 관행은 개인의 슬픔을 부정한다. 그것을 무시하고, 뒤로 제쳐두고, 삶과 계속 씨름하며, 마음에서 지우고, 그것이 자기 정체성의 일부가 아니라고 확신하게 한다. 내 갈등은 그 슬픔을 내 것으로 삼아 내 정체성의 일부로 만드는 것이었다. 만약 내가 누군지 알고 싶다면, 내가 아들을 잃어버린 사람이라는 사실을 알아야 한다. 하지만 나는 아들을 구속적으로(redemptively) 소유하게 되었다. 개인의 고통을 구속적으로 소유하는 법을 배우기 위해서는 아주 오랜 시간이 걸린다. 따라서 사람은 배움을 멈출 수 없다.

물론 개혁주의 전통에는 주권을 하나님의 주된 속성으로 이해하는 경향이 있지만, 나는 하나님을 주권이란 측면에서는 별로 생각하지 않는다. 하나님은 내게 말로 표현할 수 없을 만큼 장엄한 분이셨다. 그리고 은혜로우시며 선한 분이셨다. 하나님은 축복하는 분이시며 축복은 감사를 불러온다. 인간이 된다는 것은 우주의 바로 그 지점에 존재하는 것이다. 즉 하나님의 선하심은 감사 속에서 대답을 찾는다. 장 칼뱅이 내게 말한 것이 바로 그것이었다.

하지만 이제 모든 것이 달라졌다. 이제 내 앞에 나타나는 이 하나님은 누구인가? 장엄? 내게는 결코 장엄함이 보이지 않는다. 은혜? 이것이 은혜란 말인가? 나는 아무것도 볼 수 없었다. 검은 구름이 하나님의 얼굴을 가렸다. 그리고 서서히 구름이 걷혔다. 그 다음에 내가 본 것은 눈물이었다. 하나님은 내 고통 때문에 괴로워하며 울고 계셨다. 하나님이 이 세상을 사랑하시면서, 또한 고통당하신다는 사실을 나는 깨닫지 못했었다. 나는 아무 생각 없이 하나님이 고통을 느끼시지 못한 채 인간을 사랑했다고 생각했었다. 신적 사랑이 열쇠란 사실을 알고 있었지만, 열쇠인 그 사랑이 고통을 당하는 사랑이라는 사실은 깨닫지 못했었다.

나는 이것으로 무엇을 할 수 있는지 모른다. 이것은 내게 그저 신비일 뿐이다. 하지만 나는 그것과 더불어 살 수 있음을 깨닫는다. 복음이 내게 최고의 설명, 가장 완벽한 설명으로 제시된 적은 한 번도 없다. 개혁주의 전통은 항상 내가 해답 없는 질문과 더불어 살도록 권면해왔다. 영생은 모든 질문에 대한 해답을 얻는 것에 달려 있지 않다. 하나님은 정답 뒤편에 계실 수 있는 것처럼 질문 뒤에도 계신다. 하지만 정답 없는 질문이 그렇게 고통스러웠던 적은 없었다. 내가 온전하게 그리고 실족하지 않고 이 질문을 살아낼 수 있을까?

이 질문 덕택에 어느 날 나는 고전적 신학자들 중에서 오직 장 칼뱅만이 고통당하는 하나님에 대한 글을 썼다는 사실을 발견했다. 지금까지 내가 발견한 바로는 칼뱅은 그런 글을 쓸 때마다 같은 맥락, 즉 정의에 대한 논의에서 고통당하는 하나님을 말한다. 칼뱅은 사람들에게 불의를 행하는 것은 하나님에게 상처를 입히는 것이라고 말했다. 또한 불의로 고통당하는 사람의 통곡은 하나님의 통곡이라고 주장한다.

 제4장 사랑, 가족, 그리고 공동체의 회복

이따금 통곡의 소리가 클 때, 좀처럼 나타나지 않는 빛이 출현한다. 용기, 사랑, 통찰, 헌신, 믿음의 빛 말이다. 그 빛 속에서 우리는 인간이 본질적으로 어떤 존재인지를 가장 잘 이해할 수 있다. 그래서 나는 그리스도의 부활(Christ's rising)과 동시에 죽음의 죽음(death's dying)이라는 현실을 몸으로 살기 위해 투쟁해야 한다. 내 삶의 마지막 단어가 내 아들의 죽음은 아닐 것이다.

내가 무능력할 때 나타난 그분의 능력

베스티 돈 인스킵 스마일리

수술실로 실려가는 동안 나는 자궁 속의 아기가 죽을지도 모른다는 두려움에 갑자기 등이 팽팽해졌다.

베스티 돈 인스킵 스마일리(Betsy Dawn Inskeep Smylie)는 1975년에는 하버드-래드클리프를, 1981년에는 하버드 신학대학원을 졸업했으며, 뉴욕 주 오처드 파크에서 남편과 함께 두 아이를 키우며 살고 있다. 그녀는 에브라다 맹인교회의 목사로 섬겼으며, 시각장애인 교구의 책임자였다. 성공회 신부인 남편 존과 함께 『기독교적 자녀양육』(*Christian Parenting*)이라는 책을 저술하여 1991년에 어퍼룸북스(Upper Room Books)에서 출판했다.

기독교적 삶의 놀라운 역설 중 하나는 약함과 상함에서 생명이 탄생한다는 것이다. 그래서 모든 선포의 핵심은 느리고 고통스러운 처형의 상징인 십자가다. 기독교 성찬식에서 우리가 주님의 상한 몸과 흘린 피를 즐기는 동안 죽음은 새로운 생명의 수단으로 기념된다.

내 인생에 가장 어려웠지만 보람 있는 과정 하나는 나의 약함과 상함을 인정하고 용납하며, 나 자신에 대한 집착을 포기하는 것이었다. 나는 나 자신을 하나님께 헌신하고, 내 삶에서 하나님의 치유와 지도하심을 기다리는 법을 배우고 있다.

신학논문 한 편을 쓰는 대신, 나는 어떻게 나의 영적 여정에서 이렇게 위대한 교훈을 배우기 시작했는지에 대해 몇 가지 이야기를 들려주고 싶다.

많은 하버드-래드클리프 학생들처럼 나도 좋은 성적을 내고 공연을 준비하고 최고의 결과를 내면서 내 삶을 통제하곤 했다. 내 평생에 공부와 관련해서 겁을 먹었던 적은 단 한 번도 없다. 시험에 전혀 대비를 하지 않아도 마술처럼 좋은 성적을 거두곤 했다. 나는 하버드에 입학한 첫해 기말고사 전날 밤을 기억한다. 당시 나는 힐스 도서관 한 구석에 앉아 있었는데 내 주변에는 "사회과학 15" 관련 노트들이 펼쳐져 있었고, 나는 어둠이 내린 워커스트리트를 내려다보고 있었다. 갑자기 절대적인 공포가 밀려들었고 나는 꼼짝도 할 수 없었다. 공책을 한 페이지도 집중해서 읽을 수 없었으며 다른 책을 꺼내 볼 수도 없었다. 또한 내가 어떻게 그 날 밤을 넘기고 다음 날 아침까지 살아남을 수 있을지 상상이 되지 않았다. 실제로 얼마 동안 그런 공포가 지속되었는지 모르겠지만, 그 순간은 마치 영원과 같았다.

그때 주님이 내 속에서 "내가 너를 얼마나 사랑하는지 알고 있니?"라고 말씀하셨다. 그 음성을 듣는 순간, 갑자기 내 자신과 힐스 도서관 전체가 믿을 수 없는 평화로 넘쳐나는 것을 느꼈다. 그리고 그 찰나의 순간에 나는 공포나 신앙, 통제나 복종 중 하나를 선택해야 한다는 것을 깨달았다. (대체로 불필요한) 정보의 초자연적 습득에 대한 나의 분명하고 절박한 필요에 대해 하나님과 논쟁하는 대신, 나는 "네, 하나님"이라고 말한 후 크게 숨을 쉬고 안정을 되찾았다. 모든 것이 좋아질 것을 알면서 말이다. 하나님의 사랑 때문에 내가 자동적으로 잘하게 될 것이라고 느낀 것이 아니라, 내 존재가 하버드의 시험답안지나 다른 사람의 기준(내 자신의 잔인한 완벽주의를 포함해서)에 의해 결정되는 것이 아님을 알았기 때문이다. 오히려 나의 존재는 십자가에서 나를 위해 쏟은 하나님의 무조건적 사랑으로 결정되었다. 나는 하버드 생활 초기에 그런 교훈을 배운 것에 대해 감사한다. 그것은 내가 반복해서 기억해야 할 중요한 일이었다.

나에게 중요했던 또 다른 교훈의 시간은 하버드 생활 후반에 찾아왔다. 당시에 나는 신학대학원에 재학 중이었고, 결혼을 한 지 얼마 안 됐으며, 병원에서 6주간의 임상목회교육을 막 끝낸 상태였다. 그 병원에서 나의 주 업무는 곧 수술받을 환자들을 돌보는 것이었다.

그러던 어느 날 나는 문득 이동침대에 실려 수술실로 옮겨지고 있는 나를 발견했다. 자궁 속의 아기가 죽을지도 모른다는 두려움이 엄습하자 갑자기 등이 팽팽해졌다. 예정일보다 더 빠르게 팽창하는 자궁을 닫으려는 수술 도중에 아기가 목숨을 잃을 가능성도 높았다. 나는 깨어 있고 싶었다. 그래서 국소마취를 하고 자궁의 압력을 줄이기 위해 거꾸로 매달렸다. 이것은 병원에서 원목이란 안전한 위치에서 생명을 바라보던 것과는 완전히 다른 위치였다. 분만을 위해 힘을 주기 시작하자 말할 수 없는 공포가 밀려왔다. 그때 나는 남편이 가르쳐주었던 가장 단순하고 기초적인 기도를 드리기 시작했다. 내가 예수께 부르짖자 그분이 내게 평안을 주었고, 살든지 죽든지 하나님이 이 아이를 돌보실 것이라는 확신이 들었다.

내 첫째 아이는 이제 십대 소녀가 되었다. 하지만 그 아이가 아주 작은 생명이었을 때 배운 교훈을 나는 부모로서 날마다 다시 배워야 한다. 딸아이는 내가 통제할 수 있는 소유물이 아니다. 내 딸과 아들, 그리고 모든 생명은 정성껏 돌봐야 할 선물인 것이다.

내게 내려진 진단은 너무 충격적이었다. 의사는 내 자궁이 너무 무능해서(incompetent), 아기가 특정한 크기로 자라면 그 무게를 견디지 못한다고 진단했다. 남편이 그 소리를 듣더니 큰소리로 웃으며 "당신은 평생 어떤 일에도 무능하다는 소리를 들어본 적이 없잖아"라고 말했다. 그가 옳았다. 하지만 그것은 내가 노력해서 다음 번에는 더 잘할 수 있는 일이 아니었기 때문에, 그런 소리를 듣는 것이 내게는 무척 힘든 일이었다. 이것은 내 아이의 목숨이 달린 문제였고, 대가족을 이루겠다는 내 꿈이 사라질 수도 있는 문제였다. 나는 전능하지도 않았고 재주도 없었다. 건강하지도 않았으며 그것을 통제할 능력도 없었다. 그러나 십자가에 달려 움직이지도 못하고 피를 흘리던 예수의 이름으로 기도할 때, 내 안에 큰 위로가 밀려왔다.

내 삶과 내 가족의 삶을 통제하고 경영할 수 없는 나의 무능력을 직접 목격했던 또 다른 체험은 둘째 아이가 청력을 거의 상실했다는 진단을 받았을 때였다. 충격, 눈물, 교육기의 혼란, 의사, 하나님, 그리고 나 자신에 대한 분노를 통해, 아들은 내 손을 잡고 나를 완전히 새로운 문화공동체와 새로운 사역으로 이끌었다. 이제 내가 청각장애인 공동체에서 수화로 성찬식을 인도하고 설교할 때, 복음의 말씀은 내 손에서 흘러나와 내 몸에서 하나의 가정을 발견한다. 귀에 장애를 지닌 사람들의 "약함"을 통해 나는 밝게 빛나는 하나님 사랑의 권능을 본다. 그리고 우리의 가장 깊은 곳까지 닿아 우리를 희망으로 충만케 하시는 하나님의 은총에 놀란다.

예수는 지금까지 나의 연인, 주님, 치유자, 돕는 자, 기쁨, 음식, 생명이었다. 그는 자신의 무조건적 사랑의 빛 속에서 내가 누구인지를 계속해서 보여주시고, 나의 약함과 상함 속에서 나를 위로하시며 치료하신다. 하지만 그분은 좋은 시절에 나의 통제욕구를 포기하는 법도 가르쳐주셨다. 예수는 내 약함뿐 아니라 탁월한 재능을 통해서도 일하길 원하신다. 그분은 내가 성경지식을 사용하여 그의 사랑의 메시지를 선포할 때 사람들의 마음에 감동을 주도록 허락하신다. 내게 자신의 백성들 입 속에 성례의 음식물들을 넣어주는 말할 수 없는 기쁨도 주신다. 이제 한 사람의 아내이자 엄마요 사제가 되어, 날마다 하나님이 자신의 삶을 통제하시길 소망하는 옛 "클리프" 회원의 일상 속에서 그분은 내가 공포가 아닌 믿음을, 우

울증이나 불평이 아닌 기쁨을, 조급함이 아니라 온유함을 선택하도록 도
우신다.

 제4장 사랑, 가족, 그리고 공동체의 회복

제5장

다원주의와 세계적 복음

거룩한 힌두교도에서 거룩한 그리스도인으로　크리스터 세어싱

코란을 버리고 성경을 택한 이유　라민 산네

진리는 이방인, 외국인, 적의 눈을 통해 보려는 최대의 노력을 요구한다.

테일러 브랜치, 『바다를 가르며』
(*Parting the Waters: America in the King Years*)

본능적으로, 죄를 짓지 않기 위해 우리가 알고 있는 가장 심오한 것을 억눌러야 하는가?

찰스 말리크, 『대학에 대한 기독교적 비판』
(*A Christian Critique of the University*)

기독교가 자신의 진리를 통해 도덕의 필요를 입증하는 대신, 단지 도덕의 한 토대를 제공한다는 이유로 기독교를 정당화하는 것은 위험한 반전이다.

T. S. 엘리엇, 『기독교 사회에 대한 단상』
(*The Idea of A Christian Society*)

거룩한 힌두교도에서 거룩한 그리스도인으로

크리스터 세어싱

그동안 나는 교양 없는 하급 카스트 힌두교도들괴 가까워지지 않으려고 무던히도 애를 썼고, 이슬람교도들은 무조건적으로 불신하고 무시했다. 나는 내가 얼마나 지독한 편견 덩어리의 편협한 신앙인인지 알고 있었다. 그저 추락만 있을 뿐 나에게 출구는 없어 보였다.

크리스터 세어싱(Krister Sairsingh)은 트리니다드의 힌두교 성직자 가정에서 태어나 1971년 예일 대학을 졸업하고, 하버드에서 역사신학과 철학적 신학 분야에서 박사학위를 취득했다. 크리스터는 하버드 메모리얼 교회(Harvard's Memorial Church)의 임원진으로 섬기는 대학원생들과 외국인 학생들의 교구 목사로 일했다. 그의 아내 낸시는 하버드에서 러시아 예술사 박사과정을 끝마칠 예정이고, 제레미와 다니엘, 두 아들과 함께 살고 있다. 현재 크리스터의 가족은 모스크바에서 거주하고 있다. 아내는 학업에 매진하고 있으며, 크리스터는 러시아 국립 인문과학대학(Russian State University of the Humanities)에서 신학과 철학을 가르치고 있다.

사람들은 종종 나에게 이렇게 묻곤 한다. "왜 그리스도인이 되었죠?", "왜 고대의 위대한 힌두교의 신비성과 철학성을 버리고 후발주자인 기독교로 개종했나요?", "힌두교에는 없고 기독교에는 있는 것은 무엇인가요?"

지금부터 내가 말하는 이야기는 기독교를 무시하는 사람들을 위한 단순한 기독교 옹호론이 아니다. 이 글은 그리스도를 향한 내 영적 여정의 단편이다. 나는 힌두교에서 기독교로 개종하면서 가치가 바뀌었고, 마음이 변화되었으며, 삶의 모든 부분이 달라졌다. 하지만 그러한 변화는 기독교 신앙이 주는 감동의 모험, 곧 완전하시고 흠이 없는 무한한 실재의 하나님께로 향하는 여행의 첫걸음에 불과했다.

어린 시절부터 모든 종교는 영적 삶에 유효한 통로라는 믿음 아래서 자랐음에도 불구하고, 내 친구와 가족들은 요가와 박티(bhakti)의 훈련을 통해 오직 힌두교만이 영적으로 완전한 자아실현에 이를 수 있다고 믿었다. 다른 종교를 대할 때는 모든 종교에 부분적으로 신적 실재가 드러난 것으로 받아들여 존중해주는 반면, 고대 힌두교 전통의 구루(guru)와 스와미(swami)만이 종교의 참 목적, 즉 완전한 신의식(神意識)에 이를 수 있다고 믿었다. 따라서 거룩하다는 의미는 개인의 신성을 실현하는 것으로, 개인의 신적 자아를 요가와 명상, 무집착, 철저한 극기 등을 통해서 현실화시키는 것이라 생각했다. 내게는 하나님이 인간을 사랑하시고 인간과의 관계에 스스로 들어오신다는 논리가 무척 생소하게 느껴졌다. 거룩함은 인간관계나 사회 속에서의 화해의 사랑과 희생적 봉사에 대한 헌신과는 아무런 상관이 없었다. 이러한 것들은 종교의 진정한 목적을 흐리게 할 뿐이었다. 영혼이 진정으로 자유로워지려면 개인 실존의 모든 것으로부터 자유로워져야 한다고 생각했다. 구원이라 함은 구체화된 존재로부터의 카르마(karma, 업)라는 냉혹한 순환 주기에서의 해방을 뜻했다.

어린 힌두 소년이었던 나는 스스로 거룩하다고 말하는 사람들에게 흥미를 느꼈다. 삼촌도 그러한 성인 중 한 명이었고, 나는 자주 그의 집에 가서 놀았다. 이 가정에 아이가 생긴 직후 삼촌은 침묵과 금욕의 생활을 선언하고 요가와 명상에 심취했는데, 이 일은 아주 유명했다.

나는 삼촌의 침묵에 놀라지 않을 수 없었다. 삼촌의 아들 라비와 나는 무언가를(말 한 마디나 엷은 미소라도) 기대하는 눈빛으로 삼촌을 뚫어져라 쳐다보곤 했다. 그러나 삼촌은 단 한 번도 미소를 짓거나 대답을 하지 않으셨고, 끝내 자신의 아들에게 단 한 번의 목소리도 들려주지 않은 채 돌아가셨다.

우리는 섬 전체 인구의 3분의 1을 차지하는 힌두인 공동체에서 재력과 영향력을 갖춘 지도자였던 외할아버지 댁에서 모두 함께 자랐다. 대가족 안에서의 생활은 매일 반복되는 종교 의식 때문에 지루할 틈이 전혀 없었다. 인도 스와미들이 우리 집에 머물 때면 그저 그들과 함께 있고 싶은 마음에 바다까지 먼 거리의 산책을 함께 즐기기도 했다. 그들은 내게 거룩함이라는 이상을 구체화해주었고, 먼훗날 나는 그들 중 누군가를 내 구루로 삼을 수 있기를 기대했다.

스와미 아드바이타난다가 우리 섬에 방문한 일은 우리 가족에게는 물론이고 힌두인 공동체 모두에게 크나큰 사건 중 하나였다. 그는 우리 집에서 일주일간 머물렀다. 이때 그는 내 구루가 되어 내게 만트라(mantra)—명상을 하는 동안 여러 번 외우는 짧은 산스크리트 기도문—를 주었다. 그가 인도로 돌아간 후에도 나는 그 기억을 소중히 여겼고 매일 그의 사진에 경배했다.

어머니와 이모는 스와미의 가르침을 전하기 위해 여러 곳을 두루 다니는 젊은 여성들과 여행을 시작했다. 두 분은 모두 정략 결혼을 했는데 대부분의 정략 결혼이 별 문제가 없는 듯 보이지만, 두 분은 자신들이 원했던 결혼생활을 하지 못했다. 결국은 친정으로 돌아와 학식 있는 구루와 여러 학자의 도움으로 힌두 경전과 주석을 연구하는 데 삶을 헌신하기로 작정했다. 어머니와 이모는 요가 연습과 기도를 위해 지어진 예배실에서 생활했다. 그곳에는 내 영웅들의 사진이 몇 장 걸려 있었다.

내가 아이들 중에 가장 나이가 많았기 때문에 어머니는 내게 바가바트 기타(Bhagavat Gita)를 열심히 가르쳐주었다. 그러나 그것은 라마야나(Ramayana)에서 가져온 이야기였고, 내 흥미를 끈 것은 위대한 뤼쉬들(rishis)과 현인들의 삶이었다. 우리 집 우편함에는 스와미 시바난다의 잡지 「신성한 삶의 공동체」(*Divine Life Society*)가 배달되었는데 나는 이것을 읽는 날을 손꼽아 기다렸다. 어머니가 읽어 주었던 스와미 요가난다의 『요가 수행자의 자서전』(*Autobiography of a Yogi*)은 소년이었던 나를 매료시켰다. 나도 그처럼 거룩한 사람이 되고 싶었다. 나는 매일 의식적인 정화의 순서가 끝나면 자파 요가를 하려고 예배실에 들어가 향을 피우고 시바(Shiva)와 크리슈나(Krishna), 그리고 지혜의 여신 사라스와티(SAraswati)를 위해 산스크리트 기도문을 외웠다.

힌두 경전과 전통은 나의 성장기에 위대한 자부심으로 자리 잡았다. 고등학생 때에는 힌두교 유산에 대한 자부심을 가지고 있던 친구들과 우정을 나누기도 했다. 우리는 점심을 함께 먹으며 인도 철학을 토론하고 타고르(Sir Rabindranath Tagore)의 시를 읽었다. 종종 모임의 리더가 쓴 시를 읽을 때도 있었는데, 힌두교에 대한 그의 문학적 열정은 우리 모두를 감동시키기에 충분했다.

고등학교를 졸업할 즈음 나는 그와 매우 가깝게 지냈다. 우리는 힌두교 공동체의 몇몇 분야 안에 영향력을 미치는 기독교와 이슬람교를 걱성했다. 우리 둘은 힌두교 전통에 대한 자부심이 대단했기에 일생을 힌두교의 법칙을 지키는 데 헌신하자는 맹세도 했다. 그 친구는 영국의 훌륭한 대학에 입학해 인도 역사를 공부하여 박사학위를 취득했고 지금은 그 분야에서 유능한 학자로 활동하고 있다.

열렬한 힌두교 추종자였던 큰아버지는 런던 대학에서 영문학 학위를 받아 많은 책을 가지고 고향에 돌아오셨는데, 이 책들은 나에게 새로운 문학의 지평을 열어주었다. 특히 나는 키츠(John Keats)와 워즈워스(William Wordsworth)의 시에 담긴 낭만주의를 깊이 흠모했다. 해즐릿(William Hazlitt)과 램(Charles Lamb), 조지 오웰(George Orwell) 등의 수필과, 아놀드(Matthew Arnold)의 문학비평은 나로 하여금 서양의 지적 전통을 더 깊이 이해하게 해주었다. 큰아버지는 서양 문학에 유능한 학자로서의 삶과 힌두교의 영성 이상에 헌신하는 삶이 양립 가능함을 몸소 보여주었다. 그 두 세계를 그분은 매우 쉽게 왕래하였다.

또 다른 삼촌은 시카고 대학의 철학과 예술사에 관련한 석사과정을 졸업했다. 생각해보니 그 삼촌의 조언과 영향력이 내가 진로를 정하고, 중요한 결정을 할 때마다 큰 역할을 했던 것 같다.

우리 가족 모두—할머니, 삼촌, 이모, 사촌 등등—는 같은 방갈로(bungalow, 베란다가 있는 작은 목조 단층집—옮긴이)에서 살았다. 외할아버지가 돌아가신 후부터는 삼촌들이 가장 노릇을 했다. 어머니와 몇몇 가족은 힌두교 공동체에서 머무는 영적 인도자 잔키 프라사드 샤르마라는 펀디트(pundit)의 제자가 되었다. 펀디트가 힌두교의 특별 행사를 집례하기 위해 우리 집을 방문할 때마다 우리는 그의 발아래 엎드려 우리 집에 그의 축복이 들어오기를 기대했다. 우리 가족 모두는 거룩함을 추구하는 우리의 일상사에 참여할 수 있는 일원이라는 데 강한 자긍심을 가졌다.

고등학교를 졸업할 무렵 나는 아주 신기한 체험을 했는데 이것은 내 신앙을 혼란스럽게 했다. 그날 나는 기말고사 준비로 밤늦게까지 공부를 하다가 침대 위에 앉았다. 그때 무언가가 갑자기 내 얼굴을 한 대 치고 나를 침대 위로 던졌다. 누군가 내 목을 조르는 것 같았다. 숨을 제대로 쉴 수 없었고 움직이는 것도 불가능했다. 말을 할 수도 없어서 나는 마음속으로 계속해서 구루가 가르쳐준 기도문을 외웠다. 그래도 나아질 기미가 보이지 않자 힌두교의 가장 거룩한 가야트리(Gayatri) 기도문을 외웠다. 그래도 소용이 없었다. 나는 시바라는 창조와 파괴의 신에게 진노를 샀기 때문에 그에게 화를 당하고 있다는 생각이 들었다. 평소 내가 그의 신상

앞에서 춤을 추고 향을 피울 때, 제사의 의무를 잘못 수행했을지도 모른다. 그렇게 얼마의 시간이 지난 후에야 괜찮아질 수 있었다. 나는 그때 나를 괴롭게 했던 공포로부터 나를 구원해줄 수 있는 다른 세력이 있는지 궁금해졌다.

다음 날 아침, 인도인이면서 힌두교에서 기독교로 개종한 친구 싱(Singh)에게 어젯밤 나에게 있었던 일을 말했다. 내 경험에 대해 그가 어떤 설명을 할 수 있을지 궁금했다. 싱에게는 남들과는 다른 특별한 그 어떤 것, 그를 둘러싼 하나의 빛이 있었기 때문이다. 어쩌면 싱은 영적인 세계를 잘 아는 사람일 수도 있다는 생각이 들었다. 그는 나에게 있었던 일과 나의 예배 의식 사이에 문제가 있는 것 같다고 말했다. 그리고 우상숭배가 나를 사탄의 공격에 쉽게 노출시켰다고 했다.

싱의 단호한 주장에 나는 기분이 언짢아졌다. 그에게 내가 믿는 신들에 대해 공격하는 것은 용납할 수 없다고 확실히 못 박아두었지만, 나는 어제와 같은 경험을 다시는 하지 않을 방법이 있는지 알고 싶었다. 그는 내게 예수에 대해 생각해보라고 말했다. 그 정도는 별로 어려울 것 같지 않았다. 그것은 나의 만신전에서 내가 예배하는 신들 중 예수라는 신을 하나 더 수용하는 것일 뿐이기 때문이다. 나는 다른 힌두교인 친구들처럼 예수의 힘과 능력이 무엇이든지, 그 원천은 인도의 위대한 구루에게서 나온 것이라고 믿었다.

그러나 싱이 말하는 예수는 내가 수용할 수 있는 범위를 넘어선 것이었다. 그는 예수에게는 힌두교의 신과 모든 스와미와 구루를 포함한 우주의 다른 세력들을 능가하는 힘과 능력이 있다고 말했다. 그것은 오만방자

하고 편파적인 주장이지만, 만약 그게 사실이라면 내가 드리는 예배에 예수를 최고로 모셔야 한다는 말이다. 그것은 상상도 할 수 없는 일이었다. 그럼에도 불구하고 나는 싱의 주장에 뭔가 매력적인 것이 있다고 느꼈다. 그가 말하는 예수라는 신이 정말로 공포와 불안으로부터 나를 구원해줄 수 있을까?

싱의 계속적인 권유로 나는 복음서를 읽게 되었는데, 그것으로 예수에 대해 더 자세히 알 수 있었다. 예수는 지금까지 내가 알고 배워왔던 모든 신들과는 구별되는 매우 독특한 분이었다. 나는 예수와 그의 말씀에 강한 흥미를 느끼면서도 그것에 대한 반발심이 일어나는 것을 느꼈다.

"하늘과 땅의 모든 권세를 내게 주셨으니"(마 28:18)라는 말씀을 읽었을 때, 나는 그 힘을 가진 자에게 이끌려갔고 힌두교의 남신과 여신들의 체계 전체를 뒤흔드는 의미 때문에 너무 혼란스러웠다. 예수라는 분이 정말로 시바나 크리슈나보다 더 큰 능력이 있을까?

예수에게 죄를 용서하는 능력이 있다는 주장은 나를 매우 놀라게 했다. 나는 힌두교의 교리를 아주 잘 알고 있었는데 힌두교의 근본 원칙 안에 사람의 죄를 용서한다는 체제는 없었다. 카르마의 법칙(사람이 무슨 잘못을 하면 다른 생에서라도 꼭 그 대가를 치른다)에 용서라는 개념은 아예 없다. 이 법칙에 의하면 사람이 환생하는 것은 전생에 지었던 죗값을 치르기 위해서다. 지금 우리의 삶은 과거 우리가 한 행적에 의해 결정되고, 미래는 현재의 삶으로 만들어진다. 각 사람은 자기 운명에 마땅한 책임을 져야 하는 것이다. 카르마의 법칙은 사람들이 세상에서 이유 없이 겪는 고통을 간단하고 매력적으로 설명해준다. 모든 사람은 각자의 죄 때문에 고통을 겪는 것이다. 이 법칙이 완전하려면 환생이라는 요소가 반드시 존재해야 하는데 이것은 나에게는 전혀 기쁜 소식이 아니었다. 물론 내가 믿는 종교와 윤리의 전반적인 구조의 바탕에 환생이 있어야 한다는 것을 잘 알고 있었지만 말이다.

다른 힌두교 가정들처럼 우리 가정도 거룩한 날에는 강이나 바다에서 목욕을 하면서 죄가 가벼워질지 모른다는 기대를 품었다. 그러나 그것만으로는 확신을 얻기 힘들었다. 카르마 법칙은 엄격하고 무자비했으며, 성경과는 다른 말을 하고 있었다. 그것에는 출생과 고통, 죽음으로의 끝없는 순환만 있을 뿐 신 의식과 거룩의 완성이 없이는 그 순환으로부터 탈출할 수 없었다. 나는 세상을 거부하고, 인간의 욕망을 없애고, 평생 요가를 하는 것으로 마음의 해탈을 얻어 그 두 가지 경지에 이를 것이라고 믿었다. 엄격한 금욕주의는 창조 질서가 선하다는 믿음을 거부해야 가능했다. 나는 거룩함과 영적 해방에 이르기 위해 세상은 물론 처자식을 비롯한 모든 인간관계를 거부했던 삼촌을 생각했다.

복음서를 읽으면서 나는 인간적 약점이 많은 나 자신의 모습을 되돌아보게 되었다. 나는 동정과 관용보다는 욕망에 조종당하는 인간이었다. 우리 집 대문을 두드렸던 거지들에게 종종 불친절했던 내 모습이 떠올랐다. 지금껏 내가 베풀었던 친절은 연민 때문이 아니라 존재의 우주적 순환 속에서 더 나은 다음 생을 보장받기 위한 욕망에 불과했다. 그동안 나는 교양 없는 하급 카스트 힌두교도들과 가까워지지 않으려고 무던히도 애를 썼고, 이슬람교도들은 무조건적으로 불신하고 무시했다. 내 모든 악한 행위들이 다음 생에서 고통으로 해결된다는 사실에 나는 절망해야 했다. 예수의 가르침은 나를 더더욱 절망스럽게 만들었다. 예수는 사람의 행위뿐 아니라 말과 태도, 생각에 따라서도 심판받는다고 가르쳤기 때문이다. 나는 내가 얼마나 지독한 편견 덩어리의 편협한 신앙인인지 알고 있었다. 삶과 죽음의 끝없는 순환으로부터 해방되는 영적 자유는 거의 불가능해 보였다. 그저 추락만 있을 뿐 나에게 출구는 없어 보였다.

카르마의 속박을 깨뜨리고, 스스로 죄를 용서할 만한 능력을 가진 이분은 누구인가? 나는 이분을 기필코 알아야만 했다. 그래서 복음 속으로 더 깊이 들어가게 되었다. 한 달 하고 보름이 넘는 시간 동안 하나님의 진리가 나에게 계시되기를 기대하면서 여기저기로 기도하러 다녔다. 나는 참으로 다른 어떤 것보다도 간절히 진리를 원했다.

플라톤의 『파이돈』(*Phaedo*, 범우사 역간)에는 소크라테스가 "만약 당신이 내 충고를 받아들이면, 당신은 소크라테스에 대해서는 거의 생각하지 않고 진리에 대해서는 아주 많이 생각하게 될 것이다"라고 말했다고 기록되어 있다. 예수의 진리는 달랐다. 나는 복음의 가르침에서 궁극적인 진리에 대한 의문이 예수의 인성과 분리될 수 없음을 깨달았다. 예수는 자유로워지기 위해서는 먼저 진리를 알아야 한다고 말씀하셨다. 그러나 그 진리는 어떤 형이상학적 구조나 비밀스러운 개념이 아니었다. 그 진리는 예수의 인성에 육화된 실제적인 것이었다. 나는 예수가 "길이요 진리요 생명이다"라는 말씀을 이해해야 했는데, 논리는 매우 분명했다. 내가 진리를 알기 위해서는 그 전에 먼저 예수를 알아야 했다.

몇 주가 지나자 내 상상력은 예수의 인성에 강하게 지배당하기 시작했다. "나를 따르라"는 예수의 부르심에서 나는 벗어날 수 없었다. 예수가 하나님의 단순한 추종자가 아니라 그의 증인이라는 사실이 점점 더 명확해졌다. 예수 안에 하나님이 실재하다는 사실은 부인할 수 없는 진리였다. 복음서를 읽으면 예수가 나에게 직접 말씀하신다는 생각이 들었다. 그분이 실제로 나에게 오셔서 나의 죄를 용서하시고, 내 과거를 멸하시고, 죽음의 공포에서 나를 해방시키시며, 카르마의 속박을 깨뜨려 참으로 나를 자유롭게 해주시겠다고 말씀하시는 것 같았다.

나는 예수를 예배실 제단에 정렬되어 있는 만신전의 틀 속에 모시려고 했다. 매일 아침 제단 앞에서 향을 태우고 기도문을 낭송한 다음, 예배실 벽에 늘어선 간디와 다른 구루들의 그림 옆에 있는 예수의 그림을 향해 기도문을 외웠다. 내가 기도했던 많은 대상들 속에 예수도 포함시킨 것이다. 그러나 그는 그 무리에 속하지도 않고, 다른 구루들과 같지도 않으며 다른 신들과 함께 경배받는 것을 원치 않는다는 사실에 마음이 편치 않았다. 또 예수는 구루나 제단의 신상들의 집합에도 속하지 않는다는 사실이 떠올랐다. 예수는 매우 독특하고 완전히 다른 분이었다. 나는 그런 예수께 어떤 방식으로 예배를 드리고 경배를 드려야 할지 몰랐다. 하지만 내 마음 깊은 곳에서는 예수를 사랑하고 섬기고 싶어하는 갈망이 자라나고 있었다.

어느 날 밤 요한복음에서 예수의 죽음과 부활을 묵상한 다음, 나는 예수께 내 죄를 용서해주시고, 카르마의 속박에서 나를 자유롭게 해주시며, 내 삶의 주인이 되어주시길 요청했다. 나는 오직 예수만이 그렇게 하실 수 있음을 믿게 되었다. 아침에는 예배실에서 예수께 가야트리 기도문을 외웠지만, 그날 밤에는 내 죄를 고백하고, 내 삶을 그분께 내어드리고, 내 삶의 구원자이자 주님으로 예수를 모셔 들였다. 그리고 곧 내 삶을 획기적으로 바꿀 만한 무언가가 일어났음을 깨달았다. 다음 날 아침 나는 예배실로 갔다. 제단의 신상들을 바라보면서 나는 다시는 그 신들에게 돌아가지 않으리라는 것을 알게 되었다. 지금껏 느껴왔던 그들에 대한 매력이 일순간에 사라져버렸다. 나는 예수께 속해 있고 이제부터 내 헌신과 열정은 그분을 향할 것이라는 확신을 가지고 예배실에서 나왔다. 나를 흔들었던 것은 종교가 아니라 예수 그리스도였던 것이다.

그때까지 나는 교회에 들어가 본 적도 없었다. 나는 우주의 모든 능력을 가진 한 사람이 나를 그에게로 이끌었고, 용서하고, 공포로부터 해방시키고, 이전에는 전혀 경험하지 못했던 평화와 기쁨을 주었다는 것을 알게 되었다. 그러나 내가 스스로 그리스도인이 되었음을 공식적으로 인정하기는 뭔가 좀 어려웠다. 가족과 친척, 힌두교 친구들에게 어떻게 말해야 할까? 예수를 영접하기 바로 전에, 나의 가장 친한 친구는 내가 만약 그리스도인이 된다면 더 이상 나를 자신의 친구로 생각하지 않겠다고까지 했다.

나는 나에게 복음서를 읽어보라고 권해주었던 친구를 신뢰하기 시작했다. 내가 예수를 따르기로 결정하자, 그는 내게 우리 마을의 가정교회 목사님을 소개해주었다. 이슬람교도 출신이었던 목사님은 나를 예배에 초대했다. 내가 그곳을 처음 방문했을 때, 그곳에 모인 사람들은 대부분 하급 카스트로 이전에 힌두교도나 이슬람교도였던 사람이었기 때문에 나는 왠지 잘못된 곳에 온 것처럼 느껴졌다. 아프리카계 사람들도 몇 명 있었다. 내가 지금까지 받은 교육은 그런 사람들을 가까이서 접촉하는 것을 어렵게 했다. 하지만 나는 그들에게서 인종과 종교의 장벽을 초월한 서로 간의 사랑이 존재함을 보았다.

얼마 후 그들에 대한 나의 혐오와 불신은 사라졌다. 과거의 나를 생각한다면 굉장히 놀라운 일이었다. 그리고 나는 그들을 내 동생과 누이처럼 포옹하기 시작했다. 그 가정교회에서 하미드 목사님의 격려와 설교로 나는 가르침을 얻고 세례를 받았으며 기독교 신앙인으로 양육되었다. 교회 생활에도 열정적으로 참여했다.

바로 그 무렵 어머니는 아주 뜻깊은 제안을 받았다. 힌두교 공동체 지도자들로부터 그 당시 트리니다드의 가장 큰 힌두 사원을 주재하는 자리를 맡아달라는 것이었다. 사원에서 매일 행하는 일상 의식을 점검하고, 필요한 경우에는 강의도 맡아야 하는 자리였다.

힌두교 여성 연합 운동에 헌신하고, 자아실현을 위해 혹독한 고행을 감수했던 어머니가 마침내 힌두교 신앙의 부흥에 영향력 있는 목소리를 낼 수 있게 된 것이다. 펀디트들과 구루들이 경전 내용에 의문이 생기면 어머니에게 설명을 듣기 위해 찾아오곤 했다. 어머니는 이러한 사원 생활을 열망했고, 자녀들의 양육에 필요한 것들은 모두 미리 조치를 취해놓았다.

나는 사원 주재를 수락하기 위해 짐을 꾸리고 떠날 준비가 되어 있던 어머니에게 몇 주만 기다려달라고 부탁했다. 내가 장남이었기 때문인지, 어째서인지 모르겠지만 어머니는 내 말대로 몇 주를 더 기다려주었는데 그 부분은 아직도 내게 의문으로 남아 있다. 그 후 3주 동안 나는 어머니와 매일 예수의 가르침과 능력, 죽으심과 다시 살아나심의 중요성에 대해 토론했고, 마지막에는 복음서를 읽어드렸다.

나중에 어머니는 내 삶이 그렇게 갑자기 변화된 것에 대해 몹시 당황

했다고 밝히셨다. 어머니는 내가 더 이상 두려워하지 않는다는 것을 눈치챘다. 그 무엇도 더 이상 나를 두렵게 하지는 못했다. 창가에서 번개가 번쩍일 때마다 그 빛에 따라 내가 창조주께 찬양을 드리면 그 모습을 어머니는 조용히 바라보았다. 그리고 일생을 명상과 요가에 매달렸음에도 불구하고 아직도 자신은 카르마라는 무게에 짓눌려 살고 있는데, 어떻게 내 삶이 단 몇 주만에 기쁨으로 채워질 수 있는지 도저히 이해할 수 없었다고 말했다.

어머니의 하루는 보통 새벽 4시에 일어나서 명상과 요가로 시작되었다. 그러나 그 3주 동안은 예배실 바닥에 엎드려 진리를 찾게 해달라고 울부짖었다고 한다. 어머니 역시 그 기간에 예수의 가르침에 확신을 얻고, 예수를 통해 죄를 용서받았으며 예수께 자신의 삶의 주인이 되어줄 것을 간구했다. 그렇게 아무도 모르게 예수의 제자로 사는 것으로 충분하다고 느낀 어머니는 한동안은 그렇게 하려고 애를 썼다. 하지만 어머니에게 일어났던 일과 회심을 통한 체험과 그리스도에게 속한 구속의 기쁨을 경험한 상태로 사원에서 제안한 자리를 수락하는 것은 불가능함을 깨달았다.

어머니의 개종은 힌두교 공동체에서는 일대 사건이었다. 친구들과 친척들은 충격과 더불어 분개를 금치 않았다. 심지어 펀디트들과 사제들은 소문이 정말 사실인지 확인하려고 집으로 찾아오기도 했다. 당시 열렬한 힌두교 신자였던 거국 내각의 야당 수녀가 우리 집 건너편 거리에서 종교 축제에 참여하고 있었는데, 그곳에서 그는 확성기로 우리 가족에 대한 비난 연설을 서슴치 않고 퍼부었다. 내가 개종하고 두 달이 채 안 돼서 할머니와 어머니, 형제자매들, 야심 가득한 구루였던 사촌 라비까지 모두 우리의 삶의 주인 되시고, 구원자 되신 예수에 대한 신앙을 공공연하게 고백했던 탓이다.

라비와 나는 예배실에 있는 제단과 신상들을 치우고 그곳을 그리스도인들이 명상하고 기도하기 좋은 성소로 바꾸었다. 예배실에 있던 기독 서적은 성경책과 토마스 아 켐피스(Thomas à kempis)의 『그리스도를 본받아』(*The Imitation of Christ*, 브니엘 역간)와 인도인인 동시에 그리스도인인 사두 선다 싱(Sadhu Sundar Singh)의 자서전 『노란 성의(聖衣)』(*The Yellow Robe*)가 전부였다.

우리 집은 이제 지독하게 열성적인 힌두교도들이 아니라 아프리카계 트리니다드인들과 전에 이슬람교도였던 사람들, 개종한 하급 카스트 힌두교인들이 드나드는 곳이 되었다. 또 우리는 그들과 한 식탁에서 밥을 먹는다. 그들과 함께 찬송을 부르고 기도하는 일이 이 집에서 아무렇지 않은 광경이 된 것이다.

어머니 대신 사원에서 일하기 위해 숙모가 인도에서 돌아왔다. 숙모는 당연히 우리 집안에 일어난 변화를 애통해했다. 10년 전 삼촌이 돌아가시고 바나라스 힌두교 대학으로 떠나기 전까지 숙모도 이 집에서 함께 살았었다. 게다가 숙모는 자신의 하나뿐인 아들 라비를 무척 신뢰하고 있었던 터였다.

우리 집에서 가장 어른인, 할아버지 재산을 관리하던 첫째 큰아버지는 매우 화가 나서 결국은 집을 떠나 자신이 강의를 하던 대학 가까운 곳으로 이사해버렸다. 나는 큰아버지가 떠나기 전에 우리에게 남긴 마지막 말을 기억한다.

"예수 그리스도가 너희를 돌봐주든 말든 간에 나는 떠나련다."

이전에 나는 삼촌들처럼 외국의 명문 대학에서 공부하고 싶은 소망이 있었다. 내 고등학교 친구들도 대부분 영국이나 캐나다의 대학에 들어가려고 고향을 떠났다. 반대로 나는 남은 생을 집 근처 작은 초등학교에서 교사로 보내야 될 것처럼 보였다. 그러나 그때 예상치 못한 일이 벌어졌다.

시카고 대학에서 예술사와 철학을 공부하던 막내 삼촌이 대학원 과정을 그만두고 집으로 돌아온 것이다. 나를 가족에 대한 책임으로부터 자유롭게 해주고 싶었던 삼촌은 내게 새로운 세상을 열어주었다. 도스토예프스키, 키에르케고르, 틸리히 등의 저서들과 「토요 서평」(*The Saturday Review*), 2주마다 한 번씩 배달되던 「뉴욕 도서 평론」(*The New York Review of Books*)을 읽을 수 있도록 권유해준 것이다.

삼촌은 내가 철학과 신학 공부를 할 수 있게 미국의 인문 대학에 지원하도록 나를 부추겼다. 그리고 내가 장학금을 받지 못하면 자신이 받은 유산 중 일부를 팔아서라도 내 학비를 대겠다고 약속해주었다. 나는 어디에서 공부해야 할지 결정하는 데 어려움을 겪을 새가 없었다. 예일 대학에서 전액 장학금을 주면서 입학을 허락했기 때문이다. 당시 나는 칼 헨리(Carl F. H. Henry)의 저서들과 「크리스채너티 투데이」(*Christianity Today*)라는 잡지를 읽으러 자주 미국 대사관에 들렀는데, 그 덕에 USIS 사무실 문화 담당관과 얼굴을 익히게 되었다. 그녀는 나를 기꺼이 대사에게 데려가 주었고, 대사관 측은 항공편을 제공해주었다.

나는 그곳에서 받을 문화충격(culture shock)에 무방비 상태인 채로 입학해 대학 생활을 시작했다. 다행히 명예교수였던 케네스 스콧 라투레트

(Keneth Scott Latourette) 교수가 내 사정을 알고 일 년 동안 주일 아침식사 때마다 나와 함께 시간을 보내주었다.

한스 프라이(Hans Frei) 교수의 "현대의 기독교적 사고"(Contemporary Christian Thought)라는 강의는 상급 학생들과 대학원생들이 주로 들었다. 그 강의실에서 1학년생은 나뿐이었다. 키에르케고르의 철학적 단상에 대한 강의가 있던 날 프라이 교수는 내 표정을 보고 내가 강의를 전혀 이해하지 못하고 있음을 눈치챘다. 수업이 끝난 후 교수님은 내게 2주에 한 번씩 현대 신학의 허무에 대한 질문을 준비해서 자신의 연구실로 오라고 말씀하셨다. 그 교수님은 대학 생활 내내 조언자로, 내게 도움을 주었고 불트만의 역사 기술에 관한 졸업논문을 쓸 때는 지도교수가 되어주었다. 이 글을 쓰는 동안에도, 지금은 해석학 분야에서 불후의 명작이 된 『가려진 성경 이야기』(*The Eclipse of Biblical Narrative*)의 원고를 비롯해 그분의 미출판 저작물들을 미리 읽을 수 있게 허락해주었다.

메럴드 웨스트팔(Merold Westphal)이라는 헤겔 전공 학자는 예일 대학에서 저작이나 사적인 우정 측면에서 지속적으로 내게 충격을 주었다. 웨스트팔 교수는 그리스도인들이 친분을 쌓을 수 있는 예일 기독학생회의 지도교수이기도 했다. 그분은 성경적 기독교에 헌신하는 열정 있는 학자로 우리 모두에게 그리스도인의 본이 되었다. 나는 교수님의 격려로 카네기장학 조교(Carnegie Teaching Fellow)로 예일 대학 종교연구학과에서 일 년 동안 가르치는 일을 할 수 있었다. 이후 나는 하버드 대학 종교연구학 박사과정에 등록했고 리처드 니버(Richard Niebuhr) 교수의 지도 아래 "에드워드의 삼위일체 신학에 나타난 신적인 영광에 대한 이해"라는 주제로 논문을 완성했다.

교회나 문답식 모임, 기독교 친교 단체, 베리타스 포럼 등에서 내가 연설하는 주제는 언제나 두 가지로 이루어져 있었다. 하나는 하나님의 거룩하심이고, 다른 하나는 수많은 종교 가운데 기독교가 갖는 유일성이다. 현재 나는 모스크바에서 신학과 세계 종교를 가르치고 있는데, 하나님의 기독교적 원칙을 설명할 때마다 자꾸 조나단 에드워즈의 삼위일체적 시각으로 돌아가려는 나를 발견하게 된다.

미국의 위대한 종교 철학자 에드워즈는 진정한 영성과 거룩함의 추구는 하나님의 선한 창조물을 거부하는 행위보다는 올바른 관계 안에 있는 것과 깊은 관련이 있다고 말했다. 만약 우리가 거룩해지기 원한다면 그것은 반드시 동료들과의 올바른 관계 속에서의 삶을 통해서, 그리고 삼위일체이신 하나님과의 관계를 통해서 이루어져야 한다.

하나님의 사랑은 삼위일체 안에서 나타나는 내적 표현은 물론이고 외적으로 드러나는 표현에도 존재한다. 세상을 창조하시고, 지키시고, 구원하는 것이 바로 하나님의 사랑이 외적으로 표현된 것이다. 기독교가 믿는 하나님은 하늘에만 매여 있는 존재가 아니다. 그 하나님은 우리가 사는 이 땅에 오셔서 자신의 얼굴을 보여주시며, 타락한 우리를 죄와 죽음에서 건지시고, 잃어버린 인간성을 하나님과 연합함으로 불러들이는 일을 하신다. 이러한 하나님의 사랑은 우리를 위해 자신을 내어주시고, 믿음으로 회개하고 돌아오는 사람들과 화해하시는 것으로 나타났다. 바로 이것이 나를 예수께로 이끌고, 내 삶을 변화시키고, 내가 믿기로는 온 세상을 향해 유일하게 참 소망을 주는 복된 소식이다.

코란을 버리고 성경을 택한 이유

라민 산네

십자가의 빛 아래서 인간 본성의 모든 것, 실로 역사 전체가 이 분명하고 첨예한 한 지점에서 다 함께 만난다.

라민 산네(Lamin Sanneh)는 서아프리카 잠비아에서 독실한 이슬람교도로 자랐다. 아프리카 4개국 언어에 능통한 산네는 잉글랜드 버밍엄 대학과 레바논 베이루트에서 아라비아와 이슬람에 대해 연구하여 석사학위를 받았다. 후에 그는 8년 동안 하버드의 세계종교연구센터에서 가르쳤고, 1989년에는 예일 대학교에서 종신교수로 재직했다.

그는 자신의 연구를 근거로 서아프리카와 유럽, 미국 등지에서 기독교 선교가 토착 문화를 위태롭게 만드는 것이 아니라 토착민들로 하여금 복음의 개념을 그들 고유의 문화언어학적 용어로 번역하게 함으로써, 그들의 문화에 활기를 더하게 할 수 있다고 주장했다. 기독교 선교는 2천 년 전 예루살렘에서 온 오순절의 확산을 통해 전 세계의 이교도 문화에 뿌리를 내렸다. 서양 신학이 타문화의 풍부한 통찰력과 관습에 대면하게 함으로써 그리스도인들은 우물 안 개구리라는 오명을 벗어야 할 것이다.

라민 산네는『서아프리카의 기독교』(*West African Christianity*),『종교적 충격』(*The Religious Impact*),『메시지의 번역』(*Translating the Message*),『문화에 미친 선교의 충격』(*The Missionary Impact on Culture*),『서양과의 만남』(*Encountering the West*) 등의 저자이기도 하다. 그의 아내 산드라는 남아프리카 원주민이고 부부의 슬하에는 두 명의 자녀가 있다. 아들 켈레파는 하버드에 재학 중이고, 딸 시아는 뉴햄프셔의 콩코드에서 공부하고 있다.

나는 잠비아에서 소년 시절을 보냈는데, 연례 행사인 라마단(이슬람교 단식 기간)이 다가올 때면 일체감과 소속감을 느끼는 굉장히 흥분된 분위기가 조성되었다. 나 역시 그 분위기를 매우 좋아했고, 전 세계 모든 이슬람교도들이 우리 헌신의 초점이 되는 신께 경배하고 복종하는 이 행사를 고대했다. 가끔은 엄격한 의식에서 벗어나고 싶을 때도 있었지만, 신은 이런 요청에는 아주 완고하고 융통성이 없는 것 같았다. 또 한편으로는 신이 정해놓은 금식훈련을 완수했다는 것에 대한 자부심을 느꼈다. 금식의 달 마지막 행사인 축제는 영광의 날이었다. 그날은 맛있는 음식을 마음껏 먹을 수 있었고, 깨끗한 옷을 입고 친구들과 기도하러 가는 날이었다. 우리는 신께 우리가 할 수 있는 의무를 다함으로써 인정받는다는 생각에 매우 들떠 있었다.

나는 가장 이슬람교적인 정부기숙학교에 다녔다. 특별한 날에는 학교에서 밤이 새도록 기도하고, 새벽녘에는 신께 찬양을 드렸다. 새벽빛은 마치 신의 자비처럼 우리를 비치고 있는 것 같았다. 내가 이슬람교도로서 받았던 종교 훈련의 일부는 아직도 내게 유효하고 나는 그것에 매우 감사한다. 그것은 내 삶에 어떤 가치보다 큰 부분으로 작용했다.

아마 당신은 내가 어떻게 해서 이러한 것들을 버리고 그리스도인이 되었는지 궁금할 것이다. 나에게는 하나님과 인류, 삶과 죽음, 그리고 궁극적인 현실에 대한 의문이 있었다. 나 혼자서는 해결하기 어려운 의문들은 내 삶에 큰 영향을 끼쳤던 전통과 문화에서 생겨났다. 그래서 나는 다시 코란으로 돌아갔다. 코란은 예수를 예언자 혹은 신의 사도로만 증거하고 있을 뿐 십자가에 못 박혔다고는 말하지 않았다. 다만 "다른 누군가"가 예수를 대신해 희생되었다고 말했다(코란 4:155). 사후 삶에 대해 가르치는 것에 관심이 많았던 나는 신이 만약 예수를 대신한 누군가를 희생시켜 십자가에서 예수를 구했다면, 코란이 말하고 있는 대로 신은 분명히 그 희생자의 죽음에 대한 책임이 있다고 확신했다.

내가 살던 마을은 식민지구 행정본부로 크리올 기독공동체(the Creole Christian Community)의 일원들이 몇 있었지만 그들의 모임은 점차 쇠퇴하는 추세여서, 내가 기독공동체를 접할 기회는 거의 없었다. 그리스도인들에 대해 내가 알고 있는 것은, 그들이 신의 아들인 예수가 십자가에서 죽었다는 명예스럽지 못한 믿음을 갖고 있다는 것과 그것에 대해 코란이 그려놓은 그림이 전부였다. 그래서 나는 예수의 생애에 대해 관심을 가지게 되었다. 이러한 관심은 내게 두려움과 동시에 흥분을 느끼게 했다. 이 관심이 이슬람교의 전통적인 가르침이 허용한 명예로움의 경계를 벗어날 위험이 있는 탓에 두려웠고, 한편으로는 내가 나 자신의 종교적 성향에 따라 움직이고 있다는 사실에 흥분되었다. 그러나 정통에 어긋나는 의문을 계속해서 가지는 것은 아무래도 마음이 편치만은 않은 일이었다. 나는 비밀스럽게 신게 이러한 일들로부터, 그리고 이 일의 결과가 가져올 당혹스러운 것들로부터 나를 구해달라고 기도했다. 정부병원에서 일하기 시작했을 때, 월급의 얼마를 아꼈다가 길거리의 가난한 사람들에게 나누어주면서 신께 기독교적 복음이라는 유혹에서 나를 구하고 보호해달라고 빌었다.

하지만 어떠한 노력을 해도 여러 가지 의문으로부터 헤어날 수가 없었다. 십자가에서 죽은 사람은 누구였을까? 그의 이름을 우리가 알 수 없다면 어떻게 신이 그를 그곳에 두었는지 알 수 있었을까? 예수가 정말로 십자가에서 죽었고 그것이 신의 뜻이라고 가정해보자. 그게 사실이라고 해도 신에 대한 우리의 지식을 어떻게 바꿀 수 있을까? 나는 우리 삶의 일부인 고통과 슬픔, 산산이 부서져 버리는 희망들에 대해 깊이 생각해보곤 했다. 어린 나이였지만 나는 우리 가족과 다른 사람들에게 일어난 비극, 곧 중세시대에나 볼 수 있는 아프리카에서 산다는 것에 대한 불확실함 같은 것을 보았다. 삶의 정수에서 십자가와 그것이 주는 알 수 없는 부담감이 모든 진정한 체험에 있어서 진짜처럼 들리는 삶 내면의 고결함과 신비에 관해 무엇인가를 선언하고 있는 것 같았다.

코란에 나오는 십자가 사건의 익명의 희생자에게 얼굴과 이름을 부여할 수만 있다면, 그 희생자가 예수라는 것을 인정하는 것보다 더 나쁜 짓도 할 수 있을 것 같았다. 예수는 경전에서 언급한 인물들을 통틀어 십자가의 의도에 가장 적합한 인물이었고, 신적인 구원의 효능이 무엇이었든지 간에 십자가와 가장 밀접해 보였다. 그게 정말 사실이라면 인간의 연약함을 극복하고 신의 참 모습을 드러내는 속죄의 사랑을 가진 신은 친히 인간들의 세상에 오셔서 죽음을 이기시고 우리가 완전히 새로운 방식으로 삶을 이해할 수 있도록 허락하시며, 신과 인류가 결속하였음을 실제로 보여준 셈이 될 것이다. 예수의 십자가에 비춰보면 인간 본질의 모든 것과 역사가 날카롭고 신랄한 한 장소로 집결되는 것처럼 보인다. 이제 모든 것이 이해되기 시작했다. 나는 어쩔 수 없이 십자가가 너무나 필요해졌고 그것이 내 삶이 나아가야 할 진정한 길로 여겨졌다.

내가 예수를 받아들일 수 있었던 것은 코란에서 배웠던 권위 때문이었다. 나는 코란이 말한 대로 성경 또는 그 정수가 상실되었다고 믿고 있었다. 그리고 아주 나중에야 성경을 선물로 받았다. 성경에서 사도행전과 로마서를 읽은 후, 나는 하나님이 믿음으로 나를 의롭게 여기신다는 엄청난 가르침과 마주하게 되었다. 나는 하나님의 아량에 매우 놀랐는데, 이것은 내가 기독교의 문화적 계보도 전혀 모르는 상태였고, 스스로 하나님을 붙잡기 위한 방법을 알 만한 능력은 더더욱 없었기 때문이었다.

엄격한 규칙과 통제의 종교를 알지 못하는 현대인들에게, 그리고 제2차 바티칸 공의회 이후 그리스도인들에게 수수께끼 같은 신의 의식에 무조건 복종해야 한다는 것이 얼마나 무거운 짐인지, 그와 반대로 예수님에 대한 간섭과 중재를 어떻게 하나님이 주신 선물로 느낄 수 있었는지에 대해 설명하기란 쉽지 않은 일이다. 한편으로는 내가 하나님을 기쁘시게 하는 일에서의 무력감으로부터 해방되어 자유의 몸이 된 느낌은 형용할 수 없을 정도다. 나는 기독교 신학에 대해서는 문외한이었지만, 하나님만이 우리를 향한 무조건적인 그의 사랑을 받아들일 수 있게 은혜를 주실 수 있다는 사실을 알게 되었다. 우리가 배운 문화와 경험과 습관은 우리에게 계시된 진리에 대한 무관심을 주입시킬 뿐이다. 이런 점에서 이슬람교는 하나님 앞에서와 하나님을 대변한다는 사람들 앞에서 인간의 무능력에 대한 상처를 더 아프게 짓누를 뿐이다(이것이 세속적 서방 세계가 종교적 근본주의에 그렇게 무력감을 느끼는 이유다).

하나님이 우리를 있는 그대로 사랑하게 하시는 데 큰 장애물이 되는 것 하나는 선해지려는 봉사와 친절이라는 행동으로 하나님을 감동시키려는 우리의 노력이다. 혹은 종종 반대 극단으로 치우치기도 한다. 우리는 각자의 죄에 대해서 의기소침해지고 냉소적으로 반응할 수 있다. 하나님께 죄에 대해 끊임없이 고백하는 것으로 동정심을 유발하려고도 한다. 그러고서는 하나님의 선하심에 감사한다. 그러한 일들은 매우 빈번하게 발생한다. 그러나 참으로 놀라운 일은 신약성경의 기록에 따르면 하나님은 나를 이 모습 이대로 사랑하신다는 사실이다. 이것은 내 삶에 엄청난 변화를 가져왔다.

짐작했던 것처럼 기독교 공동체를 찾는 일은 쉽지 않았고, 이슬람 친구들은 나의 개종을 괘씸하게 생각해 아주 격렬하게 나를 비난했다. 그럼에도 하나님은 내게 갈보리 십자가는 어떠한 상황에서도 우리 삶을 바꿀 수 있는 지속적이고 변하지 않는 사실이라고 말씀해주셨다. 한 그리스도인 작가는 "우리는 환경이 비참해질 때가 아니라 우리 자신이 비참해질 때 항복한다"라고 말했다. 우리가 실패하고 나약해지는 것은 우리 속에 내재하는 믿음이 실패하고 나약해진 것이다. 가장 이상하고 무시무시한 종류의 희망이 싹트는 그 기이한 밤을 우리는 이기고 살아남을 수 있다. 우리가 어떻게 느끼든지 십자가에서 나타나고 입증된, 그리고 빈 무덤에서 확인된 하나님의 사랑은 흘러넘친다. 우리가 하나님의 신뢰로부터 달아나거나 주춤거리는 것은 불가능하다. 부분적으로는 시편 기자가 말한 "내가 주의 앞에서 어디로 피하리이까?"에 담겨 있는 비밀이기도 하다. 우리를 에워싸고 포용하는 풍성한 사랑은 하나님의 임재 안에 있다. 사도 요한은 "보라 아버지께서 어떠한 사랑을 우리에게 베푸사"(요일 3:1)라고 말하고, 사도 바울은 "우리가 아직 죄인 되었을 때에 그리스도께서 우리를 위하여 죽으심으로 하나님께서 우리에 대한 자기의 사랑을 확증하셨느니라"(롬 5:8)라고 말함으로 그와 같은 감정을 되살리고 있다. 우리의 흔들리지 않는 근원은 바로 하나님의 사랑으로 이루어지는 것이다.

사람의 형상을 그 안에 있는 모든 것과 함께 취하심으로써 그분은 우리를 위해 예수 그리스도 안에 놀라운 돌파구를 준비해주셨다. 하나님은 인간의 불순종이라는 비극과 거기에 합당한 결과를 면제받는 자로 예수님을 두시지 않고, 예수님을 통해 친히 위험에 뛰어들어 인류의 역사 속에 들어오셔서 자발적으로 인류 역사상 가장 큰 화제와 희생자가 되신 것이다. 예수님의 고통은 하나님의 무조건적인 사랑이 가지는 본래의 성스러운 뜻을 피로 가득한 캡슐에 요약해놓은 것과 같다. 우리는 이 사랑으로 인해 하나님과의 교제를 회복했다. 하나님은 예수님을 통해 인간의 고통과 슬픔을 느끼셨을 것이다. 예수님은 인간 죄성의 말할 수 없는 고뇌 속에 있는 슬픔에 처하셔서, 우리와 동등한 조건에서 하나님의 능력에 대한 인간적 잣대가 되셨고, 하나님께는 사랑을, 인간에게는 존경을 받는 "고난의 종"이 되셨다. 고통받는 종의 자리는 하나님의 자화상이고, 20세기의 재앙들이 증거하듯이 역사가 타락하고 비참해지는 것에 대한 노골적인 증거다.

우리가 하나님 자녀로서의 권리를 찾고 하나님과의 관계를 회복하는 데에는 이러한 진리에 대한 인식이 절대적으로 필요하다. 도덕적 진리와 개인적 완전의 핵심은 속죄의 고통이며, 모든 예언자들은 그 능력에 감동하였다. 이슬람 예언자들을 비롯한 모든 사람이 역사의 시련과 고난으로 그늘진 곳을 걸었지만, 단 한 사람만이 그 그늘을 역사적 체험으로 구체적으로 나타내 보였다. 우리가 자신의 마음에 귀를 기울이면, 스스로는 말로 다하기 힘든 하나님의 은혜를 선포하는 끊임없는 의식의 소리를 들을 수 있을 것이다.

사도 바울은 우리를 보물, 곧 "우리와 함께하시는 하나님"이라는 선물을 담는 토기에 비유했다. 만약 우리가 인간을 자유롭게 할 수 있는 유일한 진리에 붙잡혔다면, 우리의 임무는 역사와 공동체에서 나눔과 봉사로 우리의 신실함을 입증하는 것이다.

나는 잉글랜드와 레바논에서 이슬람과 아라비아에 대해 깊이 연구한 후에, 교회와 이슬람 공동체가 가까워지게 하려는 마음을 가지고 아프리카에 돌아왔다. 우리가 그리스도 안에 나타난 하나님의 사랑을 알 때, 우리는 그것을 증거하고 더 봉사하기를 원하게 된다. 하나님의 사랑을 증거하기 위한 유일한 방법은 하나님이 우리에게 자신을 내어주신 것처럼—희생적으로, 사랑을 담아, 확실하고, 열렬하게—다른 사람들과 하나님의 사랑을 나눠 가지는 것뿐이다.

하나님이 나를 성직으로 부르고 계심을 확신하고 나는 그리스도인으로서의 내 삶을 시작했다. 내 소명을 완수하기 위해서는 또 다른 길을 찾아야 했다. 학업을 마친 후 처음에는 기독교와 이슬람의 관계와 관련된 직업 센터에서, 그 다음에는 아프리카와 영국의 대학에서 가르치는 일을 했다. 그리고 하버드의 세계종교연구센터에 초청되어 하버드 신학대학원에서 강의를 맡았다. 그럼으로써 나는 내 주요 관심 분야인 신학으로 돌아갈 수 있었고 그것을 종교에 대한 나의 역사적 작업에 포함시켰다. 하버드에 머무는 동안 현재 5판까지 나와 있는 『메시지의 번역』(*Translating the Message*, 1989)이라는 책을 써야겠다고 생각했다.

『메시지의 번역』에는 풀리지 않는 논제들이 아주 많았고, 나는 그것들에 주목해야 할 필요가 있다고 느꼈다. 그 결과 나는 최근 『서양과의 만남: 기독교 그리고 세계의 문화적 변천』(*Encountering the West: Christianity and the Global Cultural Process*)이라는 책을 출판했다. 이 책에서 전개시킨 공식들의 뿌리는 모두 하버드에서의 교수 생활에서 나온 경험이다. 내가 보기에 우리 사회에서 기독교에 대한 도전들은, 좁은 의미의 학문이 아니라 문화가 종교적 신앙의 부족한 부분을 채워줄 수 있고 사실상 종교의 자리를 전적으로 대신할 수도 있다는 태도를 가지고 있다. 우리들 대부분은 개인적 정체성의 궁극적인 근원으로서의 문화에, 개인적 의무의 가장 고차원적인 형태로서의 민족적·인종적 관계 안에서 규정한 세속적 국가의 상태에 정착하려 한다. 이러한 태도는 종교를 문화적 형태로 격하시키거나 문화적 형태를 규범적 기준으로 격상시키는 것으로 복음을 무력화한다. 종교를 지나치게 단순화시키면 종교와 문화 두 가지 모두를 괴롭히는 타락과 문화적 절대화의 길을 걷게 될 것이다. 기독교적 변환 능력이 가진 문화적 암시가 절대적인 것과 상대적인 것, 보편적인 것과 특별한 것, 진리와 가치, 하나와 다수 사이에서 구별에 대한 적절한 통찰을 어떻게 제공하는지에 대해 내가 무엇인가를 말해야 할 필요가 있었다.

기독교적 특수성이 다원론이나 다양성의 요구와 갈등을 일으키지 않는지, 기독교적 선교가 편협한 신앙의 실천은 아닌지에 대한 질문은 나와 같은 세대의 하버드 교수들과 학생들에게 가장 귀찮은 질문 중 하나였다. 아프리카와 아시아에서 기독교로 개종한 사람들 모두가 자신의 고유 문화에 충실하지 않았다는 것과 서양의 종교적 제국주의에 대한 증거라는 주장이 이런 식의 추론으로부터 도출되는 불편한 결론이었다.

상대방에게 스스로를 변호할 여지나 그들을 포용해주기보다는 자신의 선험적 확신에 근거해 아프리카와 아시아 그리스도인들의 운명을 판단하는 것이 얼마나 모순된 것인지조차 깨닫지 못한 사람들이 많다. 식민지화된 지역의 사람들은 한 번은 식민지 통치 아래에서, 다른 한 번은 계몽된 자유주의의 반선교적 편견에서, 두 번이나 오명을 쓰게 되었다. 선교운동의 역사에서 이들이 기각된 것에 대해 이의를 제기할 수 있도록 도와주는 것은 물론이고, 자유주의가 이런 모순에서 벗어나려고 한다 해도, 먼저는 그렇게 복잡하고 광범위한 운동을 향해 그들이 가지고 있는 적개심의 장벽부터 낮추는 것이 순서다. 이러한 논제와 그것들이 내게 부과한 두 가지 임무는 내 삶의 직업적 행로를 바꾸었다. 모든 것에서 하나님의 손길을 느꼈기 때문에 나는 하버드가 나와 이 나라 그리고 전 세계 내 동료들이 임무를 완수할, 하나님의 학문적 노력의 장으로 쓰이기 위해 마련된 도구였다고밖에 말할 수 없다.

나는 『서양과의 만남』에서 나 자신의 소명을 바라보는 내 시각을 다문화적 뿌리의 관점에서 묘사해보려고 했다. 이 책은 한 개인의 지적 신조와 같은 것인데, 그 한 사람은 4대륙에서 교육을 받아 구별된 문화적 전통을 형성하는 가닥들(아프리카, 이슬람교, 기독교, 현대 서구사회)을 지녔다. 그래서 네 가지 가닥이 영구불변으로 서로 얽혀 있기도 하다. 한 가닥이 나와 하나의 관점을 제공하면, 나머지 가닥들은 결과적으로 함께 공명하며 통합되는 것이다. 전 세계적인 상호관계를 형성하기 위해서 이러한 다문화주의가 점점 더 보편적인 현상이 되어가는 추세다.

나는 이러한 교육을 통해 문화적 순수와 거기에 발생하는 삶에게 만족스럽지도 진실하지도 못한 배타성—세속적인 것에서 종교적인 것을 축출하는 일이든, 그 둘을 완전히 동일시하는 일이든—에 대한 개념들을 발견하였다.

하나님이 나를 양육하신 방식과 내게 허락하신 것들로 인해 나는 하나님을 찬양하지 않을 수 없다. 또한 이슬람식 양육 원칙에서 받은 모든 선물 때문에도 그분을 찬양한다. 하나님은 내가 받은 선물을 하나님의 영광을 위해 사용하기를 원하신다. 또한 내가 양육된 내적 비결이 하나님의 오른편 보좌에 앉아계신 예수 그리스도이시며, 그분은 사랑과 겸손과 인내와 봉사와 감사 속에서 이것을 선언하기를 원하신다.

돈, 인종, 그리고 자비의 복음

하버드 경영대학원에 입학한 목사   로버트 매시

회심, 세상을 향한 변화   제프리 바네슨

나는 동료와 학생들에게 큰소리로 외치고 싶다. "하버드를 섬기지 말고, 하나님과
그의 사랑하는 예수 그리스도를 섬기라. 고독, 우울, 영적 빈곤으로 고통받는 사람
들에게 희망의 메시지를 전하라." 하지만 내가 야망의 사슬에 묶였을 때, 가난의 사
슬에 묶인 사람들을 바라보는 것이 어렵다는 사실을 깨달았다.

헨리 나우웬, 『희망의 씨앗』(Seeds of Hope, 두란노 역간)

심령이 가난한 자는 복이 있나니 천국이 그들의 것임이요
애통하는 자는 복이 있나니 그들이 위로를 받을 것임이요
온유한 자는 복이 있나니 그들이 땅을 기업으로 받을 것임이요
의에 주리고 목마른 자는 복이 있나니 그들이 배부를 것임이요
긍휼히 여기는 자는 복이 있나니 그들이 긍휼히 여김을 받을 것임이요
마음이 청결한 자는 복이 있나니 그들이 하나님을 볼 것임이요
화평하게 하는 자는 복이 있나니 그들이 하나님의 아들이라 일컬음을 받을 것임이요

예수, 마태복음

하버드 경영대학원에 입학한 목사

로버트 매시

헛된 신들을 섬기는 삶을 사는 한 인산은 결코 행복해질 수 없다. 그 우상들은 생명과 힘을 주는 것 같지만 실제로는 결코 그렇지 않다.

로버트 매시(Robert K. Massie Jr.)는 성공회 목사로 1984년 가을에, 하버드 경영대학원의 박사과정에 등록했다. 매시는 하버드 대학 윤리학부의 특별 연구원이 되었고, 1987년에는 교수로 임명되었다. 그는 1989년에 경영정책 박사과정을 마치고 하버드 신학대학원의 "공공생활의 가치를 위한 센터"(The Center for Values in Public Life)에서 "경영, 가치 그리고 경제"라는 프로그램을 만들어 지도했다.

또한 그는 1982년에 신학 석사학위를 받았던 예일 대학 신학대학원에서도 가르쳤다. 1978년에는 프린스턴 대학에서 유럽 역사에 대한 학사학위를 취득했다. 현재는 국제적으로 공공 정책의 윤리, 남아프리카 권리박탈 운동의 역사, 의료 윤리 및 경영 윤리 등에 대해 강의와 저술 활동을 펴고 있다.

매시 박사의 부모인 로버트와 수잔 부부는 혈우병 환자인 아들 리처드와 함께 고난에 대처하는 한 가족으로서 그들의 경험을 쓴 소설 『여행』(Journey)을 공동집필했다. 혈우병에 대한 그들의 관심은 1967년에 발간된 『니콜라스와 알렉산드라』(Nicholas and Alexandra)를 저술하는 데에 영감을 주었다.

네 번째 수업시간에 마케팅 교수였던 마크 알비온(Mark Albion)은 F조의 조원들에게 각자 자기소개를 할 것인지 물었다. 마크는 우리가 일 년 내내 같은 강의실에서 함께 시간을 보내게 될 것이며, 따라서 자연히 서로에 대해 알고 싶어질 거라고 했다.

강의실에는 변호사 2명, 컨설턴트 8명, 회계사 9명, 기술자 17명, 은행원 23명이 있었다. 동급생들 중 아이비리그 출신은 25명이었고, 35명은 경제학이나 경영학을 전공했다. 경영대학원에 들어오기 전 대기업에서 일했던 동급생들 중 4명은 석유회사, 3명은 P&G, 3명은 IBM에서 근무했고, 2명은 GM에서 휴가를 받은 상태였다.

우리 중에는 콜드스트림가드(Cold Stream Guards)의 캡틴이면서 북아일랜드에서 소대 하나를 이끌던 사람도 있었고, 베이루트 공항 폭격 당시에 군에 복무했던 해병대 중위도 있었다. 또한 건축가, 캐나다 스키 강사, 오스트레일리아 출신의 수의사, 일본 수상의 전직 보좌관도 있었다. 그리고 맨해튼 10번가에 위치한 그레이스 교회를 사임하고 경제학과 기독교의 관계에 대한 대학원 과정의 연구를 위해 온 성공회 목사도 있었다. 그 사람이 바로 나다. 나는 언제라도 교구로 돌아갈 수 있다고 생각하면서, 기업자본주의의 사관학교인 하버드 경영대학원에서 매우 실험적인 한 해를 맞이했다.

 제6장 돈, 인종, 그리고 자비의 복음

학교 측에서는 내가 박사과정에 들어가기 전에 경영에 대한 기초를 더 공부해야 한다고 판단했고, 나를 MBA 1학년 과정에 배치시켰다. 그렇게 해서 나는 1984년 9월에 긴장한 88명의 1학년생들과 함께 "알드리히(Aldrich) 8"이라는 창문 없는 계단강의실에 앉아 있었다.

하버드에서의 처음 며칠 동안 내 머릿속은 뉴욕에서 보낸 여름 동안 알게 된 한 여자에 대한 생각으로 가득 차 있었다. 그 여자는 그레이스 교회의 앞쪽 계단 왼쪽 편에 몸을 잔뜩 웅크리고 앉아 있었다. 그곳은 악취가 진동했고 파리 떼가 들끓었다. 그녀는 심지어 32도에 달하는 기온에도, 더러운 겨울 코트를 아무렇게나 둘러쓰고 있었다. 내가 물이나 주스를 가져다주었지만 그것들을 건드리지도 않았다. 어두운 밤이 되거나 비바람이 몰아칠 때에는 어디론가 사라졌다가 아침이 되면 언제나처럼 그 자리에 돌아왔다.

나는 몇 번이나 그녀와 대화를 나누려고 애썼지만 그녀는 나는 물론이고 어느 누구에게도 대답하지 않았다. 뉴욕 시의 의료 팀이 왔을 때 그들에게 심한 욕설을 퍼부으면서 자신은 아무렇지 않으며, 다만 혼자 있고 싶을 뿐이라고 말했던 것만 빼놓고 말이다. 그 후로도 그녀는 오랫동안 그 계단을 지켰고, 나는 그 여름이 지나고 그곳을 떠나올 때까지 계속해서 물을 가져다주면서(물론 그녀는 결코 마시지 않았다) 말을 걸었다.

솔직히 하버드에서의 처음 몇 주 동안의 일들은 거의 기억이 나지 않는다. 나는 설교를 하고 가르치고 상담하고 일하면서 뉴욕의 빈민가 사람들과 함께 보냈던 그레이스 교회의 예배당에서 갑작스럽게 끌려나와 골치 아픈 마케팅, 회계, 경영경제학, 조직행위론 등으로 가득 찬 경영대학원에 떨어져 있었다. 구원, 속죄, 용서, 은혜 등의 신학 언어들 대신에 감가상각, 세금감면, 누적확률분포곡선, 생산품 조립, 순현재가치, 종속전환사채 등과 같은 새로운 단어들을 가지고 말해야 했다. 로마서에 담긴 사도 바울의 논리에 대해 깊이 고민하는 대신에 바셀린 제품을 위한 소비나 무역 증진 캠페인을 놓고 고민해야 했다.

경영대학원에서 수업을 받은 지 몇 주 지나지 않아서 나는 이곳이 경영기술을 가르치는 데 사례연구에만 지나치게 치중하고 있음을 느꼈다. 이것은 우리가 공부할 때 경영자가 직면하는 경영상의 문제에 대해 자세히 설명(숫자와 도표로 빽빽한 문서들을 포함한)해야 함을 뜻했다. 상황을 파악(때때로 이것이 가장 어려운 작업이다)하고 해결책을 이끌어내고, 마침내는 다음 날 아침 무작위로 뽑히는 첫 발표자가 될지도 모르는 불운에 대비해서 항상 발표를 미리 준비해놓아야 했다. 그러한 분석 과정은 거의 똑같은 방식으로 그 학년 중에만 약 400번씩 반복되면서, 학생들 사이에서 다음과 같은 금언이 유행하게 했다.

"그들은 우선 당신을 죽도록 겁먹게 하고, 그 다음엔 죽도록 공부하게 하고, 마지막에는 죽도록 지루하게 만든다."

경영대학원은 수업 참여도에 막대한 비중을 두어서 수업 태도가 학점의 50%를 차지하기도 한다. 그래서 나는 일찌감치 무기력한 침묵을 떨쳐버려야 한다는 것을 깨달았다. 하지만 그것은 너무 어려운 일이었다. 함께 공부하는 학생들은 경영학을 몇 년씩 공부하여 엄청난 열의로 수많은 단어와 개념들을 교실 곳곳에 사정없이 쏟아놓았기 때문이다.

경영학 용어에 익숙해지는 일보다 나에게 더 어려운 일은 교실에서 어떤 정체성을 갖느냐였다. 나는 하버드에 응시하면서 목사직을 떠나는 것이 아니라 교구로 다시 돌아가 목회할 것을 확실히 했다. 그러나 수업을 듣기 시작하면서부터 나는 어느 곳에 가든지 특별한 사람이 되어버렸다. 경영대학원에서는 내 직업이 목사라는 것 때문에 다들 나를 특이한 사람으로 생각했고, 교회 친구들이나 교역자들은 내가 신학대학원이 아닌 경영대학원에 다닌다는 것 때문에 나를 특이한 사람으로 여겼다. 내가 경영대학원에 입학한 목적은 신앙과 경영학 사이의 바로 이러한 긴장을 해소하기 위함이었다. 그러나 그러한 긴장을 너무나 빨리, 더군다나 나의 내부에서 찾는다는 것은 무척 괴로운 일이었다. 수업 중에 어떻게 행동해야 할지를 깨닫는 것도 아주 어렵고 미묘한 문제였다.

때때로 나는 내가 생각하는 것이 여러 사례를 통해 제기되는, 좀 더 폭넓은 정치적·윤리적 논제들이라고 목소리를 높이곤 했다. 공장을 폐쇄하고 수백 명의 실직자를 만드는 것이 정말로 꼭 필요한 일일까? 멀쩡한 정신을 가진 사람이 터무니없이 비싼 방취 양말을 슈퍼마켓에서 쉽게 구입할 수 있기를 진정으로 원할까? 대대적인 샴푸 판매 전략이 제품을 구입하는 사람들에게 과연 어떤 효과를 가져다줄 수 있을까? 병원 체인은 수익성이 꽤 높은데 이것이 가난한 사람들을 배척해서 돈을 벌고 있을지도 모른다는 생각을 해볼 수 있지 않을까? 학생들은 내 질문들에 대해 매우 관대한 척했지만 지지해주는 사람은 없었다.

한번은 윤리학자로서의 나의 틀을 스스로 깨뜨리려는 시도를 한 적이 있다. 나는 단지 어떤 일이 벌어질지가 궁금했다. 우리는 그때 판매율이 아주 저조한 향수에 대해 토론하고 있었다. 나는 손을 들고 내 의견을 말했다.

"어쨌든 향수는 이미지와 분위기가 관건입니다. 속물들의 관심을 끌수 있게 가장 값비싼 것임을 강조하는 캠페인으로 분위기를 잡아보면 어떨까요?"

교수는 내 의견에 깜짝 놀라면서 이렇게 말했다.

"그 생각은 자네 이면의 자아가 낸 의견인가?"

강의실은 웃음바다가 되었다.

나는 아직도 그때 교수의 말이 칭찬이었는지 질책이었는지 모르겠다. 그 발표 이후로 나는 내가 좋다고 생각하지 않는 것은 어떤 경우에도 추천하지 않았다. 나는 자유로운 선도자로서, 윤리적 경계선이 존중되고 있다는 것을 보증하는 최후의 보루로서, 나에게 맡겨진 역할에 최선을 다했다.

강의 시간은 언제나 길고 지루했지만, 강의실을 둘러보면서 공상에 빠질 만한 시간도 많았다. 하버드 경영대학원에는 매력적인 외모를 가진 사람들이 지나치게 많다는 사실이 언제나 나를 놀라게 했다. 남자들은 대체로 키가 컸고, 반듯한 턱선을 가진 만능 스포츠맨들이었다. 여자들은 눈에 띄는 미인들이었고 대부분 귀티가 났다. 인물이 변변치 못하거나 실타래 같은 머릿결, 아무런 특징 없는 밋밋한 얼굴, 창백한 안색을 가진 사람은 극히 드물었고, 재학 중인 학생들에게는 장애나 질병 혹은 죽을 수밖에 없는 인간의 유한성을 나타내는 증표는 어디에도 없어 보였다. 그들은 모두 카리브 해의 휴가나 비싼 주류 광고에 어울릴 법한 사람들이었다. 그들은 모두 승리자처럼 보였다.

　제6장 돈, 인종, 그리고 자비의 복음

나는 종종 그레이스 교회의 커다란 테데움(Te Deum, 찬미의 노래―옮긴
이) 창문을 뒤로 하고 앞으로는 나르텍스(narthex, 초기 기독교 시대 교회당
의 본당 입구에 있는 넓은 홀―옮긴이)의 장미무늬 창문이 긴 회중석 통로까
지 이어지는 지성소에서 가운을 입고 서 있던 내 모습을 그려본다. 내 앞
탁자 위에는 옛 세대가 물려준 은쟁반과 성찬배가 반짝이고, 정갈한 흰색
린넨과 기도서가 펼쳐져 있으며, 빵과 포도주의 성찬 재료들이 놓여 있었
다. 나는 그때 500명이 한 목소리로 불렀던 힘찬 찬양을 떠올려본다.

거룩 거룩 거룩하신 주

능력과 전능의 하나님

하늘과 땅은 당신의 영광으로 가득하네

가장 높은 곳에서 호산나

주의 이름으로 오시는 이여 복 있도다

가장 높은 곳에 호산나

나는 제단에 서 있는 여러 부류의 사람들―젊은이와 노인, 강자와 약
자, 존경받는 사람과 멸시받는 사람, 즐거워하는 사람과 고통받는 사람
등―을 바라보았다. 사람들은 무릎을 꿇었고, 물질적인 세상이 결코 줄
수 없는 것―즉 희망, 용서, 해방―을 얻으려고 모두가 팔을 뻗었다. 나는
그들의 눈을 바라보고, 나의 행위가 아니라 모든 사람에게 이르는 어떤
신비롭고도 확연한 사랑에 의해서 그들의 바람이 이루어지는 것을 볼 수
있는 특권이 있었다.

해가 거듭할수록 나는 더 많은 학생들과 친해졌고, 더 많은 친구들을 사귀었으며, 또한 더 많은 딜레마로 고통을 받았다. 그들과 개인적인 관계를 맺으면서 나는 우리 모임에서 아주 매력적이고 생각이 깊은 사람들을 많이 알게 되었다. 경쟁 심리가 높은 강의실 분위기에도 불구하고, 수학에 재능이 있는 학생들은 숫자와 싸우고 있는 급우들을 기꺼이 도와주었다. 학기 중에 급우 한 명의 어머니와 어느 교수님의 아버지가 돌아가셨을 때는 모두가 즉각적이고 진실한 연민과 도움의 손길을 보여주었다. 어떤 학생들은 고아의 후견인으로, 어떤 학생들은 헌혈 운동을 계획하는 것으로 시간을 내서 자원봉사 활동을 펼치기도 했다.

그 학년 내내 나 역시 많은 사람들의 우정과 원조를 받았다. 내가 무릎을 다쳤을 때 조엘 포즈넌스키는 며칠 동안 나를 강의실까지 태워다주었다. 회계학 기말고사 전날 밤, 제레미 프리드먼은 한 시간 가까이 나와 전화통화를 하며 내 질문들과 엄살을 받아주었다. 성경공부와 친교를 위한 모임으로 거의 모든 교파가 모인 열두 명의 급우들이 만났을 때에는 무척이나 기뻤다. 우리는 매주 화요일 점심시간을 함께 보냈는데 각자의 배경과 신앙과 여러 가지 의문에 대해 이야기했다. 시험을 치르는 주에는 잠깐씩 모여서 기도하며, 하나님께 우리에게 닥치는 모든 시련에 대한 올바른 관점을 달라고 간구하곤 했다.

개인적으로 괴로운 시간을 보내고 있는 학생들 몇몇은 내게 자신들을 섬길 수 있는 기회를 만들어주기도 했다. 어떤 여성은 남편과 딸을 잃은 고통스러운 이야기를 털어놓았고, 어떤 남성은 아버지의 죽음에 대한 매우 감동적인 이야기를 자세히 해주었다. 어떤 학생들은 미래에 대한 두려움과 신입생으로서 느끼는 학업에 대한 과중한 압박으로 인한 좌절감을 이야기하면서 울음을 터뜨리는 경우도 종종 있었다. 그리고 같은 반 학생 중 3분의 1 이상은 내가 수업 시간에 제기했던 반대 의견에 동의한다는 것을 말하기 위해 그리고 그런 반대 의견에 대한 지지를 어떤 방식으로 보내야 할지 잘 모르겠다는 것을 말하기 위해 나를 찾아오는 경우도 있었다.

사흘 정도 계속됐던 연속강의에서 우리는 시장에 제품의 새로운 의학적 특징을 소개하지도 않으면서 소매가의 60%가 광고비로 나가는 감기약에 대한 사례연구를 하고 있었다. 나는 침묵을 지키면서 사람들이 무슨 생각을 하는지 지켜봤다. 이틀이 지나자 9명 정도의 학생이 나를 개별적으로 찾아왔다. 그것은 내가 강의 시간에 "가격의 거품"에 대한 빈대 의견을 내놓지 않은 이유에 대해 묻기 위해서였다. 나는 솔직한 생각을 말하라고 격려했지만 그들은 모두 쑥스러워할 뿐이었다. 심지어는 교수 중 한 명도 역시 개인적으로, 그 제품은 너무 형편없다고 말했다. 그러나 강의가 진행된 3일 동안 어느 누구도 공개적으로 반대 의견을 말하지 않았다.

개인적으로는 분명히 모두 따뜻한 사람들이었지만, 공개적인 자리에서 그들은 대부분 전투적이고 냉소적이며 무감각한 성향을 취했다. 바로 그것이 딜레마였다.

가을쯤에는 켄터키의 할란 카운티에서 일어난 석탄 광부들의 파업과 관련한 영화를 보았는데, 학생들은 영화에 등장하는 뚱뚱한 광부 부인들을 비웃었다. 영국의 섬유 노동자들에 대한 토론에서, 1주일에 100달러를 받고 2년간 바느질을 해왔던 여성이 직업을 잃을 수 있는 상황임에도, 학생들은 "그 여성의 보수가 너무 많아 해고할 만하다"는 데 만장일치로 동의했다.

게다가 학생들은 온종일 돈에 대해서 이야기했다. "경영경제학"이나 "규제학"(경영대학원에서 회계를 뜻하는 용어) 혹은 "재정학"에서 돈에 대한 토론은 언제나, 마치 전기처럼 돈 그 자체가 나름의 특성과 법칙을 가진 힘이라도 되는 듯이 임상적 성질을 띠었다. 그리고 식사 때가 되면 대화의 방향이 돈 그 자체에서 돈이 주는 자유와 기쁨으로 바뀌었다. 학생들은 한 사람이 얼마나 많이 벌어들였는지, 누가 얼마나 많은 상속을 받았는지 또는 그들이 얼마나 많은 돈을 벌 것인지에 대한 이야기들을 하곤 했다. 어느 점심식사 때에는 한 졸업생이 1985년에 초봉이 14만 달러인 투자은행에 취업함으로써 "10만의 기록을 깼다"는 이야기를 듣고 매우 놀라고 들떠 하기도 했다. 언젠가 한 학생에게 인생 최대의 목표가 무엇이냐고 질문한 적이 있었는데, 그는 아주 부드러운 목소리로 "돈을 아주 많이 버는 겁니다"라고 대답했다.

나는 균형 잡힌 시각을 유지하기 위해서 매일 기도하고 성경을 읽으며 규칙적인 경건 생활을 지속하려 노력했지만 늘 성공적이지는 않았다. 재정학 시험이 있던 전날 아침에 성경에서 이런 구절을 보았다.

예수께서 길에 나가실새 한 사람이 달려와서 꿇어 앉아 묻자오되 선한 선생님이여 내가 무엇을 하여야 영생을 얻으리이까. 예수께서 이르시되 네가 어찌하여 나를 선하다 일컫느냐 하나님 한 분 외에는 선한 이가 없느니라. 네가 계명을 아나니 살인하지 말라, 간음하지 말라, 도둑질하지 말라, 거짓 증언 하지 말라, 속여 빼앗지 말라, 네 부모를 공경하라 하였느니라. 그가 여쭈오되 선생님이여 이것은 내가 어려서부터 다 지켰나이다. 예수께서 그를 보시고 사랑하사 이르시되 네게 아직도 한 가지 부족한 것이 있으니 가서 네게 있는 것을 다 팔아 가난한 자들에게 주라 그리하면 하늘에서 보화가 네게 있으리라 그리고 와서 나를 따르라 하시니. 그 사람은 재물이 많은 고로 이 말씀으로 인하여 슬픈 기색을 띠고 근심하며 가니라(막 10:17-22).

1,600명에 달하는 MBA 학생들의 태도를 일반화시키려는 생각은 매우 부당하게 여겨질 수도 있다. 대부분의 학생은 보수적이었지만, 각 반에는 소수의 자유주의자들이 조금씩 흩어져 있었다. 대개 학생들은 윤리학에 대한 강의를 시간낭비라고 생각했지만, 그와 상반되는 이야기를 하는 학생들도 몇몇은 있었다. 그러나 그해가 끝날 무렵 나는 이러한 태도를 가진 학생들은 "어디든 예외는 있다"는 말을 증명할 뿐이었음과 그곳의 거의 모든 학생들에게는 강력하게 공유된 인식, 곧 하나의 신앙이 존재한다는 것을 깨달았다.

하버드 경영대학원이라는 종교의 교리 중 첫째 조항은 거대한 규모의 기업 자본주의가 갖는 경제나 도덕적 우월성에 흔들리지 않는 확신을 갖는 것이었다. 현 경제 질서에 대한 기본적인 정당성과 절대성은 절대 공식적으로 도전을 받지 않는다는 것이다. 이러한 신조를 중심으로 수많은 원리들이 파생되었다. 그중에서 눈에 띄는 것들을 살펴보면 다음과 같다.

- 경쟁은 자원분배의 가장 효과적인 방법이다.

- 정부는 항상 비능률적이며, 축소와 통제와 비웃음의 대상이 되어야 한다.
- 독점은 당신이 구매자라면 나쁘겠지만, 만약 당신이 사업에서 독점을 할 수 있다면 좋은 것이다(이것이 시장점유율의 증진이라는 것이다).
- 노동자들은 뚱뚱하고 둔하며 무능하고, 노동조합은 매우 파괴적인 협력 집단이다.
- 가난과 실업은 비능률의 결과이고, 가난한 사람들과 실업자들은 당사자의 잘못이 가장 크다.
- 마케팅이나 판매증진 캠페인의 대부분은, 실제로 소비자가 그 상품을 구입할 때 그것이 어떠한 "필요"를 채워준다는 사실에 근거해서 정당화될 수 있다.
- 개인적인 탐욕은 언제나 더 큰 선(善)을 이루므로, 물질주의에 대한 욕구는 선한 것일 뿐이다.
- 지구의 자원은 그것을 손에 쥘 만큼 충분히 공격적이고 똑똑한 사람들에게 사용되기 위해 존재한다.

사례연구는 교수가 질문하고 학생들이 각자의 생각을 가지고 토론하는 형식으로 진행했기 때문에, 나는 종종 교수들은 이런 문제들을 어떻게 생각하는지 궁금했다. 교수들도 그렇게 냉소적이었을까? 그들도 역시 MBA 학생들에게 만연해 있는 원시적 사회 진화론(primitive social Darwinism)에 동의하고 있을까?

성탄절 즈음에 나는 배짱이 두둑해져 교수들을 직접 찾아가서 교과과정과 경영에 있어서의 윤리학에 관한 그들의 생각에 대해 질문했다. 학생들과 대조적으로 다수의 교수들은 현대 경영이 직면해 있는 심오한 도덕적·철학적 문제들에 대해서 이야기하는 것에 열정적이었다. 심지어 나는 교수들 역시 학생들의 관심의 폭이 너무 적은 것에 절망감을 느끼고 있음을 간파했다.

교수들과 이야기를 하면 할수록, 또 수업 시간에 그들의 논평에 귀를 기울이면 기울일수록, 그들이 교과과정을 통해 달성하고자 하는 어떤 명확한 사명을 가지고 있는 것을 알 수 있었다. 그들은 다재다능한 총괄 관리자를 육성할 뿐만 아니라, 그렇게 함으로써 제조국이자 세계적 경쟁국으로서의 미국의 지위가 쇠퇴하는 현재의 상황을 역전시키려는 희망을 품고 있었다. 사례연구에서 가장 일반적인 주제는 일본 회사들이 소비자들에게 보다 밀접한 마케팅 프로그램, 고용자들의 필요에 아주 민감한 조직, 상품과 품질에 대한 노동자들의 공헌을 가치 있게 받아들이는 공장을 만들어냄으로써 미국 회사들보다 더 우수해졌다는 사실이었다. 그것이 우리에게 주는 메시지는 직접적이고도 간단했다. 경영자들은 좀 더 주의 깊게 경청해야 하며, 좀 더 겸손해지고, 단기적인 것보다 장기적인 것에 투자하고, 개인의 경력보다는 회사의 성공에 좀 더 헌신해야 한다.

우리가 학습하는 교과과정은 이러한 것들을 강조했지만, 경영대학원의 "문화"는 반대로 더 이전의 것, 더 거만했던 시기로 되돌아가면서 그것들이 옳다고 말하고 있었다. 학생들은 종 모양 곡선에 억지로 맞추어져 분류되는데, 여기서 뛰어난 훈련과 이력을 가진 학생들은 상을 받고, 자동적으로 하위 10-15%의 학생들은 실패자가 된다. 학생들이 가장 존경하는 인물은 "냉혹한 실전용 경영자", 즉 위기 해결사, 문제 해결사, 기획자가 됨으로써 자신이 받는 높은 임금에 대한 값어치를 확실히 하는 사람이었다.

기업의 인사 담당자들이 캠퍼스에 오는 시기에는, 개인의 성공과 성취에 대한 중요성이 최고치로 강조된다. 가을 내내 학생들은 이력서를 고쳐 쓰고 편집하며, 재정학 모임, 마케팅 모임, 투자은행 모임, 벤처자본 모임 등에 참가하고(어떤 경우에는 특정 모임의 명단에 이름을 올리기 위한 목적으로), 직업 연구소에서 해마다의 기록과 동문들의 명단을 검토한다. 그리고 인사 담당자들이 도착하면 3주 동안에 걸쳐 진행되는 1, 2, 3차 면접과 최종 면접으로 정신이 없다. 면접에는 업무 능력과 외모 등 아주 세밀한 부분까지 관심이 집중된다. 한 친구가 면접을 보러 가던 길에 벌어진 일화를 들려주었다. "면접을 보러 갈 준비를 다 마쳤는데 룸메이트가 나를 보고 깜짝 놀라서 묻는 거야. '너 지금 뭐 하는 거야?' 나는 영문을 몰라서 그냥 서 있었는데 그 친구가 이렇게 말하더군. '은행 면접시험에 갈색 구두를 신는 사람이 어디 있니!' 그 친구 덕에 나는 신발을 갈아신고 가야 했지."

이따금씩 수업이 끝난 직후에 시내에서의 약속 때문에 학교에 양복을 입고 가면, 그때마다 같은 조의 친구들은 원서는 제출했는지, 골드먼 삭스나 맥킨지에서 면접 약속을 잡았는지에 대해 장난스럽게 캐묻곤 했다.

친한 친구 중 하나가 말했다.

"이봐, 밥! 저 컨설턴트 일 괜찮을 것 같지 않아? 회사들에게 이렇게 저렇게 하라는 조언을 해주는 게 재미있을 것 같은데? 여름 동안에만 아르바이트로 일주일에 1,300달러를 벌어보고 싶지 않아?"

나는 여름에 연구 조교로 일할 거라고 대답했지만, 마음속으로는 그 제안에 동의하고 있었다.

'정말 재미있겠는걸. 그 돈이면 아내 다나와 많은 일을 할 수 있을 테고.'

교수인 다나가 받는 월급의 절반은 집세로 내야 했고, 거실의 오래된 텔레비전은 화면이 흐릿했으며, 우리의 자동차는 전쟁터를 지나온 것처럼 형편없었다. 그러나 "내가 정말로 벌어도 될 것 같은" 그 돈에 대한 환상을 품거나 걱정이 될 때면 성경은 언제나 나에게 해답을 주었고, 그러면 그 열병은 곧 나를 떠났다. 그 당시 나를 깨우쳐준 경고와 용기를 동시에 준 말씀은 이것이었다.

우리가 세상에 아무것도 가지고 온 것이 없으매 또한 아무것도 가지고 가지 못하리니 우리가 먹을 것과 입을 것이 있은즉 족한 줄로 알 것이니라. 부하려 하는 자들은 시험과 올무와 여러 가지 어리석고 해로운 욕심에 떨어지나니 곧 사람으로 파멸과 멸망에 빠지게 하는 것이라. 돈을 사랑함이 일만 악의 뿌리가 되나니 이것을 탐내는 자들은 미혹을 받아 믿음에서 떠나 많은 근심으로써 자기를 찔렀도다. 오직 너 하나님의 사람아 이것들을 피하고 의와 경건과 믿음과 사랑과 인내와 온유를 따르며 믿음의 선한 싸움을 싸우라 영생을 취하라. 이를 위하여 네가 부르심을 받았고 많은 증인 앞에서 선한 증언을 하였도다(딤전 6:7-12).

공장을 폐쇄하는 일과 25년간 일했던 노동자들을 해고하는 일을 너무나 쉽게 제안했던 수백 명의 학생들이 필사적으로 자신의 일자리를 찾는 광경을 본다면 누구나 그것이 커다란 모순이라고 느낄 것이다. 그러나 학생들은 자신들을 결코 그 노동자들과 같은 부류라고 생각하지 않았다. 그들은 경영을 하는 사람이었다. 수업료로 4만 달러를 투자했고, 갖가지 사례연구와 갑작스런 호명(呼名)을 2년 동안이나 견뎌냈으며, 또한 하버드에서 취득한 학위를 가졌기 때문에 그들은 자신들이 그러한 직업을 얻을 만한 자격이 충분하다고 느꼈다. 그들은 이제 높은 보수와 다른 사람들의 인생을 결정할 수 있는 권리를 확실히 보장받았다고 믿는 것이다.

나를 가장 괴롭게 했던 것이 그런 식으로 만연해 있는 특권의식이었다. 나는 조별 수업체제가 경영자적 엘리트 의식을 창조하고 강화하려는 의도에서 비롯된 것임을 알게 되었고, 내가 F조의 조원이 되는 것을 좋아했던 것만큼, 또한 "F 군단"이라고 쓰인 야구 모자를 쓰는 것을 자랑스럽게 여긴 것만큼이나 절실히 깨닫게 되었다. 9개월 동안 우리가 함께 느꼈던 심한 압박감과 긴밀한 접촉은 끈끈한 결속력을 만들어주었고, 동료의식으로 우리를 단단히 묶어주었다. 그 동료의식은 자연스레 세상으로부터 그것을 더욱 돋보이게 하는 문화를 만들어준다. 군대의 신병훈련이나 어떤 그룹의 입회의식을 함께 마친 사람들처럼, 하버드 경영대학원의 첫해를 함께 보낸 학생들은 동일 집단의 구성원이 되고, 그 구성원들은 당연히 비구성원들보다 더 우월한 사람들이 되는 것이다.

내가 경영대학원에 온 이유는 기업 집단의 외곽에서 수년 동안이나 그것을 비판해왔기 때문이었다. 나는 경영이 실제로 어떤 일을 하는지를 이해하지 못했고, 지금까지는 경영활동의 결과물(경영이 만들어내는 생산품, 광고, 공해, 그리고 정치적 영향력)을 받아들이는 입장에만 있었기 때문에 그것들을 비난하는 데에만 급급했다. 하버드에서 공부하고 난 이후에는 경영에 관한 더 많은 것들을 이해하게 된 어떤 부분들에 대해서는 이전보다 덜 비판적이게 되었다. 이제야 나는 사업을 경영하는 일이 얼마나 어렵고 복잡한 일인지, 재정, 마케팅, 판매, 생산, 유통 등과 같은 여러 분야가 얼마나 잘 조화를 이루어야 하는지를 이해하게 되었다. 그리고 그러한 과정에 잘못된 것은 아무것도 없으며, 사실상 소수의 인원이 모여 자본을 투자하고, 수익을 올려줄 만한 서비스와 생산품을 마련하려고 애쓰는 과정에는 좋은 점도 많다는 것을 믿게 되었다. 말하자면 나는 소경영(small business)의 열렬한 팬이 된 것이다.

그러나 내가 처음 경영대학원에 입학했을 때 가졌던 의문, 곧 "그러한 경제활동과 기독교 신앙은 어떤 관계를 가지는가"를 해결하는 데에는 더 많은 연구가 필요할 것이다. 이 의문은 교회가 시작된 이래로 끊임없이 신학자들의 논쟁거리가 되어왔으며, 교회가 세상에 소속된 단체들에 참여할 때 어느 정도의 거리를 두어야 하는지의 곤란한 문제에서 나온 것이기도 하다. 지난 수 세기 동안 혹자는 극단적으로 교회가 사회에서 완전히 분리되어야 한다고 주장했고, 또 어떤 사람들은 그 문화가 선하다고 인정하는 것은 성수(聖水)를 뿌림으로써 간단히 정화시켜서 수용하기도 했다.

주일에는 교회로 평일에는 일터로 출근하는 사람들, 복음의 희망과 기쁨, 자유에는 끌려 하지만, 약육강식의 경제 법칙 한가운데서 살아야 하는 신실한 신앙인들에게 그런 극단적인 대답은 아무런 위안도 줄 수 없다. 저축할 만한 돈이 충분한 교회 지도자들은 어떻게 하면 신앙에 어긋나지 않게 여유자금을 투자할 수 있을까라는 어려운 질문에 빠져 있다. 그리고 전 세계적인 차원에서 볼 때도, 모든 사람이 동일한 하나님의 사랑을 받는 자녀라고 고백하는 그리스도인이라면 기아에 허덕이는 사람이 수억 명에 달하는 이 세상에서 혼자만 만족해하면서 살 수는 없을 것이다.

해가 바뀐 후에야 나는 하버드 경영대학원에서 제기되는 가장 근본적인 의문이 무엇인지 깨달았다. 그것은 인간의 모든 수고에 대해 공통적으로 가지는 의문, 즉 "우리가 삶 속에서 개인적으로 혹은 집단적으로 섬기도록 부름 받은 더 위대한 목표 혹은 하나님은 무엇인가"이다. 내 믿음이 근거하는 성경적 논리는 나에게 헛된 신(생명과 능력을 주는 것 같지만, 실제로는 결코 그렇지 않은 우상들)들을 섬기는 삶을 사는 한 인간은 결코 행복해질 수 없다고 말한다.

그리고 나는 경영대학원 안에 있는 목회자로서, 하버드에서 진정으로 가르치는 것이 무엇인지에 대해 계속해서 궁금해하고 있는 나를 발견했다. 혹자는 자동차정비학교가 어떠한 기능 기술을 전달하는 것처럼, 경영대학원에서는 지식의 가장 유용하고 가치중립적인 본체 부분을 전달한다고 말할지도 모른다. 학기 도중 그레이스 교회의 모임에 참석한 적이 있었는데, 그날 어떤 사람이 나를 "연구하러 떠난 세 명의 신학생들 중에서 한 사람"이라고 소개하며 환영해주었을 때 나에게 한 가지 대안적인 시각이 떠올랐다. 그 자리에 함께 있었던 또 다른 사람은 이렇게 논평했다. "나는 우리가 사실이 왜곡되고 조작되는 시대, 전쟁이 곧 평화인 시대에 산다고 알고 있습니다만, 하버드 경영대학원을 신학교라고 표현하는 걸 들으리라고는 생각해본 적이 전혀 없습니다. 하지만 잘 모르겠습니다. 어쩌면 그것이 진실일 수도 있지요."

편집자 주: 이 글을 쓰고 난 이후 하버드 경영대학원에는 약간의 변화가 있었다. 1학년 학생들은 경영의 윤리적 딜레마에 대한 개론을 필수 교과과정의 첫 번째 이수 과목으로 배우고 있다.

회심, 세상을 향한 변화

제프리 바네슨

친구들이 경찰의 호송차에 실려가는 모습을 바라보면서 나는 세 번째 변화,
즉 세상을 향한 변화의 씨앗을 발견했다.

제프리 바네슨(Jeffrey Barneson)은 하버드-래드클리프 연합선교회와 IVF 교구목사다. 제프리는 12년 동안 선교단체 기독대학원학생회(Graduate School Christian Fellowship)에서 고문으로 일하고 있으며, 현재는 하버드 케네디 행정대학원의 학생이다. 그는 공학도(스탠포드 의학사)였고 CAD에 대한 관심이 많아, 하버드 디자인대학원에서 조교로도 일했다. 열정이 많은 사이클 선수이기도 해서 하버드 사이클 팀의 지도교수로 봉사하고 있다.
제프리와 그의 아내 시슬리는 1984년부터 매년 여름에 라틴아메리카와 북아메리카의 가난한 마을과 도시에서 대학원생들이 일하면서 배울 수 있는 모임을 만들어 인도하고 있다.

흉악의 결박을 풀어주며…

주린 자에게 네 양식을 나누어주며

유리하는 빈민을 집에 들이며…

그리하면 네 빛이 새벽 같이 비칠 것이며

네 치유가 급속할 것이며…

네가 부를 때에는 나 여호와가 응답하겠고…

여호와가 너를 항상 인도하여

메마른 곳에서도 네 영혼을 만족하게 하며

네 뼈를 견고하게 하리니

너는 물 댄 동산 같겠고

물이 끊어지지 아니하는 샘 같을 것이라

네게서 날 자들이 오래 황폐된 곳들을 다시 세울 것이며

너는 역대의 파괴된 기초를 쌓으리니…

네가 여호와 안에서 즐거움을 얻을 것이라

내가 너를 땅의 높은 곳에 올리고.

이사야 58:6-14, 부분 생략

언젠가 친구 하나가 내게 말하길 예수님을 믿으면 세 가지 변화가 따라온다고 했다. 그것은 그리스도를 향한 변화, 교회를 향한 변화, 세상을 향한 변화다. 내 경우에는 조금 덜 순차적이긴 했지만, 그러한 분류와 각각의 변화에 의해 생기는 몇 가지 논제들은 인정한다. 그러나 이것이 수학의 적분 문제를 풀듯이 하나를 풀어서 다음 단계로 넘어가는 식으로 완성되는 단순한 일은 아니다. 변화는 그렇게 질서를 맞추어 일어나지 않는다. 사실 각 변화에 대한 내 경험은 한데 섞여 있있고, 하나의 변화가 다른 변화에 영향을 미치면서 점차적으로 이루어졌다. 예를 들어 교회가 무엇이고 세계가 무엇인지에 대한 인식은 하나님과 나 자신을 바라보는 시각과 앞으로의 내가 무엇이 되고 무엇을 하도록 하나님께 부름을 받았는지를 바라보는 시각에 영향을 미쳤다.

첫 번째 변화는 그리스도를 향한 변화인데, 이것은 성자 예수님을 믿는다는 개인적이고 실존적인 선택이다. 이 변화는 죄성을 스스로 확신하고, 예수님을 구원의 방법으로 인정하는 데 기초한다. 우리는 예수님의 삶과 죽음과 부활 속에 있는 하나님의 은혜를 보고, 우리의 실패를 인정하면서 예수 그리스도를 믿게 된다. 침례교회 소속의 소년이었던 나는 이 결정을 내렸고, 내 영혼에 일어난 그 심오한 사건에 대한 외부적인 증거로 침례를 받았다. 어린 시절의 결신(決信)이 주는 장점과 유효성에 대한 논쟁이 있을 수도 있지만, 무엇인가가 나를 관통했고 하나님이 내 삶의 중심에 튼튼하고 굳게 자리하셨다.

내 경우에는 자연스럽게 교회를 향한 변화가 그 다음 단계를 차지했다. 그것은 결국 그리스도인들이 해낸 일이었다. "성경은 혼자 믿는 사람들을 전혀 알지 못한다"는 말을 들은 적이 있는데 나는 그 말을 믿었다. 공통점이 전혀 없는 두 집안이 결혼으로 함께 묶이듯, 그리스도인들은 좋든 싫든 간에 그리스도로 인해 다른 신앙인들과 연합하도록 되어 있다. 그들은 있는 그대로의 모습으로 예수님과 연합한 사람들이며, 정확히 말하자면 나의 사람들이기도 하다. 그러나 그보다 훨씬 이후에 중앙아메리카에서 그리스도인들과 시간을 보내고 미국의 도시 빈민가에서 신앙인들과 함께 예배를 드린 후에야, 나는 내가 그리스도인으로서 관계를 맺은 신앙 공동체의 혁명적 성격을 깨달았다.

세상을 향한 변화는 예수님이 스스로를 동시대의 가난한 자들과 근본적으로 동일시하셨다는 인식에 근간을 둔다. 모든 그리스도인은 그와 동일한 선상에서 부름 받았다. 따라서 교회가 예수님께 자신을 일치시킨 사람들의 모임이고 예수님을 따른다는 것이 가난한 사람들과 운명을 같이 하는 것이라면 우리는 예수님이 동일시하셨던 사람들, 즉 가난한 사람들과 우리와의 관계도 마찬가지임을 인식해야 한다. 이 논리가 부유한 사람들은 하나님의 경제학에서 차지할 자리가 없다거나 예수님이 부자들을 홀대하셨다는 의미는 아니다. 예수님은 당시에 자원과 생산수단을 손에 쥔 사람들에게 많은 말씀을 하셨다. 그것은 예수님의 삶과 사역이 위에서 아래로의 방식이라기보다는 아래에서 위로의 방식에 의한 것이었음을 뜻한다. 예수님의 삶과 사역은 "하향 이동"을 주장함으로써 자연스레 권력과 특권을 포기하는 것으로 특징지어졌고, 예수님을 따르는 사람들의 마음과 태도를 규정짓는다.

이 길로 가는 내 여정은 경험적이면서도 신학적이었다. 그것은 몇 개의 사건들이 내 삶 속에서 그 논제를 구체화시켰던 대학생 시절 시작된, 참여와 반성을 동반하는 변증이었다. 한번은 "서구 문명의 흥망성쇠"라는 주제로 열린 스탠퍼드 영화제에 참석했는데, 그때 한 영화는 미국 사회가 추구하는 가치를 "개인적인 평화와 부(富)"라고 분석했다. 내 목표만 놓고 보더라도 그것이 명백한 사실임을 인정하지 않을 수 없었다.

그날 저녁 나는 집으로 걸어가던 중에 대학본부 건물에서 일어나고 있는 어떤 사건을 목격하게 되었다. 남아프리카 기업들에 투자한 스탠퍼드에 연좌시위를 벌이며 항의하는 학생들을 경찰이 체포하러 온 것이었다. 경찰들이 건물에서 학생들을 한 명씩 끌어내는 것을 보면서, 나는 대다수 학생들이 캠퍼스 내의 모임을 통해 나와 알고 지내던 그리스도인들이라는 사실을 발견했다. 그 광경은 나를 몹시 혼란스럽게 했다. 왜냐하면 내 종교 활동은 언제나 "상투적인 교회 활동"이라는 범주 안에서만 안전하게 이루어졌을 뿐 결코 법의 테두리를 벗어나지 않았기 때문이다. 친구들이 경찰의 호송차에 실려가는 모습을 바라보면서 나는 세 번째 "변화", 즉 세상을 향한 변화의 씨앗을 발견했다.

나의 세 번째 변화에 가장 직접적인 영향을 끼쳤던 신학은 성경에서 직접 얻은 것이었다. 성경의 신구약 모든 부분에서 하나님의 근본적인 관심과 배려는 가난한 사람, 잊힌 사람, 이방 사람들에게 집중되었다. 억눌린 자들의 편에서 행동하라는 하나님의 부르심(미 6:8; 사 58장)은 성경에 수차례나 언급되어 있다. 그러나 예수님이 몸소 보여주신 예는 나를 향한 가장 강압적인 부르심으로 해석되었다. 다음의 성경구절에서 그리스도의 모습을 생각해보라.

이는 죄를 위한 짐승의 피는 대제사장이 가지고 성소에 들어가고 그 육체는 영문 밖에서 불사름이라. 그러므로 예수도 자기 피로써 백성을 거룩하게 하려고 성문 밖에서 고난을 받으셨느니라. 그런즉 우리도 그의 치욕을 짊어지고 영문 밖으로 그에게 나아가자. 우리가 여기에는 영구한 도성이 없으므로 장차 올 것을 찾나니(히 13:11-14).

이러한 분명한 부르심에도 불구하고 우리는 "예수도 자기 피로써 백성을 거룩하게 하려고 성문 밖에서 고난을 받으셨느니라. 그런즉 우리도 그의 치욕을 짊어지고 영문 밖으로 그에게 나아가자"라는 거북한 초대를 무시하는 경향이 있다. 영문 바깥 세상에 대한 언급은 거의 쓰레기더미 속으로의 초대나 마찬가지다. 예루살렘의 모든 쓰레기가 모이는 장소에 붙여진 이름이 게헨나(*Gehenna*)였다. 그곳은 이전에 아하스와 므낫세 왕이 통치할 당시에는 우상숭배를 했던 장소였고, 심지어는 인간을 제물로 바치는 장소로 사용되기도 했다. 히브리서가 쓰일 당시에 그곳은 일 년 내내 쓰레기를 태우고 있었으며, 형벌의 최종적인 장소를 뜻했다. 오늘날 제3세계의 도시 외곽에 있는 장소들이 그렇듯이, 그곳은 사회에서 만들어진 인간 폐기물과 물질 쓰레기들로 가득 차 있었다. 온종일 썩은 음식과

 제6장 돈, 인종, 그리고 자비의 복음

알루미늄 캔을 찾아다니던 사람들은 예수님이 고통의 현장에 계실 때 그분 편에 섰으며, 우리가 이제 "문밖으로 나가서" 그분께로 갈 때 기꺼이 우리의 동료가 되어줄 것이다.

나는 최근 몇 년 동안 "문밖의" 다양한 환경 속에 사는 그리스도인들을 찾아가며 그들과 더불어 일하는 하버드 대학원생들과 생활하는 특권을 누렸다. 우리는 과테말라의 고원지대에 사는 미망인들과 어린이들, 온두라스의 농장 노동자들과 함께 집을 짓는 일을 했다. 리마의 빈민가에서는 장애아 학교를 위해 일했고, 도미니크 공화국에서는 의료 선교용 건물을 짓는 일을 돕기도 했다. 다른 해에는 아이티의 한 목사님을 도와서 경영대학원 및 디지인대하원의 학생들이 사업을 개발하고 포르토프랭스 근처의 산간 지역에 사는 십여 명의 사람들을 고용하게 될 제과점을 지었다.

이러한 각각의 환경은 그들에게 육체적·지적·영적으로 도전이 되었다. 언젠가 봄에 우리 열두 사람은 엘살바도르에서 단기 소기업 자문 사업을 준비하면서 우연히 어떤 사회학 문헌을 보았다. 그곳에는 "천국을 향한 오도된 희망은 가난한 자들에게 그들이 처한 상황을 변화시키기 위해 싸울 의욕을 상실시키고, 그저 일시적인 위안이 될 뿐"이라고 적혀 있었다. 그러나 우리가 경험한 진실은 그와 정반대였다. 더 정확히 말하자면 가난한 자들은 "장차 올 도시"를 갈망하고 고대했기 때문에 현재의 수치스러운 상황을 견딜 수 있었고, 그들이 살고 있는 곳을 변화시키려는 노력을 경주할 수 있었다. 산살바도르 빈민가에 사는 그리스도인들은 "이 세상에 지속되는 도시는 없다"는 사실을 아무런 거부감 없이 받아들이고 있었다. 그들은 "장차 올 도시"를 갈망하고 그것에 헌신하고 있기 때문에,

어떤 물질적인 것도 그들에게 헌신을 얻을 수 없었고, 어떤 사람이나 정권도 그들에게 충성을 요구할 수 없었다.

지난여름에 우리 중 10명은 뉴욕의 어려운 이웃을 위한 침례교 소모임 두 곳에 참여해서 일을 도왔다. 코니아일랜드에서 우리는 공사장의 비계(높은 곳에서 공사를 할 수 있도록 임시로 설치한 가설물－옮긴이) 아래에서 사는 사람들 혹은 공영 주택 옥탑에서 살고 있는 집 없는 사람들과 함께 일을 했다.

우리에게는 해결되지 않은 의문이 몇 가지 남아 있었다. 만약 경영학 석사과정과 정치학 석사과정에 있는 우리 열두 명의 그리스도인 학생들이 계속해서 코니아일랜드에 살면서, 그 지역교회들과 함께 일하고, 작은 사업 몇 가지를 시작하기로 결정한다면 과연 어떤 일이 일어날까? 5-6년 남짓한 시간 동안 그런 모임을 통해 그 지역 경제를 회생시키고, 일자리가 필요한 수백 명의 사람들을 위해 실질적인 고용을 창출해내는 일이 과연 가능할까? 우리는 나중에 애틀랜타에서 교회들과 FCS 도시선교회와 함께 일하게 되었는데, 그곳에서는 이러한 꿈들이 정말 실현되었다. 사업 개발과 같은 실질적인 선교가 교회를 부적절하다거나 파괴적인 조직으로 보는 사람들로부터 교회에 대한 믿음을 회복하는 일에 필수적인 요소가 될 수 있지 않을까? 만약 그 도시에 하나님의 사랑을 좀 더 실질적인 방식으로 보여준다면, 그들에게 그리스도의 복음이 이전보다 더 가깝게 들리지 않을까?

정부와 정의의 복음

완전한 헌신으로의 부름 엘리자베스 돌

어떻게 우리가 그것을 모를 수 있었을까? 피터 클라크

케임브리지, 국가, 그리고 그리스도 로버트 베쉘

리더십에 대한 최고의 환상은 광야에 가본 적도 없는 사람이 다른 사람들을 광야
에서 탈출시킬 수 있다고 생각하는 것이다.

헨리 나우웬, 『새벽으로 가는 길』(The Road to Daybreak, 바오로딸 역간)

시민들이 공공 영역에서 자신들의 신앙을 중요하게 여길 때, 그들은 조롱뿐만 아니
라 처벌받을 위험도 감수해야 한다.

스티븐 카터, 『불신앙의 문화』(The Culture of Disbelief)

우리 가슴에 총을 쏴라—
농부인 우리 인간들에게—
우리는 죽지 않는다 죽은 적이 없다
겨울에 굳었던 땅이 인간을 위해 부드러워졌을 때,
누가 봄에 그 밭을 갈 것인가.
우리는 짚과 벽돌로 집을 짓고,
어른들은 아이들과 그들의 목소리를 고마워한다.

메노 로벤슈타인, 『황금 벽에 기대어』(Againsta Garden Wall)

완전한 헌신으로의 부름

엘리자베스 돌

나는 나만의 세계, 즉 내 스스로 만족할 만한 자그마한 세계를 만들었다. 나는 "하나님"이라는 단어를 잘 정리해서 내 인생의 복잡한 서랍 속, "여름휴가"와 "정치" 사이 어딘가에 넣어두었다.

엘리자베스 돌(Elizabeth Dole)은 하버드 교육대학원에서 1960년에 교육학 석사학위를 취득했고, 하버드 법학대학원에서는 1965년에 법학 박사학위를 받았다. 그녀는 듀크 대학의 이사를 역임했고, 최근에는 하버드 감독 위원회에서 봉직했다.
1991년 2월 1일 돌 여사는 미국 적십자사 회장직에 올랐다. 갤럽 조사에서는 "세계에서 가장 존경받는 여성 10명" 중 한 명으로 뽑히기도 했으며, 미국 대통령 6명을 보좌했다.
1983년 2월부터 1987년 10월까지는 교통부장관으로 일했고, 1990년에는 미국의 제20대 노동부장관직에서 사임했다. 돌 여사의 리더십으로 미국인들은 철도와 항공, 고속도로 등 주요 운송 분야 세 가지에서 역사상 가장 안전한 시대를 살 수 있었다.
그녀는 노스캐롤라이나 솔즈베리 출신으로 「맥콜스」(*McCall's*)라는 잡지에서 실시한 여론조사에 상당한 표 차이로 미국 최초의 여성 대통령에 가장 유력한 후보 1위로 뽑혔다.

나는 내가 가진 가장 큰 특권 하나가 나의 영적
여행에 대한 이야기를 동료 여행자들과 나눌 수 있는 것이라고 생각한다.
우리들 대부분이 그렇듯이 나 역시도 신앙과 삶을 유기적으로 연결시키
기 위해 부단히 싸우는 사람 중 하나일 뿐이지만, 예수 그리스도가 내 삶
에 주신 변화에 대해 이야기할 수 있는 기회가 주어진 것에 대해 감사드
린다. 내 이야기를 하기에 앞서 정치적 위기―내가 중요한 교훈을 얻었던
몇 가지―에 관한 이야기부터 시작하겠다. 이것은 이해관계, 음모, 막후 협
상, 고위층의 입김, 심지어는 낭만적 요소까지 포함된 정치적 위기다.

내가 이 위기를 알게 된 것은 어디였을까? 「워싱턴 포스트」 1면에 나
온 기사를 보고? 신문들은 결코 이런 이야기를 실은 적이 없다. 내가 말
하고자 하는 정치적 위기는 약 2,450년 전에 일어난 것이다. 그리고 우리
는 그러한 위기를 구약성경 에스더서에서 볼 수 있다.

에스더서에 등장하는 한 여인은 자신의 삶을 완전히 헌신해야 하는
결정―자신은 꺼렸던 결정―을 내리도록 강요당했던 모험담을 들려준다.
에스더는 인생 최대의 심각한 도전과 맞닥뜨렸고, 바로 그러한 부분이 내
가 에스더의 이야기를 내 영적 여행과 관련지을 수 있게 해주는 부분이
기도 하다. 왜냐하면 그녀가 받은 도전은 우리가 마주치는 문제들과는 다
를 수 있지만, 거기에 작용하고 있는 힘은 그것이 주는 교훈의 적절함만

큼이나 현실적이기 때문이다. 에스더가 배워야 했던 교훈은 나 역시도 배워야 할 기본적인 것들이었다. 그래서 해를 거듭할수록 에스더의 이야기는 내게 커다란 의미로 다가왔다. 진정으로 그것은 삶의 참된 의미에 대한 나의 발견을 반영했다.

이야기는 고대 페르시아 왕국의 모르드개라는 충성스런 하나님의 사람에게서 시작한다. 유대인인 그에게는 에스더라는 사촌동생이 있었다. 에스더의 부모님이 돌아가신 후 모르드개는 그녀를 데려다 자신의 딸처럼 키웠다. 후에 에스더는 빼어난 아름다움과 우아함을 지닌 여인으로 성장했는데, 사실상 모르드개는 왕에게 어울리는 젊은 여인을 길러낸 셈이었다.

페르시아의 아하수에로 왕은 새 왕비를 얻기 위해 자신의 왕국에서 결혼하지 않은 가장 아름다운 여성을 찾을 것을 명령했다. 그렇게 해서 모인 여성들 중 가장 빼어났던 에스더는 왕의 눈에 들었고, 고아에 유대인 출신이라는 배경이 알려지지 않은 채 페르시아 왕비의 자리에 오르게 된다. 왕은 에스더를 매우 기뻐했으며 성대한 연회를 베풀었고 심지어는 모든 세금을 내리는 것으로 왕비에 대한 사랑을 표현했다.

반면에 무리 중 가장 출중했던 모르드개는 정부 관리들이 왕국의 유대인들을 모두 죽이려는 계획을 세우고 있다는 끔찍한 사실을 알게 되었다. 모르드개는 왕비가 된 에스더를 떠올렸고, 그녀에게 급히 말을 전했다. "에스더야, 네가 큰일을 해야 할 때가 왔구나. 왕께서 이 끔찍한 계획을 취소하시도록 설득할 수 있는 사람이 너밖에는 없는 것 같구나."

그러나 에스더는 이 일에 관여하고 싶지 않았다. 그녀는 이렇게 말했다. "왕의 신하들과 왕의 각 지방 백성이 다 알거니와 남녀를 막론하고 부름을 받지 아니하고 안뜰에 들어가서 왕에게 나가면 오직 죽이는 법이요 왕이 그 자에게 금 규를 내밀어야 살 것이라. 이제 내가 부름을 입어 왕에게 나가지 못한 지가 이미 삼십 일이라"(에 4:11).

다시 말해 에스더는 모르드개에게 "오빠는 왕가의 법도를 전혀 이해하지 못하고 있어요. 저는 왕비로서 법도를 따라야만 해요. 왕에게 나아가는 그날에 제 목숨이 날아갈지도 모른다고요"라고 말하고 있는 것이다. 그러나 모르드개는 에스더의 거절에 동의할 수 없었다. 수만 명의 동족이 죽을 위기에 처해 있었기 때문이다. 모르드개는 에스더에게 또 한 번의 전언을 보내야 한다는 의무감을 느꼈다. 내 인생에 깊은 울림을 제공한 영적 도전이 바로 이 두 번째 전언이다.

이전에 나는 통찰력이 뛰어난 고든 맥도날드(Gordon McDonald) 목사님이, 에스더에게 보낸 모르드개의 두 번째 호소에 담긴 세 가지의 주제(모르드개의 호소를 꺼리는 에스더의 마음을 내리치는 세 가지 도전)를 강조한 설교를 들은 적이 있다.

첫 번째 주제는 "곤경"(*predicament*)이다. "에스더야, 유대인들 중 오직 너만이 이 곤경을 피할 수 있다는 생각은 하지 마라. 왕의 이 계획이 실행되면 너는 아마 모든 것(왕비로서의 편안함, 부가적인 이익들)을 잃게 될지도 모른다." 모르드개는 이렇게 말하고 있는 것 같다. "에스더야, 너의 안락과 안전을 지키자고 수천 명이나 되는 사람들이 죽게 되는 것을 모른 척해서는 안 된다. 그 안락과 안전은 잊어버려라. 네가 그 안에 있다고 해서 결코 우리보다 안전하지 않단다."

　　　제7장 정부와 정의의 복음

두 번째는 "특권"(*privilege*)이다. "에스더야, 이런 때에 네가 만약 침묵한다면 다른 곳에서라도 해방과 구원은 일어날 것이다. 하나님이 너에게 이 일을 행할 특권을 주신 것이다. 네가 그것을 사용하지 않으면 하나님은 너 대신에 다른 누군가에게 그 특권을 넘겨주실지도 모른다."

세 번째 주제는 하나님의 "섭리"(*providence*)다. 모르드개는 이렇게 말한다. "네가 왕후의 자리를 얻은 것이 이때를 위함이 아닌지 누가 알겠느냐 하니"(에 4:14). 모르드개의 호소는 마침내 에스더를 감동시켰다. 에스더는 이렇게 답한다. "당신은 가서 수산에 있는 유다인을 다 모으고 나를 위하여 금식하되 밤낮 삼 일을 먹지도 말고 마시지도 마소서. 나도 나의 시녀와 더불어 이렇게 금식한 후에 규례를 어기고 왕에게 나아가리니 죽으면 죽으리이다 하니라"(에 4:16).

이것이 바로 완전한 헌신이다. 에스더의 이야기는 나에게 큰 도전과 겸손을 주었다. 내 삶에도 하나님께로의 온전한 헌신에 직면해야만 하는 순간이 다가왔기 때문이었다.

내 이야기에는 바울의 "다메섹 도상"에서의 체험과 같은 내용은 들어 있지 않다. 나의 영적 여행은 캐롤라이나에 위치한 내 고향집에서 시작되었다. 그곳에서의 주일은 타인에게 자비를 베푸는 것과 불가결한 일을 위해 따로 떼어둔 "주의 날"이었고, 복음은 우리의 생활에서 프라이드 치킨이나 봄날의 진달래만큼이나 친숙한 것이었다.

할머니 맘 캐시는 100번째 생일을 2주 정도 남기고 돌아가셨는데, 그녀는 나의 역할 모델이었다. 나는 할머니 댁에서 이웃 아이들과 보냈던 수많은 주일 오후를 기억한다. 그 기억 속에는 레모네이드와 쿠키, 성경

퀴즈, 할머니가 읽어주셨던 성경(지금은 나의 가장 소중한 보물) 등 여러 가지 추억이 들어 있다.

할머니는 설교하신 그대로 실천하셨고, 언제나 자신보다는 타인을 위한 삶을 사셨다. 그녀는 음주 운전자가 일으킨 교통사고로 아들을 잃었는데, 사고로 나온 보험 보상금을 파키스탄 선교를 위한 병원 건설에 기부했다. 그리고 생활이 결코 넉넉하지 않았음에도 불구하고, 나눠쓸 수 있는 거의 모든 것을 국내외의 선교를 위해 내놓았다. 아흔이 넘어 요양원에 가야 하는 상황에서도 그녀는 오히려 그것을 기회로 여겼다. 그때 하신 말씀이 아직도 내 귓가에 맴돈다. "엘리자베스, 요양원에 주님을 모르는 사람들이 있을지도 몰라. 내가 가서 그 사람들에게 성경을 읽어줘야겠어."

할머니는 잠이 오지 않는 밤이면 성경책의 여백에 글을 적어두곤 하셨는데, 나는 이따금씩 그것을 찾아 읽는 것을 좋아한다. 시편 139편 옆에는 이런 글귀가 적혀 있다. "1952년 5월 11일 새벽 1시, 나의 기도: 오, 하나님 나를 감찰하시고 나의 마음을 알아주소서. 나를 시험하시고 나의 생각을 알아보소서. 내 안에 무슨 악한 길이 있는지 보시고, 나를 영원한 길로 인도해주소서."

나는 정말 할머니처럼 살고 싶었다. 할머니는 여러 가지 면에서 나의 모르드개였다. 나는 결단코 그녀가 불친절한 말과 무례한 행동을 하는 것을 보지 못했다. 그녀는 아주 완벽한 역할 모델이었다. 나는 어려서부터 교회생활에 아주 적극적이었다. 그러나 우리가 어른이 되어가면서부터는 생활이 분주해지는 탓에 자신의 삶을 주님께 완전히 맡기지 못하는 경우

 제7장 정부와 정의의 복음

가 얼마나 많은지 모른다. 어떤 경우에는 돈이나 권력, 명성이 우리 삶의 중심이 되기도 한다.

나에게는 일이 가장 중요했다. 남보다 앞서기 위해서, 또 무엇인가를 성취하기 위해서 나는 아주 열심히 일했다. 내 목표는 항상 최선을 다하는 것이었다. 내가 목표한 대로 모든 것이 좋았고 잘 진행되었지만, 어느새 나는 완벽주의자가 되어가고 있었다. 그리고 모든 것을 통제하고, 어려움을 헤쳐나가고, 문제를 예측하고, 기회를 잡기 위해 애쓰는 것이 얼마나 어려운 일인지 알게 되었다. 그것은 가족과 친구들, 동료들, 또한 우리 자신에게도 상당히 버거운 일이 될 수 있다. 내 경우에는 그러한 것들이 할머니가 가르쳐주신 삶의 우선순위들을 밀어내기 시작했다. 나는 다른 사람이 아니라 바로 나 자신과 싸우고 있었던 것이다.

나는 사랑이 가득한 가정, 기독교적 교육, 하버드에서 공부할 수 있는 기회, 행복한 결혼생활, 매력적인 직업 등의 축복을 누렸다. 그러나 오랜 시간 동안 내 삶에 중요한 무언가가 빠져 있었다는 것을 깨닫게 되었다. 나의 삶은 영적 기근의 위협을 받고 있었던 것이다.

이 문제를 놓고 나는 기도하기 시작했다. 그리고 내가 준비가 되었을 때에 하나님은 비로소 내 삶에 참된 변화를 가져다줄 사람들과 환경으로 나를 이끄셨다. 삶의 중심에 하나님을 모셨을 때 어떤 기쁨을 누릴 수 있는지를 알게 해주시고, 다른 모든 것들도 그 중심으로부터 흘러나온다는 것을 알 수 있게 해주신 굉장히 헌신적인 목사님 한 분을 만나게 된 것이다.

나는 매주 월요일 밤마다 영적 성장을 위한 모임을 통해 다른 사람들을 만나고 영적 기지개를 펴고 성장해야 한다는 내 필요를 공유하면서 새로운 힘을 얻기 시작했다. 상원의원 부인들과의 성경공부는 나를 영적으로 더욱 강건하게 해주었다. 평일 업무에 지장을 받지 않으면서 주일을 영적·개인적 회복의 시간으로 구분해놓을 수 있다는 것을 배운 다음에는, 에스더서가 좀 더 신선한 의미로 다가왔다.

마침내 나는 모르드개가 그렇게 단호하게 말했던 도전들에 귀를 기울이고 그것을 마음에 새길 필요가 있음을 깨달았다. 모르드개가 말한 첫 번째 도전은 "곤경"이었다. "에스더야, 너 홀로 이 학살에서 목숨을 구할 수 있을 거라는 생각은 버려라. 네가 살아남고자 애쓴다면, 너는 그 모든 것을 잃게 될 것이다!" 이것은 완전한 헌신으로의 부름이며, 에스더는 자기 목숨을 담보로 걸어야 했다.

그러나 나는 에스더가 곤경에 빠진 것에 공감한다. 에스더는 왕비로서의 편안함과 안락함을 누리고 살았다. 그러한 상황에서 사람이라면 누구나 그 안락함과 안전을 위협하는 것들에 대해 저항할 것이다. 나는 그녀의 기분이 어땠을지 너무나 잘 이해가 되었다. 아마 이 글을 읽는 당신도 잘 알고 있을 것이다. 나는 안락한 삶을 추구한다. 그래서 나만의 세계, 즉 내 스스로 만족할 만한 자그마한 세계를 만들었다. 나는 "하나님"이라는 단어를 잘 정리해서 내 인생의 복잡한 서랍 속, "여름휴가"와 "정치" 사이 어딘가에 넣어두었다. 그것은 내가 에스더와 똑같은 딜레마에 빠져 있다는 것, 즉 모르드개가 에스더에게 주었던 헌신으로의 부름이 예수 그리스도께서 내게 보여주신 부름이라는 것을 알아차리기 전까지 그랬다.

예수님은 다음과 같이 말씀하신다. "누구든지 나를 따라오려거든 자기를 부인하고 자기 십자가를 지고 나를 따를 것이니라. 누구든지 제 목숨을 구원하고자 하면 잃을 것이요 누구든지 나를 위하여 제 목숨을 잃으면 찾으리라. 사람이 만일 온 천하를 얻고도 제 목숨을 잃으면 무엇이 유익하리요 사람이 무엇을 주고 제 목숨과 바꾸겠느냐"(마 16:24-26).

이 말은 자기 자신의 일로 매우 바쁠 때에는 받아들이기가 어렵다. 하지만 이 말은 내가 지금까지 들었던 말 중에서 가장 설득력 있는 논리를 가진 말이다. 왜냐하면 그분의 말씀처럼 그리스도는 우리의 구원자시고, 각 사람의 우선순위들이 충돌하는 세계에 의미를 부여하시는 모든 역사의 중심이시므로, 나는 그리스도가 결코 서랍 속에 정리될 수 있는 분이 아니시라는 것을 깨달아야만 했기 때문이다.

만약 내가 예수님을 그저 한 인간에 불과하다고 믿었다면 상황은 달라졌을 것이다. 그랬다면 나는 그를 좀 더 쉽게 "정리"할 수 있었을 것이다. 내가 그를 훌륭한 도덕선생 정도로 여겼다면, 나는 아마 그의 책을 내 책장에서 치워버렸을지도 모른다. 그를 예언자라고 믿었다면 나는 그에 대한 생각을 아예 지워버리려고 했을 것이다.

그러나 나는 예수 그리스도가 나의 주님이시고 구원자이시며, 부활하셔서 오늘도 우리와 함께 사시며 만물을 다스리시는 분임을 알았다. 그리고 뒷걸음질치는 삶을 멈추고 그리스도를 내 삶의 최우선순위에, 어떤 경쟁상대도 없는 분으로서 내 삶의 중심에 모셔야 할 때가 왔다는 것을 깨달았다. 나 스스로 내 우주의 주인직에 사표를 제출해야 할 때가 온 것이다. 하나님은 내 사표를 수리해주셨다.

모르드개가 말한 두 번째 도전은 "특권"이었다. "에스더야, 하나님께서 주신 이 특권을 네가 심각하게 받아들이지 않는다면 그것은 다른 누군가에게 옮겨질 것이다." 나는 이 도전 역시 귀 기울여 들어야 했다. 하나님은 내가 무엇을 하느냐가 중요한 것이 아니라 통치자이신 하나님이 나를 통해 하시고자 하는 그 일이 중요하다는 사실을 나에게 가르치기 시작하셨다. 하나님은 나의 세상적인 성공을 원하시는 것이 아니라 마음을 원하신다. 하나님께 복종할 때, 우리의 삶은 단지 방종과 직업적 성공을 위해 사용할 몇 년의 세월이 아니다. 그것은 훨씬 더 고귀한 부름이고 하나님의 부름에 따라 살 특권이며 책임이고 책무다. 모르드개가 에스더에게 주는 경고에 나는 정신이 번쩍 들었다. 내가 세상 일로 너무 산만하고 바쁘게 지내며, 일에만 치우쳐서 살고 있는 사이에 내 소명이 다른 누군가에게 옮겨지고 있다는 사실을 어느 날 문득 깨닫게 되는 비극을 당하지 않도록 하나님께서 미리 막아주신 것이다.

모르드개가 말한 세 번째 도전은 신의 "섭리"와 관련되어 있다. "네가 왕후의 자리를 얻은 것이 이때를 위함이 아닌지 누가 알겠느냐 하니"(에 4:14). 나에게 이 말은 우리들 각자가 이 세상에서 통치자 하나님이 주신 고유한 임무, 곧 우리가 영향을 끼칠 수 있는 범위 내에 있는 사람들을 사랑하고 그들을 위해 봉사할 의무가 있다고 말해준다. 우리는 이미 축복할 수 있을 만큼의 축복을 받았으며, 베풀 수 있을 만큼의 베풂을 받았다.

에스더에게 닥쳤던 도전들은 나 역시 귀 기울여야 할 필요가 있었던, 계속해서 들어야 할 도전들이었으며 완전한 헌신으로의 부름이었다.

그러나 내가 에스더에게 꼭 배워야 하는 마지막 한 가지는 그녀의 마음이 응답한 방식이다. 에스더는 신앙의 동역자들에게 함께 기도하며 금식해줄 것을 요청했다. 그런 후에 그녀는 하나님께 자신을 완전히 맡겼다. "죽으면 죽으리이다."

하나님은 이런 상황에서 어떻게 일하셨는가? 에스더가 하나님께 헌신하고 의지하자 어떤 결과가 나타났는가? 성경은 왕이 금 규를 내밀어 에스더의 생명을 구하고, 왕의 마음이 에스더의 주장에 동의하도록 변했으며, 그 결과 하나님의 사람들을 영광스럽게 구할 수 있었다고 말한다. 어쩌면 에스더는 하나님께 의지하지 않고 자신의 외모가 주는 매력과 재치만으로도 그 일을 행할 수 있었을지도 모른다. 그러나 하나님이 함께하셔야만 성공할 수 있다는 것을 그녀는 알았고, 그래서 다른 사람들에게도 기도를 통해 하나님께 겸손하게 의뢰할 것을 요청했다.

크고 작은 결정을 내려야 할 때, 내가 가진 것 이상의 지혜와 용기가 필요한 일과 마주할 때가 있다. 타인에 대한 사랑, 평화, 기쁨 등과 같이 하나님의 부르심 안에서 고유한 삶의 일상적 의무들을 수행할 때, 우리는 끊임없이 하나님의 은혜를 필요로 한다. 나는 주께 의존하는 것이, 곧 선한 일이라는 사실을 배워야 했다. 내가 가진 자원을 다 써버렸을 때, 내 힘으로 주변의 일을 통제하지 못하고, 내 방식으로 해결하지 못할 때, 나는 하나님의 결과를 더욱 신뢰하게 된다. 내가 약할 때, 나는 비로소 강해진다. 그때 나는 그리스도의 능력, 즉 내가 아닌 하나님으로부터의 능력이 내 안에 자리하면서, 나를 격려하시고 내게 힘을 주시고 내 믿음을 더욱 깊게 하시는 것을 느낄 수 있는 가장 좋은 자리에 설 수 있다.

그렇다. 에스더의 이야기는 의존에 관한 이야기다. 그것은 모르드개나 에스더의 승리가 아니라 하나님의 승리에 대한 이야기다. 하나님이야말로 이 이야기의 진정한 영웅이시다. 그리고 같은 방식으로 나는 나 자신의 이야기 안에 존재하는 영웅이 예수 그리스도 안에 계신 하나님이심을 깨달았다.

완전한 헌신은 매우 어렵고도 높은 소명이고, 그 소명을 완수하기 위해서는 남은 생애 동안 정말 열심히 분투해야 할 것이다. 그러나 나는 그것이 살 만한 가치가 있는 유일한 삶이며, 우리 주님께 걸맞은 유일한 삶임을 알고 있다. 이 부르심을 받을 사람들, 자신이 직면한 시대적 딜레마로부터 홀로 안전할 수 없다는 사실을 인식하고 복종의 특권을 기꺼이 수용할 사람들, 하나님의 섭리가 자신들에게 이와 같은 때를 가져올지도 모른다는 것을 알 준비가 되어 있는 사람들, 나는 세상이 바로 그런 사람을 위해 준비되어 있다고 믿는다.

어떻게 우리가 그것을 모를 수 있었을까?

피터 클라크

하버드의 사례연구들은 가난에 대한 내 소외감을 건드렸다. 그리고 나는 페루 어둠의 심장부인 아야쿠초(Ayacucho)로 날아가는 낡은 비행기에 몸을 실었다. 바로 그때 내 생애 진정한 사례연구가 시작되고 있었다.

부모님이 선교사였던 **피터 클라크**(Peter Clark)는 온두라스에서 성장했다. 1984년에 휘튼 대학을 졸업했고, 2년 후에는 하버드 케네디 행정대학원에서 공공 정책 전공으로 석사학위를 취득했다. 그는 다음 5년을 엘살바도르에서 세계구호선교회(World Relief) 전국책임자로 보냈다. 1992년에 UN은 세계구호선교회 엘살바도르 주택재개발 프로그램에 해비타트 영예대상(Habitat Scroll of Honor)을 수여했다.

1991년에 클라크는 하버드 대학원 기독학생회 학생들을 이끌고 산살바도르의 옛 도시쓰레기하차장을 개발하는 일에 참여했다. 그 도시에는 전쟁, 마약, 테러리즘의 악몽을 피해온 8천 명의 사람들이 거주하고 있었다.

최근에 피터는 코넬 대학교 교육학과에서 국제개발의 정치경제에 관한 박사학위 논문을 마무리했다. 그는 동유럽에서 경영학 강의를 해달라는 요청을 자주 받고 있다. 매해 여름, 피터와 친구들은 개발도상국을 자전거로 여행한다.

이 이야기 속에 등장하는 페루 사람들의 이름은 사생활 보호 차원에서 가명을 사용했다.

당신이 직접 보기 전까지는 그것을 이해할 수 없다.

옛 잉카 속담

순교자의 피는 교회의 씨앗이다.

테르툴리아누스, 『변증학』(*Apologeticus*)

20세기의 거대한 인간 비극 중 최소한 두 가지는 일종의 공범적 침묵의 그늘에서 발생했다. 제2차 세계대전의 종결 국면에 나치수용소를 해방시킨 연합군 병사들은 거대한 무덤과 오븐, 고기를 매다는 고리, 그리고 자신들이 자유를 얻었다는 사실을 깨닫고 기쁨의 눈물을 흘리던 수천 명의 삐쩍 마른 유대인들의 얼굴을 결코 잊을 수 없다. 크메르루즈가 몰락한 후 캄보디아를 방문하여, 킬링필드에 쌓여 있던 해골 더미를 보았던 사람들은 세상이 뒤집힌 것을 이해하기 위해 무진 애를 썼다. 그것이 비록 헛수고로 끝났지만 말이다. 위의 증인들은 자신들에게 가장 곤혹스러운 질문이 "어떻게 우리가 그것을 모를 수 있었을까?"였다고 자주 말한다.

 제7장 정부와 정의의 복음

세월이 지나면서 내가 하버드 케네디 행정대학원에서 보냈던 시간은 중첩되는 사례연구들에 파묻혀 밤을 새우는 날이 많아지면서 기억 저편으로 사라지기 시작했다. 나는 더 이상 케네디 대통령의 쿠바 미사일 위기를 해결하기 위해 내가 무슨 제안을 했는지, 방글라데시 정부가 어디에다 새로운 우물을 파야 한다고 말했는지, 혹은 왜 내가 시카고 시장 데일리를 좋아한다고 했는지 기억이 나지 않는다.

하지만 나는 내가 얼마나 간절히 졸업하고 싶어했는지, 그리고 내가 습득한 분석기술들을 얼마나 빨리 적용해보고 싶어했는지는 잘 기억하고 있다. 나는 라틴아메리카에서 선교사의 자녀로 성장했고, 제3세계의 빈곤과 더불어 자란 덕에, "그것에 대한 뭔가를 하고" 싶었다. 그리스도인으로서 나는 내 전공인 국제개발보 인간의 고통에 대한 실천적 해법을 창출하는 데 도움이 되고 싶었다. 그래서 케네디 행정대학원을 졸업한 후 5년간 엘살바도르의 산살바도르에서 있었던 대규모 지진복구 프로그램에 참여했다. 그곳에서 나는 하버드에서 공부했던 많은 도전들을 몸소 체험할 수 있었다. 어떻게 주택 프로그램에 지역사회의 협조를 이끌어낼 것인가? 그 프로젝트를 계속 진행시키기 위해 살바도르 정부와 어떻게 접촉할 것인가? 등등.

여러 면에서 나는―상당한 기금을 포함하여―가난한 자들을 도울 수 있는 이상적인 직업을 갖고 있었다. 하지만 계속해서 무엇인가가 빠졌다는 느낌을 지울 수 없었다. 그동안 나는 가난한 사람들에 대한 이해와 공감으로부터 나를 이상하게 격리시켰던 신학적 커튼 뒤에 편하게 숨어 있었던 것이다. 하버드의 사례연구들은 내 생각을 정교하게 다듬어주었으나, 미묘한 방식으로 가난에 대한 내 소외감을 건드리기도 했다. "개발문제"에 날카로운 비판을 던지고, 그들의 "구조적 문제"를 분석하여 간단한 몇 가지 조치로 "상황들"을 해결하면서 나는 전 세계를 날아다니는 듯한 기분이었다.

하지만 그 후에 하나님은 내 경력에 커다란 전환점을 맞이하게 하셨다. 내가 케네디 행정대학원에서 피상적으로 공부했던 사례들을 실제로 세상의 수많은 사람이 몸으로 부딪혀가며 살고 있다는 갑작스러운 깨달음을 얻은 순간, 내 안에 있던 무심함의 장벽은 허물어졌다. 이들은 실제의 맥락에서 실제적인 삶의 문제들을 지닌 실제의 사람들이었다. 그뿐만이 아니라 그들이 가진 문제의 대부분은 정말 엄청난 것이었다. 그것들은 내가 사례연구에서 다루었던 것보다 훨씬 더 크고 경악할 만한 것이었다. 그래서 1991년 3월 3일, 나는 페루 어둠의 심장부인 아야쿠초(Ayacucho)로 날아가는 포셋항공사의 낡은 비행기에 몸을 실었다.

바로 그때 내 생애 진정한 사례연구가 시작되고 있었다.

1991년 3월 페루. 페루 안데스의 동쪽 경사면은 에쿠아도르와 페루의 북서 접경지에서 시작되어 칠레 및 볼리비아와의 남동 접경 지역으로 이어지는 땅이다. 이 지역은 페루의 군대와 지금은 "빛나는 길"(Shining Path)로 알려진 게릴라 조직 간의 "인민전쟁"(People's War)이 벌어지고 있는 주요 전쟁터다. 이 싸움은 아야쿠초에서 아주 가까운 산악경사 지역에서 가장 치열하게 전개되고 있다. 10년 동안이나 이어진 싸움은 큰 상처를 남겼고, 그들의 집중 공격 대상은 케추아어를 말하는 인디언 복음주의 교회였다.

제7장 정부와 정의의 복음

페루 장로교회(National Presbyterian Church of Peru)의 한 지도자가
리마에서 내게 "올해에만 유니온 피차리(Union Pichari) 노회 소속의 우리
교회들 중 32곳이 화재로 전소되었습니다"라고 말했다. "이런 일이 벌어
지는 이유는 현재 우리가 이 지역에서 가장 큰 복음주의 교단이며, 우연
히도 우리의 여러 교회가 빛나는 길의 공급 루트에 위치하고 있기 때문
입니다."

아야쿠초 종합병원에서, 케추아 인디언 오순절파 신자인 45세의 레온
후아만 후아초가 자신이 사는 안데스 마을 까노에서 빛나는 길에 의해
자행된 악몽 같은 살육을 묘사할 때는, 가슴속에서 차오르는 슬픔으로 인
해 얼굴에 경련이 일어났다. 그의 가족들은 겨우 몇 주 전에 교회에서 철
야기도를 드리다가 총에 맞아 죽었다. 그는 내게 이렇게 말했나.

35명이 살해당하고, 7명이 중상을 입었어요. 1984년 이후 주민 300명이 모
여 사는 우리 마을이 군대의 강요로 인해 시민방위군으로 편성되었습니다.
두 달 전 그곳의 지역군부대가 폐쇄되고 군인들이 떠났지요. 그러고 나자
빛나는 길이 우리를 위협했어요. 우리가 군대의 종 노릇을 했기 때문에 대
가를 치르게 될 것이라고 말이죠. 밤 11시경, 교회에서 철야기도를 드리고
있는데, 남자 40명이 트럭을 타고 나타났어요. 그들은 교회 문을 잠그고, 총
을 쏘기 시작했습니다. FAL 속사 무반동총을 갖고 있었거든요. 그 후에는
교회 의자에 가솔린을 붓고 불을 붙였습니다. 사람들을 비롯한 거기 있던
모든 것이 불에 탔어요. 게릴라들이 떠났을 때, 내 아내가 거기 있었어요. 아
내는 그들이 이렇게 소리쳤다고 말했습니다. "이것이 바로 개들이 죽는 방

법이다."

빛나는 길의 박해에 시달리는 케추아 복음주의 교회가 동시에 페루 군대의 의심을 받고 있는 것도 아이러니다. 몇몇 케추아 인디언들이 가난과 무기력에 좌절하여 빛나는 길에 가담했고, 계속해서 케추아 교회를 대량 살상의 대상으로 삼고 있다. 예전에 이러한 진퇴양난을 과테말라의 산악지대에서 목격한 적이 있다. 그곳에는 맘(Mam), 키체(Quiche), 칵치켈(Cakchiquel), 익실(Ixil)과 다른 인디언 그룹들이 암담한 상황에 처해 있었다. 정부는 또한 탐욕, 이기심, 부패에 반대하는 교회의 성경적 입장을 빛나는 길의 극단적인 반자본주의적 이념과 혼동하는 것 같다. 하지만 교회가 농촌시민방위대에 가담하자, 그들은 자연스럽게 빛나는 길의 군사적 공격대상이 되고 말았다. 많은 교회가 마을 전체에 밀어닥친 대량 살상으로 희생되었다. 이 살육은 페루 군대가 주민들을 강제로 시민방위순찰대로 조직하고, 빛나는 길의 "배신자들에 대한 정당한 보복"에 무방비 상태로 방치한 채 마을을 떠난 직후 발생했다.

—◦◦◦—

왜 이런 일들이 벌어지는 걸까? 왜 페루의 복음주의 그리스도인들이 폭력적 박해의 대상이 되는 걸까? 이것을 이해하기 위해서는 먼저 "빛나는 길"이 어떻게 탄생했는지를 살펴보아야 한다.

페루, 리마. 빛나는 길에 대한 소개는 리마의 샌마커스 대학교 외부 벽에 붙어 있는 한 포스터로 대신 할 수 있다. 포스터는 이 운동의 설립자요

지도자인 아비마엘 "곤잘로" 구즈만(Abimael "Gonzalo" Guzman)을 묘사한다. 그는 자신을 향해 행진하는 노동자와 농부들로 가득찬 길을 내려다보고 있다. 그 길은 일종의 묵시적 빛으로 가득하다—빛나는 길. 포스터에는 이런 문구가 적혀 있다. "곤잘로 대통령은 진리의 빛으로 우리를 인도한다." 여기에 메시아적 주제가 담겨 있음은 부정할 수 없다. 하지만 아비마엘 구즈만에게 압제로부터의 구속을 약속한 것은 기독교가 아닌 정통 공산주의였다.

그는 철학 교수직을 그만둔 후 중국의 엘리트 홍위병학교에 파견되었다. 1968년에 다시 페루에서 철학 교수로 봉직했을 때 그는 중국문화혁명의 도그마에 철저히 매료되었다. 이 도그마는 후에 빛나는 길의 "인도하는 빛"(guiding lights)으로 사용된다. "장기화된 인민전쟁"은 반란의 주된 모델이 되었다.

중국과의 관계 단절로 인해 이 페루 그룹은 더욱 소외되었다. 그 결과 이 단체는 페루 동부의 밀림에서 마약거래를 통제함으로써 재정상의 독립을 추구하고 있다. 빛나는 길은 그룹 구성원들을 정치학습으로 철저한 무장시키면서 1980년 이후 15,000명의 목숨을 빼앗았고, 아야쿠초에서만 5,000명의 목숨을 앗아간 폭력투쟁에 몰두해왔다.

아비마엘 구즈만의 궁극적인 비전은 세상을 공산주의로 바꾸는 것이다. 그는 소비에트 공산주의가 더 전진하지 않고, 스탈린에게 등을 돌린 것에 대해 비판한다. 그리고 자신의 운동을 페루의 실제 정부이자, 세계혁명의 참된 영적 중심으로 간주한다. 그가 자신의 운동에 선택한 도구들은 조직적인 파괴행위, 과격한 테러공격, 그리고 일체의 감정을 배제한 이념에 대한 엄격한 충성 등이다.

최근에 벌어진 까노 학살의 생존자 7명이 수술병동의 희미한 빛 아래 누워 있다. 한쪽 구석에는 5발의 총알로 인간 벌집이 된 5살짜리 꼬마가 누워 있다. 63명의 아이들이 한부모 가정 자녀가 되었다.

페루, 후안타. 아야쿠타 북쪽 56킬로미터 지점에 위치한 그림 같은 마을 후안타로 가는 길에, 나는 도요타 자동차를 얻어 탔다. 후안타는 아마우타 라디오 방송국 본부가 있는 곳이다. 혁명적 메시지를 담고 있는 빛나는 길의 테이프를 주기적으로 방송하는 것과 별도로(그들이 계속 살고 싶으면 반드시 이 테이프를 방송에 내보내야 한다), 아마우타 라디오 방송국의 1킬로와트 송신기는 케추아의 복음주의 프로를 중앙 및 남부 페루의 일부 지역에 방송한다. 구불구불한 고속도로는 아야쿠초로 이어진 과거의 시민방어선 론데로스를 따라 뻗어간다. 그곳에서 만난 사람들이 모두 제대로 된 군인은 아니었다. 어떤 이들은 너무 늙었고, 어떤 이들은 너무 어렸다. 몇몇 사람들은 제1차 세계대전 때 사용했던 라이플 총을 들고 있었고, 어떤 이들은 라이플 총처럼 보이도록 그림을 그려 붙인 나무 총을 가지고 있었다. 다른 사람들은 끝에 칼날을 묶은 막대기를 손에 쥐고 있었다.

그 차에 타고 있던 사람들 중 한 명인 로레나 메르세데스 크루즈는 산크리스토발 대학교의 젊고 똑똑한 경제학과 대학원생이자, 열성적인 장로교회 신자였다. 독신이었던 그녀는 군대와 빛나는 길의 대량 학살로 고아가 된 아이들 10명을 데려다 자신이 직접 키우기로 결심했다. 그들은 교회의 보조금과 늙은 농부들의 도움으로 함께 살아가고 있다. 로레나는 내게 "제가 그들과 함께 살기 시작한 처음 몇 달 동안은 마을에서 군인을 볼 때마다 아이들이 훌쩍거리며 제 치마를 꼭 붙잡았어요. 그 어린아이들이 도대체 무엇을 봤길래 그러는지, 저는 상상도 할 수 없어요" 라고 말했다.

후안타에서 몇몇 장로교회 지도자들과 함께 모임을 가졌는데, 그중에는 현 페루 장로교회 총회장인 헥토르 카스트로도 있었다. 모임에서는 과거에 있었던 공격에 관한 이야기들이 경쟁하듯 쏟아져 나왔다. 후안타의 교외에 위치한 에스피리투알토 교회는 1987년에 군대에 의해 폭파되었다. 정부 당국자들이 예배가 없는 밤에 교회 건물이 빛나는 길에 의해 사용될 것을 두려워했기 때문이다. 1988년에는 빛나는 길이 아야쿠초와 후안카벨리카 사이의 고속도로에서 민간인들을 공격해 20명이 사망했는데, 그중 8명이 그 지역 장로교회 신자들이었다. 1984년에 벌어진 한 무차별공격에서는 칼쿠이 장로교회 지도자 6명이 기도회 도중 끌려나가 총살을 당했다. 1990년 9월에는 빛나는 길이 후안카벨리카의 대형장로교회에 폭탄을 투척했다. 1989년 6월에는 카르후아우란의 장로교회 저녁 전도집회 도중 신자 9명이 빛나는 길에게 살해당했다. 이런 이야기는 끝도 없다.

나는 빛나는 길 운동의 영적·이념적 뿌리가 무엇인지 잘 알고 있지만, 그들의 잔악한 행위에는 경악하지 않을 수 없다. 그래서 "왜 교회가 그들의 공격목표가 되어야 하는가?"라는 질문을 계속해서 스스로 던지게 된다.

페루 장로교회 총회장인 헥토르는 "일부 교단들은 빛나는 길이 악마적 운동이라고 설교하며 강력히 반대합니다"라고 대답한다. 그는 단어를 신중하게 선택하며 계속해서 다음과 같이 말한다.

우리는 양측의 폭력 모두를 비판하면서, 공식적으로는 중립적 태도를 유지하려고 노력해왔습니다. 하지만 우리 교회가 미국 선교사들에 의해 시작되었기 때문에, 빛나는 길이 우리를 전혀 믿지 않는 것 같습니다. 그들은 우리가 종교라는 포장지에 싸여, 사람들이 빈곤에서 벗어나지 못하도록 영적 마약을 제공하는 낯선 이념이라고 주장합니다.

실제로 1980년대 초반에 반(反)서구, 반(反)종교적 감정이 극에 다른 빛나는 길은 페루 장로교회의 미국 선교사들을 중앙페루 안데스에 위치한 그들의 집에서 쫓아내고, 교단 지배권을 원주민 지도자들에게 넘겼다. 하지만 페루 장로교회 회원들 중 제대로 된 직업교육을 받은 사람은 겨우 2%뿐이다. 80% 이상의 사람들이 아직도 문맹이며, 70%는 가난한 농민들이다. 그들의 신앙은 대단히 깊지만, 교단 지배권을 가지고 지역교회 182곳이 소속된 교단의 복잡한 활동들을 조율하기 위해서는 최소한 글은 읽을 줄 알아야 할 것이다.

이렇게 가난하게 살면서도 빛나는 길은 복음주의 교회가 현상 유지를 위한 하부 구조의 일부, 즉 그들이 선전하는 것에 배치되는 사회적 결집, 정체성, 신앙 형태를 증진시키는 개체라고 정의한다. 그렇기 때문에 교회가 완전히 붕괴될 때까지 가차없이 그리고 조직적으로 교회를 약화시키려 하는 것이다. 인민전쟁 정통파는 기독교와 충돌을 일으킨다. 양측 모두 인디언들의 영혼에 접근하기 위해―한쪽은 세뇌공작을 위해, 다른 쪽은 생명을 위해―노력하기 때문이다. 따라서 기독교의 목을 치기 위해서 교회를 목표물로 삼는 것이다. 교회 지도자들이 침묵한다면, "몸도 녹아내릴 것"이기 때문이다.

말만 그런 것이 아니다. 모택동의 글에서 가져온 빛나는 길의 교리에는 "혁명은 저녁파티나 수필쓰기가 아니다"라는 문구가 적혀 있다. "혁명은 반란이며, 한 계급이 다른 계급을 전복시키는 폭력적 행동이다." 하지만 이들은 가난하고 힘없는 케추아 인디언들이며, 기도하다 등에 총을 맞은 사람들이다. 폭력 혁명으로 "전복될 필요가 있는 계급"의 사람들이 아니라는 얘기다. 그것은 모택동, 마르크스, 레닌의 사상에 구즈만 자신의 이론이 뒤섞인 "곤잘로 사상"에 심취한 사람들에게 적합한 논리가 아니다.

후안타에서 아야쿠초로 돌아오는 길에 나는 잠시 생각에 잠겼다. 그곳의 웅장한 산과 비상하는 안데스콘도르는 눈에 전혀 들어오지 않았다. 대신 견딜 수 없는 고통 중에 있는 교회와 교인들의 우아함에 큰 감동을 받았다. 대부분의 사람에게는 틀림없이 의미 없는 비극이요, 심지어 하나님께 버림받은 것처럼 보이는 상황에서도 그들이 보여준 놀라운 신실함에 나는 실로 엄청난 충격을 받았다. 그들은 하나님이 자신들을 버렸다고 생각하지 않는 것 같다. 하나님의 권능이 수천 개의 작은 구원과 이해를 초월하는 평온 속에서 날마다 그들에게 나타난다. 하지만 그런 것이 하나님의 뜻이 아니라면 그들은 그리스도의 고통에 참여하는 방법의 하나로, 기꺼이 죽음을 준비하는 것처럼 보였다. 그들의 신앙이 그들과 세상, 미래와의 관계를 재조정했다. 보다 커다란 어떤 실재와 최후의 정의에 대한 믿음이 없는 사람들, 심지어 그들을 지탱해주는 환희와 통전성에 대한 내적 인식이 부재한 사람들 속에서는 내가 거의 발견하지 못했던 방식으로 말이다.

구약의 순교자들 혹은 1세기 그리스도인들처럼 페루인들은 자신의 자녀들을 악에서 보호하는 하나님의 무한한 능력과, 하나님 나라를 위한 고통의 신비 사이에서 나타나는 실존적 긴장을 몸소 체험하며 살고 있다. 그것은 예수의 삶에서 구체화된 긴장이다. (십자가 위에서) 그의 최고 수치와 연약함의 순간은 동시에 그의 가장 위대한 승리의 순간, 곧 사탄적 악에 대한 승리의 순간이었다. 이 긴장은 하나님의 개념 속에 내재해 있다. 하나님의 완벽한 힘은 인간 육체의 연약함 속에서 가장 분명하게 드러난다. 빛나는 길은 페루 교회의 능력, 즉 믿음 안에서 자신을 새롭게 할 수 있는 능력과 끝까지 참는 자에게 궁극적 구원이 임한다는 기독교 메시지를 과소평가했다. 또한 빛나는 길은 "교회의 목을 치려고" 할 때, 한 가지를 간과했다. 교회의 머리가 예수 그리스도라는 사실을 말이다.

다시 아야쿠초의 종합병원으로 돌아와서, 케추아의 목사인 헥토르 카스트로는 까노에서 온 부상당한 여인에게 다음과 같이 말했다. "이것 때문에 당신이 믿음을 잃지 않았으면 좋겠습니다."

그녀가 대답한다. "저는 언제나 주님과 함께할 준비가 되어 있어요."

—∞—

1980년대 중반 이후, 페루 정부는 빛나는 길의 활동에 대한 뉴스를 엄격히 검열해왔다. 거리도 멀고 안전 문제도 심각한 탓에, 외신 기자들이 아야쿠초 지역에 온 적은 거의 없다. 그 결과 국제 여론은 매년 이곳에서 벌어지는 살육에 거의 침묵했다. 예를 들어, 까노의 살육 뉴스는 바깥 세상에 알려지지 않았다. 물론 케네디 행정대학원의 사례연구로도 다뤄지지 않았다.

하지만 페루의 케추아 교회를 도울 만한 간단한 방법들이 몇 가지 있다. 그들에게는 리마에 본부를 둔 비-케추아 관료기구가 아닌, 지역에 뿌리를 둔 케추아 교회 지도자들과 연결된 도움이 필요하다. 그들 교회에 기초한 해법을 그들 스스로 구상하도록 돕는 방식으로 말이다. 교회에 대한 정치적 폭력과 관련해서 페루 정부와 정중하지만 확고한 접촉, 그리고 국제적 인식에 의한 도덕적 힘이 그들에게 필요하다.

아야쿠초와 인근 지역의 케추아 그리스도인들에 대한 박해가 1940년대 유럽의 유대인들, 폴 포트 치하의 캄보디아인들, 혹은 스탈린 치하의 (그리스도인들을 포함한) 러시아인들이 경험한 수준에 이르는 것은 아니다. 하지만 분명한 것은 이해할 수 없는 새로운 악의 씨앗이 페루의 고지대에 뿌려지고 있다는 것이다. 헥토르는 내게 "페루에는 '당신이 직접 보기 전까지는 그것을 이해할 수 없다'라는 오래된 잉카 속담이 있습니다"라고 말했다.

"세상의 빛"으로서 부, 교양, 언론에 접근할 수 있는 기회를 가진 우리는 악을 밝혀낼, 특히 힘없고 침묵을 강요당한 사람들에 대한 악의 근원을 폭로할 의무가 있다. 어쩌면 너무 늦게 "어떻게 우리가 그것을 모를 수 있었을까?"라고 말하는 때가 올지도 모른다.

—⁓—

1996년, 뉴욕의 이타카. 내가 페루에서 보냈던 시절이 벌써 5년이나 지났다. 하지만 그곳에 대한 기억은 조금도 사라지지 않았다. 케추아 인디언들의 믿음은 내 마음과 생각을 일치시키는 데 큰 도움을 주었다. 또한 사람들이 무신론적 철학과 이념에 방치될 때, 얼마나 근본 없는 사람들이 되는지도 목격할 수 있었다. 이런 이유로 나는 인간적 동기의 복잡성 및 인간적 필요의 광범위함을 충분히 고려하지 않는 개발사업에는 결코 관여하지 않게 되길 소망한다.

케임브리지, 국가, 그리고 그리스도

로버트 베쉘

정의에 대한 사람들의 생각이 다르기 때문에, 링컨은 정의 추구를 포기하거나 도덕적 냉소주의에 침몰되지 않았다.

로버트(밥) 베쉘(Robert (Bob) Beschel Jr.)은 1981년에 시애틀의 대학장로교회에서 인턴 사역을 마치고 케임브리지로 왔다. 베쉘은 1983년에 케네디 행정대학원에서 공공행정 전공으로 석사학위를 받았고, 1991년에 하버드의 정부학과에서 석사와 박사학위를 취득했다. 1984년부터는 하버드 과학센터와 국제업무의 연구원으로 있었고, 1985-1986년에는 핵전쟁 방지에 관한 케네디 행정대학원 프로그램의 책임자로 일했다. 카네기 및 포드 재단, 미국 국방부의 자문관으로 일한 후, 베쉘 박사는 프로젝트 도서관의 이사로 임명되었다. 이것은 동부/중앙유럽의 민주화와 경제적 재활과정을 촉진하기 위한 케네디 행정대학원의 프로그램이었다. 그는 현재 세계은행의 자문관으로 일하고 있으며, 동유럽 시장경제 및 민주화 전문가다.

나는 미국의 해외정책에 도덕 규범과 가치를 반영할 수 있는 방법을 찾기 위해 1981년 가을에 하버드에 왔다. 내가 인격이 형성되던 시기에, 리처드 닉슨과 헨리 키신저의 현실정치는 카터 대통령이 부활시킨 도덕주의에 밀려났다. 나도 처음에는 다른 많은 미국인들처럼 이런 발전을 환영했다. 데탕트(detente)의 도덕적 모호성과 그 지지자들이 국제적 안정의 제단 위에 규범적 가치를 희생시키려는 모습에 불편함을 느끼면서 말이다. 나는 그리스도인으로서 신앙과 실천을 통합하는, 미국적 이상과 이익 사이의 대립되는 요구들을 화해시키는 더 좋은 방법이 있다고 확신했다.

70년대 후반은 국제정치윤리 전공생들에게 매우 혼란스러운 시기였다. 카터 정부가 계속되면서 도덕성과 인권에 대한 정부의 강조가 화해할 수 없는 모순의 바다에서 표류하고 있음이 명백해졌다. 카터의 정책들은 "권위주의 정권"과 "전체주의 정권"에 대한 진 커크패트릭(Jean Kirkpatrick, 미국 최초의 여성유엔대사 역임—옮긴이)의 자극적이고 과장된 구분으로 대체되었다. 해외정책에서 이상주의가 여전히 유행했지만, 그것은 매우 다른 종류의 이상주의였다. 어려운 윤리적 딜레마를 단순화함으로써 도덕적 명료함을 성취했던 이상주의 말이다. 젊은 혈기로 가득 찼던 나는, 실용주의와 원칙이란 복잡한 이슈를 해결하기 위한 더 좋은 방법들이 존재한다고, 그리고―하나님의 도움으로―그것을 찾는 일에 내가 중요한 역할을 할 수 있다고 확신하며 대학에 입학했다.

나는 13년간 고급학위 과정을 밟고, 이 주제로 하버드에서 가장 뛰어난 석학들의 강의를 여러 시간 경청했다. 또 외교문제에서 도덕의 역할에 대해 그리스도인 및 비그리스도인 동료들과 수없이 토론하고, 미소 간의 정책결정에서 도덕적 가치와 실용적 관심 간의 통합을 연구한 박사학위 논문도 썼다. 하지만 미국의 해외정책에서 이상과 이해의 적절한 통합을 포괄적으로 이해하는 것이 내게는 여전히 힘든 일이다. 나는 하나님께서 우리가 도덕적으로 행동하길 바라시며, 그렇게 행동할 수 있도록 유용한 교훈을 제공하셨다고 믿는다. 그러나 악마는 문자적으로든 모형적으로든 다양한 모습으로 자주 나타났다.

국제적인 영역에서 윤리적으로 적절하게 행동하기란 아주 어려운 일이다. 대립되는 기준, 불완전한 정보, 상이한 인식, 그리고 권력의 실체들과 대결해야 할 필요 등 상황이 아주 복잡해지기 때문이다.

과거 몇 세기 동안 국가들에 대한 법적 통제가 계속 확장되었음에도, 가치문제와 관련한 국제환경은 대단히 파편화된 상태로 남아 있다. 정의에 대한 생각들은 좀처럼 일치되지 못하며, 서로 다른 윤리적 기준들은 특정한 행동의 윤리적 가치에 대해 필연적으로 상이한 판단을 야기할 수밖에 없다.

이것의 훌륭한 예는 미국의 그레나다와 파나마 침공이다. 두 사건은 내가 대학원에 다닐 때 일어났다. 국경의 신성함과 불간섭 원칙에 궁극적 가치를 부여하는 국가도덕론자(state moralist)는 이런 행위를 다른 나라의 주권을 침해하는 것이라며 반대할 것이다. 마르크스주의자는 이런 침략을 제국주의적이라고 비난할 것이다. 현실주의자는 그것이 지역의 안정에 끼친 공로와 궁극적 대가에 기초하여 지지하거나 비난할 수 있다. 다른 이들은 그 침공 덕택에 정치적 자유와 민주적 통치가 매우 발전했다며, 혹은 지역주민들의 일상을 크게 향상시켰다며 그 결과를 지지할 것이다. 영민한 국제변호사들은 한쪽의 입장을 변호하기 위해 엄청난 분량의 판례들을 찾아낼 것이다. 그러나 기독교 사상은 어떤 기준이 적용되어야 하는지에 대해 제대로 된 지침을 제공하지 못한다. 비록 평화주의와 정당 전쟁의 전통들이 옛날부터 존재했지만 말이다. 내 생각에 평화주의는 효용성의 대가를 치르면서 도덕적 명확성을 성취한다. 정당한 전쟁론은 보다 오래전에 형성된 것이기에 국내의 혼란, 폭력, 혹은 종족살해 등을 막으려고 개입하는 것처럼 근대의 문제들을 적절히 다루지 못한다.

사려 깊은 관찰자들은 어떤 전통이나 기준을 부당하게 강조하는 위험은 피하면서, 문제를 다양한 윤리적 렌즈로 바라보며 도덕적으로 정당한 해법을 찾으려고 노력한다. 민감한 문제이지만 그런 접근도 나름대로 복잡하다. 심지어 완벽한 객관성을 갖고도, 군사적 개입 같은 문제의 도덕성은 제대로 평가하기가 거의 불가능하다. 부분적으로는 그렇게 하는 것이 사과와 오렌지의 도덕적 가치를 저울질해야 하기 때문이고(어떻게 그레나다 사람들이나 파나마 사람들의 삶에서 사회적 발전의 가치를 정치적 자유나 국제적 안정의 가치들과 적절히 비교할 수 있겠는가?), 부분적으로는 무력 사용에 관한 결정들이 나중에 생각해도 평가하기가 극도로 어려운 비례성(proportionality, 적절한 수위의 처벌만이 예방효과가 있다는 주장—옮긴이)의 원리와 최후의 수단 같은 기준에 흔히 의존하기 때문이다.

윤리문제는 인식과 세계관의 광범위한 차이에 의해 더욱 난해해진다. 어떤 사람에게는 테러범인 자가, 다른 사람에게는 자유의 투사다. 어떤 나라에서는 세련된 행동규범이, 다른 나라에서는 지배와 억압의 제도적 장치로 사용된다. 인지심리학자들이 인간을 합리적이고 비감정적인 관찰자로 규정하는 개념이 대체로 신화에 불과함을 입증해주었다. 객관성을 향한 우리의 노력에도 불구하고 특정한 국제문제의 정의를 평가하려 할 때마다 우리는 우리 자신이 동기를 부여하고 해석하고 결과를 평가하는 방식에 필연적으로 영향을 미치는, 일군의 명시적 혹은 암묵적 전제를 지닌다.

가치, 인식, 정보의 부재문제 외에 권력문제가 궁극직으로 정치문제에서 도덕의 역할에 대한 토론에 어두운 그림자를 드리운다. 그것을 집행할 권력과 분리된 정의는 흔히 무의미하다. 하지만 아우구스티누스에서 라인홀드 니버에 이르는 기독교 사상가들이 훌륭하게 지적했듯이, 권력 행사를 위한 필요 때문에 신자들은 그렇지 않았으면 피했을 행동들을 할 수밖에 없을 때가 많다. 이 딜레마에 그리스도인들은 전통적으로 세 가지 방식으로 반응했다. 퀘이커, 메노나이트, 아나뱁티스트 같은 이들은 자신들이 본래부터 악하다고 생각했던 제도 및 활동들에서 스스로 물러나고 분리되는 길을 택했다. 한편, 미국의 유명한 현실주의자 한스 모겐타우(Hans Morgenthau) 같은 이들은 신앙과 정치적 실천이 서로 조화할 수 있다는 것에 대해 회의적이었다.

양 극단을 거절하면서, 나는 비효율적인 도덕주의와 회개하지 않은 현실주의 사이에서 혼란스러운 중간지대를 발견하고 싶었다(혹은 라인홀드 니버의 멋진 표현처럼 "정치적 스펙트럼에서 모든 경쟁적 지위 속에 존재하는 오점들을 겸손히 인식하고, [가능한 한] 진정한 성실로, 정치 공동체의 거대하고 도덕적으로 모호한 영역에서 움직이는 것").[1] 이런 결론에 마음이 불편하지만 나는 앞에서 언급한 모든 이유들 때문에 포괄적이고 결정적인 윤리적 해법들이 쉽게 성취되지 않을 것이라고 생각한다. 그러므로 대부분의 의사결정자들은 "교과서적 해법"이 존재하지 않는 특이한 상황에 도덕적으로 행동해야 할 것이다.

이런 관찰 때문에 우리가 절망할 필요는 없다. 각각의 경우 정치가들이 자신의 기독교적 신앙에 근거해서 행동하고 그렇게 함으로써 세상을 더 좋게 만들 수도 있다. 하버드에 다니던 시절에 국제윤리문제를 공부하던 친구들과 함께 불완전하지만 도덕적 딜레마를 헤쳐갈 수 있는 몇 가지 지침들을 발견했다. 그러면서 내가 깨달은 것은 인간이 만들고 실천하는 어떤 도덕체계도 불완전하다는 것이다. 하나님의 마음과 창조 세계는 너무 복잡하고 다양해서 우리가 정립하려는 간단한 기준으로는 포착할 수 없다. 우리가 철학에서 꿈꾸던 것보다 더 많은 것이 언제나 하늘과 땅에 있을 것이다. 이사야 선지자가 경고하듯이 그분의 생각은 우리의 생각과 다르고, 그의 길도 우리의 길과 다르다.

지금 나는 우리가 해외정책을 입안할 때 기독교적 명령을 무시해야 한다거나, 국제법을 가볍게 취급해야 한다고 주장하는 것이 아니다. 대신 우리는 어떤 상황에서든 진리 전체를 파악할 수 없는 우리 능력의 한계를 인정하고(그것이 신적인 것이든 세속적인 것이든), 어떤 규칙을 기계적으로 적용하는 것이 아주 위험하다는 사실을 인정해야 한다. 우리가 살아계신 하나님의 발자취를 따르려는 사역의 규칙 대신 바리새인들의 발자취를 따라 율법주의적 태도를 고집할 때 우리가 추구하는 의의 기준은 덫이 될 수 있다.

이런 맥락에서 아우구스티누스 이후 윤리학자들은 도덕적 행동이 최소한 외적 규칙만큼 내적 기질에도 의존한다고 주장해왔다. 결정의 순간에는 신앙이 요구된다. 정책결정자는 그 신앙으로 홀로 서서, 많은 경쟁적이고 상충되는 고려사항 중에서 궁극적으로 결정적인 요인이나 원리를 선택한다. 이런 선택을 할 때 정치가는 두려움과 떨림으로 자신의 구원을 위해 힘써야 하며, 그것을 위한 적절한 출발점은 무릎을 꿇는 것이다. 우리의 마음을 살피고 겸손하게 하나님의 도움을 구하면서 말이다.

그리스도인들은 신학적이며 실용적인 사실들을 이해해야 한다. 하나님은 무지의 신이 아니라 진리의 신이다. 이 문제를 연구하기 위해서는 상당한 수고가 필요하다. 또한 이것은 나와 생각이 다른 형제자매들과도 대화해야 한다는 뜻이다. 하나님은 공동체와 다양성을 통해 일하신다. 그리스도는 제자들에게 그들이 해산시키려 했던 사람들로부터도 배울 것이 많다는 점을 계속 일깨워주었다.

소명에 대한 질문도 중요하다. 교회가 효과적으로 기능하길 원한다면, 그것은 선지자, 제사장, 왕을 위해 규모가 충분히 커야 한다. 우리에게는 우리를 더 위대한 성결로 부르는 사람들이 필요하다. 대체로 그들은 밖에 있다. 우리에게는 양들을 돌보고 위로하며, 상처받은 자들을 치료하고, 상심한 자들을 돌볼 수 있는 내부의 사람들이 필요하다. 또한 우리에게는 그 체제 내에서 일하면서, 그것을 보다 좋게 바꾸길 원하고 또 그렇게 할 수 있는 사람들이 필요하다. 하나님 나라에는 급진적인 재건주의자들과 사려 깊은 점진주의자들을 위한 자리가 있어야 하며, 두 가지 직분 모두 존중되어야 한다.

끝으로 나는 적절한 윤리적 행동은 겸손, 용기, 애정이 독특하게 혼합되어야 한다고 생각한다. 이런 관점에서 나는 자주 에이브러햄 링컨의 예에 끌리곤 했다. 미국의 남북전쟁은 여러 면에서 심각한 종교적 갈등이었다. 그것은 대통령에게도 예외가 아니었다. 링컨은 자신의 두 번째 취임 연설에서 "양측 모두 동일한 성경을 읽고, 동일한 하나님께 기도하며, 각자가 상대편에 대항해서 하나님의 도움을 구합니다"라고 말했다. "양측의 기도는 응답될 수 없었습니다. 양측의 어떤 기도도 온전히 응답되지 않았습니다. 전능자는 자신만의 목적을 갖고 계십니다." 하지만 링컨은 정의에 대한 사람들의 생각이 다르기 때문에, 혹은 하나님의 초월적 계획이 유한한 인간들이 측량할 수 없는 방식으로 진행되기 때문에, 정의를 추구하는 일을 포기하거나 도덕적 냉소주의에 침몰되지는 않았다. 오히려 그는 자신이 옳다고 생각한 것에 근거해서 일했고, 자기 확신에 따라 용기 있게 행동하려 했다. 보다 중요하게 그는 자신의 판단에 한계가 있다는 점을 인정했기 때문에, 자비를 촉구함으로 정의의 추구에 균형을 맞추고자 했다. 그의 연설 마지막 문단은 가장 유명한 미국 대중연설 중 하나다.

누구에게도 악의를 품지 않고, 모두에게 사랑으로, 옳은 일에는 흔들림 없이, 우리가 관여한 일을 끝내기 위해 최선을 다합시다. 국가의 상처를 치유

　　　　제7장 정부와 정의의 복음

하고 전쟁을 치러야 했던 사람, 그들의 미망인과 고아를 돌보고, 우리 자신 안에서, 그리고 모든 나라와 더불어, 정당하고 지속적인 평화를 성취하기 위해 할 수 있는 모든 일을 다 합시다.

흥미롭게도 2주 후에 한 친구에게 보낸 편지에서 링컨은 이번 연설이 자신의 연설 중 최고의 것이 되었지만 그렇게 빨리 인기를 얻게 되리라고는 생각하지 못했다고 고백했다. 그리고 이렇게 썼다. "전능자와 인간 사이에 목적의 차이가 있다는 것을 안다고 인간이 더 돋보이는 것은 아니다. 하지만 그것을 부인하는 것은 세상을 다스리는 하나님의 존재를 부인하는 것이다."[2]

과학, 기술, 그리고 지구

인간을 기계 그 이상으로 바라보는 과학자 오언 깅그리치

왜 과학자가 되어야 하는가? 그레고리 헤메트

왜 무(nothing) 대신 어떤 것(something)이 존재할까요? 왜 모든 전자들은 동일한 전하와 질량을 갖고 있을까요? 왜 우리는 모든 곳에서 계획을 볼까요? 왜 그렇게 많은 과정들이 그렇게 깊이 연결되어 있을까요?

알란 샌데일, 『베리타스 리콘시덜드』(Veritas Reconsidered)

나는 내가 세상에 어떻게 보일지 모른다. 하지만 스스로 나를 볼 때 나는 그저 해변에서 놀며, 더 부드러운 조약돌을 찾거나, 더 예쁜 조개 껍데기를 찾는 일에 푹 빠진 소년이었다. 아직 내 앞에 진리의 대양은 나타나지 않았다.

아이작 뉴턴, 『뉴턴 자서전』(Memoris of Newton)

내가 이것보다 더 간절히 알고 싶은 것은 없다. 내가 나 자신이나 우주를 바라볼 때, 내 손으로 잡을 수 있는 하나님을 발견할 수 있을까?

요하네스 케플러

갈릴레오의 머리는 경매에 붙여졌다. 그의 범죄는 진리를 탐구한 것이었다.

인디고 걸스(Indigo Girls)

케임브리지에서 캘리포니아까지 점점 많은 과학자들이 신학적 고찰에 개방적인 태도를 보이고 있다. 이것은 생물학, 분자물리학, 특히 우주론에서 일어난 최근의 발전들로 촉진된 경향이다.

앤소니 플린트, 「보스턴 글로브」(The Boston Globe, 1993년 7월 12일)

인간을 기계 그 이상으로 바라보는 과학자

오언 깅그리치

나는 당신들이 자멸의 길을 걷고 있는 세상을 구원하기 위해, 과학이 제공해야 하는 것뿐만 아니라 하나님이 주신 창조성과 양심을 사용할 수 있도록 기도하고 있다.

1968년부터 하버드 대학교의 천문학 및 과학사 교수로 재직해온 **오언 깅그리치**(Owen Gingerich)는 케임브리지의 스미소니언 천체물리학 관측소의 선임연구원이다. 하버드에서 천체물리학자로서 훈련을 받은 후, 그의 연구적 관심은 점차 과학사로 이동했고, 코페르니쿠스와 케플러 연구 분야의 권위자가 되었다. 그는 국제 과학사학회, 미국 예술과학원, 미국 철학회 회원이다.

그의 학문적 업적을 인정하여 소행성 2658에는 깅그리치(Gingerich)라는 이름이 붙었다. 폴란드는 특별히 그의 코페르니쿠스 연구를 인정하여 공로훈장을 수여했다. 1984년에는 최고의 교수에게 수여하는 하버드-래드클리프 피베타카파 상을 받았다. 그의 최근 저작에는 예전에 발표했던 논문 모음집인 『천문학사에서 위대한 코페르니쿠스와 다른 모험들』(The Great Copernicus Case and Other Adventures in Astronomical History)과 『하늘의 눈: 톨레미, 코페르니쿠스, 케플러』(The Eye of Heaven: Ptolemy, Copernicus, Kepler)가 있다.

나는 항상 과학의 본질에 관심이 많았다. 즉 과학이 어떻게 하나의 물리적 실재, 자신의 진리 주장, 그리고 이런 주장과 (종교적 믿음을 포함한) 다른 신앙과의 관계를 기술하는가? 우리는 이런 해답의 일부를 직접 과학에 참여함으로써 발견할 수 있다. 내가 오랜 세월 동안 그랬듯이 말이다. 우리는 과학 지식이 축적되고 변화하는 방식을 역사적으로 검토함으로써 과학의 본질에 대해 알 수 있다. 그래서 나는 과학의 성장과 발전에 대한 역사적 탐구에 깊이 관여하고 있다.

내가 기억하는 것보다 더 오랫동안, 나는 별들에 완전히 매료되었다. 부모님의 말씀에 의하면 이 모든 것은 아이오와의 숨 막힐 듯한 열대야 때문에 시작되었다고 한다. 그날 어머니는 시원하게 잠자기 위해 아기침대를 밖에 내놓았고, 그 덕에 다섯 살이었던 아기는 별들을 보게 되었다. 후에 나는 인디애나의 한 기독교 계열의 단과대학에서 내 망원경을 직접 만들었다. 하지만 천문학처럼 불가사의한 것보다는 화학이 인류에게 훨씬 더 유용한 것이라 판단하여 전공은 화학을 선택했다. 예상치 못했던 몇몇의 상황들을 통과한 후, 나는 하버드 천문대에서 유명한 천문학자 할로우 샤플리(Harlow Sharpley)의 조교로 여름을 보낼 수 있었다. 그리고 이 경험은 천문학에 대한 내 열정에 불을 지폈다.

하지만 나는 여전히 머뭇거리고 있었다. 천문학을 천직으로 선택하

　　제8장 과학, 기술, 그리고 지구

는 것에 대한 확신이 없었기 때문이다. 그때 수학 교수님이 나에게 몇 가지 조언을 해주었다. "자네가 정말 천문학자가 되고 싶다면, 자네는 꼭 그 일을 해야 하네. 우리는 어떤 분야든 무신론자들이 그것을 장악하도록 내버려두어서는 안 된다네." 그래서 나는 천문학 전공으로 하버드 대학원에 지원했고, 합격했다.

하버드에는 전투적인 무신론부터 친근한 기독교 정신에 이르기까지 온갖 종류의 종교적 관점이 있었다. 그 사이에는 종교에 무관심한 다수가 존재했다. 물론 이들도 가끔씩 고상한 플라톤적 방식—이것은 내 신앙의 내적 구성요소이기도 했다—으로 종교를 인정하기도 했지만, 대체로는 종교에 무관심했다. 나는 수학, 천문학, 물리학과 씨름했다. 또한 지리학과 고생물학을 청강하기도 했는데, 이것들은 위험할 정도로 진화론에 가까워 이전에 내가 다녔던 대학에서는 전혀 배우지 못했던 것들이었다. 또한 나는 유니테리언, 가톨릭교인, 크리스천사이언스 신자들도 만났다. 그들 모두가 나의 재세례파 전통에는 낯선 이들이었다. 심지어는 인간이 기계처럼 완전히 이해될 수 있다고 진심으로 믿는 사람들도 만났다. 그렇게 절충의 용광로 속에서, 나는—여전히 불완전하지만—과학과 신앙에 대한 내 자신의 생각을 정제할 수 있었다.

몇 년 전 내가 어느 작은 인문대학 졸업식의 연사로 초청되었을 때, 이런 주제들에 대해 깊이 생각해볼 수 있는 기회가 있었다. 지금 그때 했던 말을 여러분과 나누고 싶다. 나는 개인적으로 존경했던 인문주의자-과학자인 고(故) 제이콥 브로노브스키(Jacob Bronowski)의 이야기로 연설을 시작했다. 우리는 서로 몇 차례 만난 적이 있으며, 그 만남들은 언제나 나에게 큰 자극이 되었다.

그가 쓴 훌륭한 수많은 글들 중 하나에서, <u>브로노브스키</u>는 세상이 인간을 기계로 생각하는 사람들과 그런 생각을 거부하는 사람들로 나누어졌다고 말했다. 그는 "내 친구 중 많은 이들이 디지털 컴퓨터와 뜨거운 사랑에 빠졌다. 그들은 인간이 디지털 컴퓨터가 아니란 사실에 크게 낙심하고 있다"고 썼다. <u>브로노브스키</u>가 그런 사람들과 같은 부류가 아니란 것은 분명하다.

그러나 그런 사실은 다소 뜻밖이었다. 왜냐하면 <u>브로노브스키</u>도 과학자였고, 과학의 작동방식은 원자부터 별, 그리고 인간까지 모든 것을 기계로 취급하기 때문이다. 사과가 떨어지는 것이든, 위성의 궤도든, 풀잎의 광합성작용이든, 아니면 에이즈 바이러스가 인간의 면역체계를 파괴하는 방식이든, 과학은 자연으로부터 자연현상의 법칙들을 끌어내려고 노력한다. 과학자들은 자연적으로 반복되는 사건들을 설명하려고 애쓰며, 그것이 얼마나 복잡하든지에 상관없이 그런 현상들을 보다 단순한 기계들의 복합체로 취급한다. 모두가 탁상시계나 컴퓨터처럼 작동하고, 자연법칙의 엄격한 통제 하에 있는 것처럼 말이다. 그런 이론에 적합하지 않은 사상과 신앙은 모두 제거되는데, 이런 사실은 관심 있는 구경꾼들을 불안하게 만들 수 있다.

유명한 프랑스 천문학자 라플라스(Laplace)가 나폴레옹을 방문했을 때의 이야기다. 라플라스는 소위 성운설(nebular hypothesis)을 발전시켰다. 이것은 태양계가 먼지와 가스구름에서 어떻게 기원했는가를 설명한 것이다. 나폴레옹은 라플라스에게 그렇다면 역사 속에서 하나님의 위치가 어디인지에 대해 물었다. 라플라스는 이렇게 대답했다. "아, 저에겐 그런 전제가 필요없습니다."

이것은 흔히 오만하고 무신론적인 진술로 간주되었다. 하지만 실제로 라플라스는 과학자로서 자신의 일을 한 것뿐이다. 우리 주변의 세계를 자연주의적이고 기계적인 방식으로 설명하는 것이 과학의 목적이며, 그것이 바로 라플라스가 지구와 행성의 형성에 대해 서술하려고 노력했던 방식이었다. 비록 궁극적 실재의 존재를 믿는다고 해도 말이다. 과학자로서 우리는 합리적 기계론자들이 되기 위해 노력한다. 나 역시 천문학자의 한 사람으로서 태양계의 형성을 기계적 방식으로 고찰한다. 만약 내가 고생물학자라면 나는 화석기록을 진화론적 관점에서 다룰 것이다. 만약 내가 신경학자라면 뇌의 작농을 마치 그것이 결정된 전기화학체계, 즉 기계처럼 다룰 것이다. 이런 것들은 과학자들이 자신들의 데이터를 개념적으로 통제하기 위해 채택하는 모델, 즉 실용적 접근방법이다. 대부분의 과학자는 자신들의 모델이 문자 그대로 사실이라고 말하지 않을 것이다. 물론 그들은 자주 이런 묘사들이 사실인 것처럼 행동하고 말하지만 말이다.

오늘날 많은 미국인들이 자신의 설명에서 하나님의 손길을 인정하지 않는 기계주의적 과학체계에 위협을 느낀다. 과학은 본질적으로 신과 상관이 없다. 그렇다고 그것이 신에 대해 적대적이라거나 무신론적이란 뜻은 아니다. 그것은 단지 과학이 우주의 "어떻게"에 대해 답을 주려고 노력한다는 뜻이다. 즉 은하계가 어떻게 형성되었고, 헤모글로빈이 어떻게 출현했고, 생명이 어떻게 탄생했는지에 대해 말이다. 실제로 과학은 "누구", 즉 우주를 설계하거나 창조한 자에 대해서는 할 말이 없다. 시편 기자는

"하늘은 하나님의 영광을 선포한다"고 말하며, 나는 그것이 정말 사실이라고 믿는다. 성경은 하나님의 창조하시는 손길로 우주가 존재하게 되었다고 말한다. 하지만 그것이 사물의 존재를 기계적 언어로 설명하는 과학적 방식과 같은 것은 아니다.

과학적 접근은 기계적 과정이다. 하지만 그것은 사물이 작동하는 방법을 묘사하고, 과학자들이 우주의 새롭고 예기치 못했던 많은 특징들을 예견하고 발견하기 위해 이런 설명들을 사용하는 데 매우 효과적이었다.

나는 이것을 불완전하고 불만족스럽게 생각하는 사람들, 그리고 보다 폭넓은 철학적 구조가 생물학 교과서에 포함되길 바라는 사람들의 마음을 충분히 이해할 수 있다. 하지만 그들이 창세기 1장이 어떻게든 생명의 형성과 발전에 대한 과학적 설명을 대신 할 수 있다고 생각한다면, 그것은 크나큰 오산이다.

같은 방식으로 나의 과학자 동료들이 과학적 그림을 존재의 전부라고 생각하는 것도 크나큰 오산이다. 천문학자 칼 세이건(Carl Sagan)은 코스모스라는 TV 프로그램 첫 장면에서 이렇게 말했다. "우주는 존재하는, 혹은 존재했거나 존재할 모든 것이다." 그것은 강력한 신앙적 진술로 간주될 수 있다. 하지만 하나님에 대한 믿음이 아니라 무신론에 대한 믿음의 진술이다. 내가 그와 함께 일한 프로듀서에게 이 이야기를 하자, 그는 이렇게 대답했다. "정말요? 우리는 그저 그 말이 아주 시적이어서 집어넣었을 뿐이에요."

시적이든 시적이지 않든 칼 세이건은 인간이 깊은 차원에서 단지 기계에 불과하며, 그가 느끼는 아내에 대한 사랑도 궁극적으로는 전기적이고 화학적인 충동에 불과하다고 나를 설득시키기 위해 무척 애를 썼다.

내 신앙은 다르다. 제이콥 브로노브스키의 말처럼 우리가 단지 기계에 불과하다는 믿음은 너무 혐오스럽다. 나는 과학의 영역을 넘어선, 하지만 내가 우주를 감지하는 것과 같은 방식으로 실재적인 우주의 초월적 특성들을 본다. 그것이 바로 우주에는 무의미한 기계 이상의 것이 존재한다고 말하는, 보다 고상하고 추상적인 방법이다. 나는 이 문제를 보다 분명하게 다루어야 할 것이다. 하지만 먼저 우리 시대를 엉망으로 만들 위험을 감수하더라도, 나는 좀 더 깊은 철학적 바닷속으로 헤엄쳐 들어가고 싶다.

우리가 우주에 대해 기계론적 관념을 발전시키고 싶을 때, 과학적 설명체계는 특정한 한계들과 충돌하는 것처럼 보인다. 1920년대에 물리학자들이 작은 것들의 세계를 좀 더 깊이 탐구했을 때, 그들은 우주를 완전하고 결정주의적으로 묘사하려는 노력을 방해하는 장애물을 발견했다. 독일 과학자 베르너 하이젠베르크(Werner Heisenberg)는 "불확정성의 원리"(uncertainty principle)라고 불리는 것을 창안했다. 이 개념을 이해하는 방법은 우리가 어떻게 작은 원자 입자의 위치와 운동을 파악할 수 있는지에 대해 상상해보는 것이다. 그것을 보려면 그것에 빛을 비춰보면 된다. 하지만 빛의 광선 자체가 그 원자의 위치를 방해할 것이다. 원자의 위치를 정확하게 고정할수록, 우리는 원자의 속도를 더 많이 방해할 것이다. 최종 결과는 근본적 수준에서 우주의 구조가 기본적으로 불확정적이라는 것이다. 우리는 한 입자의 위치와 운동 모두를 동시에 완벽하고 정확하게 파악할 수 없다.

어떤 사람은 불확정성의 원리가 우주를 덜 기계적으로 만드는 것이 아니라고 주장할지도 모르겠다. 다만 우리는 기계란 무엇인가에 대한 보다 복잡한 견해에 직면할 뿐이다. 나는 자유의지와 불확정성의 원리가 서로에게 도움이 되고 서로를 풍요롭게 만들 수 있다고 생각한다. 세이건에게 사랑의 토대를 구성하는 뇌의 화학작용처럼, "근본적인 기계장치"(underlying mechanics)는 자유의지에 대한 심리학과 신학의 이해만큼 근본적이거나 실제적이지 않다. 실제로 하이젠베르크 자신은 보충적 견해 쪽으로 기울었다. 즉 좀 더 깊은 수준에서 불확정성의 원리는 인간행동의 급진적 불가지성(unknowability)을 지적함으로써 자유의지를 인정한다는 것이다.

약 20년 전 하이젠베르크가 하버드에서 공개강연을 한 적이 있다. 토론시간에 학생 하나가 불확정성의 원리와 자유의지 간의 관계에 대해 생각해본 적이 있냐고 물었다. 그러자 다른 물리학과 학생들이―실증주의적 환경에서 순수과학을 도덕과 연결하려는 시도에 불편함을 드러내면서―너무 큰소리로 야유를 보내, 하이젠베르크가 제대로 대답을 할 수 없었다. 하지만 얼마 후 하이젠베르크의 젊은 동료인 칼 프리드리히 바이츠제커(Carl Friedrich von Weizsäcker)가 방문하여 그와 이야기를 나눌 기회가 생겼다. 그때 그 학생이 다시 한 번 하이젠베르크가 불확정성의 원리를 세울 때 자유의지 문제를 생각한 적이 있는지를 질문했다. 그 즉시 폰 바이츠제커는 "오, 그렇지요. 언제나"라고 답했다.

과학자들은 "자유 대 결정론"이라는 고통스러운 철학적 문제를 풀지 못했다. 하지만 우리 자신의 구조 속에서, 우리는 어떤 사건도 완벽한 확실성 속에 예측될 수 없다는 것을 발견했다. 그러므로 우리는 어떤 사건이 불가능하다고 말할 수 없다. 다만 그것의 가능성이 매우 희박하다고만 말할 수 있을 뿐이다. 예를 들면, 과학은 기적을 배제할 수 없다. 심지어 자신의 과학적 틀 속에서조차 말이다.

한 사람의 과학자로서 나는 기계적 틀 안에서 작업한다. 비록 그 토대에 균열이 있다 하더라도 예측과 설명의 과학체계가 너무 강력하고 성공적이기 때문이다. 나 자신을 40억 년 진화의 끝에 존재하는 하나의 기계적 산물로 이해해도 유용한 측면이 많다.

하지만 한 인간으로서 나는 이런 것들이 궁극적인 해답은 아니라고 믿는다. 뿐만 아니라 나는 인간이 기계 그 이상이라고 믿는다.

창세기 1장에서 가장 중요한 부분은 우주 속과 위에 계시는 신적 존재에 의한 창조 이야기가 아니다. 오히려 27절에 하나님이 인간을 자신의 형상에 따라 창조하셨다는 선언이 더 중요하다. 그 사상은 너무나 핵심적이어서, 우리가 그것을 잊지 않도록 곧 반복해서 말하고 있다. "하나님이 자기 형상 곧 하나님의 형상대로 사람을 창조하시되 남자와 여자를 창조하시고." 성경의 설명은 우리에게 과학의 우주와 하나님 간의 관계에 대해 많은 것을 말해주지 않는다. 하지만 하나님과 인류의 신적 측면들 간의 관계에 대해서는 매우 많은 것을 알려준다. 성경은 하나님이 창조주이자 우주의 설계자일 뿐만 아니라 우리 각자 안에 신적인 것, 즉 의식, 창조성, 양심이 존재한다고 말한다.

의식, 특히 자의식은 대단히 놀라운 선물이다. 그것은 우리를 다른 모든 피조물과 구별 짓는다. 시간의 개념, 즉 시간 속에서 우리 위치와 인간적 도덕성에 대한 개념을 갖는 것은 인간의 독특한 능력이다. 아마도 우리 시대의 가장 위대한 유전학자라고 할 수 있을 테오도시우스 도브잔스키(Theodosius Dobzhansky)가 언급했듯이, 다른 어떤 종도 자연선택에 의해 비슷한 방식으로 유전되도록 만들어지지 않았다.

창조성은 우리가 기계 이상의 존재가 될 수 있게 하는 신적 불꽃이다. 그것이 위대한 음악이나 문학이든 혹은 철학이나 과학이든, 창조성에는 경이롭고 설명할 수 없는 무언가가 있다. 확실히 우리는 창조성을 극대화하는 상황을 만들 수 있다. 하지만 창조성 자체가 기계적 용어로 만족스럽게 설명될 수 있다고는 생각하지 않는다.

양심, 즉 옳고 그름을 판단할 수 있는 능력은 하나님이 주신 속성으로 우리와 다른 피조물들, 말하자면 지금 아프리카 라에톨리 평원(현 탄자니아에 위치)에서 화석으로 발견되는 수백만 년 전의 피조물들을 구별시키는 것이다. 인간의 타락에 대한 성경 이야기는 옳고 그름 사이의 차이를 배우는 것이며 선택의 책임에 관한 이야기다.

내가 대학에서 했던 강연 하나에서 인류가 하나님의 형상으로 창조되었다는 구절에 대해 토론한 적이 있다. 토론 후에 통일교 신자 둘이 나에게 와서, 내 강의에 대체적으로 만족하지만 창세기 1:27에 대해서는 이해가 가지 않는다고 말했다. 그들은 창세기 1장에서 제일 중요한 부분은 28절("하나님이 그들에게 복을 주시며 그들에게 이르시되, 생육하고 번성하여 땅에 충만하라, 땅을 정복하라. 바다의 물고기와 공중의 새와 땅에 움직이는 모든 생물을 다스리라 하시니라")이라고 말했다. 나는 동의할 수 없었다. 내가 창조성에 대해 언급했을 때는 생식성(procreativity)을 의미한 것이 아니었다! 1900

년경 당신의 할아버지, 할머니가 태어났을 때, 세계 인구는 약 15억 명 정도였다. 지난 70년 만에 세계 인구는 1900년에 살던 사람들의 수만큼 증가했다. 인구과잉으로 지구에 초래된 엄청난 위협은 쓰레기 처리, 화석연료의 고갈, 오존층 파괴, 산성비, 식용수의 부족과 오염, 살충제와 화학비료의 남용에 의한 토양의 황폐화 등을 포함한다. 이것들은 오늘날 젊은이들에게 아주 어려운 과제이며, 이 문제들에 대처하기 위해서는 하나님이 우리에게 주신 의식, 창조성, 양심 모두를 총동원해야 할 것이다.

과학자들이 별의 비밀을 이 땅에 알려줄 수 있었던 것은 바로 창조성 때문이었다. 즉 아서 에딩턴(Arthur Eddington)이 1920년에 예지적으로 기록했듯이, "별들 속의 아원자(sub-atomic) 에너지가 그 별들의 거대한 용광로를 유지하기 위해 자유롭게 사용되고 있다면, 이 잠재된 힘을 인류의 복지를 위해 사용하려는 우리의 꿈이 좀 더 빨리 실현될 것처럼 보인다." 원자력이나 수소융합이 이렇게 절박한 세계문제들 일부에 대해 창조적인 해답을 제공해줄 것이다. 하지만 1920년에 에딩턴은 그의 진술에 끔찍한 단어를 덧붙였다. "이 잠재된 힘을 사용하려는 우리의 꿈이 좀 더 빨리 실현될 것처럼 보인다. 그러나 그것은 인류의 복지를 위해서 사용될 수도 있고, 인류의 자살을 위해서 사용될 수도 있다."

당신이 기계라면 유전적 환경 및 주변환경에 의해 획득된 행동양식의 희생자로, 오늘날 세계가 당면한 끔찍한 문제들 중 상당 부분을 해결할 수 없다. 하지만 당신은 기계 그 이상의 존재다! 당신은 하나님이 주신 의식, 창조성, 양심을 선물로 받았다. 당신은 어떤 것도 바꾸지 못한 채, 이미 예정된 길에서 뱅뱅 돌지 않는다. 나는 자멸의 길을 걷고 있는 우리 세상을 구원하기 위해, 과학이 제공해야 하는 것뿐만 아니라 하나님이 주신 창조성과 양심을 당신들이 사용할 수 있도록 기도하고 있다.

라인홀드 니버의 유명한 말로 글을 마치고자 한다. "하나님은 우리가 바꿀 수 없는 것은 평안한 마음으로 수용할 수 있는 은총을, 반드시 바꾸어야 하는 것은 바꿀 수 있는 용기를, 그리고 전자와 후자를 구별할 수 있는 지혜를 주신다."

왜 과학자가 되어야 하는가?

그레고리 헤메트

내가 핵융합에너지를 연구하게 된 동기는 이 연구가 네 이웃을 네 몸 같이 사랑하라는 예수님의 명령을 실천하는 하나의 방법이라고 생각했기 때문이다.

1980년 졸업생인 **그레고리 헤메트**(Gregory Hammett)는 하버드에서 3학년 과정을 마칠 때까지 물리학, 경제학, 정치학, 철학 중에서 전공을 쉽사리 결정하지 못했다고 한다. 그는 현재 핵융합에너지를 연구하는 프린스턴 대학교 플라스마 물리학연구소에서 연구원으로 일하는 물리학자다.
부친이 공군이었기 때문에, 헤메트는 어린 시절에 여행을 자주 했다. 그는 일본에서 태어났고, 조지아에서 고등학교를 다녔다. 1980년에 하버드에서 물리학 전공으로 학사학위를 받았고, 1986년에는 프린스턴 대학교에서 천체물리학으로 박사학위를 취득했다. 그리고 프린스턴과 영국에서 핵융합장치에 대한 연구를 진행했다. 그의 최근 연구주제는 핵융합장치의 효용성에 난류가 끼치는 영향에 관한 것이며, 신세대 MPP 슈퍼컴퓨터의 시뮬레이션을 위한 플라스마 난류의 이론적 모델을 개발 중이다. 그는 감사하게도 "추상예술가이자 스탠드업 코미디언"인 아내 케이티 덕분에 삶의 균형을 이룰 수 있다고 말한다.

나는 지금도 1977년 어느 무더운 여름 오후를 생생히 기억한다. 그때 나는 대학 신입생으로서 무엇을 전공할지, 장차 어떤 직업을 택할지, 일생 동안 무슨 일을 하고 싶은지, 도대체 인생의 목적은 무엇인지에 대해 깊이 고민하고 있었다.

결국 나는 핵융합에너지를 연구하는 물리학자가 되었다. 물론 내가 결정한 이 직업에 대체로 만족하지만, 여전히 거대한 문제들에 대해 고민 중이다. 내가 과학을 전공한 이유 중 하나는 모든 인간이 가지고 있는 근본적인 호기심 때문이다. 우리는 에너지가 어떻게 한 형태에서 다른 형태로 변하는지를 알게 될 때, 혹은 추상적인 수학방정식에서 질서정연한 혼돈의 아름다운 모습이나, 그런 것들이 해변, 일몰 때의 구름, 심지어는 커피잔 크림의 파장에서 실현되는 것을 볼 때 일종의 경외심을 갖게 된다. 하지만 세상에 대한 이런 탐색을 즐기는 차원을 넘어, 한 사람의 과학자로서 갖고 있는 일군의 거대한 문제들은 내가 어떤 분야에 종사하더라도 갖게 되는 문제들이다. 즉 과학이 다른 사람들에게 도움이 되는가? 만약 그렇다면 어떻게? 그리고 도대체 왜 다른 사람들에게 도움이 되어야 하는가? 나는 이런 문제들 중 일부를 여기서 다루고자 한다. 왜 과학자가 되어야 하는가?

과학과 기술의 유익에 대한 질문에 어떻게 대답해야 하는지, 그리고

    제8장 과학, 기술, 그리고 지구

그런 것들이 인류를 위한 하나님의 계획이라는 보다 커다란 틀에 어떻게 적합한지에 대해 광범위한 불일치가 존재한다. 많은 사람들은 과학이 인류의 가장 위대한 업적들을 대표한다고 생각한다. 과학을 통해 언젠가는 우리가 낙원을 건설할 것이라고 믿으면서 말이다. 대중적 과학잡지들이 이런 생각들을 유포하고 있다. 또 다른 극단에는 과학이 끔찍한 능력으로 가득찬 판도라의 상자를 열어 낙원을 파괴했다고 비난하는 사람들이 있다(나는 "하나님은 미쳤나봐"[*Gods Must Be Crazy*]라는 코미디 영화에서 코카콜라 빈 병 하나가 평화로웠던 부시면족에게 어떻게 근대성과 탐욕과 폭력을 가져다주었는지를 기억하고 있다). 양 극단 모두 진리를 왜곡하고 있다. 나는 우리가 과학을 신성시하거나 악마 취급을 해서는 안 된다고 믿는다. 우리가 정직하다면 우리는 과학의 성공에 대한 전망을 상실하지 않을 것이며, 과학의 한계나 보다 중요하게 인간본성의 한계도 잊지 않을 것이다.

여러 면에서 오늘날의 보통 사람은 2백 년 전의 왕들보다 훨씬 더 건강하고 안전하며 물질적으로도 풍요롭다. 왕의 어릿광대(court jester)는 텔레비전 리모컨만 누르면 언제든지 불러들일 수 있다. 대량생산기술은 지금 내가 글을 쓰고 있는 컴퓨터를 포함하여 많은 제품의 원가를 10분의 1 혹은 그것보다 훨씬 더 낮게 줄여주었다. 기계화, 관개, 비료, 살충제, 계량된 식물종자, 그리고 운송 및 저장기술 등을 포함한 농업기술의 향상으로 인해, 근대세계의 많은 곳에서는 기근에 대한 두려움도 사라졌다. 기초위생 및 근대의약과 함께 풍부한 식량공급으로 사망률은 급격히 감소했다. 또한 유아 사망률이 낮아진 덕택에, 오늘날 북미에서 태어난 사람의 평균수명은 70세가 넘는다. 18세기 후반에는 평균수명이 35-40세였으며, 1세기에는 20-25세였다는 것과 비교할 때, 이것은 놀라운 발전이다. 미국의 특정 도시지역을 포함하여 근대세계의 여러 곳에서 유아 사망은 여전히 심각한 문제지만, 1600년대에는 신생아의 2/3가 생후 1년 내에 사망했다.

이런 모든 기술적 혜택에도 불구하고 20세기 사람들이 1세기 사람들보다 더 행복한 것은 아니다. 그것은 기대의 증가, 기술적 해법의 유한성, 특정한 기술 "발전"의 끔찍한 부작용, 끝으로 인간이 당면한 근본문제의 비기술 본성 등 여러 이유 때문이다. 이 모든 것은 과학과 기술이 인류의 행복을 위해 제시하는 약속의 "숨겨진 비용"을 대표한다. 나는 이제 이것들을 하나씩 간략히 논의할 것이다.

먼저, 기대감의 증가다. 기대감은 건강한 태도의 일부로 볼 수 있다. 한 어린이가 피아노 레슨을 받은 후 간단한 곡조를 칠 수 있게 된 것에 대해 자랑스러워하면서 더 복잡한 것을 배우고 싶어하는 것은 좋은 일이다. 하지만 어떤 사람은 집착이 너무 심해서 리스트(Liszt)를 완벽히 숙달해 카네기 홀에서 공연한 후에도 불만족스러워한다면, 그것은 건강한 태도라고 할 수 없다. 각각의 기술적 발전은 사람들을 잠시 동안 전율케 하지만, 곧 진부해져서 마치 낡은 장난감처럼 취급된다. 20년 전에 컴퓨터는 타자기를 제친 위대한 발명이라고 환영받았다. 그러나 너무 빠른 속도 탓에 최근에 나온 초강력 컴퓨터들도 지금은 낡은 고물처럼 보인다. 흥미롭게도 어떤 최신형 컴퓨터도 내가 타자치는 속도를 크게 줄여주지는 못한 것 같다. 나는 많은 문서들을 타자로 치고, 그것들을 교정하는 데 더 많은 시간을 소모하고 있다. "시간을 줄여주는" 장치들이 실제로 시간을 줄여주는 경우는 매우 드물다.

기대감의 증가는 결코 만족되지 않는 파괴적이고 강박적인 완전주의의 일부일 수 있다. 그것이 우리의 필요를 만족시켜주는 것은 가능하지만, 우리의 탐욕을 만족시키는 것은 불가능하다. 앨런 버히(Alan Verhey)가 지적하듯이 "우리가 자동차로 말보다 빨리 여행할 수 있게 되자, 이제 우리는 더 빠른 차를 원한다. 예전에는 한 명의 자녀도 가질 수 없었다가 이제 한 아기를 가질 수 있게 되자, 이제 우리는 특별한 아이를 원한다. 밝은 금발의 소년으로 말이다."[1] 버히는 유전공학 분야에서 이런 기대감의 상승이 "우리가 우리의 선택권을 완벽한 아이나 죽은 아이 중 하나로 축소시킬 때까지" 계속될 것이라며 걱정한다. 과학은 약속하는 것—진정한 만족—을 제공하시 않은 채 디 강렬한 전율, 도구, 편의시설, 심지어 힘에 대한 우리의 갈망만 계속해서 부추기고 있다. 이 정도면 충분하다고 명백히 인지할 수 있는 지점이 없다. 인간 안에 이런 만족의 결핍, 만족할 수 없는 욕망의 죄는 아담과 이브까지 그 기원을 거슬러 올라간다(그들의 자손들은 지금까지 별로 진화하지 않았다). 에덴 동산에서 하나님은 그들을 풍족하게 해주었으나 그들은 만족하지 못했다. 아담과 이브는 하나님처럼 되고 싶었던 것이다.

과학과 기술의 또 다른 한계는 기술적 해법이 영원하지 않다는 것이다. 차들은 녹슨다. 움직이는 부품은 닳는다. 하드디스크는 결국 고장나게 되어 있다. 박테리아들의 페니실린 저항력은 점점 더 강해진다. 의학기술이 육체의 노화나 죽음을 막을 수는 없다. 이따금씩 우리 주변의 모든 것이 저주받은 것처럼 보이기도 한다. 우리 삶의 한 부분에 난 잡초들을 제거하자마자 다른 부분에서 그것들이 또다시 자라기 시작한다(창 3:17-19). 우리가 타락한 세상에서 살고 있다는 것을 지속적으로 일깨워 주면서 말이다.

셋째, 새로운 기술은 충격적인 부작용을 일으킨다. 몇 가지 예를 살펴 보자. 화학적으로 프레온은 대체로 활동성이 매우 약하다. 그래서 그것이 오존층에 미치는 영향을 발견한 일은 매우 놀라운 것이었다. 오늘날 너무 많은 사람들이 지나치게 많은 연료를 연소시킨 탓에 대기오염 문제가 발 생했고, 우리는 세계기후변화의 가능성에 대해 걱정하기 시작했다. 아미 쉬들이 지적하듯이 기술은 사회적 부작용도 가져올 수 있다. 텔레비전이 가족 간의 관계를 심하게 단축시켰다. 근대 운송체제는 한때 긴밀했던 확 대가족의 분산을 촉진했다. 고도의 첨단기술은 우리 사회의 어떤 이들이 안정된 직업을 가질 기회를 축소시켰다. 이렇게 의도하지 않았던 결과들 은 기술의 남용이나 이기적 사용의 실체를 보여준다. 돈처럼 기술도 이미 존재하는 인간의 문제들을 악화시키기도 한다. 진정한 범죄자는 타락한 인간의 마음이다. 이 마음은 자신이 발명한 모든 것을 양날의 칼로 변질 시킬 수 있다. 그것은 축복이 될 수도 있고 저주가 될 수도 있다.

예를 들어, 인간의 목소리를 컴퓨터가 완벽하게 인식할 때 컴퓨터 자 판을 마이크가 대체할 것이다. 뻐근한 허리와 피곤한 손가락에게는 희소 식임이 틀림없다. 하지만 그것은 정보국이나 조직의 "빅 브라더들"이 자 신들의 도청능력을 엄청나게 확대시키도록 만들 것이다. 악을 행할 능력 은 발전된 기술이 아니라 사람의 마음속에 있다.

이것은 기술의 네 번째 한계로 이어진다. 즉 우리 문제들의 많은 부분은 단지 기술적인 것이 아니다. 미국은 세계 최고의 의학기술을 보유하고 있다. 하지만 수백만의 사람들이 다 그 혜택을 누리지는 못한다. 기술은 이 땅에 존재하는 모든 사람에게 먹을 것을 제공하고, 질병을 예방하기 위해 존재한다. 하지만 수만 명의 사람들이 매일 굶주림과 질병으로 죽어가고 있다. 이런 것들은 단지 기술의 힘만으로 해결할 수 없는 복잡한 사회적 문제다. 기술은 파이를 더 크게 만들 수는 있지만, 모든 사람에게 충분한 조각을 보장해주지는 못한다.

많은 인간적 행복과 절망의 원천은 사회적 혹은 인간적 영역에 있다. 그것은 기술적 해법의 범주 훨씬 밖에 있다. 1세기에 사람들을 행복하게 만들었던 것과 동일한 것이 20세기 사람들도 행복하게 만든다. 사랑하는 가족, 생계에 필요한 만큼의 임금, 함께 나누는 식사, 좋은 친구들, 아기의 탄생 등. 절망의 원인들 역시 지난 세기들 동안 거의 변하지 않았다. 빈곤 같은 복잡한 사안은 물질적 자원의 문제를 훨씬 뛰어넘어 기술, 가족지원, 차별, 정치적 방해, 알코올 및 약물 남용, 그리고 절망 같은 문제들과 연결되어 있다. 사회제도와 조직은 이따금 해법이기보다 문제가 되기도 한다. 비효율성과 부패가 최고의 프로그램을 망칠 수도 있다. 정부가 해방의 주체 혹은 억압의 도구가 될 수도 있다. 언론과 대학이 사람들을 계몽시키기도 하지만 세뇌시키기도 한다. 가정이 건강한 인간성을 배양할 수도 있지만, 남용과 태만을 통해 인간성을 뒤틀리게 할 수도 있다. 인간은 거대한 모순이다. 위대한 선을 행할 가능성뿐만 아니라, 끔찍한 악을 행할 가능성도 지니기 때문이다(우리는 하나님의 형상으로 창조되었으나 타락했다).

　　이러한 배경을 바탕으로 기독교 교리 중 관찰을 통해 입증 가능한 대표적인 것이 인류의 타락한 본성임을 쉽게 이해할 수 있다. 인류의 고전적 문제들―오만, 탐욕, 질투, 욕망―이 여전히 우리와 함께, 우리 안에 있다는 사실을 알기 위해서는 우리 자신을 바라보면 된다. 과학의 발전이 그 증상의 일부를 치료할 수는 있지만 근본적인 질병을 해결하지는 못한다. 우리는 여전히 삶의 의미를 추구하고, 죽음의 의미와 씨름하고 있다.

　　1991년 센트럴파크 집회에서 빌리 그레이엄은 "하나님은 우리를 버린 적이 없습니다. 우리가 하나님을 버린 것입니다"라고 선언했다. 우리는 하나님을 대체할 수 있는 모든 것을 시도해보았다. 과학과 기술, 돈, 심리학, 철학, 개인적 자유, 약물, 섹스 등등. 블레즈 파스칼(Blaise Pascal, 17세기 위대한 과학자요 철학자로서, 그의 이름을 따서 컴퓨터 언어가 정해졌다)은 신앙 없이 행복을 추구하는 인간의 허망한 노력에 대해 묵상한 후, 사람의 마음에는 "하나님이 만든 공허감"이 무한히 존재하며, 그것은 오직 하나님만이 채울 수 있다는 결론을 내렸다. 『팡세』(*Pensées*, 민음사 역간)에서 파스칼은 이렇게 말한다.

모든 인간은 행복을 추구한다. 이것은 예외가 없다. 어떤 이는 권위에서, 다른 사람은 과학적 연구에서, 다른 이는 쾌락에서 선을 추구한다. 하지만 아무리 많은 세월이 흘러도, 신앙 없이는 그 누구도 모든 사람이 바라보는 그 지점에 도달하지 못했다. 모든 사람은 불평한다. 군주와 신하, 귀족과 평민, 노인과 젊은이, 강자와 약자 모두. 그토록 오래되고, 지속적이며 획일적인 시도가 우리 자신의 노력으로는 결코 선에 도달할 수 없다는 사실을 확인

시켜준다. 하지만 그것에 대한 사례(example)는 우리에게 별로 도움이 되지 않는다.

진공에 대한 획기적인 과학적 연구를 인간적 상황에 대한 자신의 이해에 이용하면서, 그 프랑스 철학자는 이렇게 결론을 내린다.

그렇다면 이런 욕망과 무능력이 우리에게 선언하는 것은 무엇인가? 한때 인간 안에도 참다운 행복이 있었지만, 지금은 그것의 공허한 흔적만 남아 있다. 존재하는 것에서 얻지 못하는 도움을 존재하지 않는 것에서 추구하면서, 인간은 자기 주변에 있는 것으로 그것을 채워보려 하지만 모두 허사다. 이런 것은 모두 부적절하다. 무한한 심연은 무한하고 대체할 수 없는 대상에 의해, 즉 오직 하나님 자신에 의해서만 채워질 수 있기 때문이다.[2]

우리는 우리 자신의 공허함을 채울 수 없다. 그래서 우리는 밖으로부터의 구원이 필요하다. 하나님이 그 도움을 예수, 곧 약속된 메시아를 통해 제공하셨다. 예수는 과학이 결코 정복할 수 없는 죽음의 유한성을 피할 수 있게 하셨다(기독교의 증거에 관심이 있는 독자들을 위해, 나는 심오한 책 세 권을 추천한다).[3] 우리의 근본적인 문제(인간 본성의 부패)는 영적이다. 예수는 우리를 구속시키며, 우리의 마음과 삶을 변화시킨다. 이런 변화는 즉각적이지 않다. 나는 그리스도인으로서 내가 얼마나 자주 실패했으며, 내 주변의 사람들에게 얼마나 많은 상처를 주었는지를 잘 알고 있다. 하지만 하나님의 용서와 그것을 가능하게 만든 위대한 희생 덕분에 우리는 계속 도전하고 성장할 수 있다.

내 주장의 핵심은 이것이다. 우리가 기술이나 과학적 방법으로 교정하려 애쓰는 많은 문제의 중심에는 타락한 본성이라는 근본적인 영적 문제와 구원에 대한 우리의 필요가 있다. 하지만 이 말은 우리가 영적인 것만 중요하게 생각해 모든 물리적·사회적 관심을 포기해야 한다는 뜻은 아니다. 예수님도 전인(the whole person)에 관심이 많으셨다. 예수님은 사람들의 물리적인 문제와 영적인 문제 모두를 해결하셨다. 그는 중풍병 환자에게 두 가지 모두를 말했다. "내 아들아, 너의 죄가 용서받았다. 일어나서 너의 침상을 들고 집으로 가라." 영원이 존재한다는 사실을 아는 것이 이 땅의 삶에 새로운 의미와 적합성을 부여한다. 죽음은 더 이상 끝이 아니며, 우리가 지금 하는 일은 영원한 의미를 지닌다.

더욱이 영적 관점은 기술 도구들을 현명하게 사용하기 위한 도덕적 틀을 제공하며, 필요할 때마다 부작용에 대응하도록 동기를 부여한다. 영적 관점을 개발하는 것은 우리의 탐욕을 통제하고, 기대감의 상승에 건강한 완충장치를 제공하여 우리가 소유한 것에 만족하게 한다. 또한 더 큰 어려움에 처한 사람들에게 우리가 관심을 갖게 할 수도 있다. 예수님은 우리에게 이 세상의 기만에 속지 말라고, 동시에 그곳에 적극 참여하라고 우리를 부르신다. 우리가 영적인 것을 인지하면, 물리적인 것은 새로운 의미를 갖게 된다. 하나님도 자신의 물리적 피조물을 영적으로 다양하게 다루신다. 하나님은 어려움에 처한 사람들을 돕는 물리적 행동에 영적 의미를 부여하셨다. "내가 주릴 때에 너희가 먹을 것을 주었고 목마를 때에 마시게 하였고 나그네 되었을 때에 영접하였고 벗었을 때에 옷을 입혔고 병

 제8장 과학, 기술, 그리고 지구

들었을 때에 돌아보았고 옥에 갇혔을 때에 와서 보았느니라"(마 25:35-36).

물리적·사회적 영역에서 실천할 수 있는 선은 악만큼 실재적이다. 하나님의 창조 세계는 환상이 아니다. 즉 의사는 사람의 실제 상처를 치유하고, 농부는 굶주린 실제 사람들에게 음식을 제공한다. 근대경제에서 우리가 충족시키고 있는 요구들을 항상 대면하는 것은 아니다. 하지만 농부의 트렉터를 수리하는 기능공, 기능공의 쓰레기를 처리하는 청소부, 그리고 새로운 재활용 방법을 발명하는 과학자는 모두 중요한 역할을 하고 있다.

내가 과학과 수학을 좋아하는 것과 별도로, 핵융합에너지를 연구하게 된 동기는 이 연구가 네 이웃을 네 몸 같이 사랑하라는 예수님의 위대한 명령을 실천하는 하나의 방법이라고 생각했기 때문이다. 나는 에너지 위기가 한창이던 1970년대 후반에 대학에 들어갔다. 개인적 차원에서뿐만 아니라 세계적으로 그 위기가 초래한 경제 위기와 석유공급 문제로 인한 전쟁 위협에 대해 나는 매우 깊이 인식하고 있었다. 에너지 문제는 지금도 장기적으로 씨름해야 할 문제다. 핵융합에너지는 풍요로우면서 환경적으로도 안전한 대안이 될 가능성이 있다. 그것은 세계온난화 문제를 악화시키는 온실가스를 배출하지 않을 것이며, 그 방사능은 핵원자로의 것보다 수백만 배 덜 위험하다. 핵융합이 효과적이고 실제적으로 사용되려면 아직도 해결해야 할 문제가 너무 많다. 그러나 우리는 기술적으로 핵융합을 가능하게 할 수 있다고 확신한다.[4] 하지만 핵융합이 아무리 가치가 있다고 해도 그것이 인간의 모든 문제를 다 해결할 수는 없다.

물리과학에 종사하고 다양한 과학적·기술적·대중적 정책 분야의 발전들을 따라가는 사람으로서, 나는 다양한 영역—공학에서 경제학까지, 의학에서 사업까지, 정치에서 플라스마 물리학까지—의 사람들이 인류의 삶을 질적으로 향상시키는 데 얼마나 큰 기여를 했는지 알고 있다(흔히 우리는 자동차가 고장 나고, 전기가 나갈 때까지 그런 발전들의 가치를 제대로 인식하지 못한다). 하지만 우리의 문제 해법이 더 많은 지식 속에 있는 것은 아니다. 만약 그렇다면(즉 해법이 더 많은 지식 속에 담겨 있다면) 21세기에 사는 우리들이 이전에 살았던 사람들보다 훨씬 더 행복해야 할 것이다. 정말 중요한 문제는 우리가 지식을 책임 있게 사용하고 있는가, 곧 그 지식을 타인을 향해 보다 세심하게 사용하고 있는가이다. 그것은 인간의 정신보다는 마음과 관계가 있으며, 우리의 마음에 하나님의 변혁의 역사가 얼마나 절실히 필요한지도 일깨워준다.

우리가 온전한 인간이 되고 싶다면, 물리적·사회적·영적 문제들에 대한 우리의 접근에 적절한 균형을 유지해야 한다. 예수님은 사람들의 영적·물리적 필요를 돌보는 것에 모범을 보이셨고, 우리가 그분의 모범을 따라야 하는 이유를 알려주셨다. "하나님이 우리를 사랑하사 우리 죄를 속하기 위하여 화목 제물로 그 아들을 보내셨음이라. 사랑하는 자들아 하나님이 이같이 우리를 사랑하셨은즉 우리도 서로 사랑하는 것이 마땅하도다"(요일 4:10-11). 세상에는 훌륭한 의사와 법관이 필요하다(내가 대학 신입생이었을 때, 동기들 중 75%가 이 둘 중 하나가 되고 싶어했다). 세상에는 좋은 아버지와 어머니, 교사와 목사, 농부와 요리사, 사업가와 정치가, 심지어 과학자도 필요하다. 하지만 우리가 무슨 일을 하든 우리는 그것을 서로에 대한 사랑으로, 하나님의 위대한 사랑에서 비롯된 사랑으로 행해야 한다.

     제8장 과학, 기술, 그리고 지구

제9장

교육을 새롭게 하라

주님의 식탁에서 벌이는 축제   피터 피버

훌륭하고 상상력이 풍부하게 제시된 교육자료들이 학습자의 중심을 파고들어, 그
곳에 결코 억제되지 않을 욕망의 과정을 세울 때, 비로소 교육은 제대로 작동하기
시작한다.
　　　　　　　　　　　　　전 하버드 총장 네이슨 퍼시(Nathan Pusey), 1955

당신이 모든 것을 잃었을 때보다 더 좋은 때에 태어났기를 바랄 수는 없다.
　　　　　　　　　　시몬 베유, 『처음과 마지막 노트』(First and Last Notes)

당신이 만든 것을 다시 만드는 당신의 손 외에, 다른 무엇이 우리를 구할 수 있습니까?
　　　　　　　　　　　　　　　　　　　히포의 아우구스티누스

내가 예언하는 능력이 있어 모든 비밀과 모든 지식을 알고
또 산을 옮길 만한 모든 믿음이 있을지라도
사랑이 없으면 내가 아무것도 아니요
사랑은 오래 참고 사랑은 온유하며
시기하지 아니하며 사랑은 자랑하지 아니하며 교만하지 아니하며
불의를 기뻐하지 아니하며 진리와 함께 기뻐하고.
　　　　　　　　　　　　　　　　　　바울, 고린도전서 13장

주님의 식탁에서 벌이는 축제

피터 피버

랄프는 지루하게 사신의 플라스틱 컵을 돌리다가, 이렇게 내 말을 중단시켰다. "리하이 대학교 도서관에는 책이 몇 권이나 있니? 하버드에는 천만 권이 넘게 있어." 내가 그때 녀석의 얼굴에 주먹을 한 방 날리지 않은 것은 순전히 내 영적 성숙함 때문이었다고 생각하고 싶다.

1990년에 정치학으로 박사학위를 받은 **피터 피버**(Peter Feaver)는 듀크 대학교의 정치학과 조교수다. 1993-1994년에는 백악관의 국가안보위원회에서 방위정책과 군부통제에 관한 담당관으로 섬기기 위해, 국제관계위원회의 자문을 받았다. 그는 국가안전문제에 대한 폭넓은 저술활동을 벌이고 있으며, 그의 최신 저작은 『후견인들 보호하기: 미국에서 핵무기에 대한 시민적 통제』(Guarding the Guardians: Civilian Control of Nuclear Weapons in the United States, Cornell Univ. Press, 1992)다.
대학원 졸업 후, 그는 힘겨운 난관에도 불구하고 스스로 그에게는 과분하다고 생각하는 여성과 결혼에 성공했다. 아내 카렌(Kareen nee Geer)은 "아름답고, 지적이며, 감성적이고, 의지가 강한 여성으로서", 인권과 정치활동에 열정을 품고 있다.
피버 박사는 부모님에 대해서도 자부심이 대단하다. 그의 아버지인 더글라스 피버 박사는 피터의 모교인 리하이 대학교(Lehigh University)에서 고전학 교수로 봉직하다가 최근에 은퇴했으며, 청소년선교회(Youth with a Mission)의 인문학 학장으로 재직 중이다. 그곳에서 더글라스 피버 박사는 자신의 아내이자 유능한 교사인 마가렛의 도움을 받고 있다.

마땅히 행할 길을 아이에게 가르치라. 그리하면 늙어도 그것

을 떠나지 아니하리라.   잠언 22:6

너희 속에 있는 소망에 관한 이유를 묻는 자에게는 대답할

것을 항상 준비하되.   베드로전서 3:15

나의 하버드 생활은 시작이 별로 좋지 못했다. 내가 하버드 대학교의 인문학 및 자연과학 대학원(GSAS)에 지원했을 때, 나는 내가 무슨 짓을 하고 있는지 제대로 이해하지 못했다. 펜실베이니아 리하이 대학교에서 보낸 학부 시절이 정말 즐거웠기 때문에, 대학원은 그런 마술을 조금 더 연장시키는 좋은 방법이라고 기대했다. 하지만 박사학위를 얻기 위한 심리적 대가, 혹은 GSAS에서 박사학위를 취득하는 것과 케네디 행정대학원에서 석사학위를 얻는 것 사이의 이해득실을 따질 때, 어떤 것이 더 나은지를 좀처럼 판단하기 어려웠다. 결국 나는 케네디 행정대학원의 지원서류가 GSAS보다 조금 더 길었기 때문에 GSAS를 선택했다. 또한 순진하게도 박사학위를 취득하는 데는 4년이면 충분할 거라

고 생각했다. 하지만 등록 첫날, 교무처의 한 직원이 나를 그런 행복한 환상에서 건져주었다.

이것은 첫째 날에 벌어진 일이었다. 둘째 날, 장차 내 동료가 될 한 사람이 그 상아탑에 대해 가장 기억에 남을 만한 환영식을 해주었다. 그것은 대학원 신입생들, 2층, 학생 휴게실, 리타이어 빌딩(이 건물에 경제학과와 정치학과가 있음—옮긴이) 등이 뒤섞인 장면이다. 랄프 역시 정치학과대학원 신입생이었고, 나는 본능적으로 우리가 곧 친구가 되어 진리를 향해 함께 여행할 것이라고 느꼈다. 나는 그에게 적극적으로 다가갔다.

내가 리하이에서 학부를 보냈다는 말을 듣자, 그는 아주 날카롭게 내 말을 지적해주었다. "피터, 너는 이제 일류대학에 온 거야." 그가 그렇게 빈정댈 필요는 없었다. 하지만 나는 명랑하게 동의했고, 그의 학부생활에 대해 물었다. 그는 매우 능글맞게 대답했다. "하버드는 말이야…."

일은 자꾸만 꼬여갔다. 그래서 나는 약간 아첨하듯이 말했다. "그거 대단한데. 그러니까 너는 모든 교수들과 강좌에 대해 잘 알겠구나. 그럼 내가 강의 선택을 잘 할 수 있게 도와줘."

랄프는 지루하게 자신의 플라스틱 컵을 돌리다가, 이렇게 내 말을 중단시켰다. 나는 아직도 요점을 파악하지 못하고 있었다. "자, 피터. 리하이 대학교 도서관에는 책이 몇 권이나 있니?" 그는 내 눈을 똑바로 쳐다보고 말했다. 랄프가 맥주잔을 내려놓고 최후의 일격을 가할 때까지, 나는 그저 멍하니 그를 바라보고 있었다. "하버드에는 천만 권이 넘게 있어."

그때 내가 녀석의 얼굴에 주먹을 한 방 날리지 않은 것은 순전히 내 영적 성숙함 때문이었다고 생각하고 싶다. 그 순간에 발휘된 위대한 도덕

적 용기 덕분에 그날 저녁 나는 엄마, 아빠가 있는 집으로 달려가지 않았
다. 하지만 진실은 그다지 고상하지 않았다. 그는 뜻하지 않게 피버 가문
의 핏속 깊이 흐르는 강력한 기질을 건드렸다. 그렇다. 그것은 고약한 질
병처럼 들릴 것이다. 물론 나는 대부분의 사람이 생각하는 하버드의 사람
이 아닐지도 몰랐다. 하지만 그의 거만한 태도 때문에, 나는 땅을 파고 들
어가 싸울 태세를 갖추었다.

피버 집안, 특히 이 특이한 피버는 본능적으로 논쟁적이다. 우리 집안
의 유전자에 이런 특성이 지나치게 강할 수도 있다. 하지만 나는 이런 매
력적인 특성이 우리 집의 주일 저녁식사를 통해 훈련되었다고 생각한다.
매 주일 우리는 믿을 만한 교인 한 명─주로 말 많고 젊은 독신자들─을
저녁식사에 초대했다. 손님을 데리고 집에 도착하면 고기 굽는 냄새가 집
안에 진동했다. 의무적으로 집안을 안내한 후("화장실은 왼쪽에 있고요. 구급
약통은 싱크대 밑에 있습니다), 우리는 감사의 찬양─아버지가 작곡한 3부로
된 노래─을 불렀다. 손님을 가장 좋은 자리에 모신 후, 우리는 저녁식사
를 시작했다. 먼저 고기를, 그 다음에는 손님을 먹었다.

표준 절차는 손님이 자기 자신, 직업, 혹은 자신이 생각하기에 흥미로
운 주제 몇 가지에 대해 간단히 말하게 했다. 그 후에 종교재판이 시작되
었다. 당시에 훈련 중이던 우리 꼬마들은 차례대로 손님을 그날의 주제로
구웠다. 우리는 그 기회를 이용해서 손님이 선택한 주제에 대해 우리가
알고 있는 것을 보여주었고, 검증되지 않은 전제, 주목하지 못한 유사점,
그리고 불확실한 결과에 손님이 주목하도록 유도했다. 그 불쌍한 사람은
이런 연합공격의 열기 속에 기가 죽었고, 결국 우리의 오만함에 굴복하고

말았다. 2시간 후 아이스크림을 얹은 노르웨이 애플파이 마지막 조각을 먹은 후, 아버지는 방금 벌어졌던 일들을 평가하기 위해 세심하게 선택된 성경구절을 읽음으로써 식탁 논쟁을 마무리했다.

매주 벌어진 이런 제의(ritual)는 내 기초교육의 핵심(그리고 매우 기다리던)적인 부분이었다. 그것은 모든 사람이 흥미롭게 (충분히 압력을 가하고, 괴롭히고, 구슬리면) 지식에 기여할 수 있다는 사실과, 최소한 저녁식사를 가치 있게 만든다는 사실을 알려주었다. 또한 그것은 수사학의 요점들, 그리고 좀 더 세월이 흐른 후에는 당신이 믿는 것과 당신 삶의 명백한 증거가 완전히 반대되는 것처럼 보일 때에도, 당신이 믿는 바를 지지하는 것의 중요성을 가르쳐주었다. 무엇보다도 성경적 원칙들이 지식에 대한 진지한 탐구의 토대가 되도록 가르쳤다.

그래서 대학원 동급생이었던 랄프가 하버드의 천만 권 장서에 대해 언급했을 때, 나는 목소리를 가다듬고 천천히 내 컵을 다시 채웠다. 그날은 주일이 아니었던 것 같다. 정말, 주일이 아니었다. 후에 랄프와 나는 친구가 되었지만, 그때 그곳에서 나는 어머니가 요리한 고기가 오븐 속에서 격렬하게 거품을 내며 익어가는 냄새를 맡았다.

내가 졸업한 대학 도서관의 소박한 장서들이 아닌, 우리 가족의 저녁 식탁에서 벌어진 토론이 (부서질 듯 연약한 자아와 제대로 검증되지 않은 신조들의 특별 공동체인) 하버드 대학원의 소란에 나를 준비시켰다. 그 후 7년은 아주 특별한 시간이었다. 때때로 나는 최고의 성과를 거두었으나, 때로는 바닥을 치기도 했다. 하지만 그런 과정을 통해 하나님과 나 자신, 그리고 시간이 있을 때는 마침내 박사논문이 된 신비로운 일상에 대해 많은 것을 배웠다.

이제 나는 초기 아우구스티누스적 과정이라고 부를 수 있는 시간을 통과했다. 그것은 내 신념과 실천 사이의 균형을 뒤흔들었던 탕자의 길이었다. 모든 과정을 통과하면서 나는 기독교 신앙에 대해 더 전투적이어졌다. 심지어 내 말과 행동 사이의 불일치가 명백했을 때조차 말이다. 나는 내 자신에 대해 변명하지 않았다. 그리고 최소한 고백적 차원에서 내가 진리로 알던 것에 매달렸다. 심지어 내가 무척 좋아하는 일을 하고 있을 때에도 말이다. 이것이 피버 스타일이다.

자연스럽게 나는 다른 많은 것들에 대해서도 전투적이었다. 정치적 스펙트럼에서는 열렬한 중도주의자로서, 동료들 대다수가 신봉하던 자유주의적 정통주의와 불편한 관계에 있었다. 어떤 이의 눈에는 명백히 좌파로 보이지만, 어떤 이에게는 너무 극우적이라고 비난받는 곳이 바로 흥미로운 하버드 베리타스다. 하지만 그곳에서도 내 마음은 편했다. 어린 시절의 교육 덕분에 나는 도발적인 정책을 방어하거나, 케케묵은 생각을 집요하게 공격하는 자세를 취할 수 있었다.

하지만 내가 또한 기억하는 것, 그리고 나를 만났던 사람들이 기억하기를 바라는 것은 내가 신앙을 변호했다는 것이다. 그 상대가 인도 출신의 탁월한 마르크스주의자인 압히지트든, 세계챔피언 타이틀을 자랑했던 스코틀랜드 출신의 논객 존이든, 나는 내가 믿는 바를, 그리고 왜 그것이 생각해볼 가치가 있는지를 설명하려고 노력했다. 나는 내 스승들에게도 그 주제를 제시했다. 박사논문 지도교수에게는 그의 유니테리안 신앙을 재고하도록 유도했다. 그리고 신학 교수이자 예수 그리스도를 믿는 신

자였던 (더들리 하우스) 사감에게도 권면했다. 더들리 하우스에서 개인지
도를 하던 학생에게는 예수 그리스도의 특별한 주장을 진지하게 대면하
라고 도전했다.

이따금씩 돈키호테처럼 행동하기도 했다. 나는 데릭 보크 총장을 찾
아가서, 복음주의 그리스도인들에 대한 구조적 차별에 항의했다. 그는 내
말을 진지하게 들어주었다. 하버드 교목들이 제정한 제약들에 대해 내가
퍼부은 비판을 들은 후, 그가 자신의 생각을 바꾸었는지는 잘 모르겠다.
하지만 그런 작지만 담대한 행동이 그 이야기를 들은 어떤 사람이 복음
을 나누거나, 근대 사회문제들에 성경적 원칙을 적용함으로써 자신의 신
앙을 표현하도록 자극을 주었는지 누가 알겠는가?

나의 기도제목은 내 친구와 동료들, 하버드 대학교의 시스템이 내게
큰 영향을 끼쳤던 것처럼, 나도 그들에게 작은 영향이라도 끼쳤으면 하는
것이다. 내가 그리스도를 위해 제기했던 주장들은 의심의 여지 없이 나의
영적 생활을 위해 할 수 있었던 그 어떤 것보다 강력했다. 하지만 그곳에
서 나는 "내 안에 있는 소망을 합리적으로 변호하려는" 교육을 받은 사람
중 하나로서(벧전 3:15), 내가 하버드에서 만났던 많은 사람들에게는 분명
히 새로운 경험이었을 것이다. 그들이 하늘에 관심을 갖도록 도움으로써
나는 최소한 낡은 고정관념을 뒤흔들고 복음에 무관심했던 친구들이 복
음의 메시지를 재고하도록 했다.

나는 이따금 혼자 그것에 대해 생각해본다. 왜 논쟁의 엄격함, 대학의
정치학방법론, 상대방 주장의 전제와 틀을 드러내는 기술을 습득한 혈기
왕성한 미국 소년이 2천 년 전 어떤 사람이 제기한 이상한 주장을 받아들

이는 걸까? 사실 나는 그리스도를 고백할 때, 지성의 엄격함을 포기하지 않는다. 그리스도를 믿는 사람들은 엄격함을 포기했기 때문에 그렇게 하는 것이 아니며, 그분을 거절하는 사람들보다 더 엄격한 사고를 하기 때문에 그분을 믿는 것이다. 근대과학과 무신론 사이에 필연적인 관계가 있는 것은 아니다. 예수에 대한 사랑과 지성적 삶이 반드시 대립되어야 하는 것도 아니다. 그리스도의 희생이 없었다면 혹은 그런 일은 없었다고 내가 설득당했다면, 나도 다른 불가지론적인 하버드 동창생들처럼 매우 주관적이고 냉소적인 (한 가지 덧붙인다면, 흔히 유아론적인) 신학을 믿었을 것이다. 하지만 내가 하버드 대학원을 졸업한 것만큼이나 확실하게 그리스도의 희생은 존재했다. 그 결과, 온 세상이 더 좋은 세상이 되었다.

그리스도의 구속적 희생 때문에, 나의 작은 기적은 궁극적인 평가를 기다리고 있다.

제10장

베리타스, 21세기의 희망

하나님의 말씀에 대한 굶주림 마더 테레사

존재의 경이로움 찰스 말리크

주님, 이제 저는 압니다. 왜 질문에 대해 아무런 말씀이 없으신지.
당신 자신이 정답이십니다.
당신의 얼굴 앞에서 질문은 소멸됩니다.

C. S. 루이스, 『우리가 얼굴을 찾을 때까지』

하나님의 말씀에 대한 굶주림

마더 테레사

하나님에게 중요한 것은 우리가 얼마나 많이 나누느냐가 아니라, 우리가 나눌 때 그것에 얼마나 많은 사랑을 담고 있느냐다. 그 사랑은 집에서, 바로 여기서부터 시작된다. 성결은 소수의 사치품이 아니라 당신과 내가 실천해야 할 가장 단순한 의무다.

다음 이야기는 하버드 대학의 1982년 졸업식에서 행한 **마더 테레사**(Mother Teresa)의 연설에서 발췌한 것이다. 인도의 "사랑의 선교 수녀회"(The Missionaries of Charity) 설립자인 그녀는 1979년에 세상에서 가장 가난한 자들을 섬긴 공로로 노벨평화상을 수상했다. 전 세계 10여 개의 나라에서 그 수녀회의 수녀들이 사역을 하고 있다.

알바니아 태생인 테레사는 인도 시민이 되었다. 그녀는 그녀의 전기 『캘커타의 마더 테레사』(*Mother Teresa of Calcuta*, 눈빛 역간)에서 "하나님께서 내가 무엇을 하고 무엇이 되길 원하시는지 어떻게 알 수 있습니까?"라고 질문했다.[1] 그녀는 "마음속의 심오한 기쁨은 마치 삶의 길을 가리키는 나침반과 같습니다. 우리는 그것을 따라야 합니다. 그 결과로 우리가 고난의 길에 들어설지라도 말이지요"라고 대답했다.

얼마 전 테레사 수녀는 몇몇 미국 교수들의 방문을 받았다. "그들이 내게 묻더군요. '우리가 거룩해질 수 있는 법을 알려주세요'라고 말입니다. 그래서 제가 그분들께 말했습니다. '서로 바라보며 웃으세요. 우리는 서로의 얼굴을 쳐다볼 시간도 없잖아요.'"

그녀가 인도에 온 지 20년이 지난 1948년 그녀는 이렇게 회상했다. "하나님은 내가 가난한 자들과 함께 있길 원하셨습니다. 그들은 우리가 사랑하는 법을 배우도록 돕는 너무나 사랑스러운 자들입니다. 부자들이 돈으로 살 수 있었던 것을, 나는 사랑으로 가난한 자들에게 주려고 노력합니다. 가난한 사람들이 우리 주변에서 계속 무시되고 방치되는 것을 볼 때, 나는 그리스도가 자기 사람들에게 거부당할 때 느꼈던 슬픔을 이해하게 됩니다."

　　이 얼마나 놀라운 일인가! 우리 모두는 심지어 불신자조차도 어떤 식으로든 하나님을 간절히 사랑하고 싶어한다. 하지만 하나님은 어디에 계시는가? 우리가 보지 못한 하나님을 어떻게 사랑할 수 있을까? 우리가 그 일을 쉽게 할 수 있도록, 우리가 사랑하는 것을 돕기 위해, 하나님은 당신 자신을 굶주린 자, 벌거벗은 자, 그리고 집 없는 자로 만드신다. 여러분은 분명히 내게 이렇게 물을 것이다. "미국에 굶주림이 어디 있나요?" 그러나 굶주림이 있다. 빵에 대한 굶주림이 아니라 사람에 대한 끔찍한 굶주림 말이다. 하나님의 말씀에 대한 간절한 굶주림이 존재한다.

　　나는 멕시코의 한 가난한 가정을 방문했던 때를 결코 잊지 못한다. 그들의 집에는 정말 아무것도 없었지만 아무도 무언가를 달라고 요구하지 않았다. 그들은 우리에게 오직 이런 요구를 했다. "우리에게 하나님의 말씀을 가르쳐주세요. 우리에게 하나님의 말씀을 주세요." 세상 모든 곳에서처럼 바로 여기에도, 특별히 여러분처럼 젊은 사람들 안에도 하나님을 향한 절박한 굶주림이 있다. 우리는 반드시 예수님을 발견하여 그 굶주림을 채워야 한다. 입을 옷이 없다고 벌거벗은 것이 아니다. 벌거벗음은 인간존엄의 상실, 존경의 상실, 그토록 아름다운 정결의 상실, 젊은이들이 서로 사랑함으로 인해 서로에게 줄 수 있는 가장 아름다운 것인 처녀

성의 상실을 말한다. 그런 존재, 아름다움, 위대한 것의 상실이 벌거벗음이다. 집이 없음도 단지 벽돌로 된 집의 부족뿐만 아니라 거절당한 느낌, 버림받은 느낌, 자신에게 전화를 걸어줄 사람이 아무도 없다는 느낌이기도 하다. 어느 날 나는 런던 거리를 걸어가다 너무나 슬픈 표정으로 외롭게 앉아 있는 한 남자를 보았다. 나는 그에게 다가가 그의 손을 잡고 흔들었다. 그는 내 얼굴을 쳐다보더니 이렇게 말했다. "오, 제가 사람의 온기를 느껴본 것은 정말 오랜만이군요." 나는 그날의 경험을 잊지 못한다. 그 행동은 정말 소박한 것이었다. 하지만 작은 그 행동 하나가 미소 짓는 법을 잊어버렸던 얼굴에, 사람의 온기를 잊었던 남자에게 환한 미소를 가져다 주었다. 바로 그것이 우리가 이 나라와 전 세계의 모든 나라에서 찾아야 하는 것이다.

그렇다면 우리는 어디서부터 시작해야 할까? 물론 집에서부터다. 어떻게 사랑을 시작할까? 기도로 시작할 수 있다. 기도는 항상 우리에게 깨끗한 마음을 준다. 하나님을 볼 수 있는 깨끗한 마음 말이다. 그리고 우리가 서로에게서 하나님을 본다면, 우리는 자연스럽게 서로 사랑할 것이다. 우리는 기도할 수 있도록 서로 도와야 한다.

우리 수녀들이 캘커타, 뉴욕, 런던, 그리고 전 세계의 거리에서 죽어가는 사람들과 나병 환자들을 도울 수 있는 힘은 과연 어디에서 얻을까? 그것은 바로 우리를 먹이시고 생명을 주시는, 생명의 양식이신 예수 그리스도와의 연합을 통해서다. 홀로 주님과 함께 있는 시간을 내라. 그러면 여러분의 마음이 그토록 갈망하는 힘, 기쁨, 사랑을 발견할 것이다.

진정으로, 사랑은 마음을 아프게 한다. 언젠가 캘커타에서 설탕이 떨어진 적이 있었다. 네 살짜리 꼬마가 그 소리를 듣고 집에 가서 부모님께 이렇게 말했다. "테레사 수녀님께 설탕이 없어요. 나는 앞으로 3일간 설탕을 먹지 않겠어요. 그리고 내 설탕을 수녀님께 가져다 드릴 거예요." 3일 후에 그 부모가 꼬마를 데리고 우리 집에 왔다. 그들은 전에 나를 한 번도 본 적이 없고, 누군가에게 무언가를 준 적도 없었다. 하지만 손에 작은 설탕 병을 든 이 어린아이가 자신의 가족을 우리 집으로 데려왔다. 그 어린아이는 위대한 사랑으로 사랑을 행한 것이다. 그 아이가 대단히 많은 것을 주었기 때문이 아니다. 하나님에게 중요한 것은 우리가 얼마나 많이 나누느냐가 아니라, 우리가 나눌 때 그것에 얼마나 많은 사랑을 담고 있느냐다. 그 사랑은 집에서, 바로 여기서부터 시작된다.

내가 캘커타를 떠나기 며칠 전, 젊은 남녀 두 명이 거액을 들고 우리 집을 방문했다. 나는 그들에게 물었다. "이 돈을 어디서 구했습니까?" 그들은 가난한 사람들을 위해 자신들의 돈을 기부하려 했다(캘커타에서 우리는 매일 약 7천 명의 사람들에게 음식을 나누어준다). 그들의 대답은 아주 이상했다. "우리는 결혼식에서 입을 예복을 구입하지 않고, 피로연도 열지 않는 대신에 그 돈을 가난한 사람들을 돕는 당신에게 드리기로 결정했습니다." 나는 그들에게 한 가지 질문을 더 했다. "왜 그런 결정을 내렸지요?" 인도에서 결혼식 예복을 사지 않고, 피로연을 열지 않는 것은 매우 심각한 문제다. 그때 그들이 내게 한 대답은 이렇게 아름다운 것이었다. "서로에 대한 사랑으로, 우리는 서로에게 가장 특별한 선물을 주고 싶었습니다. 특별한 선물은 바로 큰 희생입니다. 정말 놀라운 선물이지요." 순수한 마음으로 서로 사랑하는 것은 얼마나 아름다운가! 여러분의 결혼식에서 서로에게 아름다운 선물을 주도록 결심하라. 가장 아름다운 선물은 순결한 마음, 순결한 몸, 순결한 영혼을 주는 것이다. 그것이야말로 젊은 남성이 젊은 여성에게 줄 수 있는, 그리고 젊은 여성이 젊은 남성에게 줄 수 있는 최고의 선물이다. 사랑의 기쁨은 우리에게 희생의 기쁨을 준다. 우리가 실수를 저질렀을 때에도 우리를 새롭게 하시는 하나님의 사랑 속에는 치유가 있다. 우리는 우리 아이들을 용납하고 사랑할 수 있는 용기를 가져야 한다. 하나님의 가장 아름다운 피조물인 생명을 파괴해선 안 된다. 하나님이 우리를 사랑하시듯 우리도 그분을 사랑할 수 있도록 서로를 위해 함께 기도하자. 이제 우리가 하나님께 일생 동안 신실한 사랑과 친밀한 우정을 선물해야 할 차례다.

그러므로 하나님께 감사드리자. 나에게는 미국인들에게 줄 금과 은이 없다. 대신 나의 자매들을 드리겠다. 그들과 함께 여러분이 마리아처럼 가난한 사람들을 발견하게 되길 바란다. 그리고 그들을 발견하면, 그들을 알게 되면, 여러분은 그들을 사랑하게 될 것이다. 여러분이 그들을 사랑하면, 여러분은 그들을 위해 무언가를 하게 될 것이다. 어쩌면 여러분의 가족 안에도 가난한 사람들이 있을지 모른다. 캘커타에 있는 우리 집에는 수많은 젊은이들이 찾아와서 자신들의 사랑의 기쁨을 나눈다. 그들이 가난한 중에도 가장 가난한 사람들을 큰 사랑과 돌봄으로, 그토록 헌신적으로 섬기는 모습을 지켜보는 것은 정말로 아름다운 일이다. 우리 모두는 자신의 가족 안에서 그런 고통, 아픔, 외로움을 직시할 필요가 있다. 나는 어린이들을 위한 집을 건축할 수 있게 땅을 기부한 사람들에게 감사하기 위해 베네수엘라의 한 가정을 방문했던 때를 결코 잊을 수가 없다. 그

집의 아이 하나는 장애를 앓고 있었다. 나는 지금까지 그렇게 심한 장애를 본 적이 없다. 하지만 그 아이의 눈은 너무나 아름답게 빛나는 검은색이었고 기쁨으로 충만해 보였다. "이 아이의 이름이 무엇이지요?" 아이의 어머니가 대답했다. "우리는 그 아이를 사랑의 선생님이라고 불러요. 우리에게 사랑하는 법을 가르쳐주기 때문이지요." 그 가족에게는 사랑하는 법을 가르쳐주는 사람이 있어서 그렇게 놀라운 사랑의 정신이 넘쳐났던 것이다.

하나님이 여러분의 자녀들에게 주신 아름다운 것들에 대해 하나님께 감사드려야 한다. 여러분의 기도와 도움으로, 그들이 스스로의 힘으로 설 수 있었던 것이다. 그리고 여러분은 예수님이 제자들을 보내셨듯이 그들을 보낼 것이다. "가서 복음을 전하라." 그들이 가서 복음을 전하도록 기도하자. 그들이 서로에게 말이 아니라 모범으로, 특히 사랑받지 못하고, 돌봄을 받지 못한 사람들에게 사랑으로 복음을 전할 수 있게 기도하자. 바로 이곳 여러분 주변에도 가난한 사람들이 많다. 그들을 찾아 사랑하라. 활기찬 행동으로 사랑하라. 여러분이 그들을 사랑할 때, 그것은 곧 하나님을 사랑하는 것이다.

이제 졸업생들이 세상을 향해 떠날 때, 나는 뉴먼(Newman) 추기경의 기도가 그들에게 가장 적절하겠다고 생각했다. 세상으로 나아갈 때 그들이 예수님과 동행하고, 그분을 위해 일하며, 가난한 자들의 비참한 모습을 한 예수님을 섬기도록 말이다.

사랑의 주님, 우리가 가는 곳마다 당신의 향기를 퍼뜨리게 도와주소서. 우리의 영혼을 당신의 영과 생명으로 충만케 하소서. 우리의 모든 삶이 당신의 빛을 드러내도록, 우리의 전 존재를 완전히 관통하고 소유하소서. 우리를 통해, 그리고 우리 안에 빛을 비추사, 우리를 만나는 모든 영혼이 우리 안에서 당신의 현존을 느끼게 하소서. 그들이 눈을 들어 더 이상 우리가 아닌 예수님만 바라보게 하소서. 우리와 함께하소서. 그러면 당신이 빛을 비추듯 우리도 빛을 비추기 시작할 것입니다. 우리도 다른 이들에게 빛이 될 것입니다. 그 빛은 오직 사랑의 예수님, 당신에게서 올 것입니다. 우리의 것은 결코 없습니다. 다른 이들에게 빛을 비추는 분은 바로 당신입니다. 그러므로 당신이 가장 사랑하는 방법으로 당신을 찬양하게 하소서. 우리 주변에 있는 사람들에게 빛을 비춤으로써. 설교 없이 말이 아닌 모범으로 당신을 선포하게 하소서. 우리가 하는 일의 공감적 영향력, 당신을 향한 우리 마음의 온전한 사랑의 증거, 그토록 강력한 힘으로 그렇게 하게 하소서.

이것이 바로 부모가 자녀들에게 기대했던 것이다. 즉 그들이 하나님의 사랑을 전하는 사람들이 되는 것 말이다. 오늘날 하나님은 우리 각자를 통해 세상을 사랑하신다. 우리는 하나님이 세상을 무척 사랑하사 자신의 아들 예수(그는 죄를 제외하고는 모든 면에서 우리처럼 되셨다)를 우리에게 주셨다는 사실을 성경을 통해 알고 있다. 그분은 우리에게 복음을 전해주기 위해 오셨다. 하나님은 당신과 나처럼 가난한 자들을 위해 오셨다. 하나님은 우리를 사랑하시고, 우리는 그분에게 특별한 존재다. 그분은 위대한 일, 즉 사랑하고 사랑받기 위해 우리를 창조하셨다는 복음을 전해주기 위해 오셨다. 이사야서에서 다음과 같은 하나님의 말씀을 읽을 수 있다. "내가 너를 지명하여 불렀나니, 너는 내 것이라. 네가 내 눈에 보배롭고 존귀하며 내가 너를 사랑한다." 그것을 증명하기 위해 하나님은 이렇게 말씀하신다. "심지어 어미가 자식을 잊을지라도, 나는 너를 잊지 않을 것이다."

요즘처럼 너무 많은 공포, 고통, 아픔, 절망이 있는 시대에 이러한 사실을 기억하는 것은 좋은 일이다. 하나님이 여러분을 잊지 않을 것이며, 또한 여러분과 나를 사랑하시며, 예수님이 우리에게 그런 복음을 주기 위해 오셨다는 것, 그리고 그분이 그런 행동을 통해 우리를 얼마나 많이 사랑하셨는지를 우리는 십자가를 바라볼 때 이해할 수 있다. 하나님은 자신이 우리 각자를 사랑했듯이, 우리가 서로 사랑하기를 원하신다. 그분이 마리아의 빛 속으로 들어오셨을 때, 그녀는 주님의 여종으로서 그분을 영접했다. 그녀는 아무 말도 하지 않았다. 무엇을 했을까? 그녀는 즉시, 자신의 사촌 집을 방문했다. 무엇을 하러 갔을까? 섬기러 간 것이다. 여종의 작은 일을 하기 위해서 말이다. 그 후에 아주 이상한 일이 벌어졌다. 임신 6개월째였던 엘리사벳의 태중에 있는 아기가 기뻐 뛰었다. 그 아기가 예수님의 현존을 인식한 것이다. 그 아기는 예수님을 환영하고, 하나님의 강림을 기뻐한 최초의 인간이었다.

오늘날 우리가 아기 하나를 더 양육하고 교육하기를 두려워한다는 것은 믿을 수 없는 일이다. 한 아기의 죽음을 용인하는 나라, 민족 혹은 가족은 가난한 사람들 중에서도 가장 가난한 사람들이다. 왜냐하면 그들이 두려워하기 때문에, 심지어 자신들의 아기마저 두려워하기 때문이다.

여러분과 나는 단지 말뿐이 아니라 실제 삶에서 사랑하라고 배웠다.

우리는 서로 사랑하고, 서로에게 친절하라고 배웠다. 그리스도께서 그랬듯이 우리는 행동으로 그 사랑을 증명해야 한다. 그것이 바로 복음에서 사랑에 대한 우리의 굶주림을 채우기 위해, 예수님이 자신을 생명의 떡으로 만드셨다는 이야기를 우리가 읽는 이유다. 주께서 말씀하신다. "내 형제들 중에서 가장 작은 자에게 행한 것이 곧 나에게 행한 것이다."

여러분을 위한 나의 기도는 여러분이 서로에 대한 사랑 속에 성장하길 바라는 것이다. 여러분이 그리스도의 성결 속에서, 그리스도의 형상 속에서 자라길 바라는 것이다. 성결은 소수의 사치품이 아니라 여러분과 내가 실천해야 할 가장 단순한 의무다. 그렇다면 그것은 어디서 시작해야 하는가? 바로 집에서부터다. 하나님께서 여러분을 축복하시길.

존재의 경이로움

찰스 말리크

각자의 영혼 속에 존재와 비존재 간의 가장 숙명적인 갈등이 진행되고 있다.

1937년에 하버드에서 철학 박사학위를 취득한 후, **찰스 말리크**(Charles Malik)는 50개 이상의 명예박사학위를 더 받았다. 그는 유엔총회의장, 유엔안전보장이사회의장, 유엔인권위원회위원장, 주미 레바논대사 등을 역임했다. 베이루트와 워싱턴에 있는 아메리칸 대학교(American University), 다트머스 대학, 하버드 대학교, 가톨릭 대학교(Catholic University of America) 등지에서 교수로도 일했다. 말리크 박사는 『대학교에 대한 기독교적 비판』(A Christian Critique of the University), 『존재의 경이로움』(The Wonder of Being) 등을 포함한 여러 권의 책을 집필했고, 후자에서 이 에세이를 발췌했다.
자신의 회심에 대해 기술하면서 그는 이렇게 말했다. "나는 내 삶에서 그리스도를 직접 알게 되었습니다. 그분은 내 죄를 용서해주셨고, 모든 것이 어둡고 적대적이었던 때에, 그리고 끔찍한 외로움과 깊은 어둠이 나를 감싸고 있던 시련의 때에 나에게 힘을 주셨습니다."[2]
비잔틴-정교회 전통에서 훈련받은 말리크 박사는 세상을 떠나기 얼마 전, "나는 그리스도의 축적된 영향력이 문학, 예술, 실천적 문제, 도덕적 기준, 그리고 정신과 영혼의 다른 활동들에서 창조력을 잃는다면, 도대체 무엇이 남을지 정말 모르겠습니다"라고 말했다.

각자의 영혼 속에는 두 개의 인격, 즉 존재의 인격과 비존재의 인격 사이에 가장 숙명적인 갈등이 진행되고 있다. "어떤 것이 우위를 차지할 것인가?"라는 질문은 우리 주변에서 어느 순간에든 제기될 수 있다.

존재의 인격은 (존재의 다양함, 풍부함, 만족함, 그리고 수준과 질서의 상이함을 포함한) 존재의 놀라운 충만 앞에 경외심을 갖는다. 비존재의 인격은 자신의 충만을 작은 부분들로 분해한다. 마침내 그것들이 서로 뒤섞여 비존재 속으로 사라질 때까지.

존재의 인격은 모든 긍정적 존재를 긍정하고 그 안에서 기뻐한다. 비존재의 인격은 긍정하기를 두려워하거나, 오직 어떤 긍정적 존재와 대립하기 위해, 즉 그것을 파괴하기 위해 긍정한다.

존재의 인격은 때때로 사색과 경이로움 속에 깊이 빠져 말하기를 완전히 멈춘다. 비존재의 인격은 결코 말하기를 멈추지 않는다. 그것이 존재에 대한 경외심을 파괴시키고 중단하거나, 혹은 덮어버리고 침몰시켜버리는 그의 방법이기 때문이다.

존재의 인격은 마술과 우연, 어쩌다 생긴 일을 거절하고, 궁극적으로 모든 것이 어떤 의미, 핵심, 개체, 독립적 존재에 근거한다고 생각한다. 비존재의 인격은 모든 순간에 마술과 우연을 자신의 궁극적 설명원리로 삼

고, 바로 이 원리가 자신의 근본적인 경외심을 제거해버리는 장치나 질병
이란 사실이 드러날 때 쉽게 당황한다.

존재의 인격은 항상 규범과 규칙을 따른다. 그는 결코 자신의 시선을
비정상적이고 예외적인 것에 돌리지 않는다. 오직 규범과 규칙의 관점에
서 이해한다. 비존재의 인격은 참된 규칙에 별로 관심이 없어 보이며, 항
상 비정상적이고 일탈적이며 기이한 것들을 쫓아다니고, 이런 관점에서
자신이 규칙과 규범을 이해하는 척한다. 그는 존재의 경이로움을 열망해
야 할 규범이나 지지해야 할 규칙으로 이해하지 않는다. 그의 행동은 그가
존재 자체를, 특히 삶의 규칙을 인정하지 않는다고 말하는 것 같다. 또한
비정상적인 것에는 규칙이 없기 때문에, 그는 항상 규칙 없이 존재한다.

존재의 인격은 세상에서 자유롭고 즐겁게 움직인다. 자신에게 적적으
로 얽매이지 않으며, 때로는 자신의 존재 자체를 완전히 망각하기도 한다.
그는 항상 살며 사랑하고 웃으며 존재한다. 비존재의 인격은 넘어지고 쓰
러지지 않고는 단 한 걸음도 내디딜 수 없다. 그는 너그럽지 못하며, 그냥
살고, 사랑도 하지 못하고, 웃지도 못한다.

존재의 인격은 상황에 얽매이지 않고, 존재를 유지해야 한다는 부담
에 눌리지 않으며, 자신의 무게를 스스로 지탱하거나, 다른 사람이 그를
위해 짐을 대신 져주기 때문에 자유롭고 유쾌하다. 비존재의 인격은 전
세계가 오직 그의 어깨에 달린 것처럼, 존재 전체가 그에게만 의지하는
것처럼, 버거움과 부자유의 암울한 공기를 마신다.

존재의 인격은 그를 걱정에서 자유롭게 하고, 그에게 마음의 평안을
주는 인격적 통전성이 존재의 중심에 있다. 비인격의 존재는 항상 의심하

고, 위험과 해체와 재앙의 냄새를 맡기 때문에 자신마저 신뢰할 수 없다. 그러므로 당신은 그가 안식과 평안을 누리는 모습을 결코 볼 수 없을 것이다.

존재의 인격은 존재의 놀라운 광경에 집중하기 때문에 두려워하지 않고, 어디서나 어떤 독립적 존재의 황홀함에 도움을 받는다. 비존재의 인격은 사방에서 유령의 냄새를 맡으며, 언젠가 어떤 사람 혹은 어떤 일이 자기에게 달려들어 죽일지 모른다고 생각하여 암흑의 공포로 가득차 있다.

존재의 인격은 모든 성취, 진리, 정적 존재 안에서 기뻐한다. 그것들이 어디서 어떤 방식으로 나타나든 그것과 관련된 오류와 비존재의 양이 얼마이든, 자신의 마음 깊은 곳에서 안정과 지속을 소망하고, 필요한 곳에서는 목적을 향해 담대히 전진한다. 그러므로 그는 결코 시기하지 않고 다른 사람들을 선하게 대하며, 어둠과 비존재를 제외한 어떤 것도 원수로 대하지 않는다. 비존재의 인격은 존재의 눈앞에 설 수 없다. 어떤 존재를 그 앞에 서게 하라. 그러면 그는 그것을 끌어내리고 무시하려는 충동을 강하게 느낄 것이다. 그는 모든 존재를 향해 전쟁을 선포한다.

존재의 인격 앞에 또 다른 존재를 세워보라. 무엇보다 당신은 존재의 본질과 스스로 즐거워하는 모습을 볼 것이다. 비존재의 인격 앞에 다른 존재를 세워보라. 당신은 비존재의 실체와 왜곡된 방식으로 기뻐하는 모습을 볼 것이다. 존재의 인격 앞에 다른 존재를 세워보라. 그는 다른 존재에게 손해를 입힐까 걱정이 되어 손도 대지 않을 것이다. 대신 그 존재에게 존경과 사랑으로 복종한다. 비존재의 인격 앞에 다른 존재를 세워보라. 그때 비존재의 첫 번째 충동은 다른 존재를 조작하고 이용하고 자신의 통제 하에 두려는 것이다. 그는 그 존재가 자신에게 복종하길 원한다.

존재의 인격에게는 만져서는 안 되는 거룩한 것이 있다. 비존재의 인격에게는 거룩한 것이 없다. 세상은 단조로운 지속에 불과할 뿐이다. 그것은 세상의 어떤 것도 짓밟고 망칠 수 있다.

존재의 인격은 자신과 모든 존재의 완전한 부족함과 위태로움을 정확히 알고 있다. 그에게는 그 사실을 지적해줄 누군가의 도움이 필요치 않다. 그래서 그는 자신의 존재와 모든 존재를 지탱하고 보증해줄 어떤 안전한 선을 추구하고 기대하며, 열망하고 요구한다. 비존재의 인격은 스스로 충분하고 안전해 보인다. 하지만 당신이 그의 본질적인 불안전을 지적하면, 그는 결코 그 지적에 귀를 기울이지 않을 것이다. 따라서 당신은 그가 "자신보다 위에 있는" 어떤 것을 갈망하거나 열망하는 모습을 볼 수 없을 것이다.

존재의 인격은 진심으로 존재의 충만함을 지향하기 때문에, 희망으로 충만하다. 비존재의 인격은 진심으로 비존재의 암흑을 지향하기 때문에, 근본적으로 희망이 없다. 존재의 인격은 존재를 깊이 신뢰하기 때문에, 자신의 존재가 지상의 삶과 함께 끝난다고 믿지 않는다. 존재가 의미 없이 소멸될 것이라니! 그것은 우주적 농담에 불과하다! 비존재의 인격은 비존재를 정말 철저하게 믿기 때문에, 결코 이 땅의 삶 너머에 있는 어떤 것을 희망 속에 고대하지 않는다. 존재의 인격은 자신만이 아니라 (최소한 자신을 초월하도록 하는) 다른 사람들을 위한 희망 속에 살기 때문에, 자신의 죽음에 대한 생각을 극복할 수 있다. 반면 비존재의 인격은 마치 자신의 죽음이 세상의 종말을 의미하는 것처럼, 자신의 죽음이 존재의 끝인 것처럼 느끼고 생각하고 행동한다. 그래서 그는 죽음에 대한 생각으로 지독한 공포 속에서 살아간다.

존재의 인격은 최소한의 존재에도 기뻐하고 진심으로 감사한다. 비존재의 인격은 좀처럼 누군가에 혹은 어떤 일에 대해 감사할 줄 모른다. 존재의 인격의 전형적인 행동은 평온함과 경외심이다. 마치 예수의 친구 마리아처럼 말이다. 비존재의 인격의 전형적인 행동은 분주함과 활동, 분석적 혼란이다. 마치 마리아의 자매 마르다처럼 말이다.

당신이 존재의 인격에게 피렌체나 로마, 혹은 위대한 성당을 보여준다면, 당신이 그를 프라도 미술관이나 대영 박물관, 혹은 메트로폴리탄 박물관에 데려간다면, 당신이 그의 손에 플라톤이나 셰익스피어, 톨스토이, 혹은 시편이나 복음서를 쥐어준다면 그는 진심으로 감사할 것이다. 당신이 고대 중국과 그리스도 이전의 아테네, 1세기 로마, 13세기 유럽, 엘리자베스 시대 영국, 17세기 파리, 19-20세기 북미의 문화와 예술, 생활과 문명의 위대한 표현들을 그에게 보여준다면 그는 경외감으로 충만해질 것이다. 존재의 인격이 이런 놀라움을 대면하고 그것을 정말 구체적으로 받아들인다면, 그는 경이적인 놀라움에 취해 정숙과 의미가 충만한 세상으로 인도될 것이다. 이 세상은 평화와 창조성, 존재와 생명의 세계요, 존재와 하나님의 세상이다. 이 세상의 놀라운 모습들은 단지 그림자나 반영, 파편들이 아니다. 그래서 그는 깊이 만족할 수 있다. 하지만 똑같은 것들을 비존재의 인격에게 제시한다면, 그는 이것들을 사회경제적 "상황들"로 해체하기 때문에, 당신은 결코 그의 얼굴에서 경외감이나 감사를 발견할 수 없을 것이다.

가장 위대한 존재는 온전한 인격이다. 그렇기 때문에 정치가 중요한 것이다. 정치는 가장 이상적인 의미에서 단순한 사상과 대상, 사물이 아닌 진정한 인격들을 다룬다. 존재의 인격 앞에 한 사람을 세워보라. 그러면 그는 그를 전체적으로 이해하고, 그 존재에 대해 완벽한 경외감을 갖는다. 같은 사람을 비존재의 인격 앞에 세워보라. 그러면 비존재의 인격은 이 사람을 파편, 다른 측면, 그를 형성한 영향, 자기 자본, 육체와 정신, 배경과 사회적 기능으로 즉시 분해한다. 그는 이런 식으로 그 사람의 존재가 아무것도 남지 않을 때까지 파괴하고 해체한다. 사람은 오직 존재에 대해서만 사랑과 경외심을 느낄 수 있기 때문에, 비존재의 인격은 결코 경외심이나 사랑을 체험할 수 없다.

우리 안에서 비존재의 인격을 불러내는 것은 무엇이며, 존재의 인격을 불러내는 것은 무엇인가? 이것도 역시 엄청난 문제다. 이 문제도 적절하게 주목한다면, 신학적 인간학의 절반 이상을 차지할 것이다. 그것은 살아계신 하나님의 관점에서 인간적 선택의 역사를 이해하려는 시도다. 내 답변은 우리가 그것을 알든지 모르든지, 오직 나사렛 예수 그리스도만이 우리 안에서 존재의 인격을 불러낼 수 있다는 것이다. 나는 그 이유를 알고 있다. 그가 그렇게 할 수 있는 이유는 그가 우리를 사랑하기 때문이다. 하지만 나는 어떻게 그런 일이 발생하는지는 모른다.

어떤 존재의 인격도 예수 그리스도의 현상에 사로잡히지 않을 수 없다. 어떤 존재의 인격도 예수 그리스도에 대한 충분한 지식과 경험을 소유할 수 없다. 따라서 그는 예수에 대해 자신이 발견할 수 있는 모든 것을 추구할 것이다. 성경, 교회, 그리고 모든 역사-문화적 현상에서 말이다.

여기서 당신은 역사와 시간에서 인격적 존재를 갖게 된다. 확신에 차서 자신감을 갖고 서두르지 않으며, 의미와 내용으로 충만하나 강제의 기미는 결코 없는 존재. 여기서 당신은 당신과 당신 자신의 가장 깊은 곳이 인격적이고 실존적인 방식으로 연결되어 있음을 발견한다.

존재의 인격은 예수 그리스도를 온전히 설명하려고 욕심내지 않는다. 그는 다른 것이 아닌 오직 예수 그리스도에게만 매혹된다. 예수 그리스도는 우리 안에서 우리의 죄와 불순종을 강력히 깨닫게 한다. 하지만 존재의 인격이 그리스도의 현존 앞에서 아무리 많은 죄를 깨닫고 부서질지라도, 그는 결코 "더 안전한" 어떤 것으로 그리스도를 대체할 생각은 하지 않는다. 그는 결코 그리스도 때문에 겁내거나 방황하지 않는다. 사람들 안에는 이상한 이분법이 존재한다. 그리스도를 겁내지 않고, 그를 사랑하는 사람들이 있다. 심지어 그들이 아주 악독한 죄인들일지라도 말이다. 반면 그의 아주 작은 흔적에도 겁을 먹고, 그를 쳐다보기도 싫어하는 사람들이 있다. 겉으로는 아주 완벽한 인간들처럼 보일지라도 말이다.

믿음으로 만물의 움직임 배후에 있는 그를 볼 수 있는 사람들은 복되다. "사탄의 심연"에서 고통받아왔으나, "여전히 오늘이라고 불리는 동안" 하나님께 돌아오는 자는 두 배로 복되다. 두 종류의 순례자들이 예수 그리스도를 인격적으로 만날 때―성경 속에서든 살아 있는 교회 안에서든, 혹은 그를 사랑하는 사람들의 얼굴이나 삶 속에서든―첫 번째 순례자들은 스스로 우주의 불충분함을 느낄 때, 우주의 배후에 숨어 있던 분이 예수였는지도 모른다고 생각할 것이다. 두 번째 순례자들은 지금 그들이 처음으로 만나고 있는 분으로부터 자신들이 오랫동안 떨어져 있었기 때문에, 자신들이 겪는 고통의 원인이 바로 자기 자신들이었는지도 모른다고 생각할 것이다. 각 그룹은 예수를 불충분에 대한 자신의 인식이나 고통의 배후에 계신 하나님의 "예스!"(Yes)라고 인정할 것이다.

우리는 이것을 결코 추상적으로 이해할 수 없다. 우리가 그분을 실제로 만날 때만 이해할 수 있다. 그는 역사 속의 궁극적 긍정이다. 즉 "그분 안에서 하나님의 모든 약속은 예(Yes)가 된다." 고통과 소외로부터 해방의 약속, 자유와 구원의 약속, 죽음과 공포에 대한 절대적 정복의 약속 말이다.

이것은 약 2천 년 전에 갈릴리에서 자란 사람이 우주의 존재와 질서의 실마리가 되며, 모든 자기 소외로부터의 탈출구라는 매우 이상한 상황이다. 시적이나 감상적으로, 혹은 모든 종류의 이상주의적·형이상학적 해석에 빠지지 않도록 주의하자. 무엇보다 비신화화(demythologize)하지 말자. 여기에서 긍정되고—나나 이런저런 유명한 신학자가 아닌—교회가 긍정하는 것은 예루살렘 근처에서 태어나 도성 밖에서 십자가에 처형된 한 남자가 바로 우주의 기원과 질서에 대한 질문이자, 존재의 광야에서 길을 잃은 모든 사람들—부나 명성, 권력, 국가, 문화를 숭배하는 사람들, 정신이나 예술, 배우자나 자녀, 과학 이론이나 정치적 대의, 혹은 당신이 명명하는 어떤 것을 숭배하는 자들—이로써 자신도 모르는 사이에 부패의 길을 걷고 있는 사람들을 위한 정답이다.

그것이 바로 하나님의 심오한 방법이다. 하나님은 우리와 상의하지 않고, 전혀 다른 측면에서 주도권을 장악하신다. 이러한 방식으로 그분은 우리를 놀라게 하시며, 자기 확신이라는 자리에서 우리가 균형을 잃게 하신다. 이것이 바로 우리가 늘 감사하도록, 우리의 경외심이 늘 깨어 있도록 하는 방법이다.

나는 이것을 "증명"할 수 없다. 하지만 나는 이것을 내 감각이 내게 제시하는 것보다, 혹은 어떤 수학적·과학적 명제보다 훨씬 더 확실하게 믿는다. 이것과 비교해볼 때 다른 모든 명제는 얼마나 시시하고 사소한가! 나는 지금 여기서 내 신앙을 "증명"하고 있는 것이 아니다. 단지 내가 알고 믿는 것에 대해 증거할 뿐이다. 내 신앙의 근거는 어떤 과학적·철학적 혹은 신학적 증명과도 종류가 다르기 때문이다.

우주의 목적론에 대한 자신의 위대한 사색에서, 아리스토텔레스는 나사렛 예수를 찾고 있었다. 만약 그가 예수를 만났다면 왜 우주의 법칙이 그러한지에 대해서 이해할 수 있었을 것이다. 모든 현상의 배후에 존재하는 지고의 "선"(good)에 대한 자신의 주장에서, 플라톤은 인류를 걱정하며 나사렛 예수를 찾고 있었다. 만약 그가 예수를 만났다면 그는 모든 이유를 이해할 수 있었을 것이다. 우주의 질서 배후에 존재하는 정신(nous)에 대한 깊은 사색에서, 아낙사고라스(Anaxagoras)는 예수 그리스도를 찾고 있었다. 만약 그가 예수를 만났다면 그는 그 이유를 이해할 수 있었을 것이다. 야망을 가진 모든 사람—정복자, 과학자, 철학자, 산업가와 정치가, 연예인과 언론재벌—은 예수 그리스도를 찾고 있다. 그들이 그분을 만나기만 한다면, 그들은 그 이유를 이해할 수 있을 것이다. 자기 자신과 세상에 대한 불만으로 가득찬 모든 종류의 소외된 사람들, 존재의 무게에서 벗어나기 위해 몸부림치는 마약중독자들, 자신에게 무슨 일이 벌어지고 있는지 깨닫지 못하는 창녀들, 미지의 세계에 대한 공포 속에 서 있는 불치병 환자들은 나사렛 예수를 찾고 있다. 그들이 그분을 만나기만 한다면, 그들은 그 이유를 알게 될 것이다.

어떤 이들은 이것을 완전히 미친 소리라고 말할지도 모른다. 하지만 이것이 바로 기독교 교리가 주장하는 바다. 세상이 혹은 오늘날 "신학자들이" 그것을 믿거나 말거나 상관없이 말이다. 하지만 여기에서 미친 것은 바로 사랑과 감사다. 이것은 나사렛 출신의 그 남자를 둘러싸고 있는 급진적인 신비와 역설에 의해 자극된 것이다. 그에 대해 성 아우구스티누스는 이렇게 기록하고 있다.

인간의 창조자가 인간이 되었다. 별들의 통치자가 여인의 젖을 먹고, 굶주림에 빵을 먹는다. 샘의 근원인 분이 갈증을 느끼고, 빛이신 분이 잠들며, 길이신 분이 여행 속에 지친다. 신리이신 분이 거짓 증거로 고소당하고, 산 자와 죽은 자를 심판하는 분이 유한한 판관들의 심판을 받는다. 진정한 징벌자께서 징벌을 당하고, 포도나무이신 분이 가시면류관을 쓰며, 토대이신 분이 나무에 달렸다. 힘이신 분이 약해졌고, 건강이신 분이 상처를 입었으며, 생명이신 분이 죽었다. 자신은 어떤 악을 경험할 이유가 없었지만, 무가치한 자들을 자유롭게 하기 위해 이런저런 부당한 고통을 당했다. 그리고 우리를 위해 그 많은 악을 참았다. 우리는 어떤 선의 가치도 없지만, 그분을 통해 그런 선을 경험했다.[3]

신비로움과 진지함 측면에서, 나사렛 예수가 자신에 대해 말한 것과 비교할 만한 것이 이 땅에는 없다. 하지만 우리가 어머니의 자궁에서부터 우리 생애 전체에 걸쳐 그것을 기대해왔기 때문에, 우리가 직면하는 신비는 달콤한 측면이 있다. 우리는 항상 누군가 우리에게 이런 것들을 말해주길 원했다. 그리고 이제 우리가 듣고 싶었던 대로 그것을 정확히 말해주는 이 사람이 우리를 찾아온 것이다. 이제 우리 마음의 가장 깊은 곳이 가득 채워졌고, "우리가 항상 듣고 싶었던 것을 이제는 믿을 수 있을까?"라는 질문이 생긴다.

인류는 이상하다. 비록 깊은 곳에서는 만족을 갈망하나 실제로는 만족보다 갈망을 더 사랑한다. 그래서 만족이 찾아올 때 우리는 우리의 눈과 귀를 믿지 못하고 향수에 빠져 또다시 갈망하며 그것에 의지한다. 이것이 모든 불신앙의 비결이다. 어떤 신비로운 힘이 우리가 믿는 것을 방해하고, 우리는 다시 이전의 상태로 돌아가기를 갈망하는 것이다. 진리는 오랫동안 간직할 수 없는 것처럼 보인다. 심지어 기쁨을 가져다주는 진리마저 없는 것처럼 보인다.

예수는 이것을 너무나 잘 알고 있었다. 그와 대화를 나눈 사람들은 근심, 공포, 우주론, 먼 희망, 의심과 불확실성, 어둠 속으로 빠져들어 간다. 이 모든 것이 완벽하게 인간적이고, 완벽하게 자연스럽다. 반복해서 예수는 사람들이 다시 한 번 진리와 대면하도록 만든다. 즉 예수 자신을 대면하게 하는 것이다. 그는 세상을 향해 이렇게 말했다. "철학, 법, 어떤 모호한 이론, 인간 이성, 인간적 기술, 삶과 활동, 심지어 내 가르침과 행동이 아니라 나 스스로가 진리다." 하지만 이것은 너무 놀랍고 믿을 수 없는 것이라 사람들은 항상 "주제를 바꾸었고" 다른 어떤 것으로 도망쳤다.

하지만 예수는 사람들이 주제를 바꾸도록 내버려두지 않았다. 사람이 예수를 배제한 채 다른 어떤 것에 집착하는 것은 예수의 눈에 가장 비참한 비극이요 가장 무서운 죄였다. 사실 그에게 죄는 우리가 항상 죄라고 부르는 것이 아니었다. 그는 모든 것을 용서했다. 오직 그에게서 떠나는 것이 죄였다. 그래서 그는 이렇게 말했다. "바로 여기에 내가 있다. 그런데 너희는 아직도 다른 사람을 찾느냐?" 이것은 어떤 고등비평이나 "역사적 예수"에 대한 탐구, 비신화화 작업도 온전히 설명할 수 없는 신약성경에서 가장 충격적인 사실이다.

정말로 새로운 것, 급진적으로 새로운 것은 살아 있는 진리가 사상, 시스템, 이론, 심지어 신학이 아닌 예수 그리스도 안에서 구체화된 것이다. 이것들에는 끝이 없고, 똑같은 것을 지루하게 반복할 뿐이다(그것들은 모두 유리를 통해 희미하게 볼 수 있을 뿐이다. 모든 생각은 일종의 중계나 간접적 사색이며, 생각되거나 중계되는 대상이 아니기 때문이다). 당신은 사람들이 우리의 신앙 자료들을 비신화화, 인간화 혹은 세속화, 아니면 부정하거나 교활한 설명으로 피해가는 것이 오직 말세의 현상이라고 생각하는가? 이런 시도들 속에 새로운 것은 없다. 교회는 처음 7세기 동안 비슷한 운동들과 대면하여 그것들을 결정적으로 다룬 적이 있다. 그래서 우리는 우리의 사색 속에 우리 유산의 역사적 차원을 회복시킬 필요가 있다. 전 세계에서 정통 기독교에 대한 "신신학"의 수많은 반란이 존재하기 때문에, 오늘날 사람들은 마치 엄청난 일이 벌어진 것처럼 걱정하고 있다. 하지만 역사를 돌이켜보면 그런 반란은 항상 있었고, 그것에 대항하여 거부하고 그것의 거짓된 실체를 폭로하면서, 공의회와 박사들, 그리고 성인들이 교회의 견고하고 지속적인 정통적 유산을 건설했던 것이다.

정말 급진적으로 새로운 것은 예수와의 위대한 만남의 결론, 즉 예수 그리스도 안의 새로운 피조물이다. 당신과 내가 예수 그리스도를 만나고 반응하는 것, 그것이야말로 역사에서 일어난 유일하고 정말 새로운 것이다. 그것이야말로 우리 삶에서 우리에게 일어나는 유일하고 정말 새로운 것이다. 여기에 니체가 공포 중의 공포라고 명명했던 "영원한 반복"은 없다. 여기에는 보편적이거나 일반적인 것도 없다. 정체불명의 "사상"도 없다. 그리스도가 하나님이고, 그러기에 절대적으로 독특한 것처럼 우리 각자도 그리스도의 타자성, 즉 하나님 자신을 만날 때, 절대적으로 새롭고 독특해진다.

우리에게 간절히 필요한 것은 하나님이나 예수님, 혹은 성령님에 대한 생각이 아니라 그분들 자체다. 하지만 그분들에 대한 생각이 그분들과의 삶을 대체해버렸다. 그분들 각각을 그대로 자신에게 주라. 그러면 당신은 세상에서 모든 생각을 소유하고 즐길 수 있을 것이다.

우리는 정말로 나사렛 예수를 대면하고 있는가? 어떤 교묘함 없이 우리의 시선을 돌리지 않고, 정말 그분이 자신에 대해 말한 것을 믿는가? "만약"이나 "그러나" 없이 일체의 합리주의적 혹은 형이상학적 해석 없이, 그분의 부활을 절대적으로 믿는가? 이것이 진정한 질문이다.

가슴 깊은 곳에서 우리는 진실한 인간이 되거나 친밀한 관계를 맺거나 회개하거나 용서받거나 영생에 들어가길 갈망한다. 하지만 근대적 존재는 인격을 일개 요소로 축소시키거나 해체시키며, 회개를 위한 일체의 공간을 없애고, 용서를 구하지도 않는다. 그리고 영생에 관해 이런 근대적 존재는 오직 순간만을 위해, 기껏해야 가까운 미래를 위해 "살" 뿐이다. 이것은 우리가 지금 그 가운데 살고 있으며, 지난 2천 년간 살아온 반

기독교적 혁명의 무게를 실감나게 보여준다. 하지만 예수 그리스도는 우리 안에서 인격적 존재, 회개하는 존재, 용서받은 존재, 영원한 존재를 불러낸다.

역사상 가장 위대한 사건은 성탄절에 기념되는 나사렛 예수의 탄생이 아니라, 첫 번째 부활절 아침에 발생한 그분의 부활이다. 이 사건은 세상과 그 안에 있는 모든 것의 실체를 철저히 폭로하고, 그것의 완벽한 결핍을 입증하며 가장 위대하고 참된 희망을 선사한다.

우리는 모든 곳에서, 즉 자연, 역사, 예술, 우리의 개인적 시련과 고통, 비참과 승리, 그리고 모든 인간적 법과 문화 속에서 예수 그리스도를 발견하는가? 오직 위로부터 태어나고 "성령으로 태어난" 새로운 피조물만이 예수 그리스도 안에서 모든 것을, 또한 모든 것 안에서 예수 그리스도를 볼 수 있다. 오직 이런 새로운 탄생, 그리고 이런 식으로 예수 그리스도 안에서 예수 그리스도를 통해서 보는 것이 역사에서 새로운 것이다. 만약 당신이 예수 그리스도의 말을 그대로 믿는다면, 세상과 당신의 삶에서 어떤 것도 당신에게 똑같은 것은 있을 수 없다.

천지의 창조주께서 당신 앞에 있다. 우주 만물의 창조주께서 당신 앞에 있다. 존재의 충만이 당신 앞에 있다. 우리를 비존재로부터 해방시키기 위해 인간의 형상을 취하신 하나님이 자신의 부활을 통해 우리를 양자로 삼으신다. 우리에게 그와 더불어 사는 영원한 삶, 그리고 마귀와 마귀의 음모에 대한 승리를 주신다. 그가 우리 앞에 있다. 신자가 감사를 드리기 위해 무릎 꿇고 기도하는 것 외에 다른 무슨 일을 할 수 있을까.

지금부터 세세토록 영원히

성부, 성자, 성령께

모든 영광과 존귀와 예배를 드리나이다.

새 포도주의 맛

이 책은 저자들의 삶에서 드러나듯이 진리의 가능성, 통일성, 아름다움에 대한 하나의 탐험이다. 1992년에 우리는 "하버드 베리타스 포럼"을 시작했다. 이 책은 베리타스 포럼의 실제 모습이다. 이 책과 포럼은 모두 아름다운 언덕을 오르는 것과 같다. 때로는 안개와 싸우면서, 때로는 잠시 쉬면서. 우리는 이제 베리타스 포럼이 근본적인 호기심과 공동체를 기반으로 세계 도처의 대학들에서 출현하는 모습을 즐거운 마음으로 지켜보고 있다.

지난 400년 동안 하버드에서 복음을 실천하는 데 분투했던 사람들의 집념을 묘사하기 위해, 토드 레이크와 내가 먼저 에필로그를 썼다. "그리스도의 영광을 위하여"(*In Christi Gloriam*)로부터 영적 "타락", 대각성운동, 독립, 유니테리언주의, 에머슨의 초절주의, 자연주의, 근대주의, 세계대전, 마르크스주의, 세속주의를 거쳐, 우리가 새천년을 맞이하며 경험하는 근본적 부흥의 징조까지.

나는 이곳에서 역사 대신 나 자신의 여정을 포함한 현재 우리의 이야기를 소개해달라는 부탁을 받았다. 편집자가 알고 있듯이 비판 거리와 정교한 "~주의"를 담지 않고, 개인적이고 주관적인 이야기들을 포함한 한편의 다큐멘터리보다 역사를 쓰는 것이 내게는 훨씬 더 쉬운 일이다. 위대한 사람들의 이름이 많이 언급되지는 않았지만, 나는 최소한 여러분이 이책을 통해 이 시간을 함께 공유한 학생들과 친구들의 용기와 생기를 느낄 수 있기를 소망한다. 그들을 향한 나의 사랑은 시간이 지나면서 존경심으로 더욱 깊어졌다. 먼저 이 책과 베리타스 포럼이 탄생하게 된 맥락과 공동체를 묘사함으로써 이야기를 시작하고자 한다. 이곳에서 새 포도주가 발효되고 있다.

다양성과 역설

1987년 나는 연구와 "정보시대의 복음"이란 제목의 학위논문을 집필하기 위해 하버드 신학대학원에 왔다. 그리고 몇 명의 그리스도인 교수들, 학생들, 광범위한 교과과정에 많은 도전을 받을 것이라고 기대했다. 하지만 오리엔테이션이 끝난 후 식사시간에, 유식한 냉소주의 없이는 예수나 성경에 대해 말하는 사람이 아무도 없다는 사실을 깨달았다.

나는 어머니를 많이 닮았다. 그것은 내가 사람들을 좋아하고 갈등을 싫어하는 성품임을 말한다. 대부분의 사람들은 즐거워했지만, 오하이오 출신의 촌뜨기에게 하버드 신학대학원은 절충적이고 다소 혼란스러운 혼합물처럼 보였다. 헨리 나우웬 교수는 하버드 신학대학원을 영적 사막 지역이라고 부르며, 정신지체자들을 섬기기 위해 막 그곳을 떠났다. 자유주의 기독교는 분해되어 막다른 궁지에 몰렸고, "만월 서클"(full-moon circle, 자칭 신이교도적이고 기독교 이전에 기원했으며, 에코페미니스트적이고 마술 숭배적이다)이 예배당을 가득 채웠다. 다빈치의 "최후의 만찬"(*Last Supper*)이 버드와이저를 마시는 예수와 그의 제자들과 함께 하버드 신학대학원의 주말 선술집 오픈을 알리고 있었다. "성모"(Dames Divinitas)가 "여성들만을 위한 술과 춤, 그리고 환락의 밤"의 초대용 포스터에 붙어 있었다. 그것이 그들이 말하는 다양성(비록 신대원이 자신의 다양성에 대해 자랑하지만, 공교롭게도 잠재적 기부자들이 방문하기 전에 누군가 모든 게시판을 깨끗이 청소한 것을 보며, 우리는 그 다양성의 진정성을 의심할 수밖에 없다)이었다.

나는 새로운 친구들의 눈을 통해 세상을 볼 수 있는 기회를 얻게 되어 기뻤다. 하지만 그 장소에 대해서는 심각한 고민이 있었다. 풍요롭고 존경스러운 사상을 교환하는 장소가 될 것이라고 생각했던 곳이 달걀껍데기나 지뢰밭 위를 걷는 것처럼 위험하게 느껴졌다.

전문용어들이 빈약한 현실을 감춰주었다. "다원주의"는 보통 단순한 동거를 의미했다. "다원성"에 대한 강조는 우리의 공통점보다는 차이점을 더 부각시켰다. 소극적 "관용"은 보통 소외된 타자들의 사상과 신앙을 무시했다. 역설적으로 하버드의 설립 목적이었던 "그리스도와 교회를 위한 진리"를 제외하고는 모든 것에 관용적이었던 것 같았다.

도심에서 사역하던 용감한 흑인 학생 스티븐 크래프트가 1995년에 다음과 같이 말했다.

하버드 신학대학원에서는 예수 그리스도의 복음을 제외한 모든 것이 가르쳐진다. 왜냐고? 복음이 그들의 행동, 그리고 하나님과 그분의 말씀에 대한 다른 조롱들을 변화시킬 것이기 때문이다. 하버드 신학대학원은 그리스도인들을 넘어뜨리려고 애쓴다. 하지만 나는 결코 복음을 부끄러워하지 않는다.

스티브는 1642년에 하버드 설립자들이 내세운 "대학에서 지켜야 할 규칙과 교훈들"이 예언적이었다고 지적한다.

[학생들은] 하나님과 그분의 진리에 대한 사랑을 가슴에 간직하기 위해, 선한 양심으로 공부해야 한다. 또한 데살로니가후서 2:11, 로마서 1:28처럼(그들의 학식에도 불구하고) 하나님께서 그들을 강력한 망상에, 종국에는 사악한 생각에 방치할 수 있음을 알아야 한다.

후에 나는 전혀 소속감을 느끼지 못하고 있던 무슬림과 유대인 학생들을 만났다. 어떤 신실한 신자들에게 맹위를 떨치는 상대주의, 해체주의, 신비주의는 심각한 위협처럼 보였다.

하버드 신학대학원은 현재의 세상을 있는 그대로 반영할 뿐이다. 하지만 나는 실재와 희망에 대한 여러 생각을 탐구할 만큼 역동적이며, 고전적 기독교 신앙을 진지하게 고려할 만큼 자유로운 문화를 발견하고, 또 그것에 기여하고 싶었다. "신대원"에 있는 많은 사람들처럼 나도 처음에는 소심했고 조금은 외로웠다. 하지만 내가 그 생활에 적응하기를 포기했을 때, 삶은 더욱 풍요롭고 짜릿해졌다.

 하버드 천재들, 하나님을 만나다

새 포도주의 발효―학자와 친구들의 공동체

그해 후반에 한 친구가 나를 케이프 코드에서 열린 "하버드 대학원 기독학생회"라는 모임에 데리고 갔다. 법학, 경영학, 의학, 행정, 디자인, 미술, 과학 대학원생들이 그 모임에서 복음에 대해 열정적으로 토론하고 있었다. 그때 나는 하버드에 온 이후 처음으로 기쁨을 목격했다.

이 복음의 영역이 나를 깜짝 놀라게 했다. 여기에는 우정, 지적생활, 그리고 삶에서 역사하시는 하나님의 선하심을 공유하는 음악가, 물리학자, 역사가, 건축가, 운동선수들이 있었다. 우리는 각자의 삶의 영역에 대해 토론했다. 그리고 우리 직업을 하나님의 소명으로 생각했다. 프레드릭 뷰크너(Frederick Buechner)가 말했듯이, 우리의 깊은 환희와 세상의 깊은 굶주림이 만나는 장소로서 말이다.

그 후에 진행될 많은 수련회처럼 이번 모임도 해변에서의 축구와 원반 던지기, 성경공부, 웃음, 기도, 그리고 옛 친구들과 새 친구들이 만나는 시간이었다. 우리는 노래를 불렀다.

우리 주변의 모든 선물은 저 하늘에서 왔어요.
그래서 주님께 감사드려요. 당신의 모든 사랑에 감사드려요.

수련회는 계절이 바뀌는 시기에 열렸다. 장작 연기가 시원한 공기 속으로 피어올랐고, 가을 단풍은 우리들의 계절을 바꾸어놓았다. 물론 우리는 봄의 약속을 감지했지만 말이다. 이 땅의 시간이 끝난 후, 곧 우리에게 현실이 될 세상을 준비시키듯이 말이다.

이것이 내가—하버드에 다니는 만 명의 학생들 중에서—일종의 우상 파괴적 대학원생 집단과 처음으로 만난 기억이다. 그들은 단지 먹고사는 것이 아니라 삶을 창조하는 일에 관심이 더 많았다. 그들은 우리의 위험은 너무 많은 삶이 아니라 너무 적은 삶에 있다는 사실을 예수가 알기 때문에, 예수에게 끌린 것이다. 또한 그들은 위대한 사랑과 섬김의 삶을 통합하기 위해, 즉 삶의 진리를 위해 여러 나라에서 왔다. 찰스 말리크가 말했듯이 그들은 "존재"의 사람들이다.

그 후 2년 동안 나는 교육대학원 학생들을 만났다. 그들의 사랑이 강의실과 어린이들의 삶을 흥분시켰다. 케네디 행정대학원에서도 동일한 정신들이 정의를 추구하면서 겸손, 창조성, 용서가 어떻게 국제분쟁을 해결하는지, 역으로 사랑과 분리된 근본주의가 독재자와 망상을 어떻게 양산하는지를 목격했다.

나는 앤디 웹 같은 경영대학원 학생들도 만났다. 그는 제3세계 숲 만들기 프로젝트(a Third World reforestation project)를 위해 전도유망한 직업을 포기했고, 달라스에서 번지점프 사업을 하면서 이 도시의 빈민지역에서 사역하고 있다.

커트 암이란 이름의 법대생에게 봄방학 동안 이 책을 위해 글을 써달라고 부탁했을 때, 나는 그가 자신의 "작은 형제들"이 어떻게 성장했는지를 이해하기 위해, 돈도 없이 쉼터에서 자면서 보스턴 지역을 돌아다닌다는 사실을 알게 되었다.

케네디 행정대학원에 다니던 언론인 케이티 스미스 밀웨이 같은 친구들의 뜨거운 열정도 기억한다. 케이티는 작가인 밥 메시와 베키 베어와 함께 "인종차별 철폐 하버드연합"(Harvard Coalition Against Apartheid)을 만들었고, 후에 "굶주린 자들을 위한 식량"(Food for the Hungry)의 아프리카 담당자가 되었다. 케이티에게 지루할 시간이란 없다. 그녀는 거의 모든 지역, 모든 언어로 된 노래들을 쉬지 않고 부를 수 있다. 또한 케이티는 밴쿠버 해안에서 고래들과 바다 카약을 타거나, 산살바도르 빈민지역을 활보하기도 한다.

많은 사람들이 자연과학을 통해 신앙을 갖게 된다. 순수한 경외심 속에 우주는 그들을 매혹시킨다. 그들은 혼돈, 에너지, 질서를 탐구한다. 설계자를 떠올리게 하는 설계를 발견하고, 자신들의 분야에서 윤리학과 인식론을 발전시킨다. 그들도 발견하는 법을 배우는 중이다.

제니퍼 와이즈맨은 망원경 뒤에서 마음을 열고 눈을 뜬 채 기도한다. 동료들이 "와이즈맨-스키프 혜성"의 발견을 그녀의 공으로 돌릴 때, 그녀는 하나님과 동료들에게 영광을 돌렸다.

보이지 않는 것을 보기 위해 애쓰면서, MIT의 핵공학 학생들은 인간 육체의 내부를 상상한다. 그들은 하버드 고고학자들과 함께 고대 중국의 한 도시를 찾으면서, 레이더로 지표면 아래의 지도를 그린다.

사회과학과 인문학을 전공하는 엘리자베스 오버만, 데비 에드가, 트리쉬 라이온스 같은 학생들은 민권, 재즈, 여성참정권, 국제학교와 병원, 과학적 탐구, 문학, 그리고 지성사 속에서 복음의 영감을 발견하기 시작한다.

이 책의 첫 번째 저자인 레베카 베어 같은 학생도 있다. 반짝이는 눈을 가진 그녀는 (한밤중에) 월든 호수(Walden Pond, 매사추세츠 주 콩코드에 위치함—옮긴이)에서 벌거벗고 헤엄을 친 최초의 사람이며, 대학원생들이 버린 물건들을 재활용하기 위해(그리고 그것들을 노숙자들에게 나눠주기 위해) 하버드의 대형 쓰레기장 속으로 몸을 던진 최초의 사람이고, 소웨토 교회와 성가대에 가입한 최초의 백인 여성이다. 언젠가 내가 그녀를 보았을 때 그녀는 마치 침대 옆에서 자고 있는 것 같았는데, 사실은 무릎을 꿇고 "기도하는 중이었다."

케네디 행정대학원에서 공부하던 하버드 대학원 기독학생회의 간사 제프리 바네슨은 사이클 팀 선수로 활약하고 있다. 여러분도 그의 글을 통해 예측했듯이, 제프리는 습관적으로 다른 사람들을 위한 친절을 계획한다. 한때 한 학생이 하버드의 사랑받는 설교자요 감독관인 필립스 브룩스에 대해 다음과 같이 말했다. "우리는 그의 얼굴에서 가장 낯선 친절을 발견한다." 나 역시 똑같은 것을 제프리 바네슨의 얼굴에서 발견했다.

내가 논문을 끝내고 오하이오로 떠나기 위해 짐을 쌌을 때, 제프리는 내게 하버드에 머물면서 대학원생들의 교목으로 자신과 함께 일하자는 제의를 해왔다. 케임브리지에서 9년을 보낸 후, 나는 지금도 그의 뒷바퀴에 올라탄 사이클선수 같다는 생각이 든다. 그의 사역과 에너지(그리고 약간의 기분전환)를 사용하면서 말이다. 그리고 우리 모두는 우리가 계속해서 달릴 수 있도록 힘을 주시는 성령의 능력을 힘입기를 기대했다.

하버드 천재들, 하나님을 만나다

주님의 빛 안에서 살기

우리는 학창 시절에, 사도행전에서 "그분 안에서 우리는 살고 움직이며, 존재를 지닌다"라고 말했던 사도 바울처럼 주님의 기쁨을 누렸다.

몬태나 주 화이트피쉬 출신의 케네디 행정대학원생 헤더 톨만은 스키, 사이클, 태권도 선수로서 하나님을 영화롭게 한다. 그녀는 말보다는 조용하고 아름다운 매너로 우리에게 삶과 평화를 누리고, 훈련을 즐기라고 가르쳤다. 우리는 함께 살았고, 자동차 기름값이 적게 드는 곳이나 학생 할인이 되는 비행기 티켓을 구매해 친구들과 북쪽이나 서쪽으로 자주 여행을 떠났다. 글레이셔 국립공원에서 아버지와 딸이 한 조를 이루어 진행한 제물낚시(fly fishing) 여행에서, 우리는 회색곰을 쫓아버리기 위해(27킬로미터의 하이킹을 하면서), 그리고 즐거워서 노래를 불렀다.

곰의 생명을 위해 노래하라.
대지의 아름다움을 위해.

비슷하게 뉴햄프셔 라파예트 산으로 하이킹을 떠났을 때, 대단히 열정적인 공군이자 케네디 대학원생인 브라이언 룸(지금은 헤더와 결혼했다)은 내가 뒤따라 오를 수 있도록 눈덮인 정상을 향한 길에 발자국을 내주었다. 나는 우리 앞에 가시는 그분을 생각했다. 히브리서 저자에 따르면, "[당신의] 시선을 예수께 고정하라. 그는 자기 앞에 놓인 기쁨을 위해 십자가를 견디었다. 그것의 수치를 거부하며."

뉴잉글랜드 댄스파티, 썰매타기, 스키와 암벽등반 여행은 학생들을 상아탑 밖으로 불러냈다.

1995년 겨울의 일기에는 이렇게 적혀 있다.

눈이 다 녹아내리기 전, 우리는 화이트페이스 산에서 스키를 탔다. 알렉스, 로빈, 데이비드, 그리고 나는 안개와 푸른색 바위들을 지나 산에 오르면서 리프트에 앉아 스코틀랜드 민요를 불렀다. 그날 밤 우리가 노래를 부를 때, 산장의 다른 손님들도 함께했다. 우리는 데이비드 윌콕스, 제임스 테일러, 조니 미첼, 찬송가, 그리고 "영 라이프" 노래들을 불렀다. 한 손님이 물었다. "당신들은 왜 이런 노래를 부릅니까? 나는 어릴 적 이후, 이런 노래를 들어본 적이 없어요." 우리는 늦은 밤까지 곰돌이 푸 책을 읽고, 내 침대에서만 6명이 함께 잤다.

다음 날에는 조 산에서 하이킹을 했다. 중간중간 우리는 생명윤리, 루지(한 사람이 타는 경주용 썰매—옮긴이), 정당전쟁론, 지구물리학, 풍경화, 대지의 아름다움을 토론했다. 한 자작나무 숲에서는 절벽에 등을 댄 채, 햇볕 속에 팔을 벌려 언 몸을 녹였다. 겨울. 세상에서 그리스도의 탄생을 기념하는 이상한 시간, 하지만 그것은 하나님의 본성일지 모른다. 겨울의 죽음 같은 추위 속에서 생명과 탄생.

나는 웬델 베리(Wendell Berry)의 "숲 속의 안식일"(Standing Sabbath of the Woods)과 하나님의 사랑에서 자유롭게 흘러나올 수 있는 완벽한 재조정에 대해 생각하고 있었다. 어떤 씨앗도 대지와 하늘에 대한 순종이 생명이요 열매란 사실을 잘 안다. 씨앗은 생명의 원천에 뿌리를 두고 있기 때문이다. 포도나무에서 가지가 뻗고, 아이가 엄마에 의해 양육되듯이 말이다. 반란과 자율은 죽음이다. T. S. 엘리엇이 말했듯이, "하나님 없는 인간은 바람에 날리는 씨앗과 같다."

우리의 모든 모험은 서로 긴밀하게 얽혀서, 보다 커다란 성결의 모험을 이룬다. 우리 모두는 하나님의 형상으로 창조되었고, 대지와 우리 각자를 사랑함으로써 창조적인 관리인으로 회복된다. 그리스도가 오시지 않았다면 우리는 창조주의 형상과 의지를 알 수 없었을 것이며, 인간이 무엇인지에 대해서도 몰랐을 것이다. 하지만 말씀이 육신이 되었고, 하나님의 본성과 영광이 이제 그리스도의 눈, 마음, 정신 속에 명백히 보인다. 그분의 십자가가 없었다면 우리는 하나님으로부터 격리되고, 우리의 죄책 속에서 생명 없는 존재로 전락했을 것이다. 그분의 부활이 없었다면 우리는 그분처럼 다시 한 번 온전하게 인간이 될 수 없을 것이다. 하지만 생명이 최후의 말이기 때문에, 우리는 슬픔이 없이 살 수는 없지만, 죽음으로 야기된 모든 두려움에서 벗어나 살 수 있는 자유를 배우는 중이다.

이방인의 눈으로 보기

하나님의 사랑 때문에, 우리는 이방인의 눈으로 세상을 볼 수 있다. 그래서 우리는 여행을 통해 다른 사람들로부터 값비싼 지혜를 배우려고 애쓴다. 비록 처음에는 호기심과 자기 만족적 이타심이 동기가 되지만, 하나님은 여행을 통해 우리가 바른 방법으로 마음 아파하며, 자신의 생명을 주는 그분의 권능을 알고, 우리 자신의 영적 빈곤을 보게 하신다.

진리에 대한 지식은 나에게 고통이다. 그것이 내 본질적 기질을 알려주기 때문이다. 언젠가 어떤 이가 말했다. 예수는 고통받는 자들을 위로하고, 편안한 자들에게 고통을 주기 위해 왔다고. 선교여행을 떠나기 전날, 존 세이지와 나는 친구들과 함께 영화 "위대한 게츠비"(*The Great Gatsby*)를 촬영했던 로즈클리프의 뉴포트 무도회에 갔다. HBS 유럽클럽이 주최한 그 무도회에서, 우리는 여러 나라 말로 된 인사를 받았다. 방마다 새로운 뮤지컬 앙상블, 세계의 음식, 하버드 경영대학원의 아름다운 사람들을 볼 수 있었다.

다음 날 아침 우리는 GSCF 친구들과 함께 아이티 사람들을 위해 병원과 교회를 건축하러 떠났다. 이 나라 사람들은(아이들을 포함하여), 매일 강제로 사탕수수를 자르는 일을 하고 있었다. 그들이 6개월 동안 번 돈은 300달러였다. 이것은 우리가 한 번의 파티비용으로 써버린 액수였다. 하지만 그들은 자신들이 가진 모든 것을 우리와 공유했다. 그 주 후반에 불타버린 사탕수수 밭에서, 우리는 그들과 함께 노래 한 곡을 불렀다. 그것은 예수 그리스도를 통해 변화된, 전직 노예 상인이 지은 것이다.

나 같은 죄인 살리신 그 은혜 놀라와…

나중에 우리가 합숙소에서 성경공부를 하고 있는데 술 취한 남자들이 총을 들고와 합숙소 문을 박살냈다. 그것 외에는 아무런 해도 끼치지 않았지만, 그 사건은 우리로 하여금 생명의 가치, 타락, 중독, 폭력, 공포의 비극—이것은 부자와 가난한 자 모두가 공유하는 빈곤이다—에 대해 다시 생각해보게 했다. 뉴포트에서든 아이티에서든, 그곳은 십자가가 세워진 땅이다. 예수에게서 분리된 나 자신의 빈곤을 바라볼 때, 나는 어떻게 하나님이 가난한 자들에게 특별한 은총을 베푸시는지 이해할 필요가 있다.

그 다음 해에 14명으로 구성된 우리 팀은 과테말라 사람들과 함께 주택건설 프로젝트에 초대되었다. 그들의 아버지들은 원치 않았던 전쟁에서 살해되었고, 집들은 파괴되었다. 상아탑에 갇혀 있던 사람들에게 새로운 친구들, 망치와 못, 땅, 그리고 먼지 묻을 기회보다 더 훌륭한 선물은 없었다.

1990년 5월 26일, 과테말라의 익실 삼각주에서 쓴 일기 내용이다.

우리의 하루는 새벽 5:30에 시작된다. 제프, 세실리, 윌, 주타, 닉, 헤더는 딱딱한 바위에 말뚝을 박았다. 에릭과 존은 상한 망고를 먹고 열이 나 몸이 약간 좋지 않았지만 열심히 일했다. 과테말라 여인들은 키가 1.5미터도 안 되지만 산에 판자를 나르고, 진흙에 미끄러지듯 빠르게 우리 곁을 지나간다. 아이들은 익실에 있는 우리에게 꽃을 가져오고, 도구를 날라다 주며, 노래도 불러준다. 그들이 웃는 모습을 볼 때 우리는 과테말라에서 가장 키 크고 가장 멍청한 사람들이 된다.

네이슨 에스트루스(Nathan Estruth)와 나는 네 명의 소년과 두 마리의 말, 그리고 엄청나게 큰 돼지 한 마리와 함께 비 내리는 오후에 축구를 했다. 들판 위의 산에 소녀들이 나타나서, 소년 팀을 응원했다. 그들은 내가 공을 잡으려고만 해도 소리를 질렀다.

모닥불 옆에서 성경을 펼쳐 들고 하버드에서 가장 인기 있는 개념 중 하나인 개발에 대해 생각했다. "어떤 개발?"이란 주제로 우리는 토론했다. 사람? 땅? 믿음? 경제학? 우리는 노래를 부르고 기도했다. 고개를 숙이고, 고아와 과부를 도우시는 분의 손을 잡았다. 불빛이 우리의 더러운 손과 얼굴을 따뜻하게 해주었고, 삶의 가치를 부여해준 하루에서 평안을 느끼게 했다.

우리는 집을 짓기 위해 무더위 속에 나무를 지고 시지프스 언덕을 올랐다. 늙고 작지만 강한 여인들 곁에서, 늙어 보이는 어린이들 곁에서 더 높이 올랐다.

우리는 바벨탑을 공격했다. 우리는 익실과 공유할 수 없는 언어를 이해했다. 우리 감독관들인 마야 여인과 아이들의 눈이 잠시 쉬는 동안, 친절한 유령들인 우리 백인들이 점점 더 사람다워지는 모습을 보았다.

다음 해에, 우리는 엘살바도르에서 도시의 쓰레기 하치장에 사는 8천 명의 사람들을 돕기 위해 세계구호선교회(World Relief)와 함께 일했다. 작가 피터 클라크는 자신을 고문했던 사람들을 용서하고, 감옥에 있는 그들을 면회했던 사람을 우리에게 소개해주었다. 내가 이 이야기를 베키 베어에게 전하자, 그녀는 내게 남아프리카 친구에 대해 말해주었다. 그 친구는 밀고자라는 이유로 화형(목에 타이어를 감고 불태워 죽이는 방법)당할 처지에 놓인 한 소년을 위해 자신의 몸을 던졌다. 그는 이런 행위가 일종의 도박임을 알았다. 그들이 두 사람 모두를 죽일 수도 있었기 때문이다. 베키가 말했다. "그리스도인으로서, 우리에게 많은 자유가 있습니다. 그 중 하나는 우리가 죽음에서 부활할 것이란 희망 때문에 죽을 수도 있는

 하버드 천재들, 하나님을 만나다

자유지요." 이 땅의 삶은 우리를 지배하지 못한다. 그래서 우리는 용기 있게 살기 시작했다.

새 포도주, 심홍색

이 책, 베리타스 포럼, 그리고 캠퍼스의 교제 속에서, 세상의 희망으로 복음에 대한 신앙을 공유하는 사람들이 서로 만나, 학생과 대학에 대한 심오한 질문을 제기하기 시작했다. 그들이 "위험을 무릅 쓰고" 모습을 드러내는 중이다.

많은 그리스도인들이 하버드에서 물리적 구심점을 발견하지는 못하지민 홀로 서는 법을 배웠고, 이제는 빛과 온기를 제공하는 불을 지피기 위해 함께 모이고 있다.

이 책은 1989년에 동료 대학원생들을 위한 일종의 문집으로 시작되었다. 나는 학위논문, GSCF, 그리고 봉사활동으로 분주한 사이에, 인내심 많은 저자들과 수백 통이 넘는 편지와 대화를 통해 수차례에 걸쳐 교정작업을 진행했다.

예를 들어, 나는 C. S. 루이스 협회의 존하버드브루하우스 모임에서 브랜트 포스터를 만났다. 우리는 후에 신입생 모임에서 "성탄절과 고통"에 대해 함께 이야기했다. 그가 집으로 돌아가기 전, 나는 그에게 골수암에 걸린 대학 2학년생으로서의 자신의 이야기를 써줄 수 있는지 물었다. 브랜트는 내가 지금까지 만났던 가장 명민한 사상가 중 한 명이다. 그는 사람이 죽음에 직면하게 되면 그렇게 되는 경향이 있다고 말했다.

이 책의 저자들은 하버드의 갱신을 위한 촉매제가 되었다. 예를 들어, 학생들은 오언 킹그리치, 빌 에드거, 포 리안 림을 자신들의 모임에 강사로 초청했다. "정신의 각성"(A Mind Awake)이란 제목의 시리즈가 토드 레이크와 동료 작가 딕 케이스, 라민 산네, 크리스터 세어싱의 주도 아래 진행되었다.

학생들은 몇 년을 기다려서 지그문트 프로이트와 C. S. 루이스의 상반된 사상들에 대한 아먼드 니콜라이와 로드니 피터슨 교수의 강의를 듣는다. 로버트 코울스 교수 같은 선두적 가톨릭 지성인들이 학생들과 함께 사회를 반영하는 문학과 어린이들의 영적 지혜를 탐구한다. 브라이언 헤어 수사는 국제평화유지와 공공 정책을 가르친다.

1991년 10월, 새로운 가톨릭 센터가 헌당되었다. 주강사였던 존 누난은 기독교 교회들이 에큐메니컬적 일치의 도상에 있다고 인정했다.[1] 그는 계속해서 하버드의 가톨릭 공동체가 성 아우구스티누스 및 성 바울과 함께, "실질적이고 형이상학적이지 않은 그리스도와 교회"를 믿는다고 말했다. 그러므로 이 공동체의 신앙은 이 대학의 신앙과 긴장관계에 있다. 그 긴장을 설명하기 위해 누난은 하버드의 영적 무관심, 하버드의 계몽주의적 유산, 그리고 자신만의 예전과 축제를 기념하는 교회로서의 자의식을 지적했다. 그 노래처럼, "빛의 전령자"요 "사랑의 담지자"로서 말이다.

성장하는 한 학생공동체가 지역교회에 참여하여, 풍요로운 기독교 단체들을 이끌고 있다. 1990년에 이 단체들이 케네디 행정대학원에서 "동유럽의 혁명: 교회의 역할"이란 제목의 학술대회를 주최했다. 5개의 해방운동에 관련된 사람들이 자생교회들의 기도와 촉매역할에 대해 증언했

 하버드 천재들, 하나님을 만나다

다. 토의자들은 인간의 존엄성을 위해 전체주의적이고 무신론적인 정권에 저항하다 살해된 수백만 명의 용기에 대해 말했다.

1991년 12월, 250명의 학생들이 모여 "예수와 다양성의 동력: 미국의 윤리적 갈등"이란 주제에 대해 탐구했으며, 강사들은 고백, 용서, 희생적 사랑의 필요성(점증하는 윤리적 다양성 속에서 일치의 희망이 이것 안에 놓여 있다)에 대해 말했다.

이 단체들은 어느 봄날 장차 벌어질 일들을 위한 예배, 기도, 우정 속에서 수백 명의 학생들을 하나로 연합시킨 "희년 집회"에 참석했다. 하버드 광장을 가득 채우면서, IVF의 앤디 크라우치가 다음과 같은 찬양을 인도했다.

나는 교회를 지을 거야. 지옥의 문이 이기지 못할 교회를.

1993년 3월, "가스펠 잼"(Gospel Jam)에 1미터 높이의 눈이 쌓인 가운데에도 300명 이상의 뉴잉글랜드 학생들이 모였다.

심지어 「하버드 크림슨」(*The Harvard Crimson*)에는 "기독교 그룹들이 번성하고 있다"라는 제목의 기사가 실렸다.[2] 생화학 전공자인 4학년 엘리자베스 디논노는 기독교 선교단체들이 성장하는 이유가 "그리스도인 학생들의 기쁨과 그들의 삶의 방식에 학생들이 매력을 느끼고 그것이 영원뿐만 아니라, 오늘과도 관련되기 때문"이라고 설명했다. 그 기자는 "매년 베리타스 포럼의 참석자 증가"가 영적 지성과 관심의 한 지표임을 발견했다.

우리는 하버드의 설립자들이 베리타스를 삶의 모든 영역과 관계된 예수 그리스도의 진리로 이해했음을 깨닫기 시작했다.[3] 동시에 이를 교향곡에 비유한다면, 여러 영역에서 이루어진 최신의 발견들이 실재에 대한 성경적 관점과 하모니를 이루는 것처럼 보였다. 만약 복음이 진리라면, 그것은 탐구를 통해서도 드러날 것이라고 믿었다. 비슷하게 복음이 실재의 본질에 대해 틀렸다면, 우리는 그것에 따라 우리 삶을 이해하며 살아가고 싶었다.

하나님은 비슷한 정신을 지닌 후원자 제리 머서와 함께 우리를 부르셨다. 자격증사무실을 세 차례나 방문한 후, 나는 "그리스도와 교회를 위한 진리"(*Veritas, Christo et Ecclesiae*)가 새겨진 19세기 방패의 사용 허가를 얻을 수 있었다. 나는 하버드 베리타스 포럼을 "대학, 사회, 인간의 마음에 대한 가장 어려운 질문들을 제기함으로써, 예수 그리스도의 진리와 적합성을 탐색하려는 민중들의 노력"으로 제안하고 싶었다. 베리타스 포럼은 이 책의 살아있는 버전으로서 많은 문화와 분야에서 온 사람들의 모임이다. 가장 위대한 도전은 뜻을 같이하는 동반자들을 발견하는 것이었다. 법대생들이 역사적인 오스틴 홀(하버드 법대의 강의동—옮긴이)의 에임즈 법정에서 최초의 포럼을 개최하자고 제안했다.

다음 세 번의 가을 동안 거의 천여 명의 학생들, 교수들, 동창들, 친구들이 만나서, "그리스도와 교회를 위한 진리"에 대해, 또한 포스트모던 세계에서 포괄적이고 인격적인 진리의 가능성에 대해 토론했다. 대부분의 세미나와 행사들은 학생들과 동창들이 진행했지만, 변증가 레비 재커라이어스(Ravi Zacharias, 1992), 철학자 피터 크리프트(Peter Kreeft, 1993), 언론인 데이비드 아이크만(David Aikman, 1994), 교수 론 사이더(Ron Sider, 1994), 목사 존 스토트(John Stott, 1995)가 주제강연을 해주었다.

올해의 포럼을 준비하는 모임에서 수백 명의 사람들이 만나서 기도하고, "오, 과거에는 우리의 도움이었고, 미래에는 우리의 희망이신 하나님"을 찬양했다. 천 명의 사람들이 샌더스 극장을 가득 메웠을 때, 우리는 역사가 새뮤얼 엘리어트 모리슨(Samuel Eliot Morison)의 말로 시작했다.

"그리스도에게 영광을"(*In Christi Gloriam*)은 중세와 동일한 목적을 선언했다. 진리(*Veritas*)는 설립자들이 지식보다 더 소중하게 생각했던 원리를 선포했다. 하버드의 총장들과 교수들은 그리스도 없는 참된 지식이나 지혜는 있을 수 없다고 주장했다.

앞면 벽에는 하버드의 모토인 *Veritas, Christo et Eccelesiae*(그리스도와 교회를 위한 진리)를 담고 있는 세 개의 똑같은 방패들이 강조되어 있다. 데이비드 아이크만이 "진리, 결과, 그리고 역사"란 주제에 대해 말한 후, 14명의 학자, 예술가, 과학자들로 구성된 토론자들이 성, 인종, 고통, 진화, 혼돈, 파괴, 다원주의, 성경의 신뢰성에 대한 문제들을 놓고 학생들과 토론했다.

"하버드의 보물찾기"에서 학생들은 초기 기독교 상징들을 하버드 광장(대부분의 투어는 매년 수천 명의 방문객들을 통해 변형된 역사를 영구화한다)

에서 발견했다. 케이 홀과 토드 레이크는 방패, 문, 건물에 새겨진 글들의 의미를 묘사했다. "인간이 무엇이관데 주께서 저를 생각하시나이까"라는 시편 8편의 인용문이 철학과 건물인 에머슨 홀 앞에 새겨 있다(교수들은 분명히 "인간이 만물의 척도다"라는 프로타고라스의 유명한 명제를 요구했었다). 광장 중앙에 놓여 있는 이정표를 가리키며 학생들이 질문했다. "그 방패가 상징하는 것은 무엇입니까?" "그것이 존 하버드의 무릎 위에 놓여 있던 성경인가요?"

포그 미술박물관(Fogg Art Museum)에서 진행된 진리 찾기는 사랑스러운 독일 안내원 아날리제 하딩(Annalise Harding)에 의해 이루어졌다. 일주일 전에 그녀가 이렇게 말했다. "아직까지 이런 관람을 요청한 사람은 없었어요. 그러나 오직 단 한 사람이 올지라도, 저는 하나님을 위해 이 일을 할 겁니다." 관람 중 그녀는 마리아와 아기 조각상 앞에 멈추어섰다. "여러분은 진리를 찾고 싶은가요? 이것이 진리예요." 자신의 희생적 죽음을 예시하듯 잠들어 있는 아기를 가리키며, 그녀가 말했다.

우리는 "바베트의 만찬"(*Babette's Feast*), "섀도우랜드"(*Shadowlands*), "범죄와 비행"(*Crimes and Misdemeanors*), "불의 전차"(*Chariots of Fire*) 같은 영화들을 보고 토론했다. 1942년에 IVF의 도움으로 하버드-래드클리프 기독학생회를 시작하는 데 관여했던 중국내륙선교회의 데이비드 애드니는 그 후 50년이 지난 어느 날 격려의 말을 해주었다.

피어스 페티스는 천둥번개 소리가 들리고, 페인 홀의 아치형 창문을 통해 번개 불빛이 비취는 동안 콘서트를 진행했다. 그는 고린도전서 13장을 연상시키는 노래를 불렀다.

　　　　하버드 천재들, 하나님을 만나다

지식과 예언은 사라지고, 방언도 모두 침묵할 것이라네.

살아 있는 사랑은 여기에서 견고하고 단호할 것이라네.

어두운 유리를 통해 보는 것처럼,

이것들을 보는 것이 어렵다는 것을 나는 안다네.

하지만 우리가 서로 얼굴을 마주하고 설 때,

진리는 설명이 필요 없다네.

아이비리그의 십자가

우리 중 많은 이들이 지난 50년 동안 하버드-래드클리프 기독학생회의 지도교수인 베라 쇼우 부인과 짐 쇼우 교수의 도움을 받았다. 그들은 자신들을 제외한 모든 사람에게 전설적인 존재다. 함께 사는 할아버지 할머니처럼, 그들의 조용한 영향력은 측량할 수 없을 정도다. 재학생들, 졸업생들, 친구들이 "하버드를 향한 기도와 사랑"이라는 쇼우의 유산에 동참하기 시작했다.

우리는 바비 퐁이 자신의 에세이에 썼던 글, 즉 "진리는 발견을 기다리고 있다. 그것은 한때는 알려졌다가 지금은 망각의 위협에 처해 있다"는 것을 이해하기 시작했다. 세계 전역의 대학들처럼 하버드에서 그리스도인 학생들의 역사는 하나님의 은총으로 마음, 뜻, 정신, 온 힘을 다해 그리스도를 따르며, 이웃들을 자신들의 몸처럼 사랑하고자 했던 사람들에 관한 것임을 우리가 이해하기 시작했다.

과거에 대해 배우면서 우리는 이곳에서 복음을 위해 자신들의 목숨과 재산을 드렸던 사람들이 이제는 완전히 잊혔거나, 혹은 완전히 무시되고 있다는 사실을 발견함으로 인해 마음이 아팠다. 우리는 신학대학원이 중요한 기부금을 엉뚱한 곳에 사용하는 것처럼 보이는 상황에 대해, 3년 동안 끈질기게 대학에 설명을 요구하고 있다. 그런 기부금 중 하나가 "그리스도와 교회"(*Christo et Ecclesiae*)의 의미에 대한 강좌를 위해 그 대학에 주어졌다. 그동안 베리타스 포럼과 주말 친교모임에 참여하는 학생들과 졸업생들이 개인적으로 헌금을 하고, 대학교 밖에서 기금을 조성해왔다. 동시에 우리는 교회가 필요보다는 안락에서 더 많은 고통을 당할 수 있다는 사실을 알게 되어 감사했다.

그 주제에 대해 거의 5년간 침묵한 후, 나는 그런 문제에 대해 생각하는 과정 자체가 후원금보다 훨씬 더 중요하다고 믿기 때문에 이 문제를 제기했다. 세계 도처에서 유사한 도전들을 발견하는 학생들과 함께, 나는 쇼우의 예를 추천한다. 그들의 첫 번째 충동은 언제나 기도하는 것이었다. 그들은 분노로 가득차 저항하거나 "권리"를 요구하지 않는다. 비록 어떤 이들은 우리가 음모를 꾸몄다고 믿지만, 우리는 정의와 자비에 대해 그리스도 같은 균형을 발견하려고 노력하는 중이다. 우리는 우리 자신의 불완전함과 실수를 알기에, 겸손과 은총으로 지식을 다듬고 싶다.

우리는 행정 담당자들과 친구로서 올바른 관계를 모색하기 위해, 그들과의 면담을 요청했다. 무시를 당할 때에도 우리는 포기하지 않았다. 거기에 관련된 원칙들은 기다릴 만한 가치가 있기 때문이다. 하나님이 우리 양심에 말씀하실 때, 우리는 대학에서 과거에 대한 우리의 책임에 대해 하나님이 가르쳐주시기를 기도한다. 우리는 졸업생들이 존중받도록,

학생들이 양육되도록, 그리고 정의와 자비가 적절한 때와 장소에 드러나도록 기도한다.

어떤 것도 학생들 사이에서 하나님의 사랑을 멈출 수 없다는 것을 발견하는 일은 아름답다. 도움을 제공할 교수들, 물리적 공간, 혹은 가르침과 프로그램을 지원하기 위한 기금도 충분하지 않지만, 많은 하버드 학생들의 신앙과 기쁨이 마치 보도블록 틈 사이의 꽃처럼 피어나고 있다. 그리스도 안에서 그들은 돈에 대한 사랑으로부터 자유롭기 때문에, 그들의 기쁨은 외적인 것에 의존하지 않는다. 한 학생이 말했듯이 후원금이 있든 없든 오늘은 성탄절 아침이고, 모두가 즐겁게 노래하고 있다.

다른 대학들에서도 베리타스 포럼이 발전하면서, 나는 어디서 공부하며 어떻게 살아야 할지에 대해 고민하기 시작하는 학생들을 많이 만난다. 예일 신학대학원의 도널드 데이시는 복음의 빛과 진리를 토론하기 위해, 일군의 학생들과 함께 "룩스에트베리타스"(*Lux et Veritas*, 빛과 진리) 포럼을 이끌고 있다. 프린스턴 졸업생인 빌 그래디는 모교를 위해 기도하는 동창들을 모으고 있다. 호랑이 동창들(tiger alumni, 호랑이는 프린스턴 대학교의 상징—옮긴이)은 현재의 모토 *Dei Sub Numine Viget*를 "하나님이 프린스턴에 가셨다"로 번역하고 있으나, 이것의 실재 의미는 "하나님의 권능 아래, 이 학교가 번영한다"이다. 뉴저지 대학(The College of New Jersey, 1747년에 설립됨)이던 첫 150년 동안, 학교 인장에 새겨진 모토는 *Vitam Mortuis Reddo*, 즉 "나는 죽은 자들의 생명을 회복시킨다"였다.

다트머스는 1769년에 "광야에서 외치는 소리"(*Vox Clamantis In Deserto*)로 설립되었다. 베리타스 포럼에 대해 배운 후, 대학원생 존 머레이는 옛 대학들의 기독교적 기원에 대한 자료조사로서 학위논문을 쓰기 시작했다("아이비리그"라는 말은 역사보다는 축구 팀을 위해 더 많이 사용된다). 내가 존과 네비게이토 선교회 지도자인 크레이그 파커를 방문했을 때, 우리는 왜 예수를 담고 있는 스테인드글라스 창문들이 다트머스의 롤린스 채플에서 철저하게 가려져 있는지에 대해 의아해했다. 다른 학생들은 다트머스에서 진리에 대한 대화를 위해 "보케스 클라만티움"(*Voces Clamantium*, 외치는 소리) 포럼을 시작하고 있다.

하나님의 은총과 기획자들의 헌신적 노력으로 베리타스 포럼들이 오하이오 주립, 버지니아, 플로리다, 인디애나, 텍사스, 예일, 콜로라도, 미시간, 위스콘신, 오리건 주립, 스탠퍼드 같은 주요 대학들에서 출현했다. 각각의 경우 수백 명, 흔히는 수천 명씩 참석한다.

몇 년 동안 홀 부부 및 쇼우 부부와 함께 학생들이 만든 하버드 기독학생회의 소식지는 동창들과 친구들에게 서로를 위해, 그리고 한국, 스리랑카, 나이지리아, 일본, 모스크바에 있는 대학들을 위해 기도를 부탁하고 있다. 이 대학들 중 많은 대학이 진리와 복음을 자유롭게 추구하기 위해 설립되었다.

하버드에서 하나님을 찾으려는 나의 노력을 통해, 나는 뭔가 새로운 것, 예수를 넘어서는 어떤 것을 기대했다. 하지만 나는 그분에 대해 더 많은 것을 발견했다. 하나님의 진리의 순수한 빛이 어떻게 다양한 색과 은총 속에 사방으로 뻗어가는지를 이해하기 시작했다. 그리고 심홍색, 광장의 철문, 대학 인장의 상징들 속에서 이 진리에 대한 기억을 발견했다. 나는 동료 학생들, 고서적, 친구들의 화학실험실, 최근 천체물리학 초록들에서, 그리고 (살아 있거나 세상을 떠났거나, 우리를 친구로 대하고 많은 가르침을 베푸는) 설립자들과 동창들의 삶과 유산에서 그분을 보기 시작했다.

다원주의란 현실은 하나님의 모든 가족들(모든 빛깔의 눈, 색, 문화, 분야)이 하나님의 마음과 생각을 보고 반영하도록 만들기 때문에, 참으로 대단하다. 나는 보물찾기를 좋아하는 사람들에게, 모든 것이 상실된 것이 아니라는 사실을 깨닫고 이 사실을 말할 수 있게 되었다.

그래서 우리는 찬양한다

하버드에는 다양한 소리가 있으며, 어떤 학생들은 희망과 기쁨으로 충만한 소리를 낸다. 이런 장소에서는 매우 낯선 소리다. 항상 아름답고 때로는 자극적이지만, 나는 그것을 여러 번 들었다.

나는 그것을 던스터 하우스(하버드 기숙사 건물―옮긴이)의 메시아 공연 때 들었다. 거기에서 다양한 학생들이 모여 노래하며 뜨거운 소다, 난롯불, 그리고 각자의 현존으로 몸을 녹이고 있었다.

우리 모두는 양 같아서 곁길로 갔고,
우리의 모든 죄가 그분에게 지워졌다.

나는 그 노래를 눈 내리는 하버드 광장, 그리고 몇 시간 후에 와이드너 도서관에서 듣는다. 수백만 권의 장서들을 담고 있는 책장들 틈으로 들려오는 소리들과 함께.

오소서 오소서 임마누엘이요 이스라엘을 속량할 자…

그는 자신의 영광을 내려놓고,

더 이상의 죽음을 막기 위해 태어나셨네…

나는 그것을 성금요일에도 듣는다.

오 거룩한 머리가 상처를 입었네,

슬픔과 수치로 짓눌리며

그리고 부활절날 광장에서 듣는다.

예수 그리스도께서 오늘 살아나셨네. 할렐루야.

나는 세 소절 정도 밖에 부르지 못하지만 그래도 참여한다. 보스턴의 해비타트 운동원들과 함께 목공작업을 하는 동안에도, 터커먼 협곡에서 스키와 하이킹을 할 때도 우리는 찬양한다. 우리는 케임브리지에서 퀼트를 할 때도, 페루의 우림지대에서 소아마비에 걸린 아이들을 위해 학교를 지을 때에도 찬송을 부른다. 전쟁으로 찢긴 엘살바도르를 가로지르며 먼지 묻은 트럭 뒤에 타고 가는 동안에도 찬양한다. 우리는 친구들의 결혼식과 장례식에서도 찬양한다. 주님이 우리의 찬양이시기에, 우리는 찬양한다.

나는 이곳에서 작가 엘튼 트루블러드가 세상을 치료할 것이라고 믿었던 것의 기원을 발견했다. 즉 "개인적 명성을 위한 자기중심적 투쟁과 모든 비실재로부터 자유로운, 사랑하는 영혼들의 사회." 이것은 정말 말할 수 없을 정도로 소중한 것이다. 현명한 사람들은 정말 "그곳에 참여하기 위해 먼 길을 마다치 않고 달려간다." 더 현명한 사람들은 그들이 존재하는 곳에서 그렇게 된다.

우리는 구름같이 허다한 증인들을 발견한다. 우리도 그 무리에 속해 있다. 언젠가 모든 것이 잘될 것임을 알기에 따뜻해진 마음으로, 우리는 그들과 함께 찬양한다. 우리는 예레미야 선지자를 기억한다. 주께서 그에게 "'나는 단지 어린아이에 불과합니다'라고 말하지 말라. 놀라지 말라. 내가 너와 함께 있어 너를 구원할 것이므로"라고 말씀하셨다. 그래서 우리는 과거에서, 다가올 미래에서, 그리고 우리가 사는 이 시대에서 오직 은총으로 용기를 발견한다.

> 이러한 사랑의 그림, 그리고 이러한 부르심의 목소리가 있어
> 우리는 탐구를 그칠 수 없으리
> 그리고 그 탐구의 끝에서 우리는 떠난 곳에 도달하고
> 그 장소를 처음으로 알게 되리

> T. S. 엘리엇, 하버드 대학교 1909년 졸업생

『하버드 천재들, 하나님을 만나다』(*Finding God at Harvard*)는 「보스턴 글로브」(*Boston Globe*)의 베스트셀러가 되었고, 10년간 계속해서 출판되었다. 이 책은 70개 이상의 대학에서 베리타스 포럼이 시작되는 데 촉매 역할을 했다. 또한 이 책은 수백 명의 유엔 외교관들에게 주어졌고, 중국어와 한국어로 번역되었다.

한 친구의 화물비행기 네트워크, 훌륭한 간사들, 그리고 수천 명의 참가자들 덕택에 켈리는 하버드를 넘어 전 세계 베리타스 포럼을 이끌었다(미국, 캐나다, 영국 전역에서 기획자들에게 조언을 하면서). 그녀의 자서전이자 베리타스 이야기인 『베리타스 포럼 이야기』(*Finding God Beyond Havard: The Quest for Veritas*, IVP 역간)에서 켈리는 하버드에서 버클리까지, 그리고 그 사이의 많은 대학교들에서 베리타스 운동과 모험을 함께 한다. 우리는 볼리비아의 감옥과 브라질의 정글에서 불쌍한 사람들을 돕는 학생들을 발견한다. 독자들은 그들이 산악자전거를 타고 뉴잉글랜드와 로키산맥에서 스키를 타는 모습도 본다. 그녀는 자신의 삶, 비탄, 그리고 베리타스 이야기의 수면 아래에 있는 갈등의 굵은 실들을 하나의 이야기로 엮어냈다. 그리고 "보스턴 북부 숲의 외로운 오두막 속으로 사라졌던 베리타스에 대한 질문들이 어떻게 내 자신의 질문이 되었는지"에 대해서 들려준다. 그래서 우리는 하나님께서 어떻게 켈리의 이야기를 되살려내고, 베리타스 운동을 성장시켰는지에 대해서도 알게 된다. 여러 해를 보스턴에서 보낸 후 켈리는 그녀의 고향 오하이오 주 콜롬버스로 돌아와서, 사업가이자 소설가이며 다섯 명의 아이들을 키우는 데이비드 컬버그(David Kullberg)와 결혼했다. 가정생활의 즐거움과 함께 켈리는 베리타스 포럼 프로젝트 개발 디렉터로 활동하며, 그녀가 설립을 도왔던 공립-사립 혼합형의 대안학교에서 고등학교 영어를 가르친다.

이 책 저자들의 최근 동향

하버드에서 30여 년을 보내면서 제프리 바네슨은 아내 타라, 아들 자크와 에스라의 도움을 받으며 기독대학원학생회(GSCF)를 계속 이끌고 있다. 제프리는 대학원생들에게 중앙 및 라틴 아메리카와 인도에서 가난한 사람들 중에서도 가장 가난한 이들을 섬길 수 있는 기회를 계속 제공하고 있다.

이 책에 실린 에세이의 대략적 순서에 따라 정리해보면 다음과 같다.

레베카 (베어) 포르티우스는 듀크 대학교에서 기독교 윤리학으로 박사학위를 마쳤다. 그녀와 남편 데이비드는 10년 동안 남아프리카에서 살다가 보스턴으로 돌아와서, 두 아들 조나단과 벤자민을 키우고 있다. 아동심리학자이자 퓰리처 수상 작가이며, 전직 사회윤리학 석좌교수였던 로버트 코울스는 최근에 『약속의 생명』(*A Life in Medicine: A Literary Anthology*)을 편집했다. 베일러 대학교의 학장이었던 토드 레이크는 현재 네쉬빌의 벨몬트 대학에서 영적 발전을 위한 부총장으로 재직하며, 세 자녀를 키우고 있다. 토드는 신앙과 사회 변화에 대한 많은 논문을 발표했다. 에블린 루이스 페레라는 버크셔 기독교연구소(Berkshire Institute for Christian Studies)에서 15년간 기독교와 문학을 강의한 후 은퇴했다. 윌리엄 에드거는 필라델피아 인근의 웨스트민스터 신학교에서 문화인류학 교수로 재직 중이다. 그는 재즈 피아니스트이자 베리타스 강사이며 자문위원이다. 그의 신간들로는 『마음의 이성』(Reasons of the Heart)과 『영광스런 진리』(Truth in All Its Glory)가 있다.

글렌 로리는 보스턴 대학교의 경제학 교수이자, 인종과 사회분열 연구소 소장이다. 리처드 키스는 『냉소주의 들여다보기』(Seeing Through Cynicism)와 『정체성을 넘어서: 하나님의 형상과 성품 속에서 자아 발견하기』(Beyond Identity: Finding Yourself in the Image and Character of God)를 출판했다. 키스 부부는 보스턴 근처의 사우스보로우 라브리 연구소를 지도하고 있으며, 그곳에서 리처드는 문화변증가이자 작가요 음악가로 활약하고 있다. 노벨문학수상자인 알렉산드르 솔제니친은 미국을 떠나 자신의 고국 러시아로 돌아갔으며, 현재는 모스크바에서 역사와 단편소설을 집필하고 있다.

올림픽 메달리스트인 폴 와일리는 뉴잉글랜드에서 남편이자 아버지로 살고 있으며, 여전히 멋지게 스케이트를 탄다.

하버드 의대 교수인 아먼드 니콜라이는 지그문트 프로이트와 C. S. 루이스의 대립적인 세계관과 삶을 탐색하는 『루이스 vs 프로이트』(The Quest of God, 홍성사 역간)를 저술했는데, 이 책은 최근 PBS 특집방송의 주제로 다뤄졌다. 마이클 양은 신시네티의 소아안과전문의다. 아인 랜드(Ayn Rand)의 소설 때문에 무신론자가 되었던 마이클은 하버드 의대생 시절에 신앙을 회복했다. 그는 최근에 『아인 랜드 다시 보기』(Reconsidering Ayn Rand)를 출판했다. 싱가포르의 전염병 전문가인 포 리안 림은 사스에 대한 그녀의 선구적 사역을 인정받아, 2005년에 "올해의 말레이시아 여성"으로 선정되었다. 그녀의 남편 봉(Vong)은 이 책에 실린 성과 친밀함에 대한 그녀의 이야기를 읽고 그녀를 만났다. 그들은 세 자녀를 키우고 있다.

캐서린 도노반 위갠드 가족들은 대체로 가정 중심적이며, 그녀는 지금도 부모 역할이 위대한 지적·영적 도전임을 발견하고 있다. 니콜라스 월터스토프는 1989-2001년까지 예일 대학교의 철학적 신학 석좌교수였으며, 최근에는 버지니아 대학교의 철학과에 방문교수로 합류했다. 그는 형이상학, 미학, 인식론에 깊은 관심을 갖고 있다. 로드니 피터슨은 보스턴 신학연구소의 이사로 10년 이상 섬겼다.

찰스 말리크는 레바논 아메리카 대학교에서 학생들을 가르치고 있으며, 시간을 쪼개 의회도서관에서 선친의 공문서를 연구 중이다. 그는 중동, 레바논, 아랍 세계에서 기독교, 인권, 민주주의에 대한 많은 학술대회의 주도적 목소리 중 하나다. 최근에는 결혼하여 아이들을 양육하고 있다. 크리스터 세어싱은 모스크바의 주립대학경제학고등연구소와 러시아·미국기독교대학교 교수다. 이슬람에서 기독교로 회심한 라민 산네의 이야기인 "코란을 버리고 성경을 택한 이유"는 예수를 무슬림들에게 소개하기 위해, 그리고 이슬람 신앙과 문화를 그리스도인들에게 설명하기 위해 사용되어왔다. 라민은 선교와 세계 기독교의 석좌교수로 예일 대학교에서 근무하며, 동시에 예일 대학교의 역사학 교수로 섬기는 중이다. 존 랜킨은 공적 토론의 장에서 미국의 지도적인 세속주의자들과 대결하고 있다. 그는 "사랑이라는 어려운 질문", "오직 창세기" 세미나를 인도하고 있으며, 신학교육협회라는 이름으로 8단계 교과과정을 개발했다.

로버트 매시는 "친환경경제연합"(Coalition for Environmentally Responsible Economies)의 발기인이자 이사로 섬겼다. 루스 굿윈은 가난한 여인들을 위한 소액금융 전문의 독립적 컨설턴트로 일한다. 루스와 폴은 두 명의 아들을 키우고 있다.

엘리자베스 돌은 5명의 미국 대통령을 섬겼고, 지금은 미국 상원에서 노스캐롤라이나 주민들을 섬기고 있다. 돌 상원의원은 여러 차례 갤럽연구소에 의해 세계에서 가장 존경받는 여성 10인 중 한 명으로 선정되었다.

피터 클라크는 중앙아메리카, 아프가니스탄, 이라크, 르완다를 포함한 지역에서 생활과 공동체를 재건하는 데 협력하고, 지역개발을 도우면서 "ARCA 어소시에이츠 인터내셔널"(ARCA Associates International, 세계 빈곤아동·청소년들을 돕기 위한 비영리기독교단체—옮긴이)을 이끌고 있다(때로는 자전거를 타고 모든 나라들을 돌면서). 로버트 베쉘은 세계은행과 국제정치 관련 분야에서 컨설팅을 하고 있다.

찰스 텍스턴은 물리화학자로서, 디스커버리 연구소의 연구원이며, 코노스 아카데미(Konos Academy)에서 가르치고 있다. 『하나님의 우주』(God's Universe)의 저자인 오언 깅그리치는 하버드 대학교의 천문학과 과학사의 연구교수이며, 스미소니언 천문관측소의 선임 천문학자였다. 그레고리 헤메트는 프린스턴의 핵물리학 교수이자 연구원이다.

해롤드 버만은 에모리 대학교와 카터 센터에 남아 있다. 피터 피버는 듀크 대학교의 정치학 및 공공 정책 교수이자, 트라이앵글국가안보학연구소 소장이다. 피터는 듀크 대학교에서 안식년을 맞아 휴식 중이며, 백악관의 국가안보위원회에서 전략수립 및 제도개혁을 위한 특별고문관으로 일하고 있다. 바비 퐁은 버틀러 대학교의 총장이다. 존 수사는 프랑스의 브루군디 지방의 작은 마을 테제에 소재한 테제 공동체의 일원이다. 지난 세기에 세계대전들로 인한 암울했던 시절, 로저 수사에 의해 "공동체의 비유"로 설립된 테제 공동체는 오늘날 25개 이상의 나라에서 온 수백 명의 가톨릭 및 개신교 형제들로 구성되어 있다.

에필로그에 나오는 많은 친구들 중 몇몇 사람은 베리타스의 성장에 중요한 역할을 했다. 첫 번째 베리타스 포럼의 강사였던 제니퍼 와이즈맨은 결혼한 후, 허블우주망원경프로그램을 위한 지도적 과학자가 되었다. 글랜 루크는 버지니아 대학교에서 사회학 박사과정을 마치는 중이다. 엘리자베스 (오버만) 바우만은 어머니이자 버지니아 대학교의 영문학과 박사과정 학생이다. 데비 에드가는 풀러 심리학대학원에 다녔고, 지금은 파사데나 근처에서 상담가로 일하고 있다. 엘리자베스 (디노노) 맥도날드는 마요클리닉에서 의학박사와 철학박사 학위를 취득했고, 지금은 그곳에서 의료활동을 하고 있으며, 남편 펄만과 함께 아이들을 키우고 있다. 케이티 (스미스) 밀웨이는 경영학 석사학위를 프랑스의 상업경영대학(INCEAD)에서 취득했으며, 몇 권의 책을 저술했고, 베인앤컴퍼니(Bain & Company, 글로벌경영컨설팅업체—옮긴이)의 편집장이다. 그녀와 마이크는 세 명의 자녀를 키우고 있다. 헤더 (톨만) 룸은 현직 의사이자 어머니이며,

 하버드 천재들, 하나님을 만나다

지금은 브라이언이 공군으로 근무하는 뉴잉글랜드로 돌아왔다. 존 세이지는 자신의 영업이익 100%를 커피 재배자들과 가난한 자들에게 돌려주는 커피회사 "푸라 비다"(Pura Vida)를 시작했다.

최근에 공저자들 중 몇 사람이 베리타스를 눈으로 직접 보기 위해 먼저 떠났다(그분과 함께하기 위해). 책 전체가 그들 각자에 대해 쓰여질 수도 있었다. 엘튼 트루블러드, 마더 테레사, 베스티 돈 인스킵 스마일리, 2학년생 브랜트 포스터, 필립스 브룩스, 찰스 말리크, 베라 쇼우(그녀의 남편 짐과 함께 지난 55년 동안 하버드-래드클리프 기독학생회의 자문교수로 활동했다).

케이 홀과 내가 요양원에 있는 베라를 방문했을 때, 베라는 우리의 손을 잡기 위해 모르핀 펌프를 제거했다. 짐은 존경의 눈빛으로 베라를 바라보았다(그가 지난 65년 동안 그랬던 것처럼). 간호사들은 너무나 자연스럽게 그녀를 사랑하게 되었다. 물론 그녀의 몸은 약해졌지만, 그리고 하버드의 행정당국이 아직도 자신의 사명과 그리스도의 영광을 위해 주어진 기금을 존중하지 않는 것에 대해 무척 안타까워했지만, 베라의 눈은 더 이상 밝게 빛날 수 없을 만큼 밝았다. 그녀는 우리에게 함께 기도하자고 했다. 하지만 기도하는 동안 그녀는 오직 우리를 위해 지금은 세계 도처에 흩어져 있는 우리 친구들을 위해, 그리고 베리타스와 대학들의 복음화를 위해 기도했다(그녀가 수십 년 동안 매일 그랬듯이 말이다). 그녀가 "아멘"이라고 말한 후, 나는 눈물을 흘리며 물었다. "하지만 베라, 우리가 어떻게 당신을 위한 최고의 기도를 드릴 수 있을까요?" 그녀는 밝게 빛나는 눈으로 나를 바라보았다. 그녀는 미소를 짓고 말했다. "여보게, 미래는 하나님의 약속만큼 밝다네. 다만 감사하세. 다만 감사하세."

 주

서론

1. Harvard College Laws, 1642. 이 법은 하버드 대학에 대한 가장 오래된 설명이다. 또한 *New England's First Fruits* (London, 1643)에도, "Rules and Precepts That Are to Be Observed in the College"에서 인용한 글이 나온다.

2. Gary Haugen, "The Puritan Path to Veritas," *Veritas Reconsidered* (1986).

3. George Williams, *Wilderness and Paradise in Christian Thought*, 150.

4. Samuel Eliot Morison, *The Founding of Harvard College* (Cambridge: Harvard Univ. Press, 1935), chapter 1.

5. President Derek Bok quoted from "Ethics, the University and Society," *Harvard Magazine* (May-June 1988), p. 40.

6. 이것은 1991년에 빌리 그레이엄이 런던에서 방송된 프로그램에서 한 말이다.

7. Debra Bradley Ruder, *Harvard University Gazette*, vol. LXXXVIII, no. 42 (July 9, 1993), p. 1.

8. 존 맥클러프(John C. McCullough)와 로버트 벨라(Robert Bella)가 "노블강좌"(Noble Lectures)에서 인용한 것을 재인용하였다.

9. 1993년 6월호에 수록된 「타임」(*TIME*)지의 조사에 의하면, 어린이를 포함한 텔레비전 시청자 중 80%가 텔레비전에 폭력 장면이 너무 많이 나온다고 생각했다. 하지만 그들의 의견은 제작자들에게 아무런 영향도 끼치지 못했다.

10. "기독교 그룹들이 번성하고 있다", *Harvard Crimson* (December, 1994)을 보라.

11. Charles Barzon, "Deconstructing Art History," *Harvard Salient* (March 14, 1994).

제1장

1. 다음은 예수 부활과 신약성경의 역사적 사실을 검증할 때 도움을 주었던 책들이다.

   F. F. Bruce, *The New Testament Documents: Are They Reliable?* (Downers Grove, Ill.: InterVarsity Press, 1981) 『신약 성경 문헌 연구』(생명의말씀사 역간).

C. S. Lewis, *Miracles* (New York: Macmillan, 1947). 『기적』(홍성사 역간).

Josh McDowell, *Evidence That Demands a Verdict*, vol. 1 (San Bernardino, Calif.: Here's Life, 1979). 『기독교변증 총서 1』(순출판사 역간).

He Walked Among Us (San Bernardino, Calif.: Here's Life, 1988).

Bruce Metzger, *The Text of the New Testament* (New York: Oxford Univ. Press, 1968). 『신약의 본문』(한국성서학연구소 역간).

Frank Morrison, *Who Moved the Stone?* (Downers Grove, Ill.: InterVarsity Press, 1958) 『누가 돌을 옮겼는가』(생명의말씀사 역간).

2. *The Poems of Gerard Manley Hopkins*, ed. W. H. Gardner (Oxford, 1972), p. 101.

3. Ibid., p. 99.

4. *Love Me, Love My Fool* (New York, 1967) p. 76.

5. See Francis Schaeffer's book *He Is There and He Is Not Silent for example.* 『프란시스 쉐퍼 전집 3』(크리스챤다이제스트 역간).

6. 나는 1960년대 전후에 그의 영향을 받았다. 당시 사르트르는 실존주의에서 마르크스주의의 다양성으로 옮겨갔다. 지금은 양쪽 모두의 문제점을 볼 수 있게 되었다. 사르트르의 초기 주장은 "아무것도 아닌 상태"(nothingness)와 "핵심"(essence)으로부터의 자유였는데, 나는 이것을 지지할 수 없는 것으로 보았기 때문이다. 이미 그의 주장 자체가 핵심적인 의미를 지니고 있었다. 사물에 대한 사르트르의 좌파적 견지는 나를 놀라게 했던 정화 작업들을 고려하게 될 정도까지 나아갔다.

7. *Feeling and Form* (New York: Scribner's, 1953).

8. From "Rules and Precepts That Are to Be Observed in the College," in *New England's First Fruits* (London, 1643).

제3장

1. National Institute of Mental Health, 정신질환을 가진 미국 성인들의 숫자(March 25, 1992).

2. *Psychoanalysis and Faith: The Letters of Sigmund Freud and Oskar Pfister*, ed. Heinrich Meng and Ernest Freud (New York: Basic Books, 1963), p. 61.

3. *The Vital Balance: The Life Process in Mental Health and Illness* (Gloucester, Mass.: Peter Smith, 1986).

4. *JAMA*, vol. 270, no. 15 (October 20, 1993).

5. *Letters of Sigmund Freud*, ed. Ernest Freud (New York: Dover, 1992).

제4장

1. William Allan Nielson, *Charles W. Elliot: The Man and His Beliefs* (New York: Harper Bros., 1926), p. 568.

2. Ibid., 573-4.

3. Donald Davie, *A Gathered Church* (New York: Oxford Univ. Press, 1978), p. 25.

제7장

1. *Reinhold Niebuhr: A Prophetic Voice in Our Time*, ed. Harold R. Landon (Greenwich: Seabury Press, 1962), 122에서 재인용했다.
2. 에이브러햄 링컨이 써로우 위드(Thurlow Weed)에게 보낸 편지(1865년 3월 25일). 두 개의 인용문은 *Abraham Lincoln: His Speeches and Writings*, ed. Roy P. Basler (Cleveland: Word, 1946), 792-93, 794에서 각각 가져온 것이다.

제8장

1. Alan Verhey, *Christianity Today* (February 7, 1986), p. 27.
2. Blaise Pascal, *Pensés*, ed. R. M. Hutchins, Great Books of the Western World (Chicago: Univ. of Chicago Press, 1952), vol. 33, p. 244. From section number 425 of the Brunschvieg edition of the *Pensées*, or number 148 of the Lafuma edition. 이 인용문은 약간 변경되었다.
3. C. S. Lewis, *Mere Christianity* (New York: Macmillan, 1952). 『순전한 기독교』(홍성사 역간). Paul Little, *Know Why You Believe* (Downers Grove, Ill.: InterVarsity Press, 1968). 『이래서 믿는다』(생명의말씀사 역간). Moishe Rosen, *Y'shua* (Chicago: Moody Press, 1982).
4. J. G. Cordey, R. J. Goldston, R. R. Parker, "Progress toward a Tokamak Fusion Reactor," *Physics Today* (January 1992), p. 22.

제10장

1. Ed. Gonzalez-Balado and Playfoot (New York: Ballantine, 1985).
2. 말리크 박사의 간증은 "한 남성이 성경에 진 빚"이란 제목으로 U.S. Bible Society의 *Bulletin*과 American Bible Society의 *Record*에 처음 게재되었다.
3. "Sermones CXCI," I, 1 in *An Augustine Synthesis*, pp. 180-181.

에필로그

1. John T. Noonan, "The Catholic Community at Harvard," *New Oxford Review* (March, 1992).
2. Victor Chen, "Christian Groups Blossom," *Harvard Crimson* (December 1, 1994).
3. 하버드 신학대학원의 홀리스 석좌교수였던 조지 헌스턴 윌리암스(George Hunston Williams)는 하버드 역사에 대한 자신의 마지막 저서를 위해, 나에게 하버드의 복음주의적 유산을 조사해달라고 부탁했었다.

하버드 천재들, 하나님을 만나다

세계 최고 석학들의 감동적인 신앙 이야기

Copyright ⓒ 새물결플러스 2015

개정판 1쇄발행_ 2015년 3월 3일
개정판 2쇄발행_ 2015년 5월 1일

엮은이_ 켈리 먼로 컬버그
옮긴이_ 배덕만
펴낸이_ 김요한
펴낸곳_ 새물결플러스
편   집_ 노재현·박규준·왕희광·정인철·최경환·최율리·최정호·한바울
디자인_ 이혜린·서린나·송미현
마케팅_ 이승용
총   무_ 김명화

홈페이지 www.hwpbooks.com
이메일 hwpbooks@hwpbooks.com
출판등록 2008년 8월 21일 제2008-24호
주소 (우) 158-718 서울특별시 양천구 목동동로233-1(목동) 현대드림타워1401호
전화 02) 2652-3161
팩스 02) 2652-3191

ISBN 978-89-94752-98-3 03230
책값은 뒤표지에 있습니다.

이 도서의 국립중앙도서관 출판시도서목록(CIP)은 서지정보유통지원시스템 홈페이지(http://seoji.nl.go.kr)와 국가자료공동목록시스템(http://www.nl.go.kr/kolisnet)에서 이용하실 수 있습니다(CIP제어번호: CIP2015005140).